全国高职高专院校"十二五"规划教材

电子商务专业项目式教学课题成果

电子商务网络技术

主编　殷锋社

副主编　朱忠军

中国水利水电出版社
www.waterpub.com.cn

内 容 提 要

本书基本涵盖了目前计算机网络技术与应用上所需的基本知识、技术和典型应用，在编著上淡化了深刻的理论和原理讲授，强化了学生实际能力和技能的培养，遵循项目引导，任务驱动，并结合实训设计的课程教学方法，共包含 8 个项目，分别是：计算机网络概述、网络地址规划、局域网技术、网络互联、Windows XP 网络设置与应用、网络安全技术、网络安全管理和计算机网络实验。

本书适用于高职高专院校的电子商务专业，也可以作为计算机应用专业和计算机网络专业的网络技术课程的参考教材。

本书配有电子教案，读者可以从中国水利水电出版社网站和万水书苑免费下载，网址为： http://www.waterpub.com.cn/softdown/ 和 http://www.wsbookshow.com。

图书在版编目（C I P）数据

电子商务网络技术 / 殷锋社主编. -- 北京 ：中国
水利水电出版社，2012.8
全国高职高专院校"十二五"规划教材. 电子商务专
业项目式教学课题成果
ISBN 978-7-5084-9906-2

Ⅰ．①电… Ⅱ．①殷… Ⅲ．①电子商务－计算机网络
－高等职业教育－教材 Ⅳ．①F713.36②TP393

中国版本图书馆CIP数据核字(2012)第136730号

策划编辑：杨庆川 责任编辑：杨庆川 封面设计：李 佳

书　　名	全国高职高专院校"十二五"规划教材 电子商务专业项目式教学课题成果 **电子商务网络技术**
作　　者	主编　殷锋社　副主编　朱忠军
出版发行	中国水利水电出版社 （北京市海淀区玉渊潭南路 1 号 D 座　100038） 网址：www.waterpub.com.cn E-mail: mchannel@263.net（万水） 　　　　sales@waterpub.com.cn 电话：（010）68367658（发行部）、82562819（万水）
经　　售	北京科水图书销售中心（零售） 电话：（010）88383994、63202643、68545874 全国各地新华书店和相关出版物销售网点
排　　版	北京万水电子信息有限公司
印　　刷	三河市铭浩彩色印装有限公司
规　　格	184mm×260mm　16 开本　18.75 印张　433 千字
版　　次	2012 年 8 月第 1 版　2012 年 8 月第 1 次印刷
印　　数	0001—4000 册
定　　价	34.00 元

前　言

　　"电子商务网络技术"是高职高专电子商务专业的一门重要的专业课程。"电子商务网络技术"项目驱动教程针对"以能力为本位，以职业实践为主线，以项目课程为主体的模块化专业课程"的教学改革思路，结合"电子商务网络技术"课程的特点，以"项目驱动式"教学模式，按项目引导、任务驱动，并结合实训设计的课程教学方法，把曾经系统、繁琐、难以理解的网络理论知识通过一个个实践项目分解开来，使学生易于了解与掌握。通过本书的学习，学生可以掌握本专业高等技术应用型人才所必需的知识和技能。

　　《电子商务网络技术》包括 8 个项目，分别是：计算机网络概述、网络地址规划、局域网技术、网络互联、Windows XP 网络设置与应用、网络安全技术、网络安全管理和计算机网络实验，在每一项目中均附有对应的实验任务，突出了项目教学的实践能力。在每个主项目的内容中，先简单，后复杂；先测试，后设计。一般最后一个子任务完成最终的项目任务，而前面的子任务则为最终的项目任务作铺垫。在每个任务完成的过程中嵌入了知识（理论知识和实践知识）的学习，做到"读、做、想、学"等方面环环紧扣，师生互动，以达到最佳的教学效果。

　　本教材适合于高职高专院校的电子商务专业、计算机应用专业和计算机网络专业，教授学时为 56 学时。也可以作为网络技术课程的参考教材。对于电大、函大、夜大的同类课程，亦不失为一本合适的教材或教学参考书。

　　本书由陕西工业职业技术学院殷锋社担任主编，并编写了项目 4、项目 5、项目 6、项目 8、附录 A 和附录 B，陕西工业职业技术学院朱忠军编写了项目 1 和项目 7，陕西工业职业技术学院樊颖军编写了项目 2，陕西工业职业技术学院张光编写了项目 3。全书由殷锋社统稿，陕西科技大学冉崇善教授和西安华网科技公司总经理朱春强担任主审。

　　在本书编写过程中得到了陕西工业职业技术学院领导的大力支持。同时，对编者参考的相关文献的作者，在此一并表示深深的敬意和感谢。

　　由于我们水平有限，加之时间仓促，书中错误和不妥之处在所难免，殷切希望使用本教材的师生和其他读者给予批评指正。

编　者
2012 年 5 月

目　录

项目 **1** 计算机网络概述

项目概述

为更好地掌握计算机网络的理论知识，并与实践紧密结合，本书以陕西工业职业技术学院校园网为具体案例。本节将简要介绍校园网的基本情况。以后各项目将首先提出校园网的部分需求，然后利用接下来的知识给出这部分需求的解决方案。到本书结束时，校园网的解决方案就完整了。

陕西工业职业技术学院是一所国家示范性高职院校，校区内有办公楼、教学楼、图书馆、宿舍区、住宅区，校园网的管理机构——学院网络中心位于图书馆。校园网连接了各个区域，并接入了因特网。校园的结构如图 1-1 所示。

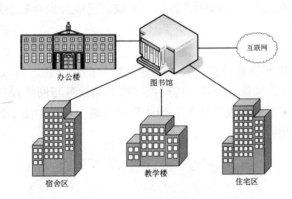

图 1-1　陕西工业职业技术学院校园结构图

- 掌握计算机网络的定义
- 掌握计算机网络的分层结构
- 掌握分组交换的基本原理

任务一　计算机网络及其发展过程

一、计算机网络的应用

在人类历史中，有几项技术对信息的传播起着关键作用。第一项是造纸技术，有了轻便的纸，不再需要沉重的竹简；第二项是印刷技术，活字印刷与印刷机代替了手写，极大地提高了效率。古代中国长期领先于西方，有学者认为其中一个重要的原因就是中国早于西方近千年开始使用纸。

第三项技术就是计算机网络。现在是信息社会，随着计算机网络技术的发展与广泛应用，信息复制与传播的速度空前提高了。计算机网络技术已渗透进人类社会的各个角落，深刻地影响了人们的生活、学习和工作方式，以及各行各业的发展。可以说，人类社会已进入了网络时代，网络应用无处不在。

计算机网络影响着人们的通信和生活方式：从原来的邮寄书信、发电报、打长途电话，转变为现在的收发电子邮件、使用即时网络通信软件（如 QQ）网上交流；可以和异地的人联网玩游戏、互相传送文件、远程访问别人的计算机；可以足不出户，在网络上获取需要的信息，完成商品的购买和支付，甚至处理工作事务。

计算机网络影响着各行各业的发展和经营方式：电子商务、电子政务和网上银行等都依赖计算机网络；现代工业的大规模研发与生产，很多也通过网络协同进行；现代化的国防和军事建设，更是离不开网络。

计算机网络影响着人们获取信息的方式：现在的因特网（Internet）是个巨大的信息宝库，在上面可以找到各种各样的资源和信息，同时每个人都可以成为资源和信息的提供者。

由此可见，以计算机网络为基础的各种信息系统，已成为当今社会运行的技术基础。

二、计算机网络的组成

从本质上说，计算机网络是计算机技术与通信技术的结合体。从硬件上看，计算机网络由终端设备、网络设备与传输媒体组成。传输媒体把终端设备与网络设备连接在一起。数据通常由终端设备产生，经多个网络设备转发后到达目的终端设备，如图 1-2 所示。本书后续插图的图标含义一律与此图相同。

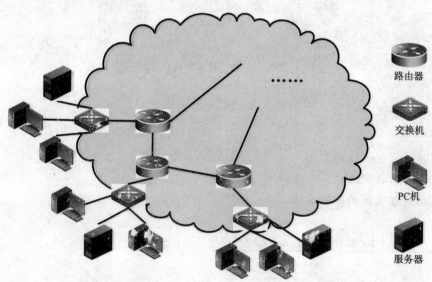

图 1-2　计算机网络的硬件组成

终端设备因为处于网络的末端而得名。终端设备一般指各种计算机，包括 PC、服务器、笔记本电脑、掌上电脑；手机、游戏机以及个人数字助理等智能设备连入网络时，也称为终端设备。终端设备不依赖其他设备，能够独立运行，因此也称为主机（Host）。为方便读者习惯，本书一律用"计算机"指代"终端设备"。

网络设备位于网络内部，起到连接和转发数据的作用，主要有集线器（Hub）、交换机（Switch）和路由器（Router）。集线器与交换机一般用于局域网，现在集线器已经被淘汰；路由器一般用于连接不同的网络，使得不同网络内的计算机能够互相通信，形成一个更大的互联网络。计算机与网络设备统称为结点（Node）。

传输媒体连接了计算机与网络设备，使网络成为一个整体。传输媒体分为导向媒体和非导向媒体两大类。导向媒体包括光纤与双绞线；非导向媒体则指无线电波，如地面微波接力通信、卫星通信等。双绞线一般用在室内和近距离传输，光纤用于室外及远距离传输。在不便使用导向媒体的地方，可以使用非导向媒体。

网络设备上连接传输媒体的插口的英文名称是 Interface，有的文献翻译为"端口"，有的文献翻译为"接口"。但"端口"这个词在计算机网络中还有另外的含义，为避免混淆，本书使用"接口"这个名称。

除了硬件，计算机网络还需要复杂的软件才能正常工作。

三、计算机网络的定义

计算机网络有多种定义。本书采用如下定义：计算机网络是一些互相连接的、能共享资源的自治的计算机的集合。这个定义有如下含义：

1. 计算机网络中的计算机是互相连接的，这是通过传输媒体与网络设备实现的。最简单的计算机网络是两台计算机直接连接在一起，两点一线，这时候不需要网络设备；如果有更多计算机，就需要用到网络设备。

2. 计算机网络中的计算机能够共享资源，这是计算机网络存在的目的。资源包括软件资源和硬件资源。软件资源主要是各类文件与数据，如文本文件、音乐文件、电影文件、程序文件等；硬件资源包括打印机、CPU 等。打印机连接在网络中的一台计算机上并共享，其他计算机就可以使用了。也有专用的网络打印机，它具有网卡，可以直接连接在网络上。共享CPU：一台普通 PC 机性能较差，无法完成大规模计算任务（如破解密码），可以通过网络把计算任务发送给某台巨型机，计算结果再通过网络返回；或者是把大规模计算任务划分为许多个小任务，分发给网络上的其他计算机，计算结果通过网络逐步返回后汇总。后一种情况应用很广泛，因为大多数计算机的 CPU 利用率很低，进行额外计算并不影响用户正常使用，如果参与计算的计算机非常多，那么大规模计算任务很快就会完成，这称为分布式计算。

3. 计算机网络中的计算机是自治的。自治是指不依赖其他计算机能够独立地运行，如果一台计算机关机了，其他计算机就不能正常运行，这就不是计算机网络。在计算机发展的早期，计算机都是主机—终端模式，一台主机（可能是巨型机、大型机、中型机或小型机）连着很多台终端，终端没有任何计算能力，仅有输入输出能力，所有的计算都在主机上完成，这就不是计算机网络。

四、早期的计算机网络

计算机网络起源于美国。1946 年第一台电子计算机在美国诞生，当时没有人想到把计算机技术和通信技术结合起来。20世纪50年代初，根据美国军方的需要，把测量设备测到的数据通过通信线路传送到一台计算机上，进行集中的信息处理与控制，这是计算机技术和通信技术结合的首次尝试。

后来，随着计算机的普及和应用的发展，出现了多台计算机互联的需求。军事部门、科学研究机构、经济分析决策部门以及大型企业需要将不同地点的计算机连成网络，用户可以使用其他计算机的软硬件资源，以实现异地计算机资源共享的目的。

军方的需求最迫切。1969年，正值美苏冷战高峰，美国国防部高级研究计划局（Advanced Research Project Agency，ARPA）提出研究一种新网络的要求，它应该灵活、高效，特别是生存性要好，在前苏联可能的打击下要尽可能地持续工作，这就产生了目前因特网的雏形：ARPANET。

1969年ARPANET只有4个结点，1973年发展到40个结点，1983年结点数达到100个以上，1984年则超过1 000个。ARPANET通过有线、无线与卫星通信线路，覆盖了从美国到欧洲及夏威夷的广阔地域。1984年，ARPANET分解为两个网络，一个仍称为ARPANET，作为民用科研网，另一个成为军用计算机网络。1986年美国国家科学基金会建立了美国国家科学基金网NSFNET，覆盖了全美主要的大学和研究所，NSFNET后来接管了ARPANET，并改名为因特网（Internet）。1987年连接到因特网上的计算机超过1万台。

随后世界各地有很多组织接入到因特网，因特网急需扩容。1991年美国政府决定将因特网的主干网交给私人公司来管理，并开始对接入因特网的组织收费。1993年因特网的主干网速率提高到45Mbps，1996年155Mbps的主干网建成，1999年2.5Gbps的新主干网建成。到1999年底，因特网上注册的计算机已经超过1 000万台。20世纪90年代，万维网（World Wide Web，WWW）在因特网上出现，大大方便了广大非网络专业人员对网络的使用，成为推动因特网指数级增长的主要驱动力。万维网的站点数目也急剧增长，到1999年底超过950万个。

在我国，最早着手建设计算机网络的是铁道部。1987年中国的第一封电子邮件通过因特网发往德国。1989年我国第一个公用的计算机网络CNPAC建成，1993年9月扩建为CHINAPAC。铁道、公安、银行、军队以及其他一些部门也相继建立了各自的专用计算机网络。1994年4月20日我国正式接入因特网。同年5月中国科学院高能物理研究所设计了我国第一个万维网服务器，此后计算机网络在中国迅速普及。

中国教育和科研计算机网（China Education and Research Network，CERNET）简称教育网，始建于1994年，是由国家投资建设，教育部负责管理，清华大学等高等学校承担建设和运行的全国性学术计算机互联网络，是全国最大的公益性计算机互联网络。CERNET是全国第一个IPv4主干网，目前全国绝大多数高校都已接入了CERNET。2004年3月，CERNET2试验网开通，这是中国第一个IPv6主干网，也是世界上规模最大的纯IPv6网，标志着中国下一代互联网建设拉开了序幕。

五、计算机网络的标准化工作

早期的计算机网络没有标准，各组织、各企业各自为政，开发出的网络互不相同，无法互相连通，成为一个个信息孤岛。后来人们认识到这一问题的严重性，开始制订计算机网络的相关标准。制订计算机网络国际标准的主要有以下几个组织：

1. 国际标准化组织（International Organization for Standardization，ISO）

ISO 是世界上最大的非政府性标准化专门机构，是国际标准化领域中一个十分重要的组织。ISO 的任务是促进全球范围内的标准化及其有关活动，以利于国际间产品与服务的交流，以及在知识、科学、技术和经济活动中发展国际间的相互合作。ISO 的标准覆盖面极广，包括了很多的计算机网络标准。

2. 电气和电子工程师协会（Institute of Electrical and Electronics Engineers，IEEE）

美国电气和电子工程师协会是一个国际性的电子技术与信息科学工程师的协会，是世界上最大的专业技术组织之一。其中与计算机网络有关的是 IEEE 802 委员会，致力于研究局域网和城域网。该委员会制定了大量与局域网和城域网有关的标准，因此 IEEE 802 也指关于局域网和城域网的一系列标准。

3. 国际电信联盟（International Telecommunication Union，ITU）

国际电信联盟是电信界最权威的标准制订机构，成立于 1865 年 5 月 17 日，1947 年 10 月 15 日成为联合国的一个专门机构，总部设在瑞士日内瓦。ITU 制定的标准都以字母开头，以 X 开头的标准是关于网络和开放系统通信的，著名的 X.25 标准就是其中之一。

4. 因特网协会（Internet Society，ISOC）

美国政府将因特网的主干网交给私人公司来管理后，成立了一个国际性组织叫做因特网协会，便于对因特网进行全面管理以及在世界范围内促进其发展和使用。因特网协会下面有一个技术组织，叫做因特网体系结构委员会（Internet Architecture Board，IAB），负责管理因特网相关标准的开发。IAB 下面又设有两个部门，一是因特网研究部（Internet Research Task Force，IRTF），二是因特网工程部（Internet Engineering Task Force，IETF）。IRTF 主要负责理论方面的研究，IETF 主要负责因特网的标准化工作。

IEFT 制定的标准以 RFC（Request For Comments，请求评论）的形式发布。RFC 是因特网最重要的文件。但并不是所有的 RFC 都是标准，一部分 RFC 是正在实验的，也有的 RFC 仅仅提供一些指导性的信息，这些 RFC 都不是标准。

一个普通文档成为 RFC 之前要先成为因特网草案（Internet Draft），经过数月的讨论，如果合格则成为 RFC，将获得一个 RFC 编号。所有 RFC 顺序编号，例如 RFC 0001（第一个 RFC）发布于 1969 年 4 月，RFC 2560 发布于 1999 年 6 月。作为标准的 RFC 有三种状态：建议标准（Proposed Standard）、草案标准（Draft Standard）、因特网标准（Internet Standard）。这三种状态由低到高，每种状态都要经过充分的讨论，并不是每个标准都能达到最高状态。

所有的草案与 RFC 都能从 IETF 的网站（http://www.ietf.org）自由下载，并且任何人、任何组织都可以发表评论。发表评论的最简单方式是向作者发电子邮件。

国际标准的制订是一个复杂的问题。既有技术问题，也有非技术问题。有句话说："一流企业卖标准，二流企业卖技术，三流企业卖产品"。在国际标准的制订过程中，各国家、各企业为经济利益进行了激烈的争夺。这方面我国企业是比较落后的。以 RFC 为例，RFC 的作者多是来自微软、IBM 等美国大企业以及欧美的一些研究机构。这些人显然会将自己的利益写入 RFC 中。虽然 RFC 的查看、使用与实现并不收费，但 RFC 肯定最适合作者所在的组织，其他组织就落在了下风。在数千个 RFC 中，由中国人起草的只有几个，而且都是与汉字处理有关的。其他方面中国根本没有任何话语权。有自己制定的国际标准，更重要的是还要在世界范围内推广使用，是我国政府与企业长期艰巨的任务。

任务二   计算机网络的分类

计算机网络的分类标准多种多样，本书只探讨几种主要的分类方式：按网络的覆盖范围分类、按网络的使用者分类、按网络的拓扑结构分类。

一、按网络的覆盖范围分类

计算机网络中结点之间的距离可远可近，即网络覆盖的地理范围可大可小。一般分为 4 类：局域网（Local Area Network，LAN）、城域网（Metropolitan Area Network，MAN）、广域网（Wide Area Network，WAN）与互联网（internet）。如果与电话网类比，那么局域网相当于某单位的内部电话网；城域网相当于某城市的电话网；广域网相当于某电信运营商的电话网；因特网则相当于全世界的电话网。

1. 局域网

局域网覆盖半径在几米到几千米，局限在房间、大楼和园区内。这种网络通常为一个单位所有，特点是用户少、容易配置、速率很高。最初一个单位只拥有一个局域网，后来随着网络的普及，规模较大的单位大都拥有几个局域网。因此又出现了校园网、企业网等名词。校园网、企业网一般由多个局域网组成。

局域网的标准多由 IEEE 的 802 委员会制订。早期有很多不同类型的局域网，经过多年的激烈竞争，现在有线局域网只有一种：以太网。除有线局域网外，现在无线局域网也正在逐渐普及。

2. 城域网

城域网从本质上说是一种大型的局域网，一般覆盖一座城市，连接距离从几千米到几十千米。利用城域网可把各单位的局域网连结为一个整体。早期的城域网通常使用 FDDI 等专门的技术，与局域网、广域网都不相同。随着以太网在局域网领域的胜出，为了更好地与局域网无缝连接，采用以太网技术的城域网越来越多。同时随着局域网覆盖范围的增大，局域网与城域网的界线变得模糊了。

3. 广域网

广域网覆盖的范围比城域网更广，一般连接不同城市、不同国家的网络。广域网的地理覆盖范围从几百千米到几千千米，也称为远程网，是因特网的骨干部分。早期的广域网速率很低，随着技术的迅速发展，现在广域网的速率已经非常高。

4. 互联网

以小写字母 i 开始的 internet 译为互联网，是一个通用名词，泛指由多个计算机网络互联而成的网络。以大写字母 I 开始的 Internet 则译为因特网，是一个专用名词，1969 年它 ARPANET 建立并迅速发展，越来越多的网络与 ARPANET 连结在一起，终于形成了一个覆盖全世界的计算机网络，这个网络被命名为 Internet。

因特网是互联网的一种，inter-这个词头表示"在一起、某某间"之义，因此因特网的含义是网络的网络，即因特网这个大网络由很多个小网络组成，而不像小网络那样由计算机组成。因特网不是固定不变的，某个网络随时可以连入或退出因特网，因特网一直在不断变化，无法确切地说明因特网到底有多大，因此在画图时经常用一朵云彩表示因特网。这 4 种不同类型的网络如图 1-3 所示。

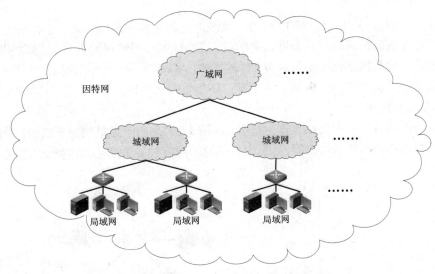

图 1-3　局域网、城域网、广域网与因特网

因特网如此庞大，如何有效地管理呢？因特网的管理者因特网协会除下设技术部门 IAB 外，还设立了一个管理部门——因特网名称与号码分配公司（Internet Corporation for Assigned Names and Numbers，ICANN）。ICANN 虽然叫做公司，但却是一个非营利性的机构，它负责世界范围内 IP 地址、域名等重要内容的分配与管理。

因特网太大了，只有一个 ICANN 不可能有效地管理，因此各个国家都设立了本国的因特网管理机构。中国互联网络信息中心（China Internet Network Information Center）是我国的因特网管理机构，成立于 1997 年 6 月 3 日。中国互联网络信息中心的英文缩写是 CNNIC，而不是英文全称的首字母缩写 CINIC。有解释说 CNNIC 是由中国域名 CN 与 NIC 组成的，但并未见有官方解释。

在我国，电信、联通等电信运营商的网络构成了因特网在我国的主干。因特网在我国发展非常迅速，根据 CNNIC 发布的《第 29 次中国互联网络发展状况统计报告》，截至 2011 年底，我国网民数达到 5.13 亿，居世界第一；我国因特网普及率以 38.3%的比例超过全球平均水平。但在高速发展的同时，速率低、收费高、服务差等问题也日渐突出。

二、按网络的使用者分类

可以将网络分成公用网（public network）和专用网（private network）。公用网面向社会，对所有人提供服务，只要符合网络拥有者的要求就能使用这个网。像电信、联通等电信运营商的网络都是公用网，任何人只要按时交费就可以使用。专用网为一个或几个部门所拥有，它只为拥有者提供服务，不对外服务。如公安、军队、铁路、电力部门的网络。

局域网通常都是为某个单位所拥有，一般都是专用网，非本单位的人无法使用。城域网与广域网中既有公用网，也有专用网。电信运营商的公用网很多都是城域网与广域网；铁路部门经过多年的发展，早已建成了规模庞大的覆盖全路的专用网，这显然是一个广域网。

三、按网络的拓扑结构分类

拓扑学（topology）是几何学的一个重要分支，它将实体抽象成与其大小、形状无关的点，将实体间的连接线路抽象成与其长度无关的线，进而研究点与线间的关系。计算机网络的拓扑结构就是把计算机与网络设备抽象成点，传输媒体抽象成线，用一个几何图形来表示计算机网络。常见的拓扑结构有星型、树型、总线型、环型与网状 5 种。

1．星型拓扑结构

星型拓扑结构有一个中央结点作为核心。如图 1-4（a）所示为星型拓扑结构；如图 1-4（b）所示为采用星型拓扑结构的以太网，处于中心位置的网络设备早期是集线器，现在则是交换机。

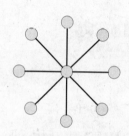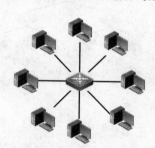

（a）星型拓扑结构示意图　　　　　（b）星型拓扑结构以太网

图 1-4　星型拓扑结构网络

因为计算机之间的通信必须经过中心结点，所以这种结构便于集中控制、易于故障定位、一台计算机故障不影响其他计算机等优点。但是中心结点一旦损坏，整个网络便不能工作，因此要求中心结点有较高的可靠性。另外由于每个计算机都要用线缆连结至中心结点，所以使用的线缆较多。

2．树型拓扑结构

对于星型拓扑结构，当计算机数量增多时无法扩充。例如，以太网交换机上有 24 个接口，则无法连接超过 24 台的计算机。这时可以使用多个交换机，并把多个交换机连结在一起，从而形成树型拓扑结构，如图 1-5 所示。

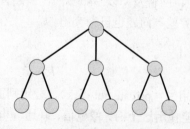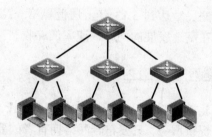

（a）树型拓扑结构示意图　　　　　（b）树型拓扑结构以太网

图 1-5　树型拓扑结构网络

树型拓扑结构像一棵倒置的树，根在最上面，要点是其中不能有环，如果有环存在就不是树型拓扑结构了。现在的以太网，当计算机数量少时，采用星型拓扑结构；当计算机数量多时，就采用树型拓扑结构。

3．总线型拓扑结构

设置一根公共线缆，所有计算机都连结在上面，称为总线型拓扑结构。如图 1-6 (a) 所示为总线型拓扑结构；如图 1-6 (b) 所示为采用总线型拓扑结构的以太网。

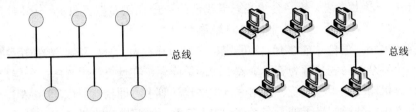

（a）总线型拓扑结构示意图　　　　　（b）总线型拓扑结构以太网

图 1-6　总线型拓扑结构网络

总线型拓扑结构是早期以太网采用的形式。这种拓扑结构虽然能够节省线缆，但存在着连线困难、故障难以定位等问题，因此现在以太网已经淘汰这种拓扑结构，只采用星型拓扑结构与树型拓扑结构。

4．环型拓扑结构

环型拓扑结构中的传输媒体从一个结点连到另一个结点，直到将所有结点连成环型，如图 1-7 所示。

这种拓扑结构容易安装、节省线缆，但是如果一台计算机故障，整个网络将不能工作，而且故障难以定位。采用这种拓扑结构的典型代表是由 IBM 开发的令牌环（token ring）局域网，曾经广泛使用，但在与以太网的激烈竞争中失败，现已淘汰。

5．网状拓扑结构

以上 4 种拓扑结构形式规整，普遍用于局域网。但对于规模大的广域网，特别是因特网，则无法采用这种规整的拓扑结构。大规模网络的拓扑结构看起来杂乱无章，称为网状拓扑结构，一般其中都含有环，如图 1-8 所示。

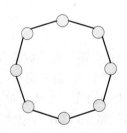
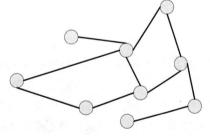

图 1-7　环型拓扑结构示意图　　　　　图 1-8　网状拓扑结构示意图

任务三　计算机网络的分层结构

一、分层的目的与意义

计算机网络非常复杂，这从 RFC 的数量就可以看出来。第一个 RFC 发布于 1969 年 4 月，到 2009 年元旦，RFC 的编号已经达到 5407。2008 年一年就发布了大约 300 个 RFC。随着网络的发展，每年发布的 RFC 数量还在迅速增多。

另外，在日常使用的 PC 机中，无论是 Windows 还是 Linux，与网络有关的程序代码多达数十万行。在服务器上，这一数字会更高。当我们简单地在浏览器上打开一个网页时，计算机网络做了大量的工作，只不过这些工作我们都看不到。

如此复杂的网络，怎样才能够有效地研究、学习和开发呢？分层可以有效地解决这一问题。分层能够将一个复杂的问题分解为若干个较小的简单问题，在计算机世界中，分层是一种常用的方法，它在计算机网络、操作系统、数据库、程序设计等多方面都有着广泛的应用。同样在其他学科与现实世界中，分层同样无处不在，会计中有总账、细目账；当设计一个电子产品或机械产品时，也要有总体设计、概要设计与详细设计；在政府部门中，也有部、局、处、科之分。

在介绍计算机网络的分层结构之前，先讨论一个寄信的例子。虽然现在有了网络上的电子邮件，写信的人已经不多，但这个例子也是一个分层的结构，与计算机网络惊人地相似。在这个例子的基础上，再讨论计算机网络的分层结构。

一个位于咸阳的写信人要将信寄给位于西安的收信人。为了达到这一目的，需要咸阳与西安的邮局。只有邮局是不够的，还需要运输方式，这里假设是铁路。这就需要咸阳火车站与西安火车站，自然还有连结咸阳与西安的铁路线。这是一个三层结构，如图 1-9 所示。

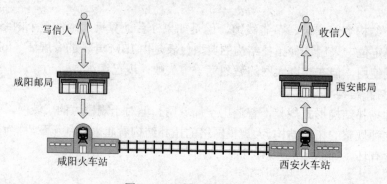

图 1-9　由咸阳寄信到西安

现在回忆一下如何寄信。在信纸上按惯用的格式书写内容。写完信后装入信封，信封上一定要写好收信人地址、姓名与邮政编码等内容，并贴好邮票。将信送往咸阳邮局。邮局收到信后的处理过程虽然不是非常清楚，但也可猜测一下。咸阳邮局一定会把所有发往西安的信装入一个邮袋，在邮袋上写清发往西安。邮袋的大小、邮袋上的内容一定也要符合规定。

在这个例子中邮局并没有自己的运输能力，需要借助铁路。咸阳邮局把邮袋送往咸阳火车站。根据车站要求填写运单，写清到站、收货人等内容。最后咸阳火车站把包括邮袋在内的所有发往西安的货物装入一辆车厢，通过铁路线运往西安。

信件接收是相反的过程。火车到西安火车站后，打开车厢拿下邮袋。西安邮局得到邮袋，打开取出信件。按信封上的收信人地址与姓名把信送到。收信人拆开信封开始读信。真是一个复杂而漫长的过程。下面章节中，将会把计算机网络与这个例子详细类比，说明计算机网络中的重要概念。在这个例子中，分层有如下好处：

1. 容易实现

各层之间是独立的。每一层只需知道下一层可以提供给自己的功能并会使用即可，每一层的功能单一且独立。这相当于把一个大问题分成若干个小问题，复杂程度大大下降了。人们不必知道邮局是如何工作的，只要将信交给邮局就可以了；邮局也不必知道火车站是如何运输的，只要将邮袋交给火车站就可以了。人们甚至不知道信是通过铁路还是公路运输的。

在计算机网络中，每层的功能都是明确划分的，不同的功能可以由不同的层来实现，最后合并为一个整体。

2. 灵活性好

当任何一层发生变化时，只要层与层的关系不变，其他层就不会受到影响。例如，火车由一般火车变成高速火车，甚至火车变成了飞机。此时寄信人与收信人不受任何影响，邮局也不受影响，仅需要把邮袋改送到飞机场。

在计算机网络中，某一层改变的时候，其他层基本不受影响。例如有线局域网变成了无线局域网，只需改变物理层与数据链路层，其他层不需要任何改变。

二、计算机网络的 5 层结构

计算机网络的总体结构称为体系结构（architecture）。建立一个怎样的体系结构，或者说如何分层是一个复杂的问题。1974 年，美国的 IBM 公司发布了 SNA（System Network Architecture，系统网络体系结构），它是一个分层的网络。后来其他很多公司也推出了自己的网络。这些网络的体系结构都不一样，因此无法互相连通。

为解决这一问题，使所有的网络都能互相连通，国际标准化组织 ISO 提出了 OSI/RM（Open Systems Interconnection Reference Model，开放系统互联参考模型），简称为 OSI，其标准编号为 ISO 7498。ISO 一贯的风格是大而全，OSI 自然也不例外。OSI 分为 7 层，庞大复杂，事无巨细，企图解决所有能够想到的问题。实际上其中大部分功能极少使用。

当 ISO 在全世界推行其 OSI，试图让全世界的计算机网络都遵守这一标准时，因特网已经覆盖了世界的很多地区。因特网的体系结构称为 TCP/IP 体系结构，它与 OSI 截然不同。TCP/IP 体系结构注重实用，非常简单。因此 TCP/IP 体系结构在与 OSI 的竞争中胜出了，这是简单战胜复杂的典范。现在覆盖全球的因特网仍是 TCP/IP 体系结构，但没有一个网络是符合 OSI 的。

下面讨论一个分为 5 层的实用的体系结构，也可称为原理体系结构，如图 1-10 所示。各层自下而上编号，最下面的物理层称为第 1 层，数据链路层称为第 2 层，直至第 5 层的应用层。每一层中最主要的内容是协议。同时因为这些层堆叠在一起好像一个堆放货物的堆栈，所以也称为协议栈（protocol stack）。

图 1-10　实用的 5 层体系结构

下面简单介绍各层的功能，本书后面各章就是针对这些层展开的。

1. 物理层（physical layer）

计算机世界采用二进制，只用 0 与 1 这两个二进制位（bit），就能表达所有内容，无论是文本、程序，还是音乐、电影。因此计算机网络只需要能传输大量的 0 与 1 即可。但如何传输却是个复杂的问题，早期使用同轴电缆，现在普遍使用双绞线与光纤。这些传输媒体中传输的是电与光，如何表示 0 与 1 呢？另外，计算机和网络设备如何与传输媒体连接？这些都是物理层要解决的问题。概括地说，物理层的任务就是传输位流。

2. 数据链路层（data link layer）

数据链路层也可简称为链路层。当两个结点（结点可能是计算机，也可能是网络设备）使用一根导线相连时，它们两者间的通信非常简单。可是在无线情况下，若两个结点同时发送数据，数据将会冲突而被破坏。或是在有线方式下，采用广播式的通信方式，也会有冲突发生。这些问题由数据链路层负责解决。概括地说，数据链路层的任务是负责相邻结点间的通信。

3. 网络层（network layer）

当数据从一台计算机发往另一台计算机时，转发数据的网络设备如何知道数据是发往哪台计算机的？如果去目的计算机存在着不同的路径，传输数据时应该选择哪条？选择的依据是什么？这些都是网络层要解决的问题。概括地说，网络层的任务是为数据在网络中选择一条合适的路径。

4. 运输层（transport layer）

一台计算机中能够同时运行多个程序，这些运行着的程序称为进程，如浏览器、QQ 聊天窗口等。假设一台电脑打开了 10 多个浏览器窗口，同时还在 QQ 聊天，BT 也在下载最新的电影，如此众多的进程都使用同一网卡收发数据，数据是如何由网卡正确分配到不同进程去的？浏览器、QQ、BT 都工作正常，没有出现数据混乱现象。另外，网络不是万无一失的，传输过程中数据出错或丢失怎么办？这些都是运输层要解决的问题。概括地说，运输层的任务是负责不同计算机中两个进程间的通信。

在有的文献中，运输层也称为传输层。

5. 应用层（application layer）

计算机网络存在的目的是为了使用。不能使用的计算机网络没有存在的意义。应用层就是为了让用户能够使用网络，如浏览网页、QQ 聊天、收发电子邮件、利用 BT 下载电影、玩网络游戏，这些提供实用功能的程序称为应用。如此众多的应用如何合理地设计，如何能够高效地为用户提供良好的服务就是应用层的任务。

OSI 的 7 层结构中除上述 5 层外，还有表示层与会话层，但这两层在实际中很少使用。TCP/IP 是一个四层的体系结构，它包含应用层、运输层、网际层和网络接口层，其中网际层相当于网络层，网络接口层相当于数据链路层与物理层。OSI、5 层体系结构与 TCP/IP 体系结构的比较如图 1-11 所示。

三、计算机网络中的重要概念

下面通过与寄信例子的类比来说明计算机网络中的重要概念。

1. 实体（entity）

寄信的时候有人、邮局、火车站等参与者，计算机网络中也有网卡、软件进程等参与者。实体指计算机网络中参与发送或接收数据的硬件或软件进程。一个网卡、一个浏览器窗口都是实体。不同的层有不同的实体，位于不同计算机中同一层内的实体称为对等实体。例如，发送数据计算机网络层内的实体与接收数据计算机网络层内的实体就是对等实体。

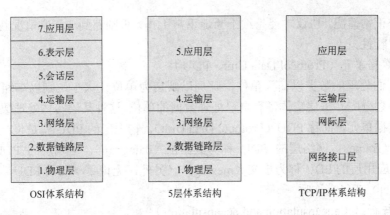

图 1-11   OSI、5 层体系结构与 TCP/IP 体系结构

2．服务（service）

寄信的时候需要邮局把信送出去，邮局也需要车站来运送邮袋。同样道理，在计算机网络中，除物理层外，每层的实体需要其下一层实体的帮助才能完成数据的传输。这种下层实体提供给上层实体使用的功能称为服务。

服务通常通过函数调用来实现。例如，运输层实体提供了 C 语言的发送函数 send() 与接收函数 recv()，应用层实体需要收发数据时直接调用这两个函数就可以了。至于这两个函数如何实现，那是运输层实体的事情，应用层实体不需要知道。实际上运输层为了实现这两个函数还需要调用网络层实体提供的服务，而网络层实体再调用数据链路层实体提供的服务，最后数据链路层实体再调用物理层实体提供的服务。这样经过层层调用才最终完成数据的收发。

3．协议（protocol）

寄信的时候，寄信人除与邮局打交道外，还需要与收信人协调好。写信时一定要按规定格式。规定格式包括先写称呼，再写内容，最后再签上姓名等。实际上还有一个隐含的规定，国内的信最好用中文，寄往国外的信最好用英文。如果给一位中学时只学过俄语的老爷爷用英文写信会出现什么问题呢？咸阳邮局同样要与西安邮局协调好。邮袋的大小、邮袋上相关信息的填写都要按规定办理，这样西安邮局才能正确接收。最后，咸阳火车站与西安火车站也要协调好。否则列车无法正常运行，甚至发生严重事故。

计算机网络也是这样，位于不同计算机内的同层对等实体也需要很多规则才能正常通信。协议规定了两个对等实体进行通信时的数据格式，以及在收发数据及其他事件发生时应进行的操作。既然协议是控制对等实体的，那么一个协议必然位于某一层内，不同的层有不同的协议。因特网有两个最重要的协议，位于运输层的 TCP 协议与位于网络层的 IP 协议，这两个协议构成了因特网的骨架，因此因特网的体系结构才称为 TCP/IP 体系结构。

特别应该注意的是，协议规定的是两个对等实体，也就是位于两台不同计算机内两个同层实体间的关系，至于同一计算机内相邻层实体间的关系则是提供服务与使用服务的关系。

有的协议非常简单，有的则非常复杂。很多复杂协议之所以复杂，是因为要对很多非正常情况进行处理，此时工作量远远超过了处理正常情况的工作量。这种情况在计算机世界经常见到。例如，一个除法程序，处理正常情况只需要类似 a = x/y 的一行，而为了处理除数不能为 0 这种非正常情况，需要判断、报错等多行程序。在设计协议时要非常小心谨慎，尽可能地考虑到各种非正常情况，协议才能持续不断地正常工作，否则遇到非正常情况就会出问题，这叫做协议的健壮性。

4. 协议数据单元（Protocol Data Unit，PDU）

寄信时人们处理的数据以信为单位，邮局以邮袋为单位，火车站则以车厢为单位。计算机网络中如何划分呢？每层实体都有自己处理数据的单位。这种某层实体处理数据的单位称为该层的协议数据单元，简称 PDU（Protocol Data Unit）。物理层的 PDU 就是位；数据链路层的 PDU 称为帧（frame）；网络层的 PDU 称为数据报（datagram）；运输层的 PDU 称为报文段（segment）；应用层的 PDU 称为报文（message）。另外，无论哪一层的 PDU，都可以笼统地用分组（packet）或包来称呼。

5. 封装与拆封（encapsulation and decapsulation）

寄信人写完信装入信封，在信封上写好收信人信息，把信交给邮局。邮局把信装入邮袋，在邮袋上写好相关信息，把邮袋交给火车站。火车站则把邮袋装入车厢，并在车厢的单据上写好到站、品名、收货人等信息。信封、邮袋与车厢单据上的信息可以称为控制信息。收信人虽不需要这些控制信息，但控制信息对于信件的运送却是必不可少的。

同样道理，应用层在数据上加上控制信息形成自己的 PDU，把 PDU 交给运输层实体。运输层实体在应用层 PDU 的外面加上自己的控制信息形成运输层的 PDU，再交给网络层。网络层、数据链路层的实体同样处理，直至物理层，数据才真正传输出去。在上层实体交付的 PDU 外面加上控制信息形成本层 PDU 的过程称为封装。与寄信不同的是，某层 PDU 中仅放置一个来自上层的 PDU。不像邮袋中可以放多封信，车厢中可以放多个邮袋。

火车到达西安站后，查看单据信息无误后打开车厢取出邮袋。西安邮局查看邮袋信息无误后打开邮袋取出信件，投递给收信人。最后收信人打开信封读信。

同样地，计算机网络中每层实体都重复同样的工作：收到来自发送计算机中对等实体给自己的本层 PDU 后，首先查看其中的控制信息，再去掉控制信息得到上层 PDU，交付给上层实体，直至应用层。查看控制信息的目的有很多，如检查数据是否在传输过程中出错。去掉本层 PDU 控制信息从而得到上层 PDU 的过程称为拆封或解封装。因为控制信息通常置于上层 PDU 的前面，所以也形象地称为首部（header）。协议中最重要的内容就是规定首部的格式，以及查看首部后要进行的操作。PDU 中除首部的部分称为数据，数据显然就是来自上层的 PDU。封装与拆封的过程如图 1-12 所示。

图 1-12 说明以下几点：有些数据链路层协议除增加首部外，还在网络层 PDU 的后面增加尾部；有些物理层协议直接将数据链路层 PDU 转换为电或光信号传输，不再增加首部，但也有一些物理层协议需要增加首部。

需要特别注意的是，某层的接收实体只查看本层 PDU 的首部，这个首部则是发送方的同层对等实体加上的。就像收信人只会去看信封上的信息，而不会去看邮袋上的信息，即使想看也看不到，即使看到了也不一定能看明白。

讲到此处，就可以透彻地理解在任何一本网络书上都能看到但令人费解的话："集线器工作在物理层；交换机工作在数据链路层；路由器工作在网络层。"这些设备在后续各章都会详细讨论，这里要弄清楚"某设备工作在某层"到底是什么意思。

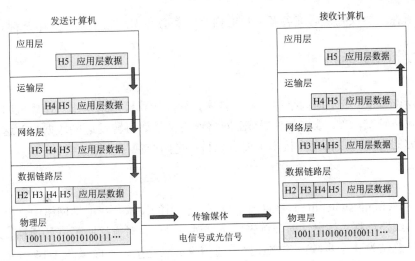

图 1-12　封装与拆封的过程

它的确切意思是指该设备会查看该层及其下面其他层的 PDU 的首部。路由器中的网络层实体会查看网络层 PDU 的首部并据此进行一些操作，这些操作由网络层协议规定，后续章节将会讨论。要想查看网络层 PDU 的首部，就要先查看数据链路层 PDU 的首部并将其去掉，才能得到网络层 PDU。因此路由器内一定要有数据链路层实体。同样道理，也一定要有物理层实体。至于运输层与应用层，路由器并不查看其 PDU 的首部，自然也不需要其实体了。路由器内只有物理层、数据链路层与网络层的实体，高两层的实体并不存在。这种情形如图 1-13所示。

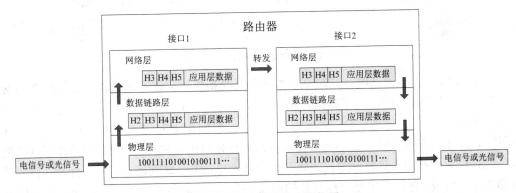

图 1-13　路由器工作在网络层

从图 1-13 可以看出路由器工作的过程，电信号或光信号从接口 1 进入后，物理层实体把信号转换成 0 与 1，得到数据链路层 PDU，数据链路层实体查看其首部并完成数据链路层协议规定的操作后，拆封得到网络层 PDU，网络层实体查看其首部并完成网络层协议规定的操作。网络层 PDU 被转发到接口 2，在这里，数据链路层实体把网络层 PDU 封装为数据链路层 PDU，物理层实体把 0 与 1 转换为电信号或光信号，通过传输媒体发送出去。

同样地，交换机内只有物理层与数据链路层实体，集线器内只有物理层实体。那么计算机内需要哪些实体呢？显然，为了实现完整的网络功能，计算机内一定要有全部 5 层的实体。

以上 5 个概念非常重要。封装与拆封体现了计算机网络分层结构的基本原理，是计算机网络的精髓所在；协议则是后续各章的核心内容。务必在理解的基础上牢牢掌握。

任务四　数据交换技术

交换（switching）这个词最早用于通信技术，后被计算机网络借用。计算机网络中的数据由各种网络设备转发。这些数据如何组织，网络设备又是如何转发这些数据的？这就是数据交换技术要研究的问题。数据交换技术主要有两种：电路交换与分组交换。

一、电路交换

电路交换（circuit switching）是目前电话网络使用的技术。在电话网络中，电话机由电话交换机与通信线路连接。打电话时，首先要拨打对方号码，对方接听后开始通话，通话完毕后挂机。这可以总结为 3 个步骤：建立连接→通信→拆除连接。下面以图 1-14 所示的电话网络来说明电路交换的过程。每个交换机都有 8 个接口，8 台电话分别连接在两台交换机上。交换机由中继线连接，但中继线通常较少，不可能把交换机的所有接口都连接起来。这里假设交换机间只有一条中继线，显然中继线是一种紧缺的资源。

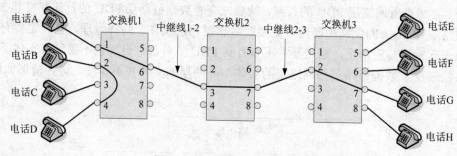

图 1-14　电话网络的电路交换

当电话 B 与电话 D 通话时，在建立连接阶段，交换机 1 只需在其内部连接接口 2 与接口 4。通信阶段保持这条连接。拆除连接时断开接口 2 与接口 4。

但是电话 A 与电话 G 通信时，情况则复杂得多，原因在于电话 A 与电话 G 连接在不同的交换机上。在建立连接阶段，交换机 1 在其内部连接接口 1 与接口 6，并通过中继线 1-2 把接口 6 与交换机 2 的接口 3 连接起来，如此直至连接到电话 G，这就建立了一条连接。该连接完全由物理电路构成，这就是电路交换名称的由来。建立连接阶段实际上是资源申请与分配的过程。在通信阶段，这条连接始终存在。通信阶段实际上是资源使用的过程。在拆除连接阶段，这条连接将被断开。拆除连接阶段实际上是归还资源的过程。

这里的要点是这条连接一旦建立，其他用户将不能使用中继线 1-2 与中继线 2-3，即使在电话 A 与电话 G 间没有话音传输时也是这样。也就是说，电话 A 拨通电话 G 后，即使双方不说话，电话 B、C、D 也无法与电话 E、F、H 通信。只有电话 A 与电话 G 挂机后，交换机 1 与交换机 3 上的电话才能够通话，而且同时只有一对电话能够通话。造成这种现象的根本原因在于中继线是一种紧缺资源。

计算机网络能否这样？显然不能。这是因为计算机网络中的数据具有突发性。当我们打开一个网页时，传输数据也许只需要几秒钟，网页就完全显示在屏幕上了。可是我们看完这个网页却可能需要几分钟，在这几分钟里，线路是空闲的。如果其他用户不能使用这些线路，那么线路的利用率就太低了，而且用户也不愿意为这样的空闲时间付费。一个简单的办法是增加交换机间中继线的数量，但这将导致大量的投资，并且在通信低峰时期（如凌晨）这些中继线大部分是空闲的，电信运营商显然不会同意这个办法。因此在计算机网络中有必要采用新的交换技术。

二、分组交换

既然电路交换不能用于计算机网络，那就必须使用一种新的交换技术，这就是分组交换（packet switching）技术。数据链路层的协议数据单元是帧；网络层的协议数据单元是数据报；运输层的协议数据单元是报文段；应用层的协议数据单元是报文。报文通常可长可短，是不定长的。报文段、数据报、帧一般较短，不能超过某个固定长度。所以报文必须拆分成很多个等长的小数据段，依次加上首部形成报文段、数据报、帧。在本节，这些协议数据单元一律用分组来称呼。如图 1-15 所示。

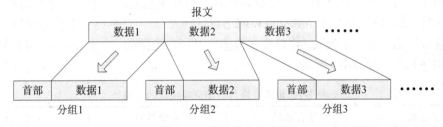

图 1-15　报文拆分为分组

一个分组就相当于一封信。信封上最重要的信息是收信人的姓名与地址。同样道理，首部中最重要的内容是接收方的地址，也叫做目的地址。这些分组全部由发送方发送到网络上。网络设备根据目的地址把它们转发出去。这样经多次转发直至接收方。接收方收到所有分组后，去掉控制信息，再组合为原始数据。下面以图 1-16 为例详细说明分组交换。

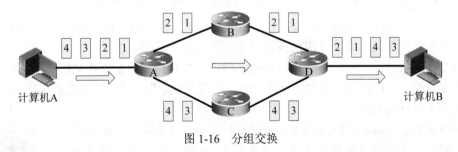

图 1-16　分组交换

计算机 A 与计算机 B 通过 4 个路由器相连。计算机 A 发往计算机 B 的报文被分为 4 个分组，顺序发往路由器 A。与电路交换不同，发送前不需要建立连接。分组一旦产生立即发送。发送完毕后自然也不需要拆除连接。这就像寄信，寄信时同样直接寄出即可，不需要提前通知收信人。所以分组交换是无连接（connectionless）的，电路交换则是面向连接（connection-oriented）的。

第一个分组到达路由器 A 后，路由器 A 将其存入内存，然后查看其目的地址。此时去往计算机 B 有上下两条路径，路由器 A 选择了上面一条路径转发往路由器 B。路由器 B 再转发至路由器 D，最后到达计算机 B。对其他 3 个分组同样处理，最后都能到达计算机 B。网络设备把分组存入内存，再根据其目的地址转发，称为存储转发（store-and-forward）。这个过程需要时间，必然会增大时延（delay）。所谓时延，是指数据从发送方传输到接收方需要的时间。不过现在的网络设备转发速度非常快，时延增大并不明显。电路交换并不需要存储转发，所有数据沿连接好的电路传输即可。

从图 1-16 中可以看出，路由器 A 为分组 1、2 与 3、4 选择了不同的路径，为什么会这样？原因很多，在转发分组 3、4 的时候，上面路径的通信线路可能不通了；可能上面路径数据太多网络拥堵了；也可能路由器 B 停止工作了；还可能上面路径被管理员禁用了。所有分组是独立地被网络设备转发的。这样一来，分组在网络中走的路径可能不一样，可能会出现乱序的现象，图中的分组 1 与 2 先发却后到，分组 3 与 4 后发却先到。寄信也一样，一天寄一封信，连寄十天，收信人很可能先收到后寄的信。为克服这个问题，需要在分组的控制信息中加入序号，接收方按照序号重新组合数据。电路交换不会出现这种乱序问题。

综上所述，分组交换技术有三个要点。一是分组交换是无连接的；二是网络设备对分组进行存储转发；三是每个分组都是独立地被网络设备转发，分组在网络中走的路径可能不一样，可能会出现乱序的现象。相应地，电路交换技术一是面向连接的，二是不进行存储转发；三是所有数据顺序到达。如表 1-1 所示。

表 1-1　电路交换与分组交换特点的比较

交换方式	是否连接	存储转发	数据到达
电路交换	面向连接	否	顺序
分组交换	无连接	是	可能乱序

分组交换彻底解决了电路交换线路利用率低的问题。线路只要空闲就可以传输任意用户的数据，不存在线路被某用户占用却不传输数据的问题。同时分组交换不需要建立连接，提高了效率。分组交换虽然有以上优点，但也有一些缺点。首先就是数据可能乱序到达；其次使用存储转发从而使转发速度稍慢；最后由于添加首部增加了额外的数据传输量。这里的关键是分组交换的线路利用率高，所以分组交换特别适用于计算机网络。

电路交换需要建立连接，并且线路独占，所以效率较低。但是电路交换不进行存储转发，转发的速度较快，没有首部不增加传输数据量，数据也按顺序到达。电路交换仅适用于电话网络，不适用于计算机网络。

【科技人物】Leonard Kleinrock（1934～ ）是美国科学家、分组交换原理的发明人。1959 年在麻省理工学院读博士时，他的很多同学都研究当时热门的信息理论，Leonard Kleinrock 却选择了当时前景未知的计算机网络作为研究方向。当时电路交换已在电话网络中广泛使用，但并不适用于计算机网络。20 世纪 60 年代初，Leonard Kleinrock 提出了分组交换理论，该理论被 ARPANET 采用，今天分组交换已是因特网的支撑技术。1963 年Leonard Kleinrock 进入加州大学洛杉矶分校工作，1969 年加州大学洛杉矶分校成为 ARPANET 的第一个节点。

本章小结

本章主要介绍了计算机网络总体上的、基础性的内容。在介绍计算机的应用与组成的基础上，本章给出了计算机网络的定义，该定义体现了计算机网络中计算机的特点：互相连接、共享资源、自治。计算机网络的分类方法多种多样，本书只介绍了 3 种：按网络的覆盖范围分类、按网络的使用者分类、按网络的拓扑结构分类。

计算机网络的分层结构是本章最重要的内容，同时也是本书的重要内容，它体现了计算机网络的总体思想。实体、服务、协议、协议数据单元、封装与拆封这 5 个概念非常重要。封装与拆封体现了计算机网络分层结构的基本原理，是计算机网络的精髓所在。

电路交换与分组交换的概念也非常重要，前者适用于电话网络，后者适用于计算机网络。分组交换是因特网的支撑技术，后续章节将会更深入地介绍。本章最后给出一个具体案例：陕西工业职业技术学院校园网，它会贯穿本书，在本书的最后会给出完整的解决方案。

基础训练

1．比较有无计算机网络时人们学习、工作方式的不同，理解计算机网络对人类的影响。

2．除计算机外，列举各种终端设备。

3．比较 5 层体系结构、OSI 与 TCP/IP 体系结构。

4．与现实情况类比，深刻理解实体、服务、协议、协议数据单元、封装与拆封这 5 个重要概念。

5．列举出现实生活中协议的例子。

6．路由器与交换机中各有哪几层实体？计算机中呢？

7．把寄信与分组交换进行类比。

技能训练

1．除了硬件，计算机网络还需要复杂的软件才能正常工作，列举常用的网络软件。

2．查阅其他资料，查看计算机网络的其他定义。

3．结合使用计算机网络的经历并查阅其他资料，了解计算机网络在中国的发展情况。

4．去 IETF 官方网站 http://www.ietf.org 浏览有关内容。

5．查看所在的办公楼、宿舍楼或住宅楼中局域网的拓扑结构。

项目 2 网络地址规划

项目概述

　　小王公司规模发展很快，财务部计算机增加为 10 台，技术部计算机增加为 15 台，工程部计算机增加为 20 台，为了确保公司各部门的数据安全，对数据进行精确管理，小王决定统一规划公司的计算机网络参数，为以后扩展网络或增加服务提供便利。公司现在拥有一个 C 类 IP 地址 192.168.1.0，子网掩码采用默认的 255.255.255.0，请帮小王重新规划网络参数并检测网络常见故障。

　　公司现在拥有一个 C 类 IP 地址，根据公司的部门情况，为各个部门创建不同的子网，因为可以这样限制部门之间数据交换，便于实现部分内部的计算机资源的高级管理。为了完成本项目，我们需要解决下面几个问题：

　　（1）解决 MAC 地址和 IP 地址的认识问题。
　　（2）解决网络中计算机的标识问题。
　　（3）解决 C 类 IP 的子网划分问题。
　　（4）解决网络常见故障检测问题。

学习目标

- 具有 MAC 地址的认识能力
- 具有 IP 地址的认识能力
- 具有小型网络 IP 地址的规划能力
- 具有常见网络故障的检测能力

任务一　任务设计与实施

一、认识并修改 MAC 地址

　　网络中每台设备都有一个唯一的网络标识，这个地址叫 MAC 地址或网卡地址，由网络设备制造商生产时写在硬件内部。IP 地址与 MAC 地址在计算机里都是以二进制表示的，IP 地址是 32 位的，而 MAC 地址则是 48 位的。MAC 地址的长度为 48 位（6 个字节），通常表示为 12 个 16 进制数，每 2 个 16 进制数之间用冒号隔开，如：08:00:20:0A:8C:6D 就是一个 MAC 地址，其中前 6 位 16 进制数 08:00:20 代表网络硬件制造商的编号，它由 IEEE（电气与电子工程师协会）分配，而后 3 位 16 进制数 0A:8C:6D 代表该制造商所制造的某个网络产品（如网卡）的系列号。只要你不去更改自己的 MAC 地址，那么你的 MAC 地址在世界是唯一的。

二、查看网卡地址

MAC 地址固化在网卡中的 BIOS，可以通过 DOS 命令获得，在 Windows 2000/XP 中，依次单击【开始】/【运行】，在弹出对话框中输入"cmd"并按【回车键】，在弹出的【Cmd】命令窗口中输入"ipconfig /all"并按【回车键】。即可看到 MAC 地址，其中 Physical Address 项后面就是 MAC 地址。如图 2-1 所示。

```
C:\WINDOWS\system32\cmd.exe

C:\Documents and Settings\Administrator>ipconfig/all

Windows IP Configuration

        Host Name . . . . . . . . . . . . : PC-201104012345
        Primary Dns Suffix  . . . . . . . :
        Node Type . . . . . . . . . . . . : Unknown
        IP Routing Enabled. . . . . . . . : No
        WINS Proxy Enabled. . . . . . . . : No

Ethernet adapter 本地连接:

        Connection-specific DNS Suffix  . :
        Description . . . . . . . . . . . : Marvell Yukon 88E8056 PCI-E Gigabit
Ethernet Controller
        Physical Address. . . . . . . . . : 44-87-FC-6D-7C-95
        Dhcp Enabled. . . . . . . . . . . : Yes
        Autoconfiguration Enabled . . . . : Yes
        IP Address. . . . . . . . . . . . : 192.168.7.86
        Subnet Mask . . . . . . . . . . . : 255.255.255.0
        Default Gateway . . . . . . . . . : 192.168.7.254
        DHCP Server . . . . . . . . . . . : 192.168.7.254
        DNS Servers . . . . . . . . . . . : 192.168.100.180
                                            192.168.99.80
```

图 2-1　用 ipconfig /all 查看网卡参数

三、修改网卡地址

为什么要修改 MAC 地址，到底有什么实际意义呢？简单的说，MAC 地址相当于网络标识，在局域网里，管理人员常常将网络端口与客户机的 MAC 地址绑定，方便管理，如果你的网卡坏了，换一张网卡必须向管理人员申请更改绑定的 MAC 地址，比较麻烦。如果这时又急于上网，可以在操作系统里更改一下 MAC，就可以跳过重新申请这一步，减少了很多麻烦。

怎样修改网卡 MAC 地址，操作步骤如下：

步骤 1：在 Windows 2000/XP 桌面上右击【我的电脑】，选择【管理】，弹出【计算机管理】窗口，如图 2-2 所示。

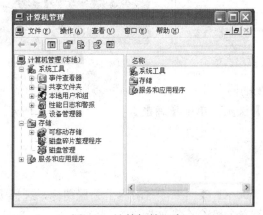

图 2-2　计算机管理窗口

步骤 2：在【计算机管理】左侧窗口中选择【设备管理器】，在右边列表中选择【网络适配器】，在【网络适配器】中选择本机网卡，如图 2-3 所示。

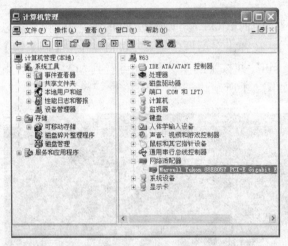

图 2-3　设备管理器窗口

步骤 3：双击网卡，弹出【网络适配器属性】窗口，在高级选项中，选择网络地址，在左边输入新值：00-01-6C-55-3D-2F，单击【确定】按钮。如图 2-4 所示。

步骤 4：查看修改后的值（原值在上图），如图 2-5 所示。

图 2-4　网络适配器高级选项

图 2-5　用 ipconfig /all 查看修改后的网卡参数

步骤 5：要想还原原来的网卡值，在【网络适配器属性】窗口的高级选项中，选择网络地址，在左边选择【不存在】选项，单击【确定】按钮。如图 2-6 所示。

四、设置 IP 地址

IP 地址操作步骤：

步骤 1：在 Windows 2000/XP 桌面上，右击网上邻居图标，选择【属性】命令，在弹出的【本地连接】选项卡中，选择属性命令，如图 2-7 所示。

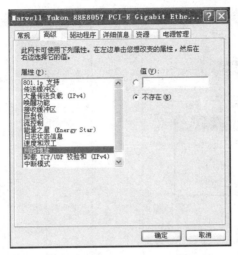

图 2-6　网络适配器高级选项

步骤 2：在【本地连接属性】对话框，选择【TCP/IP 属性】，输入 IP 地址"10.10.20.63"等参数后，单击【确定】按钮。如图 2-8 所示。

图 2-7　本地连接属性对话框

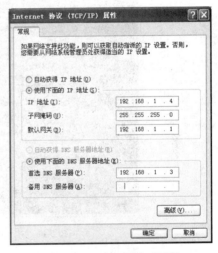

图 2-8　TCP/IP 属性对话框

步骤 3：如果要给一台计算机设置多个 IP 地址，在【TCP/IP 属性】对话框中单击【高级】按钮，在【高级 TCP/IP 属性】对话框中单击【添加】按钮，输入新的 IP 地址，如图 2-9 所示。

步骤 4：单击【确定】按钮，在【高级 TCP/IP 属性】对话框就可以看见两个 IP 地址了。如图 2-10 所示。

也可以依次单击【开始】/【运行】按钮，在弹出对话框中输入"cmd"并按【回车键】，在弹出的【Cmd】窗口中输入"ipconfig"并按【回车键】查看 IP 地址。如图 2-11 所示。

五、规划 IP 地址

1. 拓扑结构

公司网络拓扑图如图 2-12 所示。

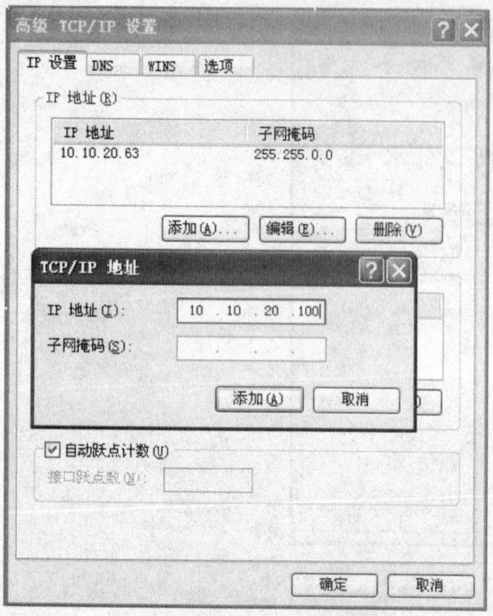

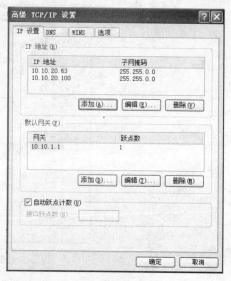

图 2-9　输入新的 IP 地址　　　　　图 2-10　查看 IP 信息

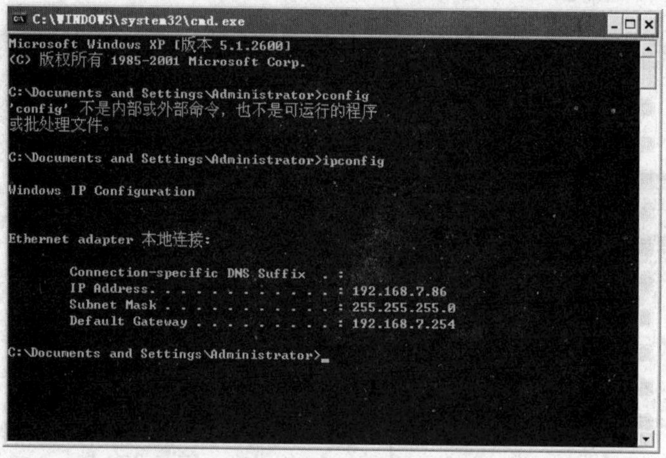

图 2-11　用 ipconfig 命令查看 IP 信息

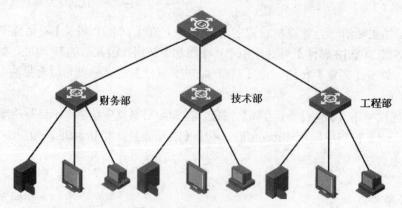

图 2-12　公司网络拓扑图

2. 需求分析

公司财务部有计算机 15 台，技术部有计算机 20 台，工程部有计算机 25 台，公司现拥有一个 C 类地址 192.168.3.0，子网掩码采用默认的 255.255.255.0，现需为各个部门创建不同的子网。

3. 子网划分方法（C 类 IP 地址为例）

子网掩码是一个应用于 TCP/IP 网络的 32 位二进制值，它可以屏蔽掉 IP 地址中的一部分，从而分离出 IP 地址中的网络部分与主机部分，基于子网掩码，管理员可以将网络进一步划分为若干子网。

（1）子网划分前。

IP 地址采用两级结构，如图 2-13 所示。

网络号	主机号

图 2-13　IP 地址两级结构

子网掩码采用默认的结构，即网络号全为 1、主机号全为 0 的地址，如图 2-14 所示。

11111111　11111111　11111111	00000000

图 2-14　子网掩码默认结构

（2）子网划分后（假设子网号为 3 位，主机号为 5 位）。

IP 地址采用三级结构，把原来的主机号划分为子网号和主机号两部分，如图 2-15 所示。

网络号	子网号	主机号

图 2-15　IP 地址三级结构

子网掩码采用网络号和子网号全为 1、主机号为 0 的地址。如图 2-16 所示。

11111111　11111111　11111111	111	00000

图 2-16　划分子网后掩码结构

在动手划分之前，一定要考虑网络目前的需求和将来的需求计划。划分子网主要从以下方面考虑：

（1）确定划分的子网数量（子网全 0 和 1 保留）。

（2）确定每个子网的主机数量（主机全 0 和 1 保留）。

4. 实施步骤

确定子网掩码的步骤：

步骤 1：确定划分的子网数量，确定子网位数 n。如：需要 3 个子网，$2^n - 2 \geq 3$，取最小的 n 值，所以 n 的值为 3。如图 2-16 所示。

步骤 2：将新子网掩码中网络号和子网号全置 1、主机号置 0。若 n=3 且为 C 类地址：则得到子网掩码为 11111111.11111111.11111111.11100000 转化为十进制得到 255.255.255.224。

步骤 3：确定每个子网的主机数量。由于网络被划分为 6 个子网，占用了主机号的前 3 位，若是 C 类地址，则主机号只能用 5 位来表示主机号，因此每个子网内的主机数量 = $2^5 - 2 = 30$。

步骤 4：总结分析。网络被划分为 6 个子网大于部门总数，每个子网 30 台计算机大于每个部门的计算机数量，所以该划分满足项目要求。

步骤 5：制定公司 IP 地址分配情况如表 2-1 所示。

表 2-1　公司 IP 地址分配表

部门	子网号	子网地址	主机号范围	网络地址块	可分配地址
财务部	001	192.168.3.32	00000-11111	192.168.3.32~63	192.168.3.33~62
技术部	010	192.168.3.64	00000-11111	192.168.3.64~95	192.168.3.65~94
工程部	011	192.168.3.96	00000-11111	192.168.3.96~127	192.168.3.97~126

可以从网上 http://down.yyrj.net/sw/20090824/smalltool_01281.rar 下载子网划分工具，如图 2-17 所示。

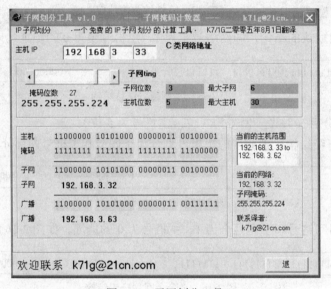

图 2-17　子网划分工具

六、网络故障检测

1. ping

ping 是个使用频率极高的实用程序，用于测试网络连通性。

ping 用来确定本地主机是否能与另一台主机交换（发送与接收）数据报。根据返回的信息，可以推断 TCP/IP 参数是否设置正确以及运行是否正常。需要注意的是：成功地与另一台主机进行一次或两次数据报交换并不表示 TCP/IP 配置就是正确的，必须执行大量的本地主机与远程主机的数据报交换，才能确信 TCP/IP 的正确性。按照缺省设置，Windows 上运行的 ping 命令发送 4 个 ICMP（因特网消息控制协议）回送请求，每个 32 字节数据，如果一切正常，应能得到 4 个回送应答。如图 2-18 所示。

（1）测试回环地址。

使用 ping 127.0.0.1 测试回环地址的连通性。如果命令失败，本机的 TCP/IP 可能出现问题。

（2）测试内部服务器地址。

使用 ping 命令检测远程主机（不同子网上的主机）IP 地址的连通性。如果 ping 命令失败，请验证远程主机的 IP 地址是否正确，远程主机是否运行，以及该计算机和远程主机之间的所有网关（路由器）是否运行。

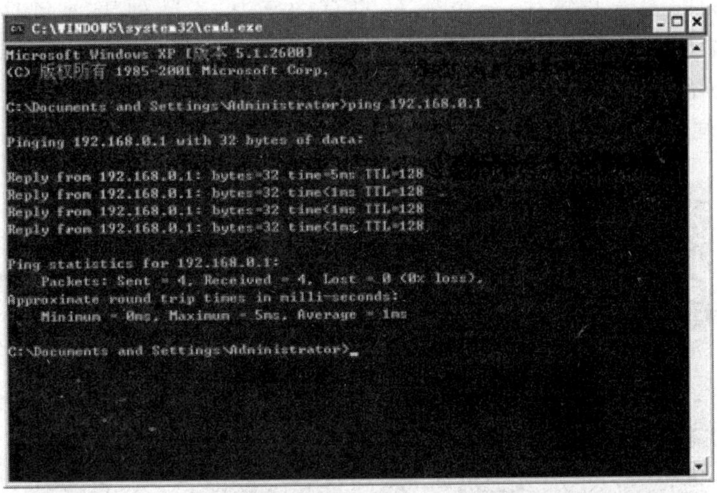

图 2-18　ping 命令窗口

（3）测试网关地址。

使用 ping 命令检测默认网关 IP 地址的连通性。如果 ping 命令执行失败，验证默认网关 IP 地址是否正确，以及网关（路由器）是否运行。

（4）测试 DNS 服务器地址。

使用 ping 命令检测 DNS 服务器 IP 地址的连通性。如果 ping 命令失败，验证 DNS 服务器的 IP 地址是否正确，DNS 服务器是否运行，以及该计算机和 DNS 服务器之间的网关（路由器）是否运行。

ping 命令的常用参数选项

（1）ping IP –t　连续对 IP 地址执行 Ping 命令，用 Ctrl+C 组合键中断。

（2）ping IP -l 100　指定 Ping 命令中的数据长度为 100 字节，而不是缺省的 32 字节。

（3）ping IP –n　执行特定次数的 ping 命令。

2. netstat

netstat 用于显示与 IP、TCP、UDP 和 ICMP 协议相关的统计数据，一般用于检验本机各端口的网络连接情况。

计算机有时候接收到的数据报会出现出错数据，TCP/IP 可以容许这些类型的错误，并能够自动重发数据报。但如果累计的出错情况数目占到所接收的 IP 数据报相当大的百分比，或者它的数目正迅速增加，那么就应该使用 netstat 查一查为什么会出现这些情况了。

netstat 的一些常用选项：

（1）netstat –s　选项能够按照各个协议分别显示其统计数据。如果应用程序（如 Web 浏览器）运行速度比较慢，或者不能显示 Web 页之类的数据，就可以用本选项来查看一下所显示的信息。需要仔细查看统计数据的各行，找到出错的关键字，进而确定问题所在。

（2）netstat –e 选项用于显示关于以太网的统计数据。它列出的项目包括传送的数据报的总字节数、错误数、删除数、数据帧的数量和广播的数量。这些统计数据既有发送的数据帧数量，也有接收的数据帧数量。这个选项可以用来统计一些基本的网络流量。

（3）netstat –r 选项可以显示关于路由表的信息和当前有效的连接。

（4）netstat –a 选项显示一个所有的有效连接信息列表，包括已建立的连接（ESTABLISHED），也包括监听连接请求（LISTENING）的那些连接。

（5）netstat -n 选项显示所有已建立的有效连接。

用 netstat -n 或 netstat -a 可以看到通信对方的 IP 或端口。如图 2-19 所示。

图 2-19　netstat –n 命令窗口

3．ipconfig

Ipconfig 命令和它的等价图形用户界面——Windows 95/98 中的 winipcfg 可用于显示当前的 TCP/IP 配置的信息。这些信息一般用来检验人工配置的 TCP/IP 设置是否正确。如果计算机所在的局域网使用了动态主机配置协议（Dynamic Host Configuration Protocol），DHCP——Windows NT 下的一种把较少的 IP 地址分配给较多主机使用的协议，类似于拨号上网的动态 IP 分配，用 ipconfig 就可以查看计算机是否成功地租用到一个 IP 地址，如果租用到则可以了解它目前分配到的是什么地址。了解计算机当前的 IP 地址、子网掩码和缺省网关实际上是进行测试和故障分析的必要项目。

最常用的选项：

（1）ipconfig 不带任何参数选项，可以显示每个已经配置了的网络接口 IP 地址、子网掩码和缺省网关值。如图 2-20 所示。

（2）ipconfig /all 选项用于 DNS 和 WINS 服务器，显示已配置且所要使用的附加信息（如 IP 地址等），并且显示内置于本地网卡中的物理地址（MAC）。如果 IP 地址是从 DHCP 服务器租用的，ipconfig 将显示 DHCP 服务器的 IP 地址和租用地址预计失效的日期。如图 2-21 所示。

（3）ipconfig /release 和 ipconfig /renew 附加选项，只能在向 DHCP 服务器租用其 IP 地址的计算机上起作用。如果输入 ipconfig /release，那么所有接口的租用 IP 地址便重新交付给 DHCP 服务器（归还 IP 地址）。如果输入 ipconfig /renew，那么本地计算机便设法与 DHCP 服务器取得联系，并租用一个 IP 地址。请注意，大多数情况下网卡将被重新赋予和以前所赋予的相同的 IP 地址。

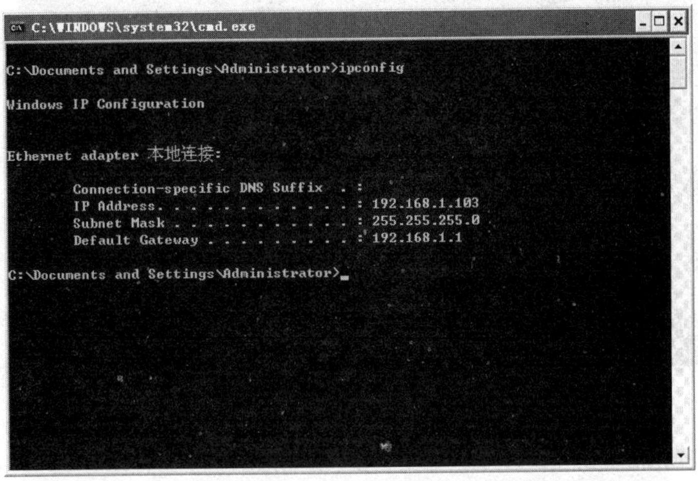

图 2-20　ipconfig 命令窗口

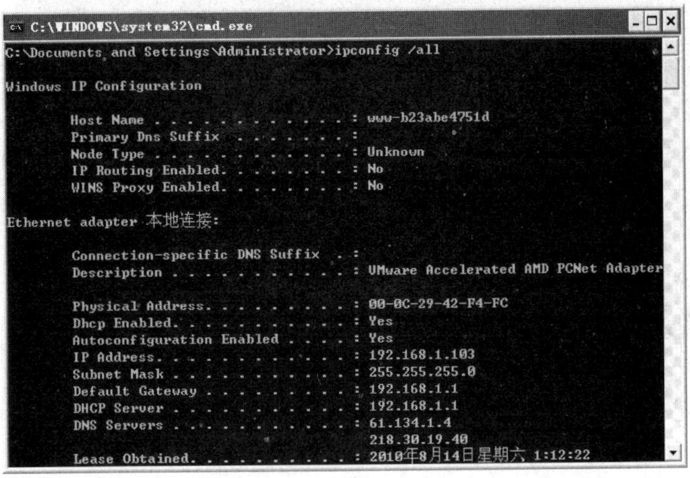

图 2-21　ipconfig/all 命令窗口

4. arp

arp 是一个重要的 TCP/IP 协议，并且用于确定对应 IP 地址的网卡物理地址。使用 arp 命令，能够查看本地计算机或另一台计算机的 arp 高速缓存中的当前内容。

常用命令选项：

（1）arp -a 或 arp –g 选项用于查看高速缓存中的所有项目。-a 和-g 参数的结果是一样的，多年来-g 一直是 UNIX 平台上用来显示 ARP 高速缓存中所有项目的选项，而 Windows 用的是arp -a（-a 可被视为 all，即全部的意思），但它也可以接受比较传统的-g 选项。arp -a IP 可以使你在拥有多个网卡时，只显示与该接口相关的 arp 缓存项目。如图 2-22 所示。

（2）arp -s IP 物理地址选项可以向 ARP 高速缓存中人工输入一个静态项目。该项目在计算机引导过程中将保持有效状态，或者在出现错误时，人工配置的物理地址将自动更新该项目。

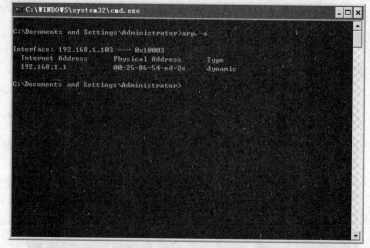

图 2-22　arp –s 命令窗口

（3）arp -d IP 物理地址选项能够人工删除一个静态项目。如图 2-23 所示。

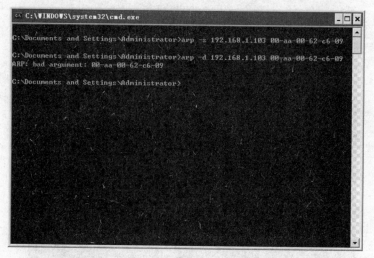

图 2-23　arp –s 和 arp –d 命令窗口

5. tracert

当数据报从本地计算机经过多个网关传送到目的地时，tracert 命令可以用来跟踪数据报使用的路由（路径）。该实用程序跟踪的路径是源计算机到目的计算机的一条路径，不能保证或认为数据报总遵循这个路径。tracert 是一个运行得比较慢的命令（如果指定的目标地址比较远），每个路由器大约需要给它 15 秒钟（如图 2-24 所示是 tracert 的一个运行结果）。

tracert 的使用很简单，只需要在 tracert 后面跟一个 IP 地址或 URL，tracert 会进行相应的域名转换的。tracert 一般用来检测故障的位置，虽然不能确定是什么问题，但可以找到问题出现在什么地方。

6. nbtstat

nbtstat（TCP/IP 上的 NetBIOS 统计数据）实用程序用于提供关于 NetBIOS 的统计数据。

（1）nbtstat -n 选项显示寄存在本地的名字和服务程序。如图 2-25 所示。

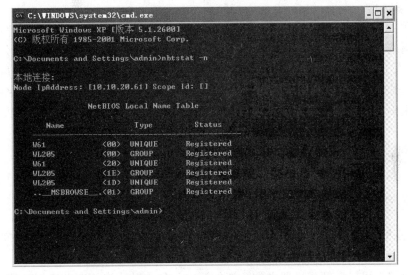

图 2-24　tracert 命令窗口

图 2-25　nbtstat –n 命令窗口

（2）nbtstat -c 选项用于显示 NetBIOS 名字高速缓存的内容。NetBIOS 名字高速缓存用于存放与本计算机最近进行通信的其他计算机的 NetBIOS 名字和 IP 地址对。

（3）nbtstat -r 选项用于清除和重新加载 NetBIOS 名字高速缓存。

（4）nbtstat -a IP 选项通过 IP 显示另一台计算机的物理地址和名字列表，所显示的内容就像对方计算机自己运行 nbtstat -n 一样。

（5）nbtstat -s IP 选项显示使用该 IP 地址的另一台计算机的 NetBIOS 连接表。

7．net

net 命令有很多函数用于使用和核查计算机之间的 NetBIOS 连接。最常用的是 net view。

net view UNC——运用此命令，可以查看目标服务器上的共享点名字。任何局域网里的用户都可以发出此命令，而且不需要提供用户 ID 或口令。如图 2-26 所示。

图 2-26　net view 命令窗口

七、任务总结

通过合理的子网划分，从物理上对企业局域网进行划分，提高网络的安全性，这是不少网络工程师首选的企业网络安全方案。在子网掩码的帮助下，可以把企业网络划分成几个相对独立的网络。然后把企业的机要部门放在一个独立的子网中，以限制其他部门人员对这个部门网络的访问。另外，还可以利用子网对一些应用服务器进行隔离，防止客户端网络因为中毒而对服务器产生不利的影响。要完成本项目应该掌握以下知识。

任务二　概念点击

一、TCP/IP 模型

TCP/IP 模型是一系列网络协议的总称，这些协议的目的，就是使计算机之间可以进行信息交换。

所谓"协议"可以理解成机器之间交谈的语言，每一种协议都有自己的目的。TCP/IP 模型一共包括几百种协议，对互联网上交换信息的各个方面都做了规定。

1. 什么是 TCP/IP

TCP/IP 指传输控制协议/网际协议 （Transmission Control Protocol / Internet Protocol）提供已连接因特网的计算机之间的通信协议。

TCP/IP 定义了电子设备（比如计算机）如何连入因特网，以及数据如何在它们之间传输的标准。

2. 协议族

TCP/IP 是基于 TCP 和 IP 这两个最初的协议之上的不同的通信协议的大的集合。

IP（网际协议）用于计算机之间的通信,负责在因特网上发送和接收数据包。ICMP（因特网消息控制协议）负责网络中的错误处理。

ARP（地址转换协议）用于通过 IP 来查找基于 IP 地址的计算机网卡的硬件地址。

RARP（反向地址转换协议）用于通过 IP 查找基于硬件地址的计算机网卡的 IP 地址。

TCP（传输控制协议）用于从应用程序到网络的数据传输控制，负责在数据传送之前将它们分割为 IP 包，然后在它们到达的时候将它们重组。

HTTP（超文本传输协议）用于 web 服务器与 web 浏览器之间的通信。从 web 客户端（浏览器）向 web 服务器发送请求，并从 web 服务器向 web 客户端返回内容（网页）。

SMTP（简易邮件传输协议）用于电子邮件的传输。

MIME（多用途因特网邮件扩展）使 SMTP 有能力通过 TCP/IP 网络传输多媒体文件，包括声音、视频和二进制数据。

IMAP（因特网消息访问协议）用于存储和取回电子邮件。

POP（邮局协议）用于从电子邮件服务器向个人电脑下载电子邮件。

FTP（文件传输协议）负责计算机之间的文件传输。

DHCP（动态主机配置协议）用于向网络中的计算机分配动态 IP 地址。

SNMP（简单网络管理协议）用于计算机网络的管理。

3. TCP/IP 模型

TCP/IP 参考模型共有四层，自底向上分别是：网络接口层（IP 子网层）、IP 层、TCP 层和应用层。如图 2-27 所示。

（1）网络接口层。

网络接口层主要定义各种物理网络互连的网络接口。由于 IP 协议是一簇与物理层无关协议。因此，TCP/IP 参考模型没有真正描述这一部分，只是指出主机必须使用某种协议与网络互连。

（2）网络层。

网络层（IP 层）是整个体系结构的关键部分。网络层负责向上层（传输层）提供无连接的、不可靠的、"尽力而为"的数据报传送服务。网络层的功能是使主机可以把数据包发往任何网络并

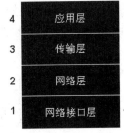

4	应用层
3	传输层
2	网络层
1	网络接口层

图 2-27 TCP/IP 参考模型

使数据包独立地传向目标（可能经由不同的网络）。这些数据包到达的顺序和发送的顺序可能不同，因此如果需要按顺序发送和接收时，高层必须对数据包进行排序。

网络层主要协议包括用来控制网络报文传输的 ICMP（网间控制报文协议）和用来转换 IP 地址和 MAC 地址的 ARP/RARP 协议。IP 层的主要功能就是把 IP 数据包发送到应该去的地方。路由和避免阻塞是该层主要的设计问题。

（3）传输层。

传输层（TCP 层）位于网络层之上。它的功能是使源主机和目标主机上的对等实体可以进行会话。传输层负责提供面向连接的端到端无差错报文传输。由于它下面使用的 IP 层服务的不可靠性，所以要求 TCP 能够进行纠错与连接的管理。在这一层定义了两个端到端的协议。

一个是传输控制协议 TCP（Transmission Control Protocol），它是一个面向连接的协议，允许从一台机器发出的字节流无差错地发往另一台机器。它将输入的字节流分成报文段并传输给 IP 层。TCP 还要处理流量控制，以避免快速发送方向低速接收方发送过多的报文而使接收方无法处理。

另一个协议是用户数据报协议 UDP（User Datagram Protocol），它是一个不可靠的无连接的协议，用于不需要 TCP 排序和流量控制能力而由自己完成这些功能的应用程序。

（4）应用层。

在 TCP/IP 模型的最上层是应用层（Application Layer），包含所有的高层协议。

二、IP 地址

1. 什么是 IP 地址

人们为了通信的方便给每一台计算机都事先分配一个类似我们日常生活中的电话号码一样的标识地址，该标识地址就是 IP 地址。在 Internet 上，每台计算机或网络设备的 IP 地址是全世界唯一的。

什么是固定 IP 地址？

固定 IP 地址是长期分配给一台计算机或网络设备使用的 IP 地址。一般来说，采用专线上网的计算机才拥有固定的 IP 地址。

什么是动态 IP 地址？

通过 Modem、ISDN、ADSL、有线宽带、小区宽带等方式上网的计算机，每次上网所分配到的 IP 地址都不相同，这就是动态 IP 地址。因为 IP 地址资源很宝贵，大部分用户都是通过动态 IP 地址上网的。

2. IP 地址的表示

根据 TCP/IP 协议规定，IP 地址是由 32 位二进制数组成，而且在 Internet 范围内是唯一的。例如，某台在因特网上的计算机的 IP 地址如图 2-28 所示。

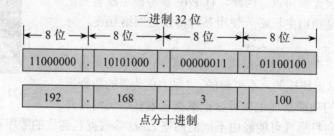

图 2-28　IP 地址标示图

很明显，这些数字不太好记忆。为了方便记忆，就将组成计算机的 IP 地址的 32 位二进制分成四段，每段 8 位，中间用小数点隔开，然后将每八位二进制转换成十进制数，这就是点分十进制法。

一个 IP 地址在一个网络中是唯一的，一台计算机可以有 2 个或多个 IP 地址，但是不允许一个 IP 地址两台计算机共用。

3. IP 地址的分类

按照网络规模的大小，我们把 IP 地址分为 5 类，如图 2-29 所示。

A 类地址：主要用于拥有大量主机的网络编址。

B 类地址：主要用于中等规模的网络编址。

C 类地址：主要用于小型局域网编址。

D 类地址：提供网络组播服务或作为网络测试之用。

	0 1 2 3 4	8	16	24	32

A类 | 0 | 网络号 | 主机号 |

B类 | 1 0 | 网络号 | 主机号 |

C类 | 1 1 0 | 网络号 | 主机号 |

D类 | 1 1 1 0 | 组播地址 |

E类 | 1 2 3 4 5 | 保留今后使用 |

图 2-29　IP 地址分类图

E 类地址：它是一个实验地址，保留给未来扩充使用。如表 2-2 所示。

表 2-2　IP 地址分类图

地址类型	高 8 位的表格	高位 8 数的范围	网络地址范围	主机地址范围
A 类	0XXXXXXX	1~26	126	16777214
B 类	10XXXXXX	128~191	16384	64534
C 类	110XXXXX	192~223	2097152	254
D 类	1110XXXX	224~239	~	~
E 类	11110XXX	240~255	~	~

注意：网络标识不能出现全 0 或全 1 状态；主机标识不能出现全 0 或全 1 状态。

基础训练

1．有人认为："ARP 协议向网络层提供了转换地址的服务，因此 ARP 应当属于数据链路层。"这种说法为什么是错误的？

2．某单位分配到一个 B 类 IP 地址，其 netid 为 129.250.0.0。该单位有 4000 多台机器，分布在 16 个不同的地点。如选用子网掩码为 255.255.255.0，试给每一个地点分配一个子网号码，并算出每个地点主机号码的最小值和最大值。

3．试简单说明 IP、ARP、RARP 和 ICMP 协议的作用。

技能训练

任务 1　完成以下任务：

（1）两人一组，设置两台主机的 IP 地址与子网掩码：

A：10.2.2.2　　255.255.254.0

B：10.2.3.3　　255.255.254.0

（2）两台主机均不设置缺省网关。

（3）用 arp -d 命令清除两台主机上的 ARP 表，然后在 A 与 B 上分别用 ping 命令与对方通信，观察并记录结果，并分析原因。

（4）在两台 PC 上分别执行 arp -a 命令，观察并记录结果，并分析原因。

提示：由于主机将各自通信目标的 IP 地址与自己的子网掩码相"与"后，发现目标主机与自己均位于同一网段（10.2.2.0），因此通过 ARP 协议获得对方的 MAC 地址，从而实现在同一网段内网络设备间的双向通信。

任务 2　完成以下任务：

（1）将 A 的子网掩码改为：255.255.255.0，其他设置保持不变。

（2）在两台 PC 上分别执行 arp -d 命令清除两台主机上的 ARP 表。然后在 A 上 ping B 计算机，观察并记录结果。

（3）在两台 PC 上分别执行 arp -a 命令，观察记录结果，并分析原因。

提示：A 将目标设备的 IP 地址（10.2.3.3）和自己的子网掩码（255.255.255.0）相"与"得 10.2.3.0，和自己不在同一网段（A 所在网段为：10.2.2.0），则 A 必须将该 IP 分组首先发向缺省网关。

任务 3　完成以下任务：

（1）按照任务 2 的配置，接着在 B 上 ping A 计算机，观察并记录结果，并分析原因。

（2）在 B 上执行 arp -a 命令，观察并记录结果，并分析原因。

提示：B 将目标设备的 IP 地址（10.2.2.2）和自己的子网掩码（255.255.254.0）相"与"，发现目标主机与自己均位于同一网段（10.2.2.0），因此，B 通过 arp 协议获得 A 的 MAC 地址，并可以正确地向 A 发送 Echo Request 报文。但由于 A 不能向 B 正确地发回 Echo Reply 报文，故 B 上显示 ping 的结果为"请求超时"。

在该任务操作中，通过观察 A 与 B 的 arp 表的变化，可以验证：在一次 arp 的请求与响应过程中，通信双方就可以获知对方的 MAC 地址与 IP 地址的对应关系，并保存在各自的 arp 表中。

项目 3 局域网技术

项目概述

在陕西工业职业技术学院校园网中，一个重要问题是应该选用何种局域网，这就需要知道现在哪种局域网是主流，它的总体结构是怎样的，它的特点是什么，以及它需要什么样的网络设备。另一个重要问题是整个校园网由一个局域网组成，还是划分为几个？如果需要划分，那么为什么需要划分？应该如何划分？学习完本项目就可以解决上述问题。

学习目标

- 掌握以太网的原理与特点
- 掌握虚拟局域网的原理与特点
- 掌握无线局域网的原理与特点

任务一　以太网

一、以太网的起源

局域网覆盖半径在几米到几千米，局限在房间、大楼和园区内。由于规模小，局域网中由一个结点到另一个结点只需经过一个或者很少几个链路，局域网中的重点是物理层与数据链路层，所以局域网的相关内容安排在本章介绍。

在局域网发展的早期，有多种局域网展开竞争，如以太网（Ethernet）、令牌环网、光纤分布式数据接口 （Fiber Distributed Data Interface，FDDI）、异步传输模式（Asynchronous Transfer Mode，ATM）等网络。最后以太网凭其低价格、高速率、易安装、易升级、易维护、不易出故障等优良特性（这些特性后面会详细介绍）胜出，其他局域网都已被淘汰，以太网已经成为了局域网的代名词。

1973 年，美国施乐（Xerox）公司的 Robert M. Metcalfe 与 David Boggs 发明了以太网。以太（ether）是一种假想的物质，它无处不在，充满整个空间，是电磁波的传播媒体，但后来被证实并不存在。Metcalfe 选择以太这一名词描述网络的这一特征：传输媒体将数据传输到各个结点，他当初想不到的是，今天以太网已经遍布了全世界。以太网最大的特点是在数据链路层使用本章介绍的 CSMA/CD 协议，以太网还是一种无连接的网络，数据产生后立即发送到传输媒体上去，不需要与接收方建立连接。

以太网引起了大家的关注。1980 年，美国的数字设备公司、Intel 公司、施乐公司联合发布了以太网规范 DIX（DIX 是 3 家公司名称的缩写）第 1 版，1982 年又修订为第 2 版。在此基础上，1983 年 IEEE 中专门研究局域网和城域网的 802 委员会制定了 IEEE 802.3 标准，它与 DIX 第 2 版只有微小的差别，可以认为两者是基本一样的。除以太网标准，IEEE 802 委员会还制定了其他局域网标准，如 IEEE 802.4 是令牌总线网标准，IEEE 802.5 是令牌环网标准，不过这些局域网都已被以太网淘汰。

【科技人物】Robert M. Metcalfe（1946～）是美国科学家、以太网的发明人。Metcalfe 曾在麻省理工学院研究 ARPANET，20 世纪 70 年代初在哈佛大学获得博士学位。博士毕业后，他用 3 个月的时间访问了夏威夷大学，深刻理解了 ALOHA 协议的工作原理。随后他进入美国施乐（Xerox）公司工作，1973 年与同事 David Boggs 发明了以太网。1979 年 Metcalfe 创办了 3Com 公司，该公司以生产网络设备闻名。2003 年，3Com 公司与我国的华为公司成立了合资公司 H3C。Metcalfe 还提出了著名的 Metcalfe 定律：网络价值与网络用户数量的平方成正比。2003 年 Metcalfe 获得美国国家技术奖章。

二、以太网卡

网络接口卡（Network Interface Card，NIC）通称网卡，不同的网络需要不同的网卡。以太网卡是以太网中的重要设备，计算机必须使用以太网卡才能连入以太网。早期的网卡是一个独立设备，必须插在计算机的扩展槽上，如图 3-1 所示。现在的计算机主板都集成了网卡，安装第 2 块网卡时才需要独立的网卡。

图 3-1　以太网卡

网卡上有 RJ-45 头接口，可连接双绞线。一般有两个指示灯，一个连通网络后常亮，另一个收发数据时闪烁。光纤网卡有光纤接口，可直接连接光纤，无需光端机转换。国内刚出现以太网卡时非常昂贵，一台要数千元，和一台计算机的价格差不多。随着以太网的迅速普及，以太网卡的价格飞速下降，现在一台只需要二三十元。

网卡有自己的处理器与内存，是物理层与数据链路层的实体，也就是说，网卡实现了物理层与数据链路层的协议。网卡负责把 0 与 1 变成电信号在传输媒体上传输，早期的以太网卡使用曼彻斯特编码，现在则使用 MLT-3、4B/5B 与 8B/10B 等更好的编码方法。以太网在数据链路层使用 CSMA/CD 协议，该协议完全由网卡独立实现，无需计算机的 CPU 参与，也不占用计算机内存，所以网卡是一个半自治的单元。

计算机的网络层实体（一般是计算机内存中运行的一个软件进程）产生协议数据单元后，交给网卡，网卡再把它封装到帧里面发送出去。网卡收到一个帧时，检查并处理帧首部的字段，拆封取出网络层的协议数据单元，再交给网络层实体。

三、以太网的物理地址

早期以太网使用广播链路，即一个结点发送数据时，网内的其他结点都能收到，媒体访问控制方面使用 CSMA/CD 协议。这样面临一个问题，某结点收到一个帧时，这个帧是不是发给自己的呢？这个问题用物理地址（physical address）来解决。物理地址保存在网卡内，也叫做 MAC 地址（MAC address）或硬件地址（hardware address）。

一个结点发送一个帧时，网卡在帧的首部中填上接收方的物理地址，叫做目的物理地址。接收方的网卡接收所有到达自己的帧，把目的物理地址与自己的物理地址比较，若相同就说明这一帧是发给自己的，拆封取出网络层的协议数据单元，交给网络层实体；若不相同就说明这一帧是发给其他结点的，丢弃该帧，不交给网络层实体，减轻网络层实体与 CPU 的负担。

一般的目的物理地址只有一个接收方，所以叫做单播地址（unicast address）。全部为 1 的目的物理地址是一个特殊的地址，叫做广播地址（broadcast address）。每一个结点收到带有广播地址的帧时，都要接收并处理。广播地址有很多用处，发送方不知道接收方的物理地址时，可用广播地址，接收方一定能收到并处理。一个结点想给所有结点发数据，也可以用广播地址，发送一遍即可，若用单播地址则需发送很多遍。物理地址长度 48 位，6 字节，用 16 进制表示，如 00-E0-4C-F1-5E-97，广播地址则是 FF-FF-FF-FF-FF-FF。

细心的读者可能想到，一个以太网内的物理地址不能重复，的确这样，重复的物理地址会搞不清到底谁是接收方。网卡出厂时物理地址就已设置好，生产网卡的厂家很多，如何保证物理地址不重复？IEEE 下设一个部门负责全世界物理地址的分配，它为每个网卡厂家分配物理地址的前 24 位（以这 24 位开头的所有地址叫做一个地址块），也就是前 3 字节，后 24 位由各厂家自行分配，这就保证了物理地址全世界不重复。$2^{24} \approx 1600$ 万，这说明地址块可分配给大约 1600 万个厂家，每个厂家可生产大约 1600 万个网卡，足够了。申请地址块需要付费，目前一个地址块是 1250 美元。实际上，一个厂家可以申请多个地址块，多个厂家也可以联合申请一个地址块。根据物理地址的前 3 个字节，可以确定这个网卡的制造厂家，这些信息从网上就能查到。

一个物理地址可在任意以太网内使用，因此一台计算机连入新的以太网时，不必改变物理地址，这与 IP 地址不同，一台计算机连入新的网络时，一般需要改变 IP 地址。早期的网卡把物理地址固化在只读存储器内，无法修改。现在的网卡把物理地址保存在闪存中，使用特定软件可以修改。不过平时不必修改，仅出于某些特殊目的（如冒充别的计算机）才需要修改物理地址。

四、以太网的帧格式

帧是数据链路层的协议数据单元，以太网的很多特性可以从其帧格式中看出来。以太网有两种帧，一种是 DIX 第 2 版规范定义的帧，另一种是 IEEE 802.3 标准定义的帧，这两种帧差别不大。实际的以太网都使用前一种帧，后一种帧极少使用。DIX 第 2 版规范定义的帧格式如图 3-2 所示，由 6 个字段组成，前 4 个字段是首部，最后一个字段是尾部，这些都是控制信息，由网卡填写，数据字段则是网络层的协议数据单元。

前同步码	目的地址	源地址	类型	数据	CRC
8字节	6字节	6字节	2字节	46~1500字节	4字节

图 3-2   以太网的帧格式

1. 前同步码（preamble）

前同步码长度为 8 字节，内容是固定的，前 7 个字节都是 10101010，最后一个字节是 10101011。前同步码的作用是使接收方网卡的接收频率与发送方网卡的发送频率精确一致，这称为同步。接收网卡发现媒体上出现前同步码时，就据此调整自己的接收频率，做到与发送网卡频率同步，就可以正确接收后面的帧了。有了前同步码，网卡的频率不需要非常精确，因为每接收一帧前都可以调整频率。

2. 目的地址（destination address）

目的地址长度为 6 字节，是接收方网卡的物理地址，如前所述，网卡据此判断帧是不是发给自己的。若是广播帧，这里就是 FF-FF-FF-FF-FF-FF。

3. 源地址（source address）

源地址长度为 6 字节，是发送方网卡的物理地址，让接收方知道这个帧是从哪里发来的。有时源地址起到身份识别的作用，修改网卡的物理地址可以冒充别的计算机，所以用源物理地址进行身份识别非常不可靠。

4. 类型（type）

类型长度为 2 字节，说明数据字段的内容是什么类型。网络层协议有多种，每一种协议都由不同的网络层实体实现，网卡根据本字段决定把数据字段的内容交给哪个网络层实体。如果本字段的值是十六进制的 0800，说明是 IP 协议的协议数据单元，网卡拆封后交给 IP 协议实体；如果本字段的值是十六进制的 8137，说明是 IPX 协议的协议数据单元，网卡拆封后交给 IPX 协议实体。虽然网络层协议有多种，但目前应用最多的是 IP 协议。

5. 数据（data）

数据最短为 46 字节，最长 1 500 字节。限制数据不能过短，是为了使一个帧在争用期内发不完，保证能够检测到碰撞。以太网的地理覆盖范围最多几千米，根据信号的传播速度，能确定从网络一端到另一端的最大往返时延为 51.2μs，这就是 CSMA/CD 协议的争用期，早期以太网的速率是 10Mbps，在 51.2μs 的争用期内能发送 512 位，也就是 64 字节。目的地址、源地址、类型和 CRC 共 18 字节，加上数据的最短长度 46 字节，正好 64 字节（前同步码不计入帧长度），这就是数据最短 46 字节的由来。如果网络实体发来的协议数据单元过短，不够 46 字节，就要填充一些无用数据凑够 46 字节。

帧出错时需要重传整个帧，太大的帧包含了很多正确的不需重传的数据，代价太高，同时处理大帧需要网卡有较多的内存，这是限制数据不能过长的原因。

6. CRC

CRC 长度 4 字节，就是本章介绍的循环冗余检验，用以检验该帧是否出错。发送方使用 33 位的生成多项式，计算出的附加码是 32 位，置于此字段，接收方用同样的生成多项式检验。这个过程由网卡用硬件实现，速度很快，也不占用计算机的 CPU 与内存。如果发现出错，网卡就把该帧丢弃，不再交给网络层实体，但是以太网并不负责重传错误的帧，重传错误的数据由运输层的 TCP 协议负责。可见，以太网仅保证不向网络层实体交付错误的数据，并不保证可靠传输。

五、使用同轴电缆的以太网

经过 30 多年的演化，以太网有很多类型。最早的以太网使用粗同轴电缆作为传输媒体，总线型拓扑结构，数据传输速率为 10Mbps，后来传输媒体改为细同轴电缆。1990 年，IEEE 发布了新的以太网标准，革命性地用双绞线代替同轴电缆，用星型拓扑结构代替总线型拓扑结构。20 世纪 90 年代初，以太网开始使用交换机，极大提高了以太网的效率。1993 年，以太网开始使用光纤作为传输媒体。1995 年，IEEE 发布了数据传输速率为 100Mbps 的以太网标准。3 年后的 1998 年，IEEE 又发布了数据传输速率为 1 000bps 的以太网标准。2002 年，数据传输速率为 10Gbps 的以太网标准问世。

在不到 30 年的时间里，以太网技术飞速发展，传输媒体从同轴电缆发展到双绞线与光纤，数据传输速率从 10Mbps 发展到惊人的 10Gbps，增长了 1 000 倍，拓扑结构从总线型发展到使用交换机的星型拓扑结构。以太网战胜了令牌总线网、令牌环网、FDDI、ATM 等所有竞争对手，现在已经垄断局域网市场，不过不用担心，提供以太网产品的公司非常多，产品价格低廉。

下面首先介绍使用同轴电缆的以太网。

以太网最早使用粗同轴电缆作为传输媒体，这种以太网称为 10Base5 以太网，10 表示数据传输速率为 10Mbps，Base 表示数据经曼彻斯特编码后直接传输，5 表示每段同轴电缆的最大长度为 500m。10Base5 以太网整个网络的最大跨距为 2 500m，采用总线型拓扑结构，这是一种广播链路，使用 CSMA/CD 协议解决碰撞问题，如图 3-3 所示。

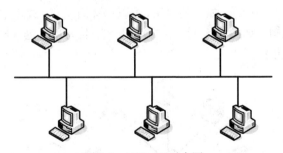

图 3-3   10Base5 以太网

10Base5 以太网安装复杂、设备昂贵、故障难以定位，1986 年改进为 10Base2 以太网。10 与 Base 的含义与 10Base5 以太网相同，2 表示每段同轴电缆的最大长度为 200m。10Base2 以太网把传输媒体改为细同轴电缆，同时简化了连接头，仍采用总线型拓扑结构，使用 CSMA/CD 协议。与 10Base5 以太网相比，10Base2 以太网更容易安装，更容易增加新结点，能大幅度降低费用，但同现在使用的以太网相比，10Base2 以太网仍然安装复杂、设备昂贵、故障难以定位。例如，细同轴电缆的连接头叫做 T 形头，如图 3-4 所示，T 型头用不锈钢制作，与 RJ-45 头相比，价格贵、体积大、接线复杂、易出故障。

图 3-4　10Base2 以太网的 T 型头

六、使用集线器的以太网

10Base5 以太网与 10Base2 以太网缺点很多，因此在 1990 年，IEEE 发布了新的以太网标准，这就是 10Base-T 以太网。10Base-T 以太网有两项革命性的改进，一是用双绞线代替同轴电缆，二是用星型拓扑结构代替总线型拓扑结构，这在以太网的发展史上有里程碑性的意义。经此改进，以太网安装简单、设备价格低廉、故障易于定位，为以太网战胜其他局域网奠定了牢固的基础。10Base-T 中的 10 表示数据传输速率为 10Mbps，Base 表示数据经曼彻斯特编码后直接传输，T 表示传输媒体使用双绞线。

10Base-T 以太网的传输媒体使用 3 类非屏蔽双绞线，更好的双绞线当然也可以。与同轴电缆与 T 型头相比，双绞线与 RJ-45 头的价格低廉，连接简单；同轴电缆中只有一个电回路，不能进行全双工通信，而双绞线里面有 8 根电线，两根构成发送电回路，另两根构成接收电回路，可以全双工通信。10Base-T 以太网中每根双绞线最长 100m，再长时信号衰减严重，可能无法正确接收。

总线型拓扑结构有很多问题，如安装复杂、难以增加新结点、故障难以定位，因此 10Base-T 以太网改为星型拓扑结构，如图 3-5 所示，中心是一个名为集线器（hub）的设备，所有计算机都通过双绞线连接在集线器上。

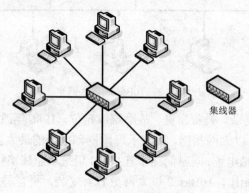

集线器

图 3-5　10Base-T 以太网

这种拓扑结构安装和增加新结点非常容易，只需从计算机拉一根双绞线到集线器，两端做好 RJ-45 头，一端插入计算机网卡，另一端插入集线器即可。故障也很容易定位，如果一台计算机不通，问题肯定在这台计算机或是它到集线器的连线上；如果所有计算机都不通，问题肯定在集线器上。这种拓扑结构的缺点是双绞线使用过多。

10Base-T 以太网虽然改为星型拓扑结构，但这仍是广播式链路，当集线器收到一台计算机发送的数据时，会把数据转发到其他所有接口上去，这样所有计算机都将收到数据，所以仍需要运行 CSMA/CD 协议。与同轴电缆以太网相比，10Base-T 以太网仅更改了物理层，数据链路层未变。

集线器是 10Base-T 以太网的核心设备，通常有 4 口、8 口、16 口、24 口等类型，如图 3-6 所示。集线器工作在物理层，一个接口收到信号时，集线器把信号放大后转发到其他所有接口，并不查看帧的首部，更不会查看网络层、运输层与应用层协议数据单元的首部，也不运行 CSMA/CD 协议，CSMA/CD 协议仅在计算机网卡上运行。当网络规模较大时，可使用多个集线器，形成树型拓扑结构，如图 3-7 所示。

图 3-6 以太网集线器

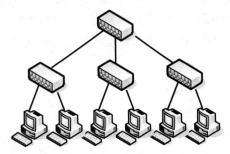

图 3-7 树型拓扑结构以太网

1993 年，IEEE 发布 10Base-F 以太网标准，10 与 Base 的含义与 10Base-T 以太网相同，F 表示传输媒体使用光纤。10Base-F 以太网使用两条光纤，一条光纤发送数据，另一条接收数据，每条光纤最长 2 000m。10Base-F 以太网的拓扑结构及 CSMA/CD 协议与 10Base-T 以太网相同，仅改变了传输媒体。因为光纤的传输距离（2 000m）比双绞线（100m）长，所以 10Base-T 以太网与 10Base-F 以太网经常混合使用，楼内近距离使用双绞线，楼外远距离使用光纤，在光纤与双绞线的连接处用光端机转接。

10Base-T 以太网与 10Base-F 以太网优点很多，问世之后迅速代替了同轴电缆以太网。但是它有一个致命的缺点，当计算机数量很多时，网络性能急剧下降，这是因为计算机越多，发送的数据就越多，碰撞的可能性就越大，计算机发送数据成功的可能性就越小，极端情况下整个网络不能工作。一个这样的以太网就是一个碰撞域（collision domain），一个碰撞域内任意两台及以上计算机同时发送数据就会发生碰撞。以太网的总速率是 10Mbps，如果有 100 台计算机，那么每台计算机分得 10/100=0.1Mbps，如果有 1 000 台计算机，那么每台计算机分得 0.01Mbps。实际的速率远小于此，因为还有很多时间用于处理碰撞。这个问题是广播式链路的固有问题，要解决它就必须对以太网做大的改造。

七、使用交换机的以太网

使用集线器的以太网当连入的计算机增多时，性能会下降，但计算机增多的趋势却不会改变。20 世纪 90 年代初，随着计算机数量及网络流量的骤增，传统的使用集线器的以太网已经不能适应形势的变化，此时出现了使用交换机（switch）的以太网，交换机代替了集线器作为星型拓扑结构的中心，大大提高了以太网的性能。交换机如图 3-8 所示。使用集线器的以太网因为所有计算机共享一个信道，所以称为共享式以太网，使用交换机的以太网则称为交换式以太网。

图3-8　以太网交换机

交换机的工作原理很简单。它收到一个帧后，查看其目的物理地址，据此查找自己内存中的一个转发表，最后把帧从一个接口转发出去，而不是转发到所有接口。下面以如图3-9所示为例说明，图3-9中交换机有4个接口，连接了4台计算机，4台计算机的物理地址及交换机内存中的转发表如图所示。最基本的转发表有两列，说明具有某物理地址的计算机（实际上这是计算机上网卡的物理地址）连接在交换机哪个接口上，如第1行说明物理地址为11-11-11-11-11-11的计算机连接在交换机接口1上。

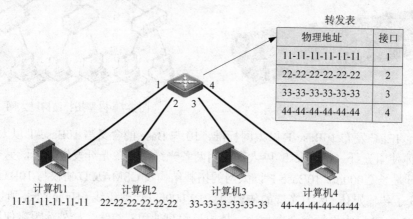

图3-9　交换机通过查找转发表转发数据

假设计算机1发送一个帧到计算机2，交换机从接口1收到该帧，查看其目的物理地址为22-22-22-22-22-22，再查找转发表，得知计算机2连接在接口2上，于是向接口2转发该帧，不再向其他接口转发。如果仍用集线器，集线器会向除接口1的其他3个接口转发。如果与此同时计算机3发送一个到计算机4的帧，交换机就把它转发到接口4去，这就做到了计算机1与计算机3同时发送数据而不发生碰撞。如果仍用集线器，就会发生碰撞。由此可见，交换机消除了碰撞，多台计算机可以同时发送数据，性能比集线器大大提高了。

这里有一个关键问题，交换机内存中的转发表是如何产生的？管理员手工输入是一个办法，这要求管理员掌握整个网络的物理地址情况，一旦有用户更换网卡必须立即修改转发表，同时物理地址很长，容易输错，当网络规模很大时，这对管理员来说是一项不可能完成的任务，有必要让交换机自动生成这个表。交换机刚开机时转发表是空的，当交换机收到一个帧时，它查看帧中的源物理地址，把它与相应的接口填到转发表中。例如，图3-9中的交换机开机了，此时转发表是空的，它从接口1收到计算机1发给计算机2的帧，帧中的源物理地址是11-11-11-11-11-11，这时交换机明白了物理地址为11-11-11-11-11-11的计算机连接在接口1上，于是交换机填写转发表的第1行，做完这些工作后交换机再转发这一帧。当所有计算机都发送了帧时，转发表就填满了，这一过程叫做交换机的自学习。

还有一个问题，转发表中查不到目的物理地址时如何转发？上一个问题中，交换机开机后转发表是空的，它收到计算机 1 发给计算机 2 的帧，帧中的目的物理地址是22-22-22-22-22-22，查找转发表，查不出物理地址为 22-22-22-22-22-22 的计算机连接在哪个接口。这时的对策是向除接口 1 的其他所有接口转发，计算机 2 一定能收到。虽然效率不高，但这种情况的持续时间不会长，因为转发表很快就会填满。

最后一个问题是如果计算机更换了网卡，物理地址变了，这会在转发表中产生一个新行，旧的那一行却会长期留在转发表中。为解决这一问题，转发表中增加了第 3 列，该列记录这一行产生的时间，一段时间后，如果一直没有收到以该行地址为源物理地址的帧，就删除这一行。

结合以前的知识，可以知道交换机工作在数据链路层，交换机中有数据链路层实体，查看帧中的源物理地址与目的物理地址，并做出相应的处理。交换机中自然也有物理层实体，实现数据与电信号或光信号的转换。

早期的交换机非常昂贵，对于一个使用了多台集线器的树型拓扑结构以太网，不可能把集线器全部更换为交换机，这时的策略是把最核心的集线器更换为交换机，如图 3-10 所示。当交换机收到一个帧，该帧的接收方与发送方连接在交换机同一接口上时，交换机将不转发这个帧，例如，交换机收到计算机 A 发给计算机 B 的帧时，就丢弃这一帧，不需要转发，但如果收到计算机 A 发给计算机 C 的帧时，则需要转发。交换机的 4 个接口把原来的一个碰撞域分成了 4 个碰撞域，交换机的每个接口都需要运行 CSMA/CD 协议，以解决与碰撞域内 3 台计算机的碰撞问题，碰撞域间则互不干扰，虽然一个碰撞域内仍有碰撞，但总体性能比没有交换机好得多。

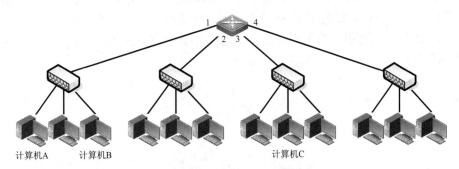

图 3-10　同时使用交换机与集线器的以太网

现在交换机的价格已经非常便宜，可以全部使用交换机，不再需要使用集线器，如图 3-11 所示。这时所有计算机可以同时发送数据，不会有碰撞产生，不再需要 CSMA/CD 协议。对于 24 口交换机，24 台计算机可以组成 12 对互相通信的计算机，所有计算机可以同时发送与接收数据，实现真正的全双工通信，每台计算机相当于独占整个网络的全部带宽。

交换机的前身是网桥，它们两者的工作原理完全一样，只是网桥只有两个接口，交换机的接口则很多，有 8 口、16 口、24 口、48 口等类型。接口可以连接双绞线，称为电口，也可以直接连接光纤，称为光口。所有交换机的基本工作原理都与上面讲的一样，但根据其他附加功能的多少以及性能的优劣，交换机分为很多类型，价格也相差很大。最简单的交换机只能转发数据，没有任何附加功能，性能较差，价格也就几十元；高档的交换机附加功能非常多，性能优良，价格要数千元，甚至数万元。

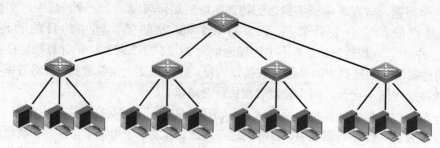

图 3-11　全部使用交换机的以太网

　　现在有些交换机已经具有路由器的部分功能，也就是说这种交换机里面有网络层实体，可以工作在网络层，既可以用作交换机，也可以用作路由器。这种交换机叫做三层交换机，只能工作在数据链路层的则叫做二层交换机，或是链路层交换机。本书中交换机一词一律指二层交换机。

　　使用集线器与交换机组建以太网时，要注意网络一定是树型结构，不能有环路。如果有环路，帧可能沿环路无休止地绕圈子，占用带宽，某些交换机甚至不能正常工作。当网络规模很大时，一不小心还是会形成环路，很多交换机可以使用生成树协议（Spanning Tree Protocol，STP）来消除环路。

　　STP 协议首先选择一个交换机作为生成树的根，然后把所有交换机连接在这棵生成树上，交换机不在这棵树上的接口将被禁用，从而消除环路。下面举例说明，如图 3-12 所示，3 台交换机 A、B 与 C 形成环路。运行 STP 协议时，假设选择 A 为根，B 与 C 都使用接口 1 与 A 连接在一起，形成生成树，B 与 C 的接口 2 都不在生成树上，因此都被禁用，从而消除了环路。虽然 STP 协议能够克服环的不利影响，但运行 STP 协议要占用交换机的资源，所以最好还是保证网络中不形成环路。

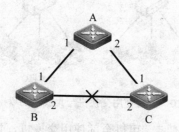

图 3-12　STP 协议能够消除环路

八、高速以太网

　　早期以太网的数据传输速率是 10Mbps，这在当时已经是很高的速率了，但随着网络流量的迅速增加，10Mbps 的速率显得慢了。1991 年提出了 100Mbps 以太网的设想，1992 年 100Mbps 以太网的产品就出现了，1995 年 IEEE 发布了正式的 100Mbps 以太网标准。仅仅过了 3 年，1998 年 IEEE 又发布了数据传输速率为 1 000Mbps 的以太网标准。人们永远不会满足于现有的速率，1999 年 IEEE 开始研究 10Gbps 以太网，2002 年发布了 10Gbps 以太网的标准。注意这里的速率单位 bps 是位/秒，若是要换算为字节，则要除以 8，另外这些速率都是理论速率，实际的速率要低一些。

1. 100Mbps 以太网

100Mbps 以太网叫做百兆以太网或是快速以太网。100Mbps 以太网可以使用集线器，也可以使用交换机，仍采用 CSMA/CD 协议，并保留了 10Mbps 以太网的帧格式。可以说数据链路层没有什么变化，但为了实现 100Mbps 的数据传输速率，100Mbps 以太网的物理层做了一些重要的改进，如不再使用曼彻斯特编码，换为效率更高的编码方式。

IEEE 规定了好几种 100Mbps 以太网标准，100Base-TX 使用 5 类非屏蔽双绞线或屏蔽双绞线，8 根线中一对发送，另一对接收，信号编码采用 MLT-3 编码。100Base-FX 使用两根多模或单模光纤，一根发送，另一根接收，信号编码采用 4B/5B 编码。100Base-T4 使用 3 类双绞线，不过必须使用全部 8 根线，这是专为大量当时正在使用的老旧 3 类双绞线设计的，这些用户可以不必重新布线就能容易地升级到 100Mbps。

2. 1000Mbps 以太网

1000Mbps 以太网叫做千兆以太网或吉比特以太网。与 100Mbps 以太网相同，1000Mbps 以太网可以使用集线器，也可以使用交换机，仍采用 CSMA/CD 协议，并保留了 10Mbps 以太网的帧格式。

1000Mbps 以太网的标准也有好几种，1000Base-LX 与 1 000Base-SX 都使用光纤作为传输媒体，1000Base-T 使用 5 类非屏蔽双绞线，不过 8 根线全部都要使用。

3. 10Gbps 以太网

10Gbps 以太网叫做万兆以太网或 10 吉比特以太网，10Gbps 以太网的帧格式、帧的最大与最小长度与以前的以太网完全相同。由于传输速率极高，10Gbps 以太网只采用光纤作为传输媒体，不再使用双绞线，同时不能使用集线器，只能使用交换机，工作在全双工方式下，所以也就不再需要 CSMA/CD 协议。

10Gbps 以太网除可用于局域网外，还可用于广域网，可以与 SDH 协同工作，不过现在这种应用非常少见，以后的发展还很难说。

人们对传输速率的追求永无止境，2006 年 7 月，IEEE 成立了高速网络研究组（HSSG），现在正在研究数据传输速率为 100Gbps 的以太网，也许几年之内，市场上就会出现 100Gbps 以太网的产品。

经过以上论述，发现以太网具有价格低、速率高、安装与维护容易等优良特性，除此之外，以太网还有一个重要优点，即升级容易。以太网在发展过程中，设身处地地考虑了用户的情况，让用户非常容易地把已有以太网升级为更好的以太网，这叫做平滑升级。具体措施有以下几点：

（1）1982 年制定的帧格式至今未变。

（2）10Mbps 以太网、100Mbps 以太网与 1 000Mbps 以太网都使用相同的 CSMA/CD 协议。

（3）尽可能不改变传输媒体。改变传输媒体就要重新布线，这是建设网络最麻烦的事情，例如，100Mbps 以太网也可以使用 10Mbps 以太网的 3 类双绞线。如果一开始建设以太网就使用 5 类线，那么可以一直用到 1 000Mbps 以太网。

（4）使用自适应设备。现在绝大多数网卡与交换机都可以工作在几种速率下，如 10Mbps/100Mbps/1 000Mbps 自适应网卡，10Mbps/100Mbps/1 000Mbps 自适应交换机。这种设备连接时，会自动选择一个最高的速率运行，两个这样的设备连接时，自然会选择 1000Mbps，如果与只能运行在 10Mbps 的老旧设备连接，那么它就运行在 10Mbps。这样做的目的是保护用户投资，用户的老旧设备不必立即报废淘汰，可以先购入部分自适应设备，与老旧设备协同工作，然后循序渐近地全部换为新设备。全部换为新设备后，整个网络就工作在更高的速率了。

既然以太网有若干种传输媒体与数据传输速率不同，在新建以太网时，是不是就要选择最好的光纤传输的 10Gbps 以太网呢？答案是否定的，最好的未必是最合适的。光纤传输的 10Gbps 以太网价格非常昂贵，如此高的速率是不是有必要，是不是能利用得起来，这都是问题。

现在新建以太网时一般这样选择：传输媒体方面，因为光纤的传输距离多为几千米，双绞线仅为 100m 左右，所以室内使用双绞线，室外使用光纤。数据传输速率方面，一般计算机上使用 100Mbps 网卡就可以了，直接连接计算机的交换机同样也是 100Mbps，网络中的骨干线路上则采用 1 000Mbps 交换机，因为这些线路汇聚了大量数据，流量非常大，有必要采用更高的速率，如图 3-13 所示。图中服务器的访问量非常大，所以连接在 1000Mbps 的交换机上，注意下面的 4 台交换机，它们拥有 100Mbps 接口，也拥有 1 000Mbps 接口。要考虑得更长远，可把图中 100Mbps 线路换为 1 000Mbps 线路，把 1 000Mbps 线路换为 10Gbps 线路。

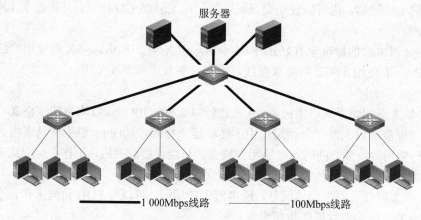

图 3-13   不同速率的以太网混合使用

任务二   虚拟局域网

一、大规模局域网的问题

随着以太网的普及，局域网的规模越来越大，从几人的办公网络发展到数万人的校园网与企业网，当一个以太网规模过大时，会产生很多问题。最严重的是广播问题，目的物理地址是 FF-FF-FF-FF-FF-FF 的帧是广播帧，所有计算机都要接收广播帧，为达到这一目的，所有的交换机都要把广播帧从所有接口（收到广播帧的接口除外）转发出去，传遍整个网络，这会产生很人的数据流量。部分单播帧有时也要以广播形式转发，如交换机中的转发表为空时。网卡或网络设备发生故障时，可能会不停地发送广播帧，从而导致严重的广播风暴。当广播帧占总流量的 30% 时，网络效率会明显下降。很多病毒也利用了广播帧，如流行的 ARP 欺骗病毒。

虽然广播帧有很多用处，但对于一个具体的广播帧，并不一定每台计算机都需要，可能仅一部分计算机需要，例如，在一个有 10 000 台计算机的校园网中，计算机 A 要向计算机 B 发送数据，但计算机 A 不知道计算机 B 的物理地址，计算机 A 只能发出一个广播帧。实际上只有计算机 B 需要这一帧，其他 9 999 台计算机都不需要，但这一广播帧却传遍了整个网络，这样一来，既增大了网络流量，其他计算机又要处理这一广播帧，浪费了大量资源。发生这一问题的根源是广播域太大了，所谓广播域（broadcast domain），是指若干计算机的集合，其中一台计算机发送广播帧，其他所有计算机都能收到。一个广播域通常被认为是一个网络，不同的广播域则是不同的网络。

从广播帧带来的问题和它的用处来看，完全应该而且可以把一个大的广播域划分为若干个小的广播域，也就是把一个大网络划分为若干个小网络。当一个以太网有数百台计算机时，就要考虑划分广播域了。

使用路由器可以划分广播域，把一个大型网络分为几部分，这几部分用路由器来连接，而不是用交换机来连接，路由器不转发广播帧，从而减小了广播域。如图 3-14 所示，利用路由器，把 1 个广播域划分为 4 个广播域。一般认为路由器连接的是不同的网络，而交换机连接的是同一网络，所以这相当于把一个大的局域网物理上划分为几个小的局域网。与交换机相比，路由器价格较高、管理与维护复杂，而且同等价格下速率比交换机慢，用路由器划分广播域显然不是一个好办法。

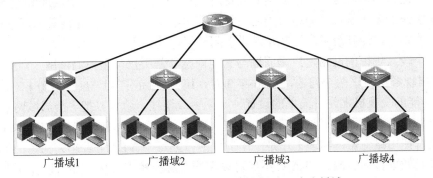

图 3-14　路由器把 1 个广播域划分为 4 个广播域

除广播问题外，以太网的管理也很困难，当网络规模变大时这一问题更加突出，如图 3-15 所示。图中 5 台交换机连接了若干台计算机，如果想阻止计算机 A 与计算机 D 通信，一个办法是断开交换机 1 与交换机 5 的连线。但计算机 A 将无法与计算机 C 等其他计算机通信，同时还影响到计算机 B 与其他计算机的通信，这实际上是把一个局域网分割为互不连通的几个局域网。另一个办法是在交换机 1 上做一些设置，也可以阻止计算机 A 与计算机 D 通信。但是如果计算机 A 移动了位置，距离交换机 3 更近，需要就近连接到交换机 3 上，就必须在交换机 3 上再做同样的设置，或者是拉一根长线，仍把计算机连接到交换机 1 上，这两种办法都不方便。

二、虚拟局域网

在讨论虚拟局域网之前，先搞清楚"虚拟"这个词在计算机世界中的含义。在计算机世界，有很多带有"虚拟"或"虚"的名词，所谓虚拟某某，指不是某某，但看起来像某某。例如，操作系统中的虚拟内存，它并不是真正的内存，只是硬盘上的一块空间，但是在 CPU 看来，虚拟内存可以像真实的内存一样使用，只是比较麻烦而且速度较慢；又如，著名的虚拟主机软件VMware，它能够在一台计算机上虚拟出多台计算机，可以安装并同时运行多个操作系统。

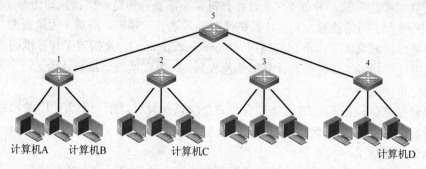

图 3-15　以太网管理不便

在计算机世界，逻辑与物理这两个词也经常使用。逻辑与虚拟类似，物理与真实类似。虚拟内存也可以叫做逻辑内存，真实内存也可以叫做物理内存；虚拟主机也可以叫做逻辑主机，真实主机也可以叫做物理主机。举一个例子，某单位的内部网络与因特网逻辑上是断开的，意思是内部网络与因特网间有一根真实的线路连接，但做了限制使数据无法在这根线路上传输，物理上断开则是指不存在这样一根真实的线路。再举一个生活中的例子加深理解，学校开学时，校方要在学生证上盖注册章，以证明学生到校了。某学生没有到校，而是请其他同学代为盖章，校方就认为该同学已经到校了。这就是逻辑上到校了，物理上并没有到校。

对于一个较大规模的网络，广播问题与管理问题非常突出，虚拟局域网（Virtual LAN，VLAN）的出现解决了这两个问题，1996 年 3 月，IEEE 发布了 VLAN 标准 IEEE 802.1q。在有 VLAN 功能的交换机上经过简单的设置，不需更改连线，就可以把一个局域网划分为若干个 VLAN。VLAN 间能否相互通信可通过设置决定，不过广播帧是不能在 VLAN 间转发的。整个网络没有使用路由器，物理上还是一个局域网，但每个 VLAN 看起来都是一个独立的局域网，所以叫做虚拟局域网。VLAN 不仅可以在一个交换机上实现，还可以在多个交换机上跨交换机实现，目前很多以太网交换机都有 VLAN 功能。要注意 VLAN 只是局域网给用户提供的一种服务，并不是一种新型局域网。

利用二层交换机划分 VLAN 时，VLAN 间无法相互通信，必须增加一台路由器，利用路由器的网络层转发功能才能使 VLAN 间相互通信。更简单高效的办法是利用三层交换机划分VLAN，利用三层交换机的路由器功能就能使 VLAN 间相互通信。

利用 VLAN 可以方便地划分广播域，如图 3-16 所示，不需利用路由器，交换机 1 是一台具有 VLAN 功能的三层交换机。整个网络划分成 4 个 VLAN，并在交换机 1 上进行设置，允许这 4 个 VLAN 相互通信，整个网络就划分成了 4 个广播域，广播帧仅在一个 VLAN 内部广播，交换机 1 不会把广播帧转发到其他 VLAN。

利用 VLAN 还可以很方便地管理以太网，如图 3-17 所示，为阻止计算机 A 与计算机 D通信，把计算机 A 划分为 VLAN1，计算机 D 划分为 VLAN3，其他所有计算机划分为 VLAN2。通过设置允许 VLAN1 与 VLAN2 通信，允许 VLAN2 与 VLAN3 通信，但禁止 VLAN1 与 VLAN3通信，计算机 A 与计算机 D 就不能通信了。VLAN 的划分可以做到与计算机所在的物理位置无关，如果计算机 A 与交换机 1 断开，连结到交换机 4 上，这时不需做任何修改，计算机 A

仍属于 VLAN1，还是不能与计算机 D 通信。

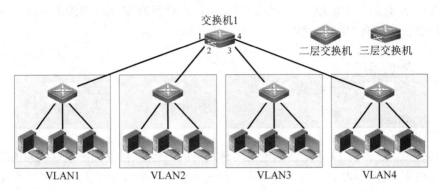

图 3-16　利用 VLAN 划分广播域

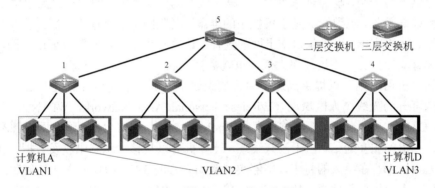

图 3-17　利用 VLAN 管理以太网

怎样把一台计算机划入某个 VLAN 呢？划分的依据有多种，包括利用交换机接口、计算机的物理地址与 IP 地址划分 VLAN 等。

1. 利用交换机接口划分 VLAN

这种方法根据计算机连接交换机接口的不同划分 VLAN，如图 3-16 所示，交换机 1 有 4 个接口，连接在同一接口的计算机属于同一个 VLAN，总共划分为 4 个 VLAN，还可以把多个接口划入同一 VLAN 中。这种方法简单，容易实现，但灵活性不好，例如，不能在一个接口上划分一个以上的 VLAN；一台计算机移动到另一个新接口时，如果新接口与旧接口属于不同的 VLAN，这个计算机就不能再属于旧 VLAN 了。

2. 利用计算机物理地址划分 VLAN

这种方法根据计算机物理地址的不同划分 VLAN，不论计算机在网络中怎样移动，只要其物理地址保持不变，该计算机就始终属于某个 VLAN，不需要重新配置，但在一个大型网络中，管理员把每个物理地址一一划分到 VLAN 中，是十分繁琐的。

3. 利用计算机 IP 地址划分 VLAN

这种方法根据计算机 IP 地址的不同划分 VLAN，这种方法的优点与利用物理地址划分 VLAN 类似，它的缺点是效率低，因为查看 IP 地址比查看物理地址更费时间。

划分 VLAN 时为每个 VLAN 分配一个整数，这个整数就是 VLAN 的标识符，不同的整数代表了不同的 VLAN。为了实现 VLAN 功能，VLAN 帧与标准的以太网帧有所不同，VLAN

帧在以太网帧的首部中增加了一个字段，该字段包含了 VLAN 的标识符。

因为 VLAN 有划分广播域、方便管理等优点，所以目前 VLAN 得到了广泛的应用，绝大多数中高档交换机都有 VLAN 功能。

任务三　无线局域网

一、无线计算机网络概述

在电话领域，过去的 10 年是移动电话飞速发展的 10 年，根据国际电信联盟的报告，2008 年底全球手机用户接近 40 亿，其中我国用户超过 6 亿。手机改变了人们的生活方式。无线计算机网络是否也会出现同样的蓬勃发展呢？

手机可以无线上网，缺点是速率太低，第 3 代移动通信（3G）的理论最高速率是几 Mbps，实际的速率远低于此。更致命的是手机狭小的屏幕，浏览网页非常地不舒服。手机上网是移动炒股、应急上网的选择，而不是日常上网的选择。计算机利用手机网络也可以上网，联通、移动、电信都有此项业务，不过速率太低，也就数百 kbps，而且价格不菲。

无线计算机网络则可以提供高速、廉价的无线上网服务。无线计算机网络有很多种，按其覆盖范围可分为无线个人区域网（Wireless Personal Area Network，WPAN）、无线局域网（Wireless LAN，WLAN）与无线城域网（Wireless MAN，WMAN）。这些网络都利用无线电波来实现计算机间相互通信，由于没有线缆，计算机可以在移动状态中收发数据。利用这些网络与其他无线技术，在不久的将来，能够实现激动人心的 5W，即任何人在任何时间、任何地点能够与任何人交换任何信息（Whoever，Whenever，Wherever，Whomever，Whatever）。无线局域网是本节的重点，下面先简单介绍无线个人区域网与无线城域网。

1. 无线个人区域网

无线个人区域网简称无线个域网，它是在个人周围空间形成的无线网络，通常指覆盖范围在 10m 以内的短距离无线网络，适用于连接个人使用的多个电子设备，如计算机、笔记本电脑、手机、数字相机、移动硬盘等。无线个域网本质上是一种电缆替代技术，实现无线个域网的技术有很多，如蓝牙、IEEE 802.15 系列标准。

蓝牙由爱立信、英特尔、诺基亚、IBM 和东芝等公司于 1998 年 5 月联合推出，它可以在较小的范围内以无线方式连接各类电子设备。蓝牙的通信距离大约为 10m，最高数据传输速率可达 1Mbps。蓝牙有广泛的应用，现在有蓝牙功能的手机、耳机和笔记本电脑随处可见。

针对无线个域网，IEEE 推出了 IEEE 802.15 系列标准。IEEE 802.15.1 标准由蓝牙技术演变而来，于 2002 年推出。IEEE 802.15.2 是对 IEEE 802.15.1 的改进，其目的是减轻与其他无线网络间的干扰。IEEE 802.15.3 旨在实现高速率传输，速率高达 480Mbps，可用于传输高质量的音视频信号。IEEE 802.15.4 是低速率的无线个域网，速率可以低至 9.6kbps，它与 IEEE 802.15.3 分工不同，可适用于不同的应用环境。

2. 无线城域网

针对无线城域网，IEEE 推出了 IEEE 802.16 标准，传输距离可达 50km，传输速率可达 134Mbps。IEEE 802.16 推出后得到了众多厂家的支持，这些厂家成立了一个组织：WiMAX（Worldwide Interoperability for Microwave Access）论坛，旨在推动 IEEE 802.16 标准在全球的发展，所以 IEEE 802.16 网络也称为 WiMAX 网络。WiMAX 在北美、欧洲迅猛发展，现在这股热浪已经推进到亚洲，在我国发展也非常迅速。

2007 年 10 月 19 日，国际电信联盟在日内瓦举行的无线通信全体会议上，批准 WiMAX 为第 3 代移动通信标准，这是继 WCDMA、CDMA 2000 与 TD-SCDMA 之后的全球第 4 个 3G 标准，WiMAX 性能极佳，因此有人认为 WiMAX 应该属于 4G 标准。WiMAX 与我国的 TD-SCDMA 所使用的频段一样，今后在全球范围争夺频段方面将存在直接竞争关系，而 2009 年初 TD-SCDMA 刚刚开始商用，推进速度缓慢，在 WiMAX 的威胁下，TD-SCDMA 的前景难料。

无线网络虽然使用方便，但存在很多问题：

（1）信号强度衰减严重。根据电磁波理论，在电磁波的传播过程中，其强度与传播距离的平方成反比，在穿越障碍物（如墙壁）时，电磁波衰减得更加厉害。这使得随着距离的增加，信号强度迅速减弱。

（2）干扰严重。与有线信号相比，无线信号更容易被干扰，现在的电子设备越来越多，这些设备工作时都会产生电磁辐射，不可避免地对无线网络信号造成干扰。

（3）多路径传播。电磁波的一部分直接到达接收方，如果另一部分受到物体与地面反射，用更长的路径到达接收方，那么就会出现多路径传播现象，这会使接收到的信号变得模糊，在高大建筑物附近这一现象特别突出。无线电视出现重影就是这个原因。

（4）安全问题。窃听无线信号非常容易，这使得无线网络的安全问题非常突出。

二、IEEE 802.11 无线局域网

1. 无线局域网概述

无线局域网得到广泛的应用，笔记本电脑的迅速普及是一个重要因素。笔记本电脑容易移动，要想随时随地找到网线插口上网并不容易，特别是在会议室、图书馆等人多且流动性高的地方。无线局域网的出现改变了这一现象，目前学校、企业、办公楼、公共场所、家庭中已经有很多的无线接入点（也称为无线热点），笔记本电脑可以很容易地接入无线局域网。随着无线局域网的普及，无线设备越来越便宜，这又使无线局域网更加普及，形成了良性循环。

无线局域网的标准是 IEEE 802.11 系列标准，有 IEEE 802.11b、IEEE 802.11a 与 IEEE 802.11g 等，如表 3-1 所示。IEEE 802.11 推出后得到了众多厂家的支持。与 WiMAX 类似，这些厂家成立了一个组织 Wi-Fi（Wireless Fidelity，无线保真）联盟，旨在推动 IEEE 802.11 标准在全球的发展，所以 IEEE 802.11 网络也称为 Wi-Fi 网络。现在很多手机就带有 Wi-Fi 功能，但在我国大陆销售的行货手机在取得入网许可证之前，将 Wi-Fi 功能的硬件模块去掉了，否则不发入网许可证，不得上市销售。一些经非正常渠道进入大陆市场的水货手机却保留了 Wi-Fi 功能，因此受到消费者的青睐。

表 3-1 各类 IEEE 802.11 标准

名称	工作频率范围	最高数据传输速率
IEEE 802.11b	2.4～2.485GHz	11Mbps
IEEE 802.11a	5.1～5.8GHz	54Mbps
IEEE 802.11g	2.4～2.485GHz	54Mbps

需要说明的是，无线电频率是一种有限的资源。如果多人同时使用同一频率，距离近时会互相干扰。我国各省市都有无线电管理机构，绝大多数频率都要向该机构申请，经批准后才能使用，并要收费。IEEE 802.11a 使用的 5.8GHz 频段就需要申请备案后才能使用，而 IEEE 802.11b 与 IEEE 802.11g 使用的 2.4GHz 频段就无需申请，可以自由使用。同时 2.4GHz 频段因为频率较低、波长较长，所以信号的穿透力比 5.8GHz 好，两者中 IEEE 802.11g 的速率高，可达 54Mbps，所以 IEEE 802.11g 是无线局域网的最佳选择。

计算机要连入无线局域网，必须要有内置或外置的无线网卡，无线网卡一般支持 IEEE 802.11b 与 IEEE 802.11g 这两种标准，笔记本电脑一般也都内置了符合这两种标准的无线网卡。外置网卡一般是 USB 接口，如图 3-18 所示，使用非常方便。与以太网卡类似，无线网卡也具有 6 字节长度的物理地址。

2. 无线局域网的组网方式

IEEE 802.11 局域网有两种组网方式，按照是否需要基础设施，分别是自组织无线局域网（ad hoc WLAN）与基础设施无线局域网（infrastructure WLAN）。所谓基础设施，通常是指接入点（Access Point，AP），AP 同时具有无线与有线功能，可以把无线网络与有线网络连接在一起。自组织无线局域网不需要 AP，若干台具有无线网卡的计算机就能独立地组成一个无线局域网，如图 3-19 所示，但无法连入有线网络。

图 3-18　USB 接口的无线网卡

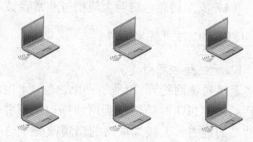

图 3-19　自组织无线局域网

自组织无线局域网是动态的，计算机可以随时加入，也可以随时退出；自组织无线局域网也是对等的，即网络中所有计算机的地位平等，没有中心控制结点。网络内的计算机同时还要充当转发设备的角色，当某个计算机要与其覆盖范围之外的计算机通信时，需要中间的某台或多台计算机转发。这些特性使得自组织无线局域网非常复杂，必须具有自动发现、自动配置、自动组织、自动治愈等功能，这涉及到很多复杂的算法问题。

自组织无线局域网无需人工干预和任何其他预置的网络设施，可以在任何时刻任何地方快速展开并自动组网，任何计算机的故障不会影响整个网络的运行。这些优良特性使自组织无线局域网特别适用于某些场合，如在变化迅速的战场上，移动中的士兵、车辆可以组成自组织无线局域网；灾害发生时，网络设施大多已被摧毁，自组织无线局域网仍可以正常有效地工作。

使用更多的是基础设施无线局域网，无线局域网一般专指基础设施无线局域网。这种无线局域网使用 AP，如图 3-20 所示，AP同时具有无线模块与有线模块，无线模块连接无线局域网，有线模

图 3-20　AP

块则连接到有线网络。AP 是无线局域网的核心，无线计算机与 AP 通信，再通过 AP 连入有线网络，AP 相当于一台无线交换机。AP 的覆盖范围从几十米至上百米。有的 AP 具有两个无线模块（具有两根天线），一个模块连接无线计算机，另一模块可以连接另一 AP，以扩大覆盖范围。

一个 AP 与其连接的计算机形成一个基本服务集（Basic Service Set，BSS），如图 3-21 所示，一个 BSS 的覆盖范围从几十米到上百米。因为一个地点可以同时有多个 BSS，所以每个 BSS 必须有一个与其他 BSS 不同的标识符，叫做 SSID。AP 周期性地发送一种称为信标帧的特殊帧，其中包含 SSID，计算机接收到信标帧后，可以与 AP 建立关联，以后就通过这个 AP 收发数据。如果接收到多个信标帧，那么可以由用户选择一个 AP 建立关联。计算机也可以主动发送探测请求帧，AP 则回应以探测响应帧，以建立关联。

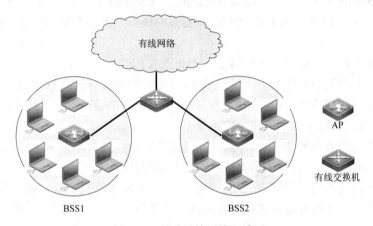

图 3-21　基础设施无线局域网

3．无线局域网的媒体访问控制

IEEE 802.11g 与 IEEE 802.11b 都工作在 2.4～2.485GHz，这个频段划分为 11 个频道，有些频道是部分重叠的，1 号、6 号与 11 号频道则完全没有重叠。一个 AP 与关联到它的所有计算机工作在同一个频道，如果在同一区域设置 3 台 AP，则可以让它们分别工作在 1 号、6 号与 11 号频道，这 3 个 BSS 间将完全不会有干扰；如果再增加 AP，BSS 间一定会有干扰。

IEEE 802.11 采用随机访问协议，AP 与关联到它的所有计算机工作在同一频道，两个结点（计算机或 AP）同时发送数据一定会发生干扰，无法正确接收，与以太网类似，这是无线局域网中的碰撞。以太网的 CSMA/CD 协议能否用于无线局域网？答案是否定的，这是因为无线局域网的无线链路完全不同于以太网的有线链路，具体有如下两个原因：

（1）CSMA/CD 协议要求在发送数据的同时检测是否有碰撞发生，可是在无线环境下，无线网卡接收到信号的强度远远小于它自己发送信号的强度，难以检测到碰撞。

（2）即使付出代价提升无线网卡性能进行碰撞检测，但在某些情况下却无法检测到碰撞，这是由无线信号的特点决定的。如图 3-22 所示，A 和 C 同时向 B 发送数据，A 的信号与 C 的信号在 B 处发生碰撞，但由于距离过远，A 与 C 都无法接收到对方的信号，也就无法检测到碰撞，错误地认为发送成功，这称为隐蔽站问题。

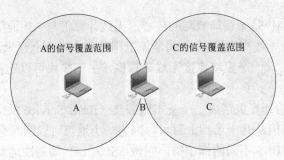

图 3-22 隐蔽站问题

碰撞无法检测，那就要尽可能地避免。IEEE 802.11 采用载波监听多点接入/碰撞避免（Carrier Sense Multiple Access/Collision Avoidance，CSMA/CA）协议，与 CSMA/CD 只有一个英文单词不同，CSMA/CA 与 CSMA/CD 有相似的地方，但也有相当大的不同。CSMA/CA 简要描述如下：

（1）某节点有帧要发送时，先检测信道上是否有其他节点在发送数据。

（2）如果没有检测到其他节点在发送数据，即信道空闲，就发送这一帧。

（3）如果检测到其他节点在发送数据，则随机选择一个等待时间，继续检测信道，若信道空闲则递减该值，若信道忙则该值保持不变。

（4）当等待时间减少到 0 时（注意这只能发生在检测到信道空闲时），发送一帧数据，发送过程中不检测碰撞，发送完毕后等待接收方发送确认。

（5）若收到确认，则说明发送成功；若过了一定时间未收到确认，则认为发送失败。发送失败后从第（3）步开始再随机选择等待时间，反复重复直到发送成功，或者重复到一定次数后放弃发送。

CSMA/CA 与 CSMA/CD 主要有 3 点不同：

（1）不进行碰撞检测，原因如上所述。

（2）节点在信道忙时就开始等待，在信道空闲时并不立即发送，要等待时间减到 0 时才发送，这样做的目的是尽可能让不同节点在不同的时间开始发送数据，从而尽可能地避免碰撞。

（3）接收方成功接收后发送确认，发送方收到确认才认为发送成功，不进行碰撞检测，碰撞又不能完全避免，那么只能依靠确认来明确发送是否成功。根据上一节讨论的无线信号特点，无线局域网中数据出现差错的可能性远大于以太网，所以即使不发生碰撞，接收方也不一定能正确接收，同样只能依靠确认来明确发送是否成功。

除此之外，IEEE 802.11 还采取了虚拟载波监听、信道预约等措施来避免碰撞的发生。为实现这些功能，IEEE 802.11 的帧格式比以太网复杂得多，这些技术细节本书不做介绍，感兴趣的读者可参阅其他计算机网络专业书籍。

4. 无线局域网的安全问题

无线局域网是开放的网络，网内数据容易被窃听，未被允许的计算机也容易与 AP 建立关联，有必要采取措施防止这些问题。

利用计算机密码技术，IEEE 推出了 WEP（Wired Equivalent Privacy）作为 IEEE 802.11 无线局域网的安全措施。但很快人们发现 WEP 有严重问题，容易被破解，于是 IEEE 开始着手制订更安全的标准 IEEE 802.11i。由于制订标准需要时间，在 IEEE 802.11i 未完成之前，Wi-Fi

联盟推出了 WPA（Wi-Fi Protected Access）作为 WEP 的临时替代物。2004 年 IEEE 802.11i 正式推出，Wi-Fi 联盟随即推出了 WPA2，实际上它与 IEEE 802.11i 是相同的。现在的无线设备一般都支持 WEP、WPA 与 WPA2。

针对 WEP 的安全问题，我国在 2003 年推出了国家标准 WAPI（Wireless Authentication and Privacy Infrastructure）。我国政府最初决定把 WAPI 作为强制标准，准备于 2004 年 6 月在全国推行，但 WAPI 存在很多问题，如严重缺乏 WAPI 产品供应商，最初只有一个厂家，价格自然极其昂贵，再如 WAPI 使用的密码算法不公开，这违反了计算机密码学的基本原则。WAPI 产生了巨大的争议，最终我国政府于 2004 年 4 月宣布无限期推迟 WAPI 的强制执行，时至今日，WAPI 仍未能强制执行，目前具有 WAPI 功能的无线设备也极其少见。WAPI 的制定者曾试图让 WAPI 成为国际标准，但在国际标准化组织 ISO 投票表决时都没有成功。

本章小结

早期的局域网有很多种，经过激烈竞争，现在只有以太网。最早的以太网使用同轴电缆作为传输媒体，总线型拓扑结构，后来双绞线与光纤代替了同轴电缆，星型拓扑结构与集线器代替了总线型拓扑结构，再后来交换机代替了集线器。以太网的数据传输速率从 10Mbps 提高到 100Mbps，再提高到 1 000Mbps 与 10Gbps。

局域网的规模增大时会产生很多问题，主要是广播问题与难以管理，VLAN 技术有效地解决了这两个问题。现在 IEEE 802.11 无线局域网正在迅速普及。与以太网相比，无线局域网有很多不同之处，它的媒体访问控制使用 CSMA/CA 协议。

基础训练

1．物理地址中单播地址与广播地址有什么区别？

2．为什么网卡是一个半自治的单元？

3．3 台计算机 A、B 与 C 连接在同一个使用集线器的以太网上，A 向 B 发送了一些单播帧，此时 C 的网卡会接收并处理这些帧吗？C 的网卡会向网络层实体提交帧中的数据吗？如果 A 发送广播帧会怎么样？如果不使用集线器，而是使用交换机又会怎么样？

4．一个以太网有 10 台计算机，分别计算以下情况的每一台计算机分得的速率。

（1）10 台计算机都连接在一台 10Mbps 的集线器上。

（2）10 台计算机都连接在一台 100Mbps 的集线器上。

（3）10 台计算机都连接在一台 100Mbps 的交换机上。

5．集线器的接口需要物理地址才能工作吗？没有附加功能的最简单的交换机呢？

6．结合实际生活中消费者选购物品考虑的因素，考虑以太网在竞争中取胜的原因。

7．VLAN 能够解决哪些问题？

8．可以依据什么划分 VLAN？

9．无线局域网为什么不能使用 CSMA/CD 协议，而是使用 CSMA/CA 协议？

10．去本地的电脑市场或上网，调查各类网卡、交换机、无线网卡、AP 的价格。

技能训练

经过本项目的学习，可以给出陕西工业职业技术学院校园网在局域网方面的解决方案。局域网自然选用以太网，设备全部使用交换机，不使用集线器。由于计算机很多，星型拓扑结构是不行的，必须采用树型拓扑结构，位于图书馆的学院网络中心是校园网的管理机构，树型拓扑结构的根置于此处，同时也从此处接入互联网。数据传输速率方面，一般计算机上使用 100Mbps 网卡就可以了，服务器则采用 1 000Mbps 网卡。由于 10Gbps 的设备价格比 1000Mbps 的设备贵很多，所以楼间光纤使用 1 000Mbps 速率，没有必要使用 10Gbps 速率，以后有必要时可以升级到 10Gbps，升级很容易，光纤不需要动，只需更换交换机即可。校园网的总体结构如图 3-23 所示。

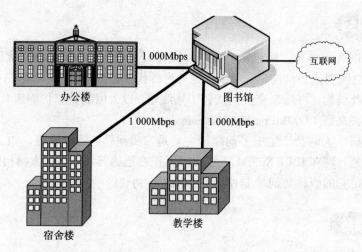

图 3-23　陕西工业职业技术学院校园网总体结构图

校园网内计算机数量众多，若只设一个网络，则广播域太大，同时管理也不方便。利用路由器可以把校园网划分为不同的网络，但与交换机相比，路由器价格较高、管理与维护复杂，而且速率比交换机慢。所以不应使用路由器划分网络，可以利用三层交换机与 VLAN 技术，把校园网划分为多个 VLAN。

每个房间设一个网线插座，称为信息点，若要连入更多计算机，用户可以自行安装简易的交换机。每层楼设一台二层交换机，每座楼设一台三层交换机，交换机的接口数根据信息点数量确定。连接方法是信息点连至本层的二层交换机，二层交换机连至本楼的三层交换机，三层交换机再连至网络中心。图书馆的阅览室与办公楼的会议室各设两台无线 AP，AP 连入本层的二层交换机。三层交换机启用 VLAN 功能，把每一层楼划分为不同的 VLAN，并设置为允许不同 VLAN 间相互通信。某座楼内网络的结构如图 3-24 所示，其中二层交换机有 100Mbps 接口，也要有 1 000Mbps 接口，三层交换机则全部是 1 000Mbps 接口。

根据以上提示，请给出陕西工业职业技术学院校园网解决方案和网络拓扑图。

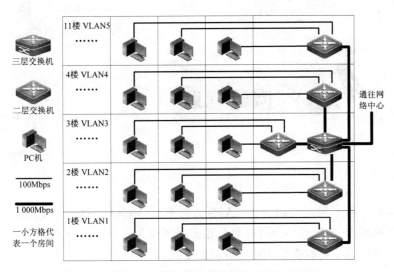

图 3-24　陕西工业职业技术学院某楼内网络结构图

项目 **4** 网络互联

 项目概述

　　陕西工业职业技术学院校园网已经划分为若干个 VLAN，这些 VLAN 之间如何通信？VLAN 中计算机的 IP 地址应该如何分配？校园网不能是一个孤立的网络，必须接入因特网，那么如何接入呢？学习完本项目就可以解决上述问题。

 学习目标

- 掌握 IP 地址的相关概念
- 掌握子网的概念与 IP 地址的分配方法
- 掌握 IP 数据报的转发原理与传输过程
- 掌握 IPv6 的基本知识

任务一　因特网的核心协议——IP 协议

　　网络层协议有多种，目前使用最广泛的是 IETF 制定的网际协议（Internet Protocol，IP）。IP 协议名称中的 Internet 应翻译为"网际"，不应翻译为有特定含义的"因特网"或"互联网"。因特网的体系结构之所以叫做 TCP/IP 体系结构，就是因为 IP 协议是其中最重要的两个协议之一，另一个重要协议是运输层的 TCP 协议。在 TCP/IP 体系结构中，除 TCP 协议与 IP 协议外，还有其他很多协议，如 ARP 协议、ICMP 协议、IGMP 协议等，这些协议统称为 TCP/IP 协议族。TCP 协议与 IP 协议的发明人是美国的 Vinton G. Cerf 与 Robert E. Kahn。1981 年 IETF 发布了 RFC 791，定义了 IP 协议的第 4 版，叫做 IPv4，IPv4 一直使用至今，在不久的将来，IPv4 将会被 IPv6 取代。

　　IP 协议的数据转发是典型的分组交换方式，IP 协议的协议数据单元叫做 IP 数据报（datagram），每个 IP 数据报都带有接收方的地址，路由器根据这个地址转发 IP 数据报，各 IP 数据报可通过不同的路径到达接收方。IP 协议是无连接的协议，IP 数据报产生后立即发送，不需要先与接收方建立连接。

　　IP 协议又是一种尽力而为（best-effort）的协议，含义是承诺尽自己的最大努力把 IP 数据报送到，但并不保证一定送到，因此 IP 协议是不保证可靠传输的协议，可靠传输的任务由运输层的 TCP 协议负责。

一、IP 地址

1. IP 地址的格式与管理

IP 协议要解决的第 1 个问题是如何在世界范围内标识一台计算机。现实生活中身份证号可以标识一个人,网络中的计算机应该也有一个全球唯一的编号,这个编号叫做地址。数据链路层中的物理地址可以使用吗?答案是否定的,因为在不同的数据链路层协议中,定义了不同含义、不同格式的物理地址,而且某些点对点链路中根本没有物理地址,有必要在网络层重新为计算机分配一个全球唯一、格式相同的地址。IP 协议中制定了这个地址的格式与分配方案,所以叫做 IP 地址(IP address)。IP 数据报中最关键的字段是目的 IP 地址,即接收方的 IP 地址,路由器根据这个地址转发 IP 数据报。

IP 地址长度是 32 位,4 字节,IP 地址共有 $2^{32} \approx 40$ 亿个。二进制难以书写,一般以点分十进制的形式书写 IP 地址,如 210.44.176.1。这种形式的 IP 地址分为 4 段,每段是一字节,因此每段一定在 00000000 与 11111111 之间,十进制就是 0 与 255 之间,这个范围之外的 IP 地址一定是错误的。

范围为 127.0.0.1～127.255.255.254 的 IP 地址是一类特殊的 IP 地址,叫做环回地址(loopback address),它们都是指本计算机,其中第 1 个 IP 地址 127.0.0.1 最为常用。在任意一台计算机上,127.0.0.1 这个地址,都是指本计算机,例如,在计算机 A 的浏览器地址栏上键入 http://127.0.0.1,将会打开计算机 A 的主页,若在计算机 B 上同样键入 http://127.0.0.1,则会打开计算机 B 的主页。环回地址因为有特殊含义,所以不能再分配给计算机使用。

世界上所有连入因特网的计算机都要拥有一个 IP 地址,这个 IP 地址是全球唯一的。为做到这一点,因特网的管理机构因特网协会下设一个部门,叫做因特网名称与号码分配公司(Internet Corporation for Assigned Names and Numbers,ICANN),它负责世界范围内 IP 地址的分配与管理工作。ICANN 预先把一些连续的 IP 地址分配给各个国家的因特网管理机构,一般用户去本国的因特网管理机构申请即可,中国互联网络信息中心(China Internet Network Information Center)是我国的因特网管理机构。连续的 IP 地址叫做 IP 地址块,大的单位可以一次申请一个地址块,再在内部自行分配。经过这样的分层分配与管理,IP 地址就能做到全球唯一了。

网络中的计算机有时并不连入因特网,如某个单位的内部网络由于保密的原因与因特网物理上是断开的,如我国的公安网、银行网等。这时再去申请 IP 地址就显得多此一举了,IP 协议规定一部分 IP 地址不需申请就可使用,但这些 IP 地址不能出现在因特网上,因为这些 IP 地址极有可能是重复使用的。这些 IP 地址叫做私有 IP 地址或专用 IP 地址(private IP address),分为 4 块:10.0.0.0～10.255.255.255、172.16.0.0～172.31.255.255、192.168.0.0～192.168.255.255、169.254.0.0～169.254.255.255。第 4 块 169.254.0.0～169.254.255.255 非常特殊,叫做自动私有 IP 地址,当一台计算机设置为使用 DHCP 协议自动获得 IP 地址的时候,在自动获得 IP 地址失败(如没有 DHCP 服务器)的情况下,计算机会自动为自己分配一个私有 IP 地址。与私有地址对应,那些必须申请才能使用的 IP 地址叫做公有 IP 地址或公网 IP 地址(public IP address)。

现在公有 IP 地址严重不足,难以申请,很多单位内部网络都使用私有 IP 地址。使用私有 IP 地址的计算机是不能直接连入因特网的,为了使这些计算机也能上网,开发了 NAT 技术。利用 NAT 技术,使用私有 IP 地址的计算机就能连入因特网了。

2. 网络号、主机号与子网掩码

为指明计算机所在的网络，IP 地址被设计为两部分：左边一部分指明该计算机所在的网络，叫做网络号，右边一部分指明该计算机，叫做主机号。网络号因为在 IP 地址的前边，所以也叫做前缀（prefix），如图 4-1 所示。IP 地址划分为网络号与主机号非常重要，无论是路由器，还是一般计算机都利用这一特性进行通信。

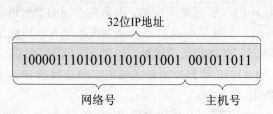

图 4-1　IP 地址分为网络号与主机号

有两类特殊的 IP 地址：主机号全为 0 与全为 1 的 IP 地址，主机号全为 0 代表这个网络，叫做网络 IP 地址，主机号全为 1 则是广播 IP 地址。例如，某计算机具有 IP 地址 1.1.1.1，如果左边 3 段是网络号，右边 1 段是主机号，那么 1.1.1.0 就是这台计算机所在网络的 IP 地址，1.1.1.255 是广播 IP 地址，目的 IP 地址为 1.1.1.255 的 IP 数据报会被转发给这个网络内的所有计算机。主机号全为 0 与全为 1 的 IP 地址因为有特殊的含义，所以不能再分配给计算机。

在使用 IP 地址的时候，必须知道网络号与主机号的长度，最早它们的长度是固定的。IP 地址被分为 5 类，其中 A 类、B 类与 C 类网络号的长度分别是 8 位、16 位与 24 位，相应的主机号就是 24 位、16 位与 8 位。D 类用于多播，E 类保留暂不分配。这 5 类地址的起止范围各不相同，很容易分辨，如表 4-1 所示。根据一个 IP 地址的类别，就可以知道它的网络号与主机号多长了。目前大多数的 A 类 IP 地址已被美国抢先分去，我国分到的绝大多数都是 C 类 IP 地址。

表 4-1　5 类 IP 地址

类别	网络号长度	主机号长度	起止范围
A	8	24	1.0.0.0～126.255.255.255
B	16	16	128.0.0.0～191.255.255.255
C	24	8	192.0.0.0～223.255.255.255
D	--	--	224.0.0.0～239.255.255.255
E	--	--	240.0.0.0～255.255.255.255

随着因特网的迅速发展，上述划分方法出现了严重问题。对于 A 类地址，一个网络内可以拥有 $2^{24}-2=16\ 777\ 214$ 台计算机，B 类地址网络可以拥有 $2^{16}-2=65\ 534$ 台计算机，C 类地址网络只能拥有 $2^{8}-2=254$ 台计算机，减 2 的原因是主机号全为 0 与全为 1 的 IP 地址不能分配给计算机。这 3 种网络可以拥有的计算机数量差距过大，给 IP 地址的管理与分配带来很大困难，同时也造成了 IP 地址的大量浪费，很有必要灵活地划分网络号与主机号。

现在使用的方案是无分类域间选路（Classless Inter-Domain Routing，CIDR），关于 CIDR 的多个 RFC 于 1993 年发布。CIDR 不再把 IP 地址分为 A 类、B 类与 C 类，网络号与主机号的长度不再固定，可以自由划分，但 D 类 IP 地址与 E 类 IP 地址仍然有效。这导致了一个新问题，对于一个 IP 地址，它的网络号与主机号的长度到底是多少？计算机与路由器必须知道两者的长度才能正常工作，CIDR 使用子网掩码（subnet mask）来解决这个问题。

子网掩码的长度也是 32 位，左边部分全是 1，右边部分全是 0，1 的位数与网络号相同。如图 4-2 所示，子网掩码左边 1 的个数是 23 位，所以 IP 地址的网络号应该是 23 位，主机号则是 9 位。一个 IP 地址总是与一个子网掩码配对出现，根据子网掩码就能确定网络号与主机号的长度了。

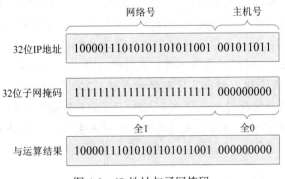

图 4-2   IP 地址与子网掩码

子网掩码的记法与 IP 地址一样，也是点分十进制的形式，图 4-2 中的子网掩码记为 255.255.254.0。对于计算机来说，这种记法非常方便，只要把 IP 地址和子网掩码进行"与"运算，结果就是网络的 IP 地址了。与运算的符号是 ∧，规则是这样的：1∧1=1，0∧0=0，1∧0=0，0∧1=0，即参与运算的数中只要有一个是 0，结果就是 0。在图 4-2 中，IP 地址与子网掩码与运算后，网络号被完整地保留下来，主机号则全部变成了 0，这正是网络的 IP 地址。

但这种记法对人非常不便，必须对二进制与十进制的转换非常熟悉。子网掩码的另一种记法是直接用一个数字表示网络号的长度，这个数字与 IP 地址用斜线隔开，如 1.1.1.1/24、116.44.176.101/19 等。对于以前的 A 类、B 类与 C 类 IP 地址，相应的子网掩码分别是 255.0.0.0、255.255.0.0、255.255.255.0 与/8、/16、/24。常用的子网掩码如表 4-2 所示。

表 4-2   常用的子网掩码

数字斜线形式	点分十进制形式	主机号长度	网络内可分配的 IP 地址数
/20	255.255.240.0	12	$2^{12}-2=4094$
/21	255.255.248.0	11	$2^{11}-2=2046$
/22	255.255.252.0	10	$2^{10}-2=1022$
/23	255.255.254.0	9	$2^9-2=510$
/24	255.255.255.0	8	$2^8-2=254$
/25	255.255.255.128	7	$2^7-2=126$
/26	255.255.255.192	6	$2^6-2=62$
/27	255.255.255.224	5	$2^5-2=30$

续表

数字斜线形式	点分十进制形式	主机号长度	网络内可分配的 IP 地址数
/28	255.255.255.240	4	$2^4-2=14$
/29	255.255.255.248	3	$2^3-2=6$
/30	255.255.255.252	2	$2^2-2=2$
/31	255.255.255.254	1	$2^1-2=0$

【科技人物】Vinton G. Cerf（1943～ ）是美国科学家、TCP/IP 协议与因特网体系结构的设计人之一。他是当今因特网的先驱者，被誉为"互联网之父"。1969 年 Cerf 在加州大学洛杉矶分校获得计算机科学博士学位。1972 年至 1976 年，Cerf 在斯坦福大学工作，其间他与 Robert E. Kahn 一起领导 TCP/IP 协议的研发小组，做出了开创性的贡献。2000～2007 年 Cerf 担任因特网名称与号码分配公司（ICANN）主席，2005 年开始担任 Google 公司的副总裁。1997 年 Cerf 与 Kahn 获得美国国家技术奖章，他们还获得 2004 年度的计算机界最高奖——图灵奖，这是图灵奖首次颁奖于计算机网络领域。

二、IP 数据报格式

IP 协议的协议数据单元叫做 IP 数据报，它的格式能够很好地说明 IP 协议的功能。IP 数据报的格式如图 4-3 所示，图中每行长度 32 位，4 字节。IP 数据报的固定首部长度 20 字节，还可以有不定长度的首部选项，其后是数据部分。

32位

版本	首部长度	区分服务	总长度
标识		标志	片偏移
生存时间		协议	首部检验和
源IP地址			
目的IP地址			
首部选项（长度可变）			
数据部分 ······			

固定首部 20字节

图 4-3　IP 数据报格式

1. 版本

版本字段 4 位，指产生该 IP 数据报的 IP 协议的版本。若是 IPv4，这里就是 4。IPv6 的数据报格式与 IPv4 不同，这个字段可以让接收方知道 IP 数据报到底是哪个格式。

2. 首部长度

首部长度字段 4 位，首部中可以有一些不定长的选项字段，这个字段说明首部到底有多长。该字段的表示范围是 $0～15$（$0～2^4-1$），长度的单位是 4 字节，所以首部最长可以是 $4×15=60$ 字节。首部选项一般情况下都没有，此时该字段就是 5，首部长度就是 $4×5=20$ 字节。

3. 区分服务

区分服务字段 8 位，在早期的 RFC 中，这个字段叫做服务类型，但实际中从来没有用过。1998 年的 RFC 2474 把它改名为区分服务，不过目前仍很少使用。

4. 总长度

总长度字段 16 位，指包括首部与数据的整个 IP 数据报长度，单位为字节。该字段的表示范围是 0～65 535（0～2^{16}-1），所以 IP 数据报最长可以是 65 535 字节（64kB）。不过由于以太网帧中数据的最大长度是 1 500 字节，为了方便地装入以太网帧，IP 数据报极少超过 1 500 字节。

5. 标识

标识字段 16 位，实际上是个序列号。发送 IP 数据报时，下一个 IP 数据报的标识比前一个 IP 数据报的标识大 1，到达最大值 65 535 后再从 0 开始，不断循环。标识字段虽然是个序列号，但接收方并不按照它把 IP 数据报排序，该字段主要用于 IP 数据报的分片与还原过程。

6. 标志

标志字段 3 位，用于 IP 数据报的分片与还原过程。

7. 片偏移

片偏移字段 13 位，用于 IP 数据报的分片与还原过程。当一个 IP 数据报过长，超过数据链路层帧的最大长度时，就必须分片，例如，一个长度 2 000 字节的 IP 数据报无法放入以太网帧，此时只能把一个 IP 数据报分为两个，这就是分片。接收方接收后，依靠标识、标志与片偏移这 3 个字段把分片的 IP 数据报还原。分片与还原非常麻烦，占用很多资源，对分片与还原感兴趣的读者，请参阅其他计算机网络专业书籍。

8. 生存时间

生存时间（Time to Live，TTL）字段 8 位，这是为了防止出现故障时 IP 数据报无休止地在网络中循环。最初把 TTL 设想为时间，每经过一个路由器转发一次，就减去一定时间，当 TTL 减为 0 时，就丢弃该 IP 数据报。但在实际应用中减去多少时间难以掌握，因此实际上路由器在转发一次后，就把 TTL 减 1，减后值若为 0，就丢弃这个 IP 数据报。

在不同操作系统实现的 IP 协议中，TTL 具有不同的初值，Linux 为 64，Windows XP 为 128，Unix 则为最大值 255。发往世界任意一个角落计算机的 IP 数据报，路由器最多也就转发几十次，所以 TTL 的初值为 64 就应该可以了。

9. 协议

协议字段 8 位，与以太网帧中的类型字段类似，协议字段说明 IP 数据报的数据部分是什么协议的协议数据单元。每一种运输层协议都由不同的运输层实体实现，IP 协议实体根据本字段决定把数据部分交给哪个运输层实体。如果本字段的值是十进制的 6，说明数据部分是 TCP 协议的协议数据单元，就把数据部分交给 TCP 协议实体；如果本字段的值是十进制的 17，说明是 UDP 协议的协议数据单元，就交给 UDP 协议实体。

10. 首部检验和

首部检验和字段 16 位，用以检测首部在传输过程中是否出现差错。首部检验和仅根据首部计算而成，不包括数据部分，这是因为路由器转发 IP 数据报时都要根据首部检验和检错，若包括数据部分则计算量过大。为减轻路由器的负担，首部检验和不使用性能好但复杂的 CRC，而是使用一种简单但检错能力不太强的方法，计算方法如下：

（1）把首部检验和字段置为全 0。

（2）把首部分为多个 16 位的单元。

（3）所有单元依次相加，相加时若最高位产生进位，则结果再加 1。每次相加的结果仅保留低位部分的 16 位，高位部分舍弃。

（4）最后相加的 16 位结果逐位取反，即 1 变 0，0 变 1，这就是检验和。

接收方按同样的方法再计算一遍，不过要保留检验和字段，不再置为全 0。如果最后结果为全 0，就认为没有差错，否则认为出错。路由器与接收计算机若发现首部有差错，就会把 IP 数据报丢弃，而不会去改正这个差错，改正差错可靠传输由运输层的 TCP 协议负责。

11. 源 IP 地址

源 IP 地址字段 32 位，是发送计算机的 IP 地址。源 IP 地址让转发的路由器与接收计算机知道 IP 数据报是从哪里发来的。有时源 IP 地址起到身份识别的作用，但是 IP 地址容易修改，可以冒充别的计算机，所以用源 IP 地址进行身份识别非常不可靠。

12. 目的 IP 地址

目的 IP 地址字段 32 位，是接收计算机的 IP 地址，路由器根据目的 IP 地址转发 IP 数据报。

13. 首部选项

RFC 中定义了多个首部选项，这些选项可用可不用，实际上很少使用。首部选项丰富了 IP 协议的功能，但是使得 IP 首部是变长的，增加了路由器的负担。

14. 数据部分

数据部分一般是运输层的协议数据单元，不过也可以装载其他类型的数据。

三、路由器与 IP 数据报转发

1. 路由器的硬件结构

各个网络最初是互不连通的，连接这些网络的时候使用了一种设备，这种设备就是路由器（router），有时也叫做网关（gateway）。路由器的根本功能是转发 IP 数据报，经多个路由器的多次转发，最终把 IP 数据报从发送方传输到接收方。路由器通常有 2、4 或 8 个接口，比交换机的接口少得多，如图 4-4 所示。

图 4-4 路由器

路由器的硬件结构分为输入输出接口、交换结构与选路处理器 3 部分：

（1）输入输出接口。

路由器上的同一接口既可以输入数据，也可以输出数据。接口收到 IP 数据报后，根据其中的目的 IP 地址确定输出接口，然后把 IP 数据报从输出接口转发出去。与交换机类似，路由器中也有一个转发表，叫做路由表，确定输出接口的办法就是查找路由表。

查找路由表的过程很简单，关键是查找速率一定要快，因为因特网骨干线路的速率高达

10Gbps，如果一个 IP 数据报 1 000 字节，那么一秒钟进入一个接口的 IP 数据报就会有 100 万个以上，这就要求一秒钟内能够查找路由表 100 万次以上。为提高查找速率，人们使用了很多办法，如二分查找法、内容可寻址内存、路由表高速缓存等。在路由器的设计中，怎样提高路由表的查找速率是一个非常重要的问题。

每个接口都有一定数量的内存，当 IP 数据报进入输入接口太快来不及转发，或者 IP 数据报到达输出接口太快来不及发送到线路上时，IP 数据报就临时存放在内存中。内存大小是有限的，内存用尽后再到达的 IP 数据报将无处存放，此时就必须丢弃某些 IP 数据报。研究表明，在某些情况下，内存用尽之前丢弃 IP 数据报更加有利；必须丢弃时，丢弃最后到达的 IP 数据报未必是最佳选择。确定丢弃时机与丢弃哪些 IP 数据报是一个非常复杂的问题，这涉及到概率论、统计学、排队论等很多数学理论，此处不再赘述。因为 IP 协议是不保证可靠传输的，所以 IP 数据报被丢弃后，IP 协议不负责重新传输。

（2）交换结构。

交换结构位于路由器的中心，它把所有的接口连接在一起，IP 数据报通过交换结构才能从输入接口到达输出接口。交换结构的速率也要非常高，因为所有接口的 IP 数据报都要经过这里，所以交换结构的速率一定是一个接口速率的数倍。

（3）选路处理器。

选路指为 IP 数据报在网络中选择一条合适的路径，选路的结果就是路由表，有了路由表就可以据此转发 IP 数据报了。路由表如何产生？管理员手工输入是一个办法，但是当网络规模很大时，对管理员来说是一项不可能完成的任务。同交换机中的转发表一样，路由器应该能够自动生成路由表，选路处理器就负责这个任务，选路处理器与其他路由器执行选路协议，交换一些网络状况的信息，根据这些信息来生成路由表。

2. 路由器转发 IP 数据报的过程

路由器工作在网络层，从一个接口收到数据后，路由器根据数据中的目的 IP 地址把数据转发到一个接口去，这个过程如图 4-5 所示。图中的路由器有两个接口，电信号或光信号从接口 1 进入后，物理层实体把信号转换成 0 与 1，数据链路层实体拆封帧得到 IP 数据报，IP 协议实体根据 IP 数据报中的目的 IP 地址，把 IP 数据报转发到接口 2 去。在接口 2，数据链路层实体把 IP 数据报封装为帧，物理层实体把 0 与 1 转换为电信号或光信号，通过传输媒体发送出去。

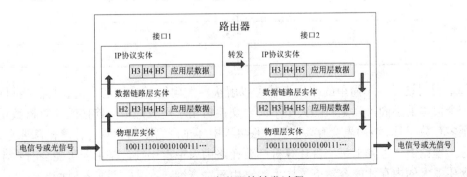

图 4-5　路由器的转发过程

从这个过程可以看出，路由器能够连接物理层与数据链路层都不相同的网络。图中的接口1与接口2连接的链路可以是不同的传输媒体,数据链路层协议也可以不同,因此路由器的每个接口都要有各自的物理地址。

路由器根据路由表转发 IP 数据报,下面以如图 4-6 所示为例详细解释。图中两台路由器 A 与 B 各有 4 个接口,连接了多个网络,网络 1 到网络 4 都有 200 台计算机,它们的网络 IP 地址分别是 1.1.1.0/24、2.2.2.0/24、3.3.3.0/24、4.4.4.0/24。为了更容易说明问题,本书很多例子都使用了像 1.1.1.1、2.2.2.2 这样好写好记的 IP 地址,实际上这些 IP 地址都在美国,而我国分到的多是像 210.44.176.112 这样难写难记的 IP 地址。

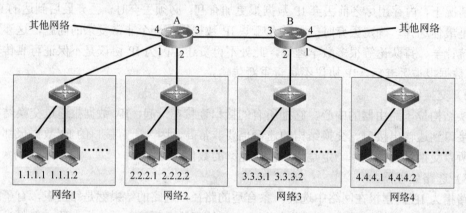

图 4-6 路由器 A 与 B 连接 4 个网络

路由表有两列最基本的数据:目的 IP 地址与接口。路由器 A 的路由表如表 4-3 所示,第 1 行的含义是对于目的 IP 地址为 1.1.1.1 的 IP 数据报,应该发往接口 1,其他行依次类推。路由器转发 IP 数据报时先查找路由表,再根据查询结果把 IP 数据报发往不同的接口。路由器 B 中也有类似的路由表。

表4-3 路由器 A 中的路由表

目的 IP 地址	接口
1.1.1.1	1
1.1.1.2	1
……	……
4.4.4.1	3
4.4.4.2	3
……	……

看起来利用这样一个简单的路由表就可以解决转发问题了,但是路由表与交换机中的转发表有一个根本的不同,就是表的大小不同。交换机用于局域网中,连接的计算机数量有限,转发表至多有数千行。路由表会有多少行?图 4-6 中 4 个网络中的 800 台计算机都要在路由表中占一行,理论上,世界上每一台计算机都要在路由表中占一行,路由表可能会有数十亿行。路由器需要多大的内存才能容纳下这样大的路由表?查询一次又需要多长时间?

为解决这个难题,路由表一般只记录网络的 IP 地址(当然记录某台计算机的 IP 地址还是允许的),路由表得以大大缩小。此时还应记录网络 IP 地址的子网掩码,以搞清网络号的长度。

在表 4-4 中，前 4 行就匹配了 4 个网络中所有的计算机，如 3.3.3.1 将匹配第 3 行，应该转发到接口 3 去。现实生活中的邮政部门也是这种机制，例如，国家邮政局有如表 4-5 所示的一个"路由表"，陕西省邮政局又有如表 4-6 所示的一个"路由表"，各市又有各自的"路由表"。

表 4-4　路由器 A 中缩小的路由表

目的网络 IP 地址及子网掩码	接口
1.1.1.0/24	1
2.2.2.0/24	2
3.3.3.0/24	3
4.4.4.0/24	3
默认	4

表 4-5　国家邮政局的"路由表"

目的地址	投递地址
陕西省	西安市××路××号陕西省邮政局
河北省	石家庄××路××号河北省邮政局
湖北省	武汉市××路××号湖北省邮政局
……	……

表 4-6　陕西省邮政局的"路由表"

目的地址	投递地址
西安市	西安××路××号西安市邮政局
咸阳市	咸阳××路××号咸阳市邮政局
渭南市	渭南××路××号渭南市邮政局
……	……

这样改进后的路由表可能出现一种特殊情况：目的 IP 地址可能匹配路由表中的两行或更多行。例如，某路由表中有这样两行数据：1.1.0.0/16 转发到接口 1，1.1.1.0/24 转发到接口 2，目的 IP 地址 1.1.1.1 与这两行都匹配，应该转发到哪？这时应该使用最长前缀匹配规则（longest prefix matching rule），即采用网络号最长的那个匹配项，1.1.1.1 应该与 1.1.1.0/24 匹配，转发到接口 2。道理很简单，网络号越长，地址就越具体，就像寄信，知道收信人在陕西省咸阳市后，就直接把信送到咸阳市邮政局，没有必要再送到陕西省邮政局。

缩小路由表的另一个办法是增加一行默认路由，表 4-4 中最后一行就是默认路由，它的含义是与其他行都不匹配的 IP 数据报都将转发到接口 4 去。默认路由应该最后使用，只有与其他所有行都不匹配时，才能使用默认路由，如 5.5.5.5 就匹配默认路由，应该转发到接口 4 去。实际路由器中的路由表与表 4-4 有所不同，但基本原理是一样的。

3. 路由器与交换机比较

现在我们已经学习了交换机与路由器这两种最重要的网络设备。聪明的读者基本明白了它们之间的区别，这里再总结一下。交换机工作在数据链路层，利用帧中的物理地址转发数据，转发数据链路层的广播帧（即目的物理地址为 FF-FF-FF-FF-FF-FF 的帧），不能划分广播域，用于连接同一网络内的计算机；路由器工作在网络层，利用 IP 数据报中的 IP 地址转发数据，不转发数据链路层的广播帧，能划分广播域，用于连接不同的网络。这些情况如表 4-7 所示，除此之外，交换机不需设置就能工作，路由器必须经过复杂的设置后才能工作，而且同等价格条件下，路由器的速率比交换机慢得多，接口数也比交换机少得多。

表 4-7　路由器与交换机的比较

网络设备	工作层次	转发依据	划分广播域
路由器	网络层	IP 地址	能
交换机	数据链路层	物理地址	不能

具有路由器功能的三层交换机现在也广泛使用，它既有交换机的功能，又有路由器转发 IP 数据报的基本功能，但是缺少路由器的很多附加功能。有些三层交换机的路由器功能默认是关闭的，必须由管理员启用，当路由器功能关闭时，三层交换机就相当于一台二层交换机。本书中如无明确说明，出现路由器的地方都可以用三层交换机代替。这样一来，我们组建网络时就有了 3 种设备：二层交换机、三层交换机与路由器，应该怎样选择？

组建一个小规模网络，不需要划分广播域时可以选择二层交换机。在需要划分广播域的大规模网络中就要使用三层交换机，启用 VLAN 功能就可以划分广播域。虽然很多二层交换机也具有 VLAN 功能，但只有二层交换机 VLAN 间不能通信，只有三层交换机或路由器才能使 VLAN 之间通信，所以在使用 VLAN 时还是要选择三层交换机。

看起来三层交换机似乎可以取代路由器，其实不然。三层交换机仅有转发 IP 数据报的基本功能，而没有路由器中经常使用的很多附加功能，如 NAT、VPN 等功能，这些附加功能主要用于一个网络与另一个网络的交界处，在一个网络内部通常用不到。所以在网络的内部可以选择三层交换机，在网络的交界处则选择路由器。这些设备的选择如表 4-8 所示。

表 4-8　网络设备的选择

位置	位置特点	适用网络设备
小规模网络内部	不划分广播域	二层交换机
大规模网络内部	划分广播域	三层交换机
网络之间	不同网络的交界处	路由器

4. 数据报网络与虚电路网络

IP 数据报的转发方式是典型的分组交换方式，采用这种交换方式的网络称为数据报（datagram）网络。除数据报网络外，分组交换中还有另一种交换方式叫做虚电路（virtual circuit），采用虚电路交换方式的网络称为虚电路网络。

虚电路属于分组交换，虚电路中的报文仍被拆分成分组，这与数据报是一样的；但虚电路是面向连接的，这与电路交换又是一样的。在第一个数据分组发送之前，先发送一些控制分组，其目的是寻找一条合适的路径，这条路径就是虚电路，所有数据分组都沿虚电路转发，寻找虚电路的过程就是建立连接的过程。转发方式仍是存储转发，网络设备把数据分组存入内存，查看首部确定其虚电路，再转发出去。数据分组发完后再发送控制分组以拆除这条虚电路，拆除虚电路的过程也就是拆除连接的过程。

因为所有数据分组都沿同一条虚电路转发，所以分组都会顺序到达，不会乱序，再加上面向连接的特点，虚电路与电路交换非常相似。但本质上虚电路仍是分组交换，首先是因为报文要拆分为分组；其次，一条虚电路与一条物理电路有着本质的区别：虚电路上没有分组传输时，可以传输其他用户的数据，而物理电路则不能。虚电路的线路利用率与数据报相当，从根本上克服了电路交换的线路利用率低的缺点。电路交换、数据报、虚电路三者的比较如表 4-9 所示。

表 4-9　电路交换、数据报与虚电路的比较

交换方式	是否连接	存储转发	数据到达
电路交换	面向连接	否	顺序
数据报	无连接	是	可能乱序
虚电路	面向连接	是	顺序

之所以出现虚电路技术，是因为电路交换有数据顺序到达等优点，把数据报与电路交换结合起来，就形成了虚电路。但是虚电路中所有数据都沿同一路径转发，不够灵活，建立与拆除连接也非常复杂。在计算机网络发展的早期，数据报网络与虚电路网络并存，发展到现在，大多数虚电路网络都被淘汰，虚电路网络越来越少，现在覆盖全球的因特网是典型的数据报网络。

任务二　子网与 IP 地址分配

一、子网的概念

对于一个大型网络，广播问题与管理问题非常严重，为解决这两个问题，可以使用路由器把大型网络物理地划分为几个小型网络，也可以使用交换机把大型网络逻辑地划分为几个小型 VLAN。按照 IP 协议的术语，每个小型网络或 VLAN 叫做一个子网（subnet），人们经常把一个子网叫做一个网段，甚至在不引起歧义的情况下叫做一个网络。以下讨论路由器划分的子网的情况，同样也适用于交换机 VLAN 划分的子网。

如图 4-7 所示，两台路由器 A 与 B 连接了子网 1、子网 2 与子网 3，每个子网都是一个广播域，M11、MA1 等是以太网的物理地址。注意路由器 A 与路由器 B 之间虽然没有任何计算机，但也构成了一个子网。从图中容易看出，同一子网内的计算机通信时不经过路由器转发，不同子网内的计算机通信时一定经过路由器转发。

这些网络的 IP 地址应该如何分配呢？这里的关键是分配 IP 地址时，同一子网内计算机 IP 地址的网络号必须相同，网络号相同的计算机就组成了一个子网。在图 4-7 中，IP 地址为 1.1.1.1/24、1.1.1.2/24 与 1.1.1.3/24 的 3 台计算机都属于子网 1，子网 1 的 IP 地址则是 1.1.1.0/24。1.1.1.255 是子网 1 的广播 IP 地址，假设计算机 1.1.1.1 发出目的 IP 地址为 1.1.1.255 的广播 IP 数据报，这些 IP 数据报会到达子网 1 内的所有计算机，但不能到达其他子网的计算机。

同一子网内计算机 IP 地址的网络号必须相同，这是分配 IP 地址时的一个基本原则。回忆

数据链路层的知识，物理地址并不分为网络号与主机号，自然更不会要求网络号相同，这是IP地址与物理地址的根本区别。

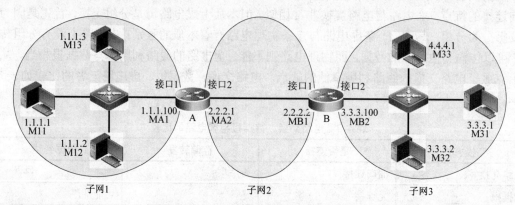

图 4-7　路由器 A 与 B 连接 3 个子网

综上所述，路由器分隔的网络是不同的子网；一个 VLAN 是一个子网；一个子网是一个广播域；同一子网内的计算机通信时不经过路由器转发，不同子网内的计算机通信时一定经过路由器转发；同一子网内计算机 IP 地址的网络号必须相同。子网是 IP 协议中的重要概念，以上特点必须牢固掌握。

聪明的读者可能已经发现了一个问题，先用路由器连接好不同的网络，网络的物理结构就确定了，而 IP 地址是可以随意设置的，让一台计算机 IP 地址的网络号与子网内其他计算机的不同，会发生什么情况？如图 4-7 所示，子网 3 中的一台计算机的 IP 地址为 4.4.4.1，与其他计算机 IP 地址的网络号不同，这台计算机能与其他计算机正常通信吗？答案是不能正常通信，这是为什么？

再仔细观察图 4-7，认真的读者会发现路由器 A 与 B 的每个接口的 IP 地址都不相同，而且网络号一定要与本子网的网络号相同，如果不这样设置，路由器会无法正常工作，这又是为什么？要真正明白这两个问题，就要先搞清楚 IP 数据报从发送方传输到接收方的详细过程。

二、IP 数据报的传输过程

当我们给一台计算机配置 IP 协议属性时，在设置 IP 地址的同时，还要设置子网掩码与默认网关（default gateway），这是 3 个最重要的参数。其中 IP 地址与子网掩码前面已详细解释，默认网关是一个路由器接口的 IP 地址，该计算机发往其所在子网以外的 IP 数据报都由默认网关转发。对于图 4-7 中的计算机 1.1.1.1，它的 IP 协议属性如图 4-8 所示，这是 Windows XP 中的设置界面，其他操作系统，如 Linux 也有类似界面。图中默认网关是 1.1.1.100，这是路由器 A 接口 1 的 IP 地址，计算机 1.1.1.1 发往子网 1 以外的 IP 数据报都由路由器 A 转发。

计算机 1.1.1.1 发送一个 IP 数据报前，首先要确定接收计算机与自己是否在同一子网内，这关系到是否需由默认网关转发，必须搞清楚。办法是把自己的 IP 地址与目的 IP 地址都与子网掩码进行"与"运算，得到网络 IP 地址，若网络 IP 地址相同则在同一子网内，若不同则不在同一子网内。下面针对这两种情况分别讨论。

1. 发送计算机与接收计算机在同一子网内

这种情况比较简单，例如，计算机 1.1.1.1 向 1.1.1.2 发送一个 IP 数据报。1.1.1.1、1.1.1.2

和子网掩码 255.255.255.0 与运算的结果都是 1.1.1.0，这说明它们在同一个子网内。1.1.1.1 在 IP 数据报与以太网帧的地址字段分别填写上自己与 1.1.1.2 的相关信息，如图 4-9 所示。这样的数据发送到网络上，就会顺利地由 1.1.1.2 接收处理。

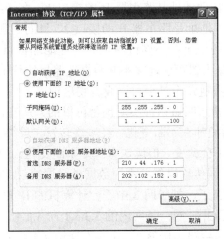

图 4-8 Windows XP 中设置 IP 协议属性

	目的物理地址	源物理地址			源IP地址	目的IP地址		
前同步码	M12	M11	类型	IP数据报首部其他字段	1.1.1.1	1.1.1.2	数据	CRC

图 4-9 同一子网计算机通信时的地址情况

2. 发送计算机与接收计算机不在同一子网内

这种情况比较复杂，例如，计算机 1.1.1.1 向 3.3.3.1 发送一个 IP 数据报。1.1.1.1、3.3.3.1 和子网掩码 255.255.255.0 与运算的结果不相同，前者是 1.1.1.0，后者是 3.3.3.0，这说明它们不在同一个子网内。1.1.1.1 先把 IP 数据报发给路由器 A，路由器 A 再转发给路由器 B，最后路由器 B 再转发给 3.3.3.1，这中间经过了 3 个子网，产生了 3 个以太网帧，各帧的地址情况如图 4-10 所示。从图中可以看出，IP 数据报在传输过程中，源 IP 地址与目的 IP 地址始终不变，路由器就根据目的 IP 地址转发。

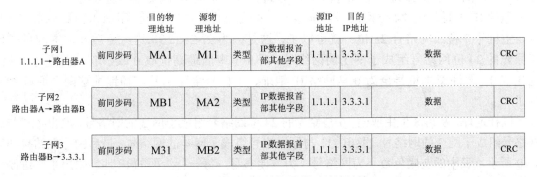

图 4-10 不同子网计算机通信时的地址情况

帧中的物理地址则不同，每经过一段链路就变化一次。在子网 1 内，帧由 1.1.1.1 发往路由器 A 的接口 1，因此源物理地址是 1.1.1.1 自己的物理地址，目的物理地址是路由器 A 接口 1 的物理地址；在子网 2 内，帧由路由器 A 的接口 2 发往路由器 B 的接口 1，因此源物理地址是路由器 A 的接口 2，目的物理地址是路由器 B 的接口 1；在子网 3 内，帧由路由器 B 的接口 2 发往 3.3.3.1，因此源物理地址是路由器 B 的接口 2，目的物理地址是 3.3.3.1 的物理地址。

物理地址是数据链路层的地址，不同链路上的物理地址自然不同。本例中路由器连接的子网都是以太网，但实际上路由器可以连接不同数据链路层协议的子网，帧与物理地址的格式与意义都可以不同，在点对点链路上甚至可以没有物理地址。

这正是计算机网络的精髓（叫做精神实质也是可以的）所在，IP 数据报在传输过程中一直不变，而运载 IP 数据报的帧却在不断变化，经多次转发，最终 IP 数据报到达了接收方。这就像寄信，信在运送过程中不会改变，但运送方式却不断变化，最终到达收信人手中。有了全世界统一的 IP 协议，各种不同传输媒体、不同数据链路层协议的网络就互相连接在一起了。

现在可以回答开始的问题了，把子网 3 中一台计算机的 IP 地址设为 4.4.4.1，它将无法收到其他计算机发送给自己的数据。同一子网内的 3.3.3.1 向 4.4.4.1 发送数据时，认为 4.4.4.1 与自己在不同的子网，把帧发送给路由器 B，而不会发送给 4.4.4.1；不同子网的计算机向 4.4.4.1 发送数据时，根据路由器中路由表的记录，IP 数据报会转发到网络 4.4.4.0/24 去，而不会转发到子网 3。路由器接口设错 IP 地址也是同样的情况。

三、IP 地址的分配方法

我们已经知道同一子网内计算机 IP 地址的网络号一定要相同，IP 地址的具体分配过程是怎样的？下面举例说明，某单位从 IP 地址管理机构申请到一个 IP 地址块，这个地址块内所有 IP 地址的网络号都是相同的，这个地址块实际上就代表了一个子网，该单位可以在这个子网内再划分更小的子网。假设这个地址块的网络 IP 地址是 1.1.1.0/24，该单位分配 IP 地址时，这 24 位网络号不能改动。

在分配 IP 地址之前，要根据具体情况做细致的规划。规划 IP 地址的一个原则是要考虑到以后的发展，不能一次分配完毕，要留上足够的未分配 IP 地址，否则再增加计算机时就无 IP 地址可分了。该单位打算划分为 4 个子网，考虑了将来的发展后，每个子网中计算机的最大数量分别是 100、50、25、25，应该如何为这 4 个子网分配 IP 地址呢？分配 IP 地址的关键是分配每个子网的网络 IP 地址，分配好网络 IP 地址，计算机的 IP 地址就容易分配了。

原始 IP 地址块的 24 位网络号不能改动，能改动的就是后 8 位。子网 1 计算机最多 100 台，主机号 7 位（网络号 25 位）就可以了，这是因为 $2^7-2=126$，这需要后 8 位中的最高位与原先的 24 位网络号组成子网 1 的网络号。后 8 位中的最高位取 0 或是取 1 都可以，惯例是先取 0。再注意主机号全为 0 是网络 IP 地址、主机号全为 1 是广播地址这两个原则就可以了。

同样道理，从后 8 位中取出 10 与原先的 24 位网络号组成子网 2 的网络号，取出 110 与原网络号组成子网 3 的网络号，取出 111 与原网络号组成子网 4 的网络号。最后的分配结果如表 4-10 所示，表中的灰底色数字为网络号，为方便书写，每一行上面的 IP 地址采用了二进制与十进制混合的写法，下面的 IP 地址则是点分十进制写法。

表4-10　分配 IP 地址

子网	子网 IP 地址	第1个可分配 IP 地址	最后1个可分配 IP 地址	广播 IP 地址	可分配 IP 地址数量
1	**1.1.1.0**0000000 1.1.1.0/25	**1.1.1.0**0000001 1.1.1.1	**1.1.1.0**1111110 1.1.1.126	**1.1.1.0**1111111 1.1.1.127	126
2	**1.1.1.10**000000 1.1.1.128/26	**1.1.1.10**000001 1.1.1.129	**1.1.1.10**111110 1.1.1.190	**1.1.1.10**111111 1.1.1.191	62
3	**1.1.1.110**00000 1.1.1.192/27	**1.1.1.110**00001 1.1.1.193	**1.1.1.110**11110 1.1.1.222	**1.1.1.110**11111 1.1.1.223	30
4	**1.1.1.111**00000 1.1.1.224/27	**1.1.1.111**00001 1.1.1.225	**1.1.1.111**11110 1.1.1.254	**1.1.1.111**11111 1.1.1.255	30

分配 IP 地址需要熟练掌握二进制与十进制的转换，这实际上是计算机专业学生的基本功之一，只要多加练习，很容易掌握。

任务三　其他网络层协议

一、地址解析协议 ARP

1. ARP 工作原理

IP 数据报放入帧中传输时，帧中的目的物理地址必须要填写，可是当我们在浏览器地址栏中输入 http://210.44.176.198 时，告诉计算机的唯一信息是目的 IP 地址，并没有告诉计算机任何物理地址的信息，发送计算机如何填写帧中的目的物理地址？为解决这个问题，设计了地址解析协议（Address Resolution Protocol，ARP），ARP 利用目的 IP 地址，与子网内其他计算机交换信息，完成 IP 地址到物理地址的转换。以如图 4-11 所示为例说明 ARP 的工作流程。

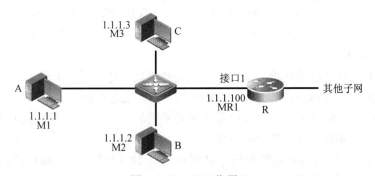

图 4-11　ARP 工作原理

图中一台交换机连接了 3 台计算机，再通过路由器 R 与其他网络连通，M1、MR1 等是以太网的物理地址，这构成了一个子网。假设计算机 A 要与计算机 B 通信，但 A 只知道 B 的 IP 地址，必须利用 ARP 获得 B 的物理地址，这个过程由计算机自动完成，不需用户参与，具体过程如下：

（1）计算机 A 广播 ARP 请求，即发送目的物理地址为 FF-FF-FF-FF-FF-FF 的广播帧。ARP 请求不封装在 IP 数据报中，直接封装在帧中，具体格式这里从略，主要内容是说："我的 IP 地址是 1.1.1.1，物理地址是 M1，我想知道 IP 地址为 1.1.1.2 的计算机的物理地址。"

（2）本子网内的计算机，包括计算机 B、计算机 C 及路由器 R 都接收到这样的 ARP 请求。计算机 C 与路由器 R 发现 ARP 请求中不是自己的 IP 地址，就不予理会；计算机 B 发现是自己的 IP 地址，就向计算机 A 发送一个 ARP 响应。ARP 响应也是直接封装在帧中，帧中目的物理地址是计算机 A 的物理地址，不再需要使用广播地址。ARP 响应的格式这里从略，主要内容是说："我的 IP 地址是 1.1.1.2，物理地址是 M2。"

（3）计算机 A 收到 ARP 响应，就知道了计算机 B 的物理地址，可以把 IP 数据报装入帧向其发送了。为提高效率，计算机 A 还把 IP 地址与物理地址的这个对应关系记入内存（叫做 ARP 缓存），下次再向计算机 B 发送数据时直接使用即可。

ARP 缓存非常有用。如果没有 ARP 缓存，每次都要广播 ARP 请求，增加了网络通信量。每次广播 ARP 请求前，计算机总是先查询 ARP 缓存，查不到时再广播 ARP 请求。在 Windows XP 中，利用 arp 命令的-a 选项可以查看 ARP 缓存中的内容，也可以利用-s 选项人工向 ARP 缓存中添加 IP 地址与物理地址的对应关系。人工添加的对应关系称为静态的，利用 ARP 请求获得的对应关系则称为动态的。

ARP 缓存中的动态数据必须有个有效期，通常为几分钟或几十分钟，有效期到了就删除相应数据，这是因为计算机有可能更改自己的物理地址。例如，在计算机 A 的 ARP 缓存中，记录有计算机 B 的 IP 地址与物理地址的对应关系。计算机 B 更换了网卡，物理地址自然变了，这时计算机 A 利用 ARP 缓存将找不到计算机 B。有效期到时计算机 A 删除了 ARP 缓存中计算机 B 的数据，再广播 ARP 请求，就又找到了计算机 B。

ARP 请求通过广播帧发送，只能在本子网内广播。因此利用 ARP 只能得到子网内计算机的物理地址，得不到子网外计算机的物理地址，有必要得到子网外计算机的物理地址吗？显然没有必要。

最后的问题是计算机 A 怎样知道路由器 R 接口 1 的物理地址呢？自然还是利用 ARP。在 IP 协议属性的设置中，已经设置好默认网关（即路由器 R）的 IP 地址，利用 ARP 就能得到路由器 R 的物理地址，这与得到计算机 B 的物理地址是相同的，不再赘述。

2. ARP 欺骗攻击

2007 年以来，ARP 欺骗病毒在全国各地大规模爆发，造成了巨大的损失。ARP 欺骗病毒的原理其实很简单：中病毒的计算机收到 ARP 请求后，发送虚假的 ARP 响应，接收计算机就会收到一真一假两个 ARP 响应。接收计算机使用先到的 ARP 响应，对后到的不予理会，如果假 ARP 响应先到，接收计算机就会被欺骗。

假设计算机 A 中了 ARP 欺骗病毒，计算机 B 广播 ARP 请求，询问路由器 R（默认网关）的物理地址。A 与 R 都收到了 ARP 请求，都向 B 发送 ARP 响应。R 的 ARP 响应中有 R 真实的物理地址，而 A 的 ARP 响应中则是一个虚假的物理地址。如果 B 先收到 A 的 ARP 响应，B 就会被欺骗。这样一来，B 就无法把数据发送到 R，在用户看来，计算机 B 无法上网了。

ARP 欺骗病毒除了可以欺骗一般计算机外，还可以欺骗网络设备。路由器 R 向计算机 A、B 与 C 发送数据时，要用到它们的物理地址，自然也需要运行 ARP，与一般计算机一样同样可以被欺骗。重启网络设备，ARP 缓存会被清空，在 ARP 欺骗病毒下一次成功欺骗之前，网络可以暂时恢复通信，所以有时误以为是网络设备故障。

明白了 ARP 欺骗攻击的工作原理，抵御 ARP 欺骗攻击就简单了。计算机一般只与默认网关及子网内的少数几台计算机通信，这时可用 arp 命令的-s 选项在 ARP 缓存中添加静态数据，绑定住默认网关及常用计算机的 IP 地址与物理地址的对应关系，不再需要广播 ARP 请求。不过计算机重启后这些数据都会丢失，可把相关命令写入批处理文件，并使其开机自动执行。注意在默认网关上也要做同样的工作，这称为 IP-MAC 双向绑定。

上述措施在大规模网络中不容易做到，特别是在用户计算机水平普遍偏低的网络中更难做到，这时可以安装抵抗 ARP 欺骗攻击的专门软件。

抵抗 ARP 欺骗攻击软件不一定百分之百地有效，利用 VLAN 可有效地抵抗 ARP 欺骗攻击。在连接用户计算机的交换机上，一个接口划分为一个 VLAN，即一台计算机一个 VLAN。若某台计算机中了 ARP 欺骗病毒，中毒计算机接收不到其他计算机广播的 ARP 请求，虚假的 ARP 响应也到达不了其他计算机，这就把 ARP 欺骗病毒的影响局限在中毒的这一台计算机上，其他计算机不受影响。笔者所在住宅区就实行了这一办法，效果良好，笔者再也没有受到 ARP 欺骗病毒的骚扰。

从以上讨论可以看出，ARP 欺骗的根源在于计算机对收到的数据一律相信，不能分辨真假。除 ARP 欺骗外，还有 IP 地址欺骗、DNS 欺骗等众多的欺骗方法。早期因特网只在科研人员中使用，范围很小，使用者与设计者都是谦谦君子，他们绝想不到因特网会发展到今天这种规模，更想不到会出现如此多的小人，对安全问题考虑很少，才出现今天这种状况。关于网络安全的问题，请参见本书项目 7 有关内容。

二、网际控制消息协议 ICMP

IP 协议是不保证可靠传输的协议，当 IP 数据报出现差错时，简单地丢弃它，并不重新传输。仅仅丢弃 IP 数据报显得有点过分，虽然不能改正差错，但应该报告这个差错，例如，一台路由器发现一个 IP 数据报的首部出错后，它在丢弃这个 IP 数据报的同时，还应该向发送方报告这个错误。网际控制消息协议（Internet Control Message Protocol，ICMP）就起到报告差错的作用，同 IP 协议一样，ICMP 协议名称中的 Internet 应翻译为"网际"。

ICMP 由 RFC 792 定义，ICMP 的消息封装在 IP 数据报中，格式如图 4-12 所示。类型与代码字段的长度都是 1 字节，检验和字段长度 2 字节，用以检测整个 ICMP 消息是否出错，因为 IP 数据报仅检测首部是否出错，不包括数据部分，所以 ICMP 有必要自己进行差错检测。对不同的类型与代码字段，数据部分有不同的内容。

图 4-12   ICMP 消息格式

ICMP 可以报告多种差错，也可以查询多种信息，所以有很多不同种类的消息。所有 ICMP

消息都具有类型、代码与检验和这 3 个字段，但不同种类消息的数据字段并不相同。ICMP 消息分为差错报告与查询两大类别，具体类型由类型字段决定，代码字段则决定某类型下的一个子类型。RFC 792 定义了 30 多个 ICMP 消息类型，部分常用类型如表 4-11 所示。

表 4-11　常用 ICMP 消息类型

ICMP 消息类别	类型字段的值	代码字段的值	ICMP 消息类型
差错报告	3	1	主机不可达
		2	协议不可达
	4	0	源站抑制
	11	0	生存时间为 0
	12	0	错误的首部
查询	0	0	回送（echo）响应
	8	0	回送（echo）请求

1．主机不可达

当路由器无法把 IP 数据报转发到接收计算机时，就丢弃这个 IP 数据报，并向发送计算机报告主机不可达错误，这通常是因为目的 IP 地址错误，或者是路由器中的路由表错误。

2．协议不可达

接收计算机收到了 IP 数据报，但要根据 IP 数据报首部中的协议字段交付数据时，没有相应的接收实体。如协议字段为 6，说明数据要交给 TCP 实体，但因某种原因 TCP 实体没有运行，这时就发生协议不可达错误。

3．源站抑制

当路由器或计算机因网络拥塞而丢弃 IP 数据报时，除丢弃 IP 数据报外，还要向发送计算机报告这个错误，发送计算机就知道应该减慢发送速率。

4．生存时间为 0

当路由器把 IP 数据报首部中的生存时间（TTL）字段减为 0 时，就丢弃该 IP 数据报，同时向发送计算机报告这个错误。

5．错误的首部

当路由器发现 IP 数据报首部有错误时，就丢弃该 IP 数据报，同时向发送计算机报告这个错误。

6．回送（echo）请求与回送（echo）响应

一台计算机可向另一台计算机发送回送请求消息，回送请求消息中可有不定长度的任意数据。接收计算机应该返回一个回送响应消息，其中的数据由回送请求消息中的数据原样复制而来。

著名的 ping 程序就是利用了这两个消息，ping 程序可以测试两台计算机是否连通，如果连通那么往返时延大约是多少。但是现在为了安全，很多路由器与防火墙都禁止 ICMP 消息通过，有时用 ping 程序发现两台计算机并不连通，但是其他程序却能通信，例如，ping 不通某

个网站，但是却能够用浏览器打开它的网页。

　　并不是对所有差错都要发送 ICMP 差错消息，例如，当一个装载 ICMP 差错消息的 IP 数据报发生差错时，就不应发送 ICMP 差错消息，因为这容易造成多次反复发送 ICMP 差错消息。ICMP 协议并不是必须的，攻击者利用 ICMP 消息能够获得一些有用的信息，所以现在很多路由器与防火墙都禁止 ICMP 消息通过，但基本上不会影响网络的正常运行。

三、多播与 IGMP 协议

　　1. 多播的基本概念

　　IP 数据报有单播（unicast）、广播（broadcast）与多播（multicast）3 种传输方式。IP 数据报由一个发送方传输到一个接收方称为单播，单播的目的 IP 地址就是一般的 IP 地址；IP 数据报由一个发送方传输到子网内所有计算机称为广播，广播的目的 IP 地址是主机号全为 1 的 IP 地址；介于二者之间的称为多播，IP 数据报由一个发送方传输到一部分计算机，这些计算机称为一个多播组。可以同时建立多个多播组，以传输不同的数据，例如，一个多播组传输股票数据，另一个多播组传输网络会议数据。

　　1988 年多播概念首次提出，1992 首次在因特网上试验多播。多播在很多方面都有应用，如股票信息发送，任何想接收股票信息的用户都可以加入股票信息多播组，多播组内的用户都可以收到多播的股票信息，组外的用户则收不到；又如网络会议，参加会议的用户组成一个会议多播组，组内用户能接收到发言者的语音，组外的用户则收不到。

　　多播的优点显而易见，如图 4-13 所示，假设在 3 个网络中各有 100 台计算机要接收股票信息，单播时股票信息服务器需要把数据发送 300 遍，多播时则只需要发送 1 遍，大大节省了网络资源。需要注意的是，在图 4-13（b）中，路由器 R 必须把 1 个多播 IP 数据报复制为 3 份，分别发往 3 个网络。多播组的规模越大，越能节省网络资源。

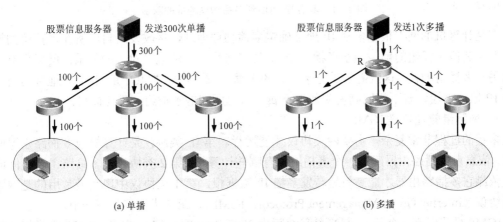

图 4-13　单播与多播的比较

　　建立一个多播组时，分配一个 D 类 IP 地址作为该多播组的地址，范围是 224.0.0.0～239.255.255.255，发往这个多播组的 IP 数据报中的目的 IP 地址就是这个 D 类 IP 地址，加入多播组的计算机仍具有自己的单播 IP 地址。一个多播组必须要有路由器配合才能正常运行，多播数据的转发与单播数据有较大差异，路由器必须具有多播功能才能参与多播，现在的大多数路由器都已具有多播功能。

一个多播组建立后，任意一台计算机都可以加入或退出这个多播组，但在加入或退出时都要向多播路由器提出请求。多播路由器记下哪些子网有属于这个多播组的计算机，以便向该子网转发多播 IP 数据报，如果某个子网内的计算机都退出了多播组，就不再向该子网转发多播 IP 数据报。

当一个多播 IP 数据报到达一个子网的多播路由器（一般就是默认网关）时，多播 IP 数据报必须封装在以太网帧中，再发送给子网内属于这个多播组的计算机。这些帧应该如何发送？最简单的办法是使用单播帧或广播帧，单播帧要发送多次，广播帧又打扰了不属于这个多播组的计算机，都不符合多播的理念，这时需要使用多播物理地址。

范围 01-00-5E-00-00-00～01-00-5E-7F-FF-FF 内的物理地址是多播物理地址，它的前 25 位是固定的，后 23 位可以自由使用，后 23 位由多播 IP 地址的后 23 位原样复制而来，用术语讲是映射。但是多播 IP 地址的前 4 位固定（1110），后 28 位可以自由使用，因此 28 位中的前 5 位不能复制到物理地址中去，如图 4-14 所示。这使得多播 IP 地址与多播物理地址不是一一对应的，例如，多播 IP 地址 224.128.64.32 与 224.0.64.32 转换成的多播物理地址都是 01-00-5E-00-40-20。

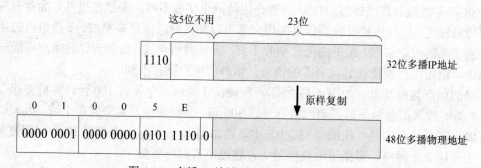

图 4-14　多播 IP 地址到多播物理地址的映射

多播计算机的网卡根据多播 IP 地址确定多播物理地址，接收发给自己所在多播组的帧，丢弃发给其他多播组的帧。由于多播 IP 地址与多播物理地址是多对一的关系，所以也有可能收到另一多播组的帧。这就需要过滤接收到的多播 IP 数据报，把其中的目的 IP 地址与自己的多播 IP 地址比较，若不相同则说明数据不属于自己所在的多播组，丢弃即可。

2. 网际组管理协议 IGMP

多播的过程非常复杂，需要两类协议才能运行。第 1 类协议是计算机与多播路由器间的协议，依靠它多播路由器确定一个多播组内有哪些计算机；第 2 类协议是多播路由器之间的协议，依靠它多播路由器才能高效地转发多播 IP 数据报。第 1 类协议中现在最常用的是网际组管理协议（Internet Group Management Protocol，IGMP），第 2 类协议见下一节。

IGMP 目前已有 3 个版本，最新的第 3 版由 2002 年的 RFC 3376 定义。与 ICMP 类似，IGMP 消息也封装在 IP 数据报中。IGMP 消息有好几种，不同的 IGMP 消息有不同的格式，具体格式这里从略。一般情况下，计算机与它所在子网的默认网关交换 IGMP 消息，这个默认网关应该是具有多播功能的路由器。

当一台计算机要加入某个多播组时，需要向多播路由器发送 membership_report 消息，通知多播路由器自己加入了哪个多播组。多播路由器则周期性地发送 membership_query 消息，询问哪些计算机加入了哪些多播组，多播组内的计算机必须回应 membership_report 消息，才能继续留在多播组内。

计算机退出某个多播组时，可以向多播路由器发送 leave_group 消息，通知自己退出了某个多播组。不发送 leave_group 消息也是可以的，当多播路由器发送 membership_query 消息时，不回应 membership_report 消息，也能退出多播组。

四、选路协议

在路由器与一般计算机中，都存在选路问题。

1. 路由器中的选路

网络层的任务是为数据在网络中选择一条合适的路径，这叫做选路（routing）。routing 也可以译为路由或路由选择。选路的结果就是路由器中的路由表，有了路由表就可以据此转发 IP 数据报了。路由表如何产生？管理员手工输入是一个办法。但对于因特网中的骨干路由器，管理员必须掌握整个因特网的 IP 地址情况，才能正确设置，而且要根据网络的变化不断修改，这对任何一位管理员来说都是一项不可能完成的任务。同交换机中的转发表一样，路由器应该能够自动生成路由表。由管理员输入的路由表数据叫做静态路由，路由器自动生成的路由表数据叫做动态路由。

路由器要自动生成路由表，就必须先与网络中的其他路由器交换关于网络状况的数据，再处理这些数据，最后才能够生成路由表。这就需要选路协议，选路协议规定了路由器间交换数据的格式与内容。具体的选路协议有很多种，无论哪种选路协议，都应该选出最优的路径，所以首先都要明确一个问题：什么样的路径是最优的？

如图 4-15 所示，从计算机 X 到计算机 Y 有很多路径。哪条路径最优呢？首先想到经过路由器最少的路径是最优的，即 A→B→C→F 或 A→D→E→F。这样考虑过于简单化了，应该考虑链路的速率、链路的拥塞程度、链路的稳定性、链路的收费等问题。综合考虑这些问题，给每条链路确定一个费用（cost）值，费用值最低的路径就是最优的路径。图 4-15 中每条链路上的数字即为费用值，费用值最低的路径是 A→D→E→C→F，费用值是 2+1+2+1=6。

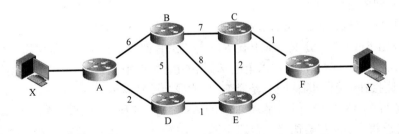

图 4-15　选路问题

理想情况下的费用值应该全面反映链路的状况，但实际上很难做到。假设要考虑链路的拥塞程度，就需要不断测量并及时更新费用值，而且还要不断运行选路协议更新路由表，这个任务太繁重，在目前条件下是无法完成的。实用的选路协议一般只根据一个或几个因素来确定费用值，或者由管理员根据实际情况人工设定。

因特网太大了，数百万台路由器连接了这个覆盖全世界的网络。如果这数百万台路由器同时运行一个选路协议，相互之间频繁交换数据，会占用大量的网络带宽，同时每个路由器中建立完整的路由表也需要极长的时间。为解决这个问题，因特网划分为很多个自治系统（autonomous system，AS）。AS 内部运行一个选路协议，AS 之间运行另一个选路协议，AS 内部运行的一类协议叫做内部网关协议，AS 之间运行的一类协议叫做外部网关协议。在我国，电信、联通等电信运营商一般把一个省或几个省的网络划分为一个 AS。一个高校的校园网也可以认为是一个 AS。

选路协议非常复杂，而且与一般用户关系也不大，这里只简单介绍几个常用的选路协议，要了解它们的细节，请参阅其他计算机网络专业书籍。

（1）选路信息协议 RIP。

选路信息协议（Routing Information Protocol，RIP）是一种内部网关协议，运行于 AS 内部，是最先得到广泛使用的选路协议，RIP 的第 2 版由 RFC 2453 定义。RIP 中所有链路的费用值都定为 1，最优路径就是经过路由器最少的路径。RIP 最大的优点是简单，容易实现。但 RIP 的缺点也很多，所有费用值都为 1，未考虑速率等其他因素；RIP 只能运行在小型的网络中；路由表更新需要较长的时间。RIP 适用于小型的、简单的网络。

（2）开放路径最短优先 OSPF。

开放路径最短优先（Open Shortest Path First，OSPF）也是一种内部网关协议，是为克服 RIP 的缺点而设计的，由 RFC 2328 定义。"开放"是针对不开放而言的，OSPF 由 IETF 制定，IETF 的 RFC 全部是开放的，可以自由下载、查看、使用。不开放的协议通常由某厂家制定，并且保密，保密的结果就是不开放的协议只能运行在该厂家自己的设备上。思科（CISCO）公司就制定了很多不公开的协议，包括多个选路协议。

OSPF 克服了 RIP 的缺点，OSPF 中链路的费用值由管理员人工设定，一般与数据传输速率成反比，如果一条 10Gbps 链路的费用值设为 1，那么另一条 100Mbps 链路的费用值就应该设为 100。OSPF 可以运行在大型的网络中。老版本的 RIP 没有考虑安全问题，运行 RIP 的路由器相信收到的所有 RIP 数据都是真实的，这就存在欺骗的可能性，攻击者通过发送虚假 RIP 数据，可以生成错误的路由表，使整个网络不能工作。OSPF 则鉴别收到的数据，确保都是真实的。因为这些优点，OSPF 得到了广泛的应用。

（3）边界网关协议 BGP。

边界网关协议（border gateway protocol，BGP）是一种外部网关协议，运行于 AS 之间。BGP 的第 4 版由 RFC 4271 定义。BGP 比 RIP 与 OSPF 都复杂得多，一位网络管理员如果不长时间地在路由器上操作 BGP，就难以全面掌握 BGP。同时 BGP 又比 RIP 与 OSPF 更重要，它把所有的 AS 连接在一起，因特网就是靠 BGP 才成为因特网的。

BGP 规定每个 AS 要有一个全世界唯一的 AS 编号，就像 IP 地址一样，AS 编号由 ICANN 分配。BGP 要求每个 AS 都要选择一台路由器作为该 AS 的"BGP 发言人"，一般情况下，BGP 发言人是一个 AS 的出入口，进出 AS 的数据都从 BGP 发言人转发。不同 AS 的 BGP 发言人之间交换选路信息，再根据交换的信息来生成路由表。因为全世界 AS 的数量远远少于子网的数量，所以能够不很困难地生成路由表。

AS 之间的选路比 AS 内部复杂得多，除技术问题外，还有很多非技术问题。例如，AS1 与 AS2 属于运营商 A，AS3 则属于运营商 B，从 AS1 到 AS2 的最优路径经过 AS3。但运营商 B 因为种种原因不愿意其他运营商的数据经过自己，从 AS1 到 AS2 就只能选择另一条较差的路径。不同运营商的 AS 间也被人为地设置了许多障碍，回忆一下几年前网通与电信间慢如蜗牛的速率就明白这个道理了。

（4）多播选路协议。

计算机可以随时加入与退出多播组，多播组是动态变化的，这使得多播选路协议比普通的单播选路协议复杂得多。多播路由器利用多播选路协议交换数据，不断更新多播路由表，与多播组内计算机的变化状况保持一致。多播选路协议的主要思想是把多播组内的计算机组织成一棵树，让多播 IP 数据报沿这棵树流动。如何生成这棵树，又如何根据多播组内计算机的变化状况不断更新这棵树，是非常复杂的问题。

具体的多播选路协议有多种，如距离向量多播选路协议（Distance Vector Multicast Routing Protocol，DVMRP），OSPF 经过扩展也可以支持多播，叫做 MOSPF。

2．计算机中的选路

同路由器一样，计算机中也是有路由表的。只不过一般的计算机只有一块网卡，设置好 IP 地址、子网掩码、默认网关等属性，路由表就会自动生成，并不需要手动设置路由表。在 Windows XP 中，IP 协议属性对话框中设置的默认网关会自动成为路由表中的默认路由，默认网关与默认路由实际上是一回事。对于有两块网卡的计算机，两块网卡共用一个路由表，这个路由表可能需要手动设置。

如图 4-16 所示，计算机 A 安装有两块网卡，网卡 1 连入子网 1.1.1.0/24，子网 1.1.1.0/24 与子网 3.3.3.0/24 连接在一起；网卡 2 连入子网 2.2.2.0/24，子网 2.2.2.0/24 又连入因特网。每块网卡的 IP 地址应该设为它所在子网内的 IP 地址，例如，网卡 1 设为 1.1.1.1，网卡 2 设为 2.2.2.2。计算机 A 的路由表需要手动设置，在 Windows XP 中，要手动设置路由表，只能在命令窗口中使用 route 命令设置，没有相应的图形界面。计算机 A 中路由表如表 4-12 所示，其中默认路由代表了发往因特网的数据，实际计算机中的路由表与表 4-12 有所不同，但基本原理是一样的。

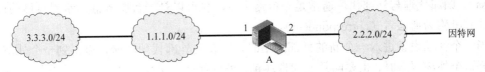

图 4-16　计算机连入两个子网

表 4-12　计算机 A 中的路由表

目的网络 IP 地址及子网掩码	网卡
1.1.1.0/24	1
2.2.2.0/24	2
3.3.3.0/24	1
默认	2

有的读者可能已经发现，安装双网卡的计算机可以充当路由器使用。的确是这样，图 4-16 中的计算机 A 完全可以在不同的子网间转发数据，只要在操作系统上做相应的设置或者使用专门的软件，双网卡的计算机完全可以起到路由器的作用。实际上，最早的路由器并不是专门的网络设备，而就是一台计算机。

五、移动 IP

随着无线网络的发展，物理层与数据链路层能够对移动性提供支持，装有无线网卡的笔记本电脑能够在移动中接入网络。网络层是否也支持移动性呢？想象一位同学把笔记本电脑从宿舍携带到图书馆，一般情况下他必须修改 IP 地址才能继续上网，因为宿舍与图书馆很有可能属于不同的子网，可见修改 IP 地址可以提供有限的移动性支持。

更令人感兴趣的是不修改 IP 地址就能支持移动性，例如，在从咸阳到西安的高速火车上，一位旅客使用笔记本电脑上网，整个旅途他无需改变 IP 地址。实际上他也无法修改 IP 地址，因为没有人告诉他应该什么时刻去修改，他也很难知道在西安的子网内应该使用什么 IP 地址。也有人不愿意移动时修改 IP 地址，因为很难通知别人使用新的 IP 地址访问他的计算机。移动 IP（mobile IP）提供了在移动中不修改 IP 地址的方法，需要指出的是，只要物理层、数据链路层与网络层支持移动性，运输层与应用层不需任何修改自然就能支持移动性。

如何实现在移动中不修改 IP 地址呢？考虑一个类比例子，一位青年成年后从父母家中搬出，经常更换住址，在没有手机的时代，朋友如何才能找到他？最常用的办法是与他父母联系，因为这位青年会把他的当前住址告诉父母，而他父母的住址几乎是不变的。青年的朋友与他的通信可以是间接的，信件先寄给他父母，再转寄给他；通信也可以是直接的，青年的朋友利用从他父母处得到的地址把信直接寄给他。

在计算机网络中，一个移动设备（如一台笔记本电脑或一个智能手机）所在的网络称为归属网络（home network），移动设备在其中的 IP 地址称为永久地址（permanent address），归属网络中执行移动管理功能的设备称为归属代理（home agent）。移动设备移动到的新网络称为外部网络（foreign network），外部网络中执行移动管理功能的设备称为外部代理（foreign agent），外部代理为移动设备临时性地分配一个本子网内的 IP 地址，称为外部地址（foreign address）。归属代理与外部代理通常是一台路由器，也可以是一台服务器。希望与移动设备通信的计算机称为通信者（correspondent）。

当一个移动设备进入一个新的外部网络时，它要向外部代理注册，以得到一个外部地址，当离开这个外部网络时，也要向外部代理注销。外部代理在接受一个新的移动设备后，必须通知其归属代理，告知分配的外部地址，使归属代理能够随时掌握移动设备的位置。当通信者与移动设备通信时有两种方式，分别是间接选路与直接选路，间接选路如图 4-17 所示，通信过程分为 3 步：

（1）通信者并不知道移动设备在外部网络，它只会将数据发往移动设备的归属网络。

（2）归属代理发现数据到来后，由于已经知道移动设备的外部地址，就把数据转发至外部代理，外部代理再转发给移动设备。

（3）因为现在外部代理是移动设备的默认网关，所以移动设备把数据发给外部代理，外部代理再将数据转发给通信者。如果外部代理不是移动设备的默认网关，就不需要外部代理转发，直接发给通信者即可。

直接选路如图 4-18 所示，通信过程分为 2 步：

（1）通信者不知道移动设备是否在外部网络，通信前先询问归属代理，得到移动设备的外部地址。

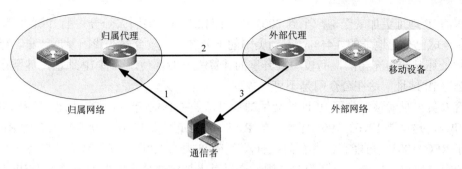

图 4-17 间接选路

（2）通信者由于已经知道移动设备的外部地址，就直接与移动设备通信，不再需要归属代理转发。

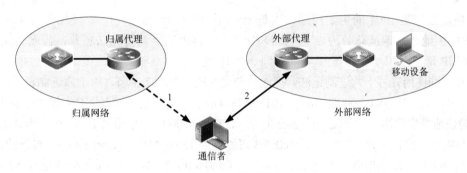

图 4-18 直接选路

两种方法各有利弊，间接选路需要归属代理中转，效率较低，但通信者不需要知道移动设备的外部地址，处理过程简单；直接选路不需要归属代理中转，效率较高，但通信者需要知道移动设备的外部地址，处理过程复杂，特别是在通信过程中，移动设备移动到一个新的网络，更换了外部地址，处理过程更为复杂。

在实际应用中，计算机并不总是在移动，固定的计算机远多于移动的计算机，归属代理转发数据的任务并不繁重，因此计算机网络中多用间接选路；在手机网络中，手机的移动性（漫游）远高于计算机，归属代理转发数据的任务会非常繁重，因此手机网络采用了一种类似直接选路的方案。

任务四 IPv6

一、IPv6 的特点

IP 协议是因特网的核心协议。现在使用的 IPv4 是 20 世纪 70 年代开始设计的，设计者根本没有预料到因特网能发展到现在的规模，现在全世界超过 10 亿台计算机连入了因特网，还有不计其数的上网手机等其他设备。虽然 IP 地址有 $2^{32} \approx 40$ 亿个，但很多地址不能分配给计算机使用，一些国家（如美国）与组织在因特网发展的早期申请到了大量 IP 地址，直到今天才使用了一小部分，仍有大量剩余，这使得可分配的 IP 地址迅速减少。根据专家预计，到 2012 年前后全球将没有可分配的 IP 地址。

我国的 IP 地址更加缺乏，截至到 2007 年 12 月 31 日，中国大陆分得的 IP 地址为 1.35 亿个，仅占全球已分配地址的 4.45%，不到美国的十分之一。教育网在我国发展较早，相对公众网，IP 地址还是较为充裕的，高校中办公室的计算机一般都使用公有 IP 地址，甚至住宅区中也使用公有 IP 地址，这在公众网是不可想象的。

研究人员很早就预见到了 IP 地址耗尽的危机，早在 1990 年代，就开始设计新的 IP 协议，以代替 IPv4，这就是 IPv6。1995 年发布的 RFC 1883 定义了 IPv6，1998 年发布的 RFC 2460 又取代了 RFC 1883。可能有读者会问：有没有 IPv5 呢？上世纪 70 年代后期曾有一个实验性的网际流媒体协议，后来又修订为第 2 版，之后有人把这两个实验性的协议称为 IPv5。

同 IPv4 一样，IPv6 仍是数据报交换方式的、无连接的、尽力而为的、不保证可靠传输的协议，但 IPv6 对 IPv4 做了重大改进：

1. 更长的 IP 地址

IP 地址过短是 IPv4 的主要问题，也是 IPv6 出现的主要原因。IPv6 使用长度 128 位（16 字节）的 IP 地址，地址总数为 $2^{128} \approx 3.4 \times 10^{38}$ 个，这个数字大得无法想象，假设为地球上的沙子分配 IP 地址，每一粒沙子都可以得到一个 IP 地址。

IPv6 地址使用冒号十六进制记法，把地址分为 8 段，每段 2 字节，用十六进制表示，各段间用冒号分开，如 1234:0000:0000:0000:ABCD:5678:0000:0000。现在分配的 IPv6 地址中有大量的 0 存在，为使地址更简洁，一个段中前面的 0 可以省略，如 000F 可以记为 F；一个全为 0 的段也可以省略（叫做零压缩），如 1234:0:0:0:0:0:0:AB 可以记为 1234::AB。在 IPv4 向 IPv6 过渡的过程中，IPv6 的地址中也可以使用点分十进制记法，如 0:0:0:0:0:0:1.2.3.4，使用零压缩就是::1.2.3.4，点分十进制部分一般就是原有的 IPv4 地址，前面加上 12 字节就构成了一个 IPv6 地址。

IPv4 地址有单播、多播与广播 3 种，IPv6 增加了一种新的任播（anycast）IP 地址，任播 IP 数据报的接收方是一组计算机，但只要组内一台计算机收到就可以了。一个单位内的若干台计算机就可以组成一个任播组，对发往这个组的请求，组内任何一台计算机响应就可以了。

2. 简洁灵活的首部

IPv4 首部较为复杂，路由器处理起来效率不高；IPv6 的固定首部简洁了许多，路由器处理起来速率更快。IPv6 有很多扩展首部，可以根据情况选用，不过路由器只处理一种逐跳选项扩展首部，其他扩展首部都不处理，所以路由器并不受扩展首部过多的影响。

3. 更好的安全性

IPv4 的安全性不好，只能不断修补。IPv6 设计时就认真考虑了安全问题，定义了完成加密、鉴别等安全功能的扩展首部，若对安全有要求就可以使用这些扩展首部。

4. 支持资源预留

IPv4 是尽力而为的协议，不能很好地支持因特网中广泛存在的多媒体数据（如音频、视频数据）。IPv6 虽然仍是尽力而为的协议，但进行了一些改进，采用资源预留技术，能够更好地支持多媒体数据的传输。

与 IPv4 一样，IPv6 也需要 ICMP，但适用于 IPv4 的 ICMP 不适用于 IPv6，目前已经制定了 ICMPv6，与 IPv6 配合工作，ICMPv6 的细节这里不再介绍。

二、IPv6 数据报格式

IPv6 数据报的格式如图 4-19 所示，固定首部中的字段比 IPv4 少，非常简洁。IPv6 数据报的固定首部长度 40 字节，后面可以有各种类型的扩展首部，最后是数据部分。

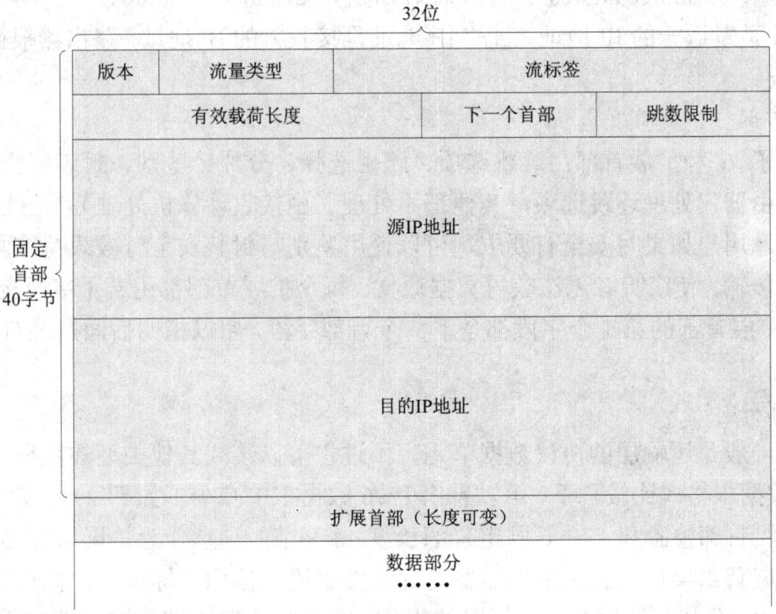

图 4-19　IPv6 数据报格式

1. 版本（version）

版本字段 4 位，含义与 IPv4 一样，不过这里要填入 6。

2. 流量类型（traffic class）

流量类型字段 8 位，与 IPv4 的区分服务（服务类型）字段类似，目的是区分 IPv6 数据报不同的类别与优先级。

3. 流标签（flow label）

流标签字段 20 位，从特定发送方到特定接收方的所有 IPv6 数据报就组成一个流，这些数据报的流标签字段的值相同。流标签字段可以用于对资源预留的支持，对于多媒体数据（如音频与视频数据）的流，所经过的路由器可以为这个流预留部分资源，使得多媒体应用得到更好的服务。

4. 有效载荷长度（payload length）

有效载荷长度字段 16 位，包括扩展首部与数据部分的长度，单位为字节。该字段的表示范围是 $0 \sim 65\,535$（$0 \sim 2^{16}-1$），所以 IPv6 数据报的扩展首部与数据部分最长可以是 65 535 字节（64kB）。

5. 下一个首部（next header）

下一个首部字段 8 位，与 IPv4 中的协议字段类似，当没有扩展首部时，本字段指明数据部分应该交给哪一个运输层实体；当有扩展首部时，本字段指明第 1 个扩展首部的类型。每个扩展首部都有同样的下一个首部字段，用以指明下一个扩展首部的类型，最后一个扩展首部指明数据部分应该交给哪一个运输层实体。

6. 跳数限制（hop limit）

跳数限制字段 8 位，通常把路由器转发一次称为一跳，本字段与 IPv4 中的生存时间（TTL）

的意义与用法完全一样，仅仅是改了名称，更准确地说明了这个字段的含义。

7. 源 IP 地址（source address）与目的 IP 地址（destination address）

源 IP 地址是发送方的 IP 地址，目的 IP 地址是接收方的 IP 地址，路由器根据目的 IP 地址转发 IP 数据报。

8. 扩展首部

目前定义了 6 种扩展首部：逐跳选项、路由选择、分片、鉴别、封装安全有效载荷、目的站选项。路由器仅处理逐跳选项，其他都不处理（由接收计算机处理）。这些扩展首部都是可选的，例如，用户如果对安全有要求，可以使用鉴别与封装安全有效载荷这两个扩展首部，把数据加密后传输，使窃听者无法获得数据原文。每个扩展首部都由若干字段构成，长度各不相同，但所有扩展首部的第 1 个字段都是下一个首部字段，用以指明后面扩展首部或运输层数据的类型。

9. 数据部分

数据部分一般是运输层的协议数据单元，不过也可以装载其他类型的数据。

与 IPv4 数据报格式比较一下，可以看出 IPv6 数据报中减少了如下字段：首部长度、标识、标志、片偏移、首部检验和。IPv6 固定首部长度 40 字节，选项作为扩展首部出现，下一个首部字段指明扩展首部类型，自然不再需要首部长度字段。标识、标志、片偏移用于 IPv4 数据报的分片与还原，分片与还原是一个耗时的操作。IPv6 出于路由器高速处理 IP 数据报的考虑，规定分片与还原只能在发送与接收计算机中进行，并需使用分片扩展首部，路由器不进行分片与还原操作，路由器若发现不分片就无法转发，就丢弃这样的 IP 数据报。随着链路传输质量的不断提高，传输数据时出现差错的可能性越来越小，在数据链路层与运输层都进行差错检测，在网络层再进行差错检测就显得多余。IPv6 去除了差错检测的功能，路由器转发 IP 数据报时更加迅速。IPv4 与 IPv6 的比较如表 4-13 所示。

表 4-13　IPv4 与 IPv6 比较

协议	地址长度	资源预留	路由器分片	差错检测
IPv4	32 位	不支持	可以	有
IPv6	128 位	支持	不可以	无

三、从 IPv4 向 IPv6 过渡

既然 IPv4 的地址即将耗尽，IPv6 又比 IPv4 好得多，那么就有必要尽快全面使用 IPv6。从 IPv4 转向 IPv6 有几种办法，最简单的办法是规定一个日期，届时全世界所有计算机与路由器同时停用 IPv4，改用 IPv6。但因特网的规模如此巨大，现在绝大多用户的计算机水平又是如此业余，上述办法根本不可行，强制实行会使整个因特网陷入长时间的瘫痪。唯一可行的办法是逐步过渡，把计算机与路由器一部分一部分地由 IPv4 转换到 IPv6，新的 IPv6 设备如何与旧的 IPv4 设备协同工作呢？具体有两个办法，一个是双协议栈（dual stack），另一个是隧道（tunneling）技术。

1. 双协议栈

双协议栈指计算机与路由器同时运行 IPv4 与 IPv6，具有 IPv4 地址，也具有 IPv6 地址，既能与 IPv4 设备通信，也能与 IPv6 设备通信。如图 4-20 所示，计算机 X 与计算机 Y 都使用 IPv6，它们连接的路由器同时运行 IPv4 与 IPv6，但路径中间的两台路由器只运行 IPv4。当计算机 X 向计算机 Y 发送 IPv6 数据报时，路由器 A 需要把 IPv6 数据报转换为 IPv4 数据报，才能转发到路由器 B；路由器 D 接收到 IPv4 数据报后，需要再转换为 IPv6 数据报，最后转发给计算机 Y。

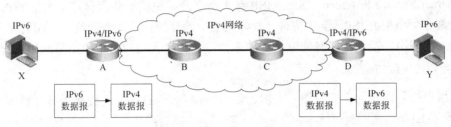

图 4-20　双协议栈

在 IPv4 数据报与 IPv6 数据报转换的过程中，IPv6 的某些字段会丢失，如流标签字段，同时 IPv4 地址与 IPv6 地址的转换也是一件非常麻烦的事情。

2. 隧道技术

隧道技术不进行 IPv4 数据报与 IPv6 数据报的转换，而是把 IPv6 数据报封装在 IPv4 数据报中传输，不过隧道技术仍要求路由器同时运行 IPv4 与 IPv6。如图 4-21 所示，IPv6 数据报到达路由器 A 后，路由器 A 把 IPv6 数据报封装在 IPv4 数据报中，再转发给路由器 B；路由器 D 收到 IPv4 数据报后，拆封取出其中的 IPv6 数据报，再转发给计算机 Y。从路由器 A 到路由器 D 之间好像是一条隧道，因此称为隧道技术。

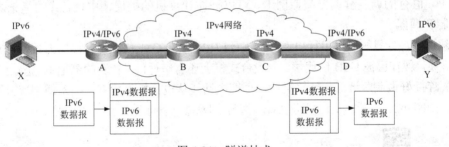

图 4-21　隧道技术

无论是利用双协议栈，还是利用隧道技术，从 IPv4 向 IPv6 过渡都是非常麻烦的，很多人抱着能拖就拖的态度，特别是在 IPv4 地址充裕的国家或组织。时至今日，使用 IPv6 的设备还是不多，也许到了 IPv4 地址彻底耗尽的时候，才能全面开始向 IPv6 的转换。

可以看出，改变网络层协议是极端困难的，这是因为全世界的所有计算机与路由器都要运行同一个网络层协议，要改就要改变所有的计算机与路由器。物理层协议与数据链路层协议不是这样，它们都是局部的，改变时只需改变部分计算机与网络设备，不影响其他用户。至于运输层协议与应用层协议，交换机、路由器中没有这两层协议，要改只需改变计算机，虽然改变也比较困难，但要比改变网络层协议容易得多。网络层协议好比是一座大楼的基石，在大楼内住满了人的情况下，对基石进行改造，其难度可想而知。

任务五　接入因特网的方式

电信、联通等电信运营商的网络构成了我国因特网的主干，一个网络或者一台计算机连入电信运营商的网络，就连入因特网了，这叫做接入因特网，电信运营商则称为因特网服务提供者（Internet Service Provider，ISP）。ISP 有大小之分，电信运营商自然是大型 ISP，一所高校实际上是一个小型的 ISP，学生宿舍、教师住宅中的计算机连入校园网，校园网又从电信运营商处接入因特网。接入因特网的方式多种多样，分为个人用户与单位用户两种情况。

一、个人用户接入因特网

个人用户接入因特网主要有拨号上网、以太网接入、ADSL、无线接入等几种方式。

1. 拨号上网

拨号上网是国内最早的上网方式，出现于 20 世纪 90 年代中期。那时因特网刚刚在国内开始普及，住宅区中没有计算机网络，从 ISP 到住宅区也没有计算机网络，但却有一个现成的网络——电话网络。建设计算机网络是费时费钱的工作，人们首先想到利用电话网络接入因特网。从用户电话机到电信运营商的电话交换机这一段线路叫做用户线，用户线一端的电话交换机只能处理模拟信号，计算机中都是数字信号，直接把计算机连接在用户线的电话机一端是不可以的，需要一种设备实现模拟信号与数字信号的转换。

这种设备是调制解调器（modem），modem 由调制器（modulator）与解调器（demodulator）这两个词合并而成，根据它的发音，老一辈的网民亲切地把调制解调器叫做"猫"。这里的调制，指把数字信号转换为模拟信号，解调则指把模拟信号转换为数字信号。调制解调器的大小如同一本书，也有的调制解调器类似网卡，可以插在计算机的扩展槽中，老式的笔记本电脑都内置了调制解调器。

调制解调器与计算机通过串行口连接，串行口也叫做 COM 口，这种接口的数据传输速率很低，接线麻烦，现在已被 USB 口代替。一般台式机上还有串行口，较新的笔记本电脑上已经取消了串行口。连接好调制解调器与计算机后，再把电话线从电话机上摘下，插入调制解调器，连线就完成了，如图 4-22 所示。从这里可以看出拨号上网的一个问题：上网时无法接打电话。

图 4-22　拨号上网

拨号上网在数据链路层使用 PPP 协议，IP 数据报封装在 PPP 帧中传输。上网时，用专门的拨号软件拨打一个电话号码，通常是 163 或 169，同时键入用户名与口令，ISP 为用户计算机临时分配一个 IP 地址，就可以上网了。

拨号上网最致命的问题是速率极慢，后期使用的调制解调器的速率是 56.6kbps，早期的速率更低，这还是理论上的速率，受各种因素影响，实际速率更低。另一个问题是费用高，ISP 按拨打市话的标准收费，上网一分钟与打市话一分钟的费用一样，有的网民一月花费上千元。

此外还有上网时无法接打电话的问题。由于这些问题，拨号上网很快就退出了历史舞台，现在 ISP 仍保留了这项业务，作为应急上网的手段。

2. 以太网接入

进入 21 世纪后，以太网已经垄断了局域网，城市里也已经铺满了光缆，以太网接入的条件具备了。以太网接入的原理很简单，就是把双绞线拉到用户家里，直接连接在以太网卡上，若干用户组成一个局域网，局域网再连接到 ISP。局域网一般使用光纤连接到 ISP，根据光纤到达的地点不同，可分为光纤到户（Fiber To The Home，FTTH），光纤到大楼（Fiber To The Building，FTTB），光纤到小区（Fiber To The Zone，FTTZ）等多种类型，这些类型统称为 FTTx。

2000 年，在陕西省咸阳市，咸阳市广播电视局把双绞线拉到居民住宅，全国首次实现了以太网接入。当时咸阳市广播电视局的有线电视光缆已经遍布全市城区，只需在住宅楼内布好双绞线，安装好集线器，就可以了。当时的收费标准是包月不限时不限量 60 元，速率则是 10Mbps，是拨号上网的近 200 倍。这对电信的拨号上网造成了严重冲击，电信在极短的时间内也实现了以太网接入。由于速率很高，以太网接入也叫做宽带接入。

以太网接入的难题是管理问题，最初 ISP 把集线器锁在铁盒子中，谁交费就给谁接线，但有人把盒子撬开私自接线；再后来 ISP 记录交费用户的物理地址，只允许交费的物理地址上网，但有人把自己的物理地址修改为交费的物理地址；最终 ISP 采用了现在广泛使用的措施——PPPoE（PPP over Ethernet）。

PPPoE 协议具有强大的管理功能，PPP 可以使用用户名与口令鉴别用户的身份，还可以对网络层的协议进行配置，如动态分配 IP 地址，利用 PPP 还可以实现记录上网时间与流量等更复杂的功能。利用 PPP 管理以太网接入是一个好办法，但 PPP 是数据链路层的协议，以太网包括物理层与数据链路层的内容，二者如何协同工作呢？PPPoE 可以做到这一点。PPPoE 由 RFC 2516 定义，是 PPP 与以太网的结合体，IP 数据报先封装在 PPP 帧中，PPP 帧再封装在以太网帧中，如图 4-23 所示，PPP 运行在以太网上层，所以叫做 PPPoE。

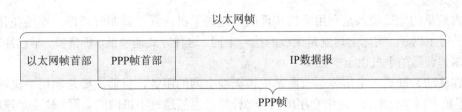

图 4-23 PPP 帧封装在以太网帧内

Windows XP 已经内置了 PPPoE 实现软件，只需简单地创建一个新连接。连接时要输入正确的用户名与口令，ISP 的服务器为用户计算机分配一个临时的 IP 地址，用户利用这个 IP 地址接入互联网，断开连接时，服务器再收回这个 IP 地址。

除 PPPoE 外，很多厂商也提供了上网管理的解决方案，如北京城市热点资讯有限公司（http://www.doctorcom.com）推出的上网管理系列产品，在各地高校中广泛使用。城市热点产品的用户需要使用专用的客户端软件或浏览器，输入正确的用户名与密码，登录成功后才能上网。

3. ADSL

拨号上网可以直接利用已有的电话线，安装非常方便，只是数据传输速率太低。非对称数字用户线（Asymmetric Digital Subscriber Line，ADSL）是对拨号上网的改进，仍然使用电话线上网，但速率有很大提高，在上网的时候还可以接打电话。ADSL 与以太网接入是现在的两大主流接入方式。

ADSL 之所以叫做"非对称"，是因为上行与下行的数据传输速率不一样。用户上网时主要是下载数据（下行），上传数据（上行）比较少，所以 ADSL 的上行速率通常在 32～640kbps 之间，下行速率高得多，通常在 32kbps～8Mbps 之间。ISP 的 ADSL 提供多种速率，如 512kbps、1Mbps、2Mbps 等，速率越高自然收费越高。为了同时传输上行数据、下行数据与语音信号（电话），ADSL 采用了频分复用（FDM）技术，这 3 路信号占用不同的频率范围。

ADSL 也需要调制解调器，ADSL 调制解调器与拨号上网的调制解调器完全不同，它有两个电话线接口和一个以太网接口。电话线接口分别接电话入户线与电话机，以太网接口用网线连到计算机网卡上，如图 4-24 所示。ADSL 仍然使用 PPP 协议执行管理功能，由于从 ADSL 调制解调器到计算机间是以太网，所以与以太网接入一样，在计算机上仍要运行 PPPoE。在 Windows XP 中，ADSL 接入与以太网接入的操作是完全一样的。

电话线

ISP

ADSL
调制解调器

图 4-24　ADSL 接入

可能有读者会问，既然 ADSL 也使用电话线上网，为什么以前使用速率极低的拨号上网，而现在才使用 ADSL 呢？一个原因是要使用 ADSL，ISP 就必须对电话网络做很大的改造，投资太大，拨号上网的改造则小得多。

4. 无线接入

国内最早的无线接入是利用手机实现的，这种手机内置了调制解调器，连接在计算机上就可以拨号上网了，实际上这就是无线的拨号上网。这种方式速率低、价格贵，早已经不用了，内置调制解调器的手机也不多见了。

现在移动、联通、电信等运营商都提供无线上网的服务，目前主要是利用手机网络实现接入。手机上网早已实现，使用专用的网卡，计算机也能通过手机网络上网，缺点是速率太低，第 3 代移动通信（3G）的理论最高速率是几 Mbps，实际的速率远低于此。在某些城市开始提供 WiMAX 与无线局域网（Wi-Fi）接入方式，速率比手机网络接入快得多。

二、单位用户接入因特网

十几年前，我国单位用户接入因特网的方式有好几种，如 ISDN、DDN、帧中继等。这些接入方式速率很低，从几百 kbps 到 2Mbps，但比当时个人用户拨号上网的 56.6kbps 快多了。时至今日，这些接入方式全部退出了历史舞台。

现在单位用户接入因特网最流行的方式是以太网接入，从 ISP 处拉一根光缆到单位机房，接在路由器的以太网口上就可以了。为区分个人用户的以太网接入，单位用户的以太网接入也可以叫做专线接入。ISP 通常会给单位用户分配一个固定的公有 IP 地址，这个 IP 地址设置在路由器通往 ISP 的接口上。如需要更多的公网 IP 地址，则要另外付费。2009 年 3 月在陕西省咸阳市，联通的收费标准是，速率 100Mbps 的光纤以太网接入（附带一个公有 IP 地址）2 000元/月，还可以申请更多的公有 IP 地址，200 元/个/月。这个费用对大单位来说不高，但对很多小单位却无法承受。

　　很多小单位（如小商店）采用个人用户接入的方式，如 ADSL、以太网接入，这些方式与专线接入的根本区别是没有固定的公有 IP 地址。连接时 ISP 临时分配一个公有 IP 地址，断开时收回，下次连接时又分配另一个地址，每次分配的 IP 地址几乎不可能相同。这对小单位没有多少影响，但对大单位来说就不可以，因为大单位设有对外的服务器，如单位网站，这些服务器必须使用固定的公有 IP 地址，外部用户才可以访问它。如果服务器的 IP 地址不固定，外部用户将不知道该用什么 IP 地址访问它。

　　有些单位同时接入了两个 ISP，很多高校就是这样，这是因为教育网与电信运营商网络（公众网）间互访的速率非常低，很多高校在接入教育网的同时，又接入了所在地的公众网。笔者所在的陕西工业职业技术学院，首先接入了教育网，校园网到教育网的出口速率是 155Mbps，同时还接入了联通网络，出口速率是 2Gbps，如图 4-25 所示。同时接入两个 ISP 时，必须在路由器上设置好路由表，把去往两个 ISP 的数据分流。

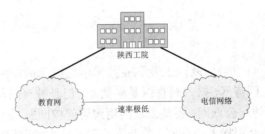

图 4-25　陕西工业职业技术学院接入因特网的方式

　　所有连入因特网的计算机都要运行 IP 协议。IP 协议首先规定了 IP 地址，用以在世界范围内标识一台计算机，如同身份证号码，公有 IP 地址在全球范围内不能重复。IP 地址分为两部分：网络号指明该计算机所在的网络，主机号指明该计算机，网络号的长度由子网掩码决定。

　　子网是 IP 协议中的重要概念，网络号相同的计算机就组成一个子网。同一子网内的计算机通信时不经过路由器转发，不同子网内的计算机通信时一定经过路由器转发。路由器利用路由表转发 IP 数据报，这个过程与邮政系统寄送邮件非常相似。路由表可以手工输入，也可以利用选路协议自动生成。IP 数据报在传输过程中一直不变，而运载 IP 数据报的帧却在不断变化，经多次转发，最终 IP 数据报到达接收方，正因为如此，因特网才能成为一个整体。这就是计算机网络的精髓所在。

　　除 IP 协议外，在网络层还需要 ARP、ICMP 等协议协同工作。IPv4 的地址过短，即将耗尽，它的代替者是 IPv6。IPv6 除增大地址长度外，还采取措施使路由器能够更高效地工作，如取消首部检验和、IP 数据报在路由器内不再分片。IPv6 还具有资源预留功能，能够更好地支持多媒体应用。接入因特网有多种方式，无论对个人用户还是对单位用户，以太网接入都是目前的主流接入方式。

1．路由表中默认路由的含义是什么？Windows XP 的 IP 协议属性中的默认网关呢？

2．比较二层交换机、三层交换机与路由器间的区别，以及它们的适用场合。

3．位于同一子网内计算机的 IP 地址有什么特点？

4．ARP 协议为什么使用 ARP 缓存？ARP 缓存中的数据为什么要有有效期？

5．利用 ARP 与 ARP 欺骗攻击的工作原理，思考抵抗 ARP 欺骗攻击软件的工作原理，再实际安装使用这类软件或上网查找相关资料，验证自己的想法。

6．多播有什么优点？

7．以十进制形式计算 IPv6 地址共有多少个。

8．比较 IPv4 与 IPv6 的首部，分析它们的异同。

9．讨论从 IPv4 向 IPv6 过渡为什么如此缓慢。

10．调查自己所在城市个人用户的上网费用，包括以太网（宽带）接入与 ADSL。

技能训练

经过本项目的学习，可以给出陕西工业职业技术学院校园网在网络层方面的解决方案。首先考虑校园网如何接入因特网，接入教育网是必然的，但是教育网与公众网间链路的速率非常低，无论是校园网用户访问公众网，还是公众网用户访问校园网，速率都慢得令人无法忍受，所以接入教育网的同时还必须接入公众网。陕西工业职业技术学院校园网的规模不是很大，两条接入链路都采用 100Mbps 的速率即可，至于接入方式自然是以太网接入。

如图 4-26 所示是陕西工业职业技术学院网络中心机房的网络结构图，图中数字表示设备接口编号，其中三层交换机是整个校园网的核心（在工程上通常叫做核心交换机），各楼的交换机都连接在上面，此外还连接了一台路由器，由这台路由器接入教育网与公众网。由核心交换机到各楼交换机速率为 1 000Mbps，路由器接入教育网与公众网的速率都是 100Mbps，至于核心交换机与路由器间的速率，则要仔细考虑。

因为路由器的总出口速率是 200Mbps，如果核心交换机与路由器间的速率设为 100Mbps，则路由器的出口会浪费 100Mbps 速率；如果设为 1 000Mbps，则路由器与核心交换机间会浪费 800Mbps 的速率。核心交换机与路由器间的速率最好设为 200Mbps，但一般设备上根本没有这种速率的接口。对于这种情况在实际应用中一般采用接口聚合（也叫做接口汇聚）技术，在核心交换机与路由器之间连接两条 100Mbps 线路，再在两台设备上做好相关设置，这两条线路工作起来就相当于一条线路，但速率是 200Mbps，这就完美地解决了我们的难题。接口聚合还有另一个好处，两条线路中的一条故障时，只要另一条线路还在工作，通信就不会中断。

另一个重要任务是分配 IP 地址，在分配 IP 地址之前，要根据具体情况做细致的规划。因为没有足够的公有 IP 地址，所以只能使用私有 IP 地址，还要考虑到以后的发展，留上足够的未分配 IP 地址。把每一座楼划分为一个子网，网络号长度 20 位，最多可以有 $2^{12}-2=4094$ 个可分配的 IP 地址，即使在学生宿舍也会有大量剩余，为以后增加计算机做好了准备。各楼的 IP

地址分配方案如表 4-14 所示，当然其他合理的分配方案也是可以的。

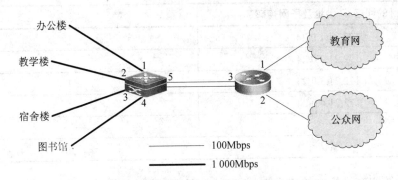

图 4-26 陕西工院网络中心机房网络结构图

表 4-14   各楼 IP 地址分配方案

楼	子网 IP 地址	第 1 个可分配 IP 地址	最后 1 个可分配 IP 地址	广播 IP 地址	可分配 IP 地址数量
办公楼	172.21.0.0/20	172.21.0.1	172.21.15.254	172.21.15.255	4094
教学楼	172.21.16.0/20	172.21.16.1	172.21.31.254	172.21.31.255	4094
宿舍楼	172.21.32.0/20	172.21.32.1	172.21.47.254	172.21.47.255	4094
图书馆	172.21.48.0/20	172.21.48.1	172.21.63.254	172.21.63.255	4094

利用三层交换机，把校园网中的每一层楼划分为一个 VLAN，现在我们已经知道，一个 VLAN 就是一个子网，因此在本楼的子网内要继续划分子网，每一个子网（一层楼）的网络号设为 24 位，这样最多可以有 $2^8-2=254$ 个可分配的 IP 地址。IP 地址最好能体现楼层，例如，1 楼子网的网络 IP 地址是 172.21.1.0/24，2 楼则是 172.21.2.0/24。办公楼的 IP 地址分配方案如表 4-15 所示，其他各楼与此类似。普通计算机设置 IP 协议属性时，把本楼的三层交换机设为自己的默认网关即可。

表 4-15   办公楼 IP 地址分配方案

子网	子网 IP 地址	第 1 个可分配 IP 地址	最后 1 个可分配 IP 地址	广播 IP 地址	可分配 IP 地址数量
1 层	172.21.1.0/24	172.21.1.1	172.21.1.254	172.21.1.255	254
2 层	172.21.2.0/24	172.21.2.1	172.21.2.254	172.21.2.255	254
3 层	172.21.3.0/24	172.21.3.1	172.21.3.254	172.21.3.255	254
4 层	172.21.4.0/24	172.21.4.1	172.21.4.254	172.21.4.255	254
……	……	……	……	……	254

要使 VLAN 之间可以通信并连通因特网，需要在各楼的三层交换机与网络中心的核心交换机以及路由器上做一些设置，主要是在路由表中增加静态路由。办公楼三层交换机中的路由表如表 4-16 所示，1 楼的二层交换机连接在三层交换机的接口 1 上，其他各层以此类推，默认路由代表发往网络中心核心交换机的数据。其他各楼与此类似。

表 4-16　办公楼三层交换机中的路由表

目的网络 IP 地址及子网掩码	接口
172.21.1.0/24	1
172.21.2.0/24	2
172.21.3.0/24	3
172.21.4.0/24	4
……	……
默认	20

网络中心核心交换机中的路由表如表 4-17 所示，其中默认路由代表发往教育网与公众网的数据，它们应该转发到路由器，再从路由器转发到教育网与公众网。

表 4-17　核心交换机中的路由表

目的网络 IP 地址及子网掩码	接口
172.21.0.0/20	1
172.21.16.0/20	2
172.21.32.0/20	3
172.21.48.0/20	4
默认	5

路由器必须把去往教育网与公众网的两类数据分开。教育网的规模远小于公众网，只需在路由表中添加不到 100 行的数据，最后再添加一个默认路由，代表发往公众网的数据。路由器中的路由表如表 4-18 所示，表中第 1 行代表从校外进入校园网的数据，第 2 行到第 5 行都是教育网的 IP 地址块。

表 4-18　路由器中的路由表

目的网络 IP 地址及子网掩码	接口
172.21.0.0/16	3
210.44.0.0/15	1
210.46.0.0/15	1
210.64.0.0/15	1
210.66.0.0/16	1
……	1
默认	2

实际设备中的路由表与表 4-14、表 4-15 及表 4-16 有所不同，但基本原理是一样的。

现在还有一个问题，使用私有 IP 地址的计算机是不能直接连入因特网的，为了使校园网中的计算机都能上网，必须在路由器上使用 NAT 技术，利用 NAT 技术，使用私有 IP 地址的计算机就能连入因特网了。

项目 5 Windows XP 网络设置与应用

项目概述

介绍如何配置和管理 Windows XP 网络设置与应用，包括 Windows ServerXP 的网络连接设置、常用网络命令、双网卡的设置与应用、如何进行用户管理及网上邻居常见问题的解决方法和基本的安全设置方法，通过学习，读者可以掌握网络管理的基础知识和构建网络的方法，以及学会如何配置和管理网络及网络服务。

学习目标

- 掌握 Windows XP 中 TCP/IP 属性的设置方法
- 掌握 ipconfig、arp、ping、route、netstat 等常用网络命令的使用方法
- 掌握网上邻居常见问题的解决方法
- 掌握 Windows XP 中基本的安全设置方法

任务一 网络连接的设置

Windows XP 是目前最常用的个人用户操作系统，Windows XP 的网络设置非常复杂，同时网络应用也非常丰富，而且很多应用非常实用。本章将对这些设置与应用做详细介绍，有了前面几章的理论知识，这些内容很容易理解。绝大多数设置与应用都要以管理员身份登录才能操作。本章介绍的所有内容都在笔者计算机上测试通过，操作系统是 Windows XP 专业版 SP3，但不同计算机的环境设置千差万别，并不能保证在所有计算机上都是可行的。

一、网络连接窗口与创建新连接

1. 网络连接窗口

Windows XP 支持很多类型的网络，如以太网、ADSL、PPPoE、拨号、ISDN、X.25、无线、VPN、红外线等，每一个安装好硬件、驱动程序及相关协议的网络叫做一个连接。打开【控制面板】窗口，双击【网络连接】图标，出现如图 5-1 所示的【网络连接】窗口，这是 Windows XP 中网络功能最主要的窗口，在这里可以查看、修改连接的属性，也可以创建新的连接。【网络连接】窗口左侧有以下几项网络任务：

- 【创建一个新的连接】，用于建立新连接。
- 【设置家庭或小型办公网络】，用于对连接属性、Windows 防火墙、共享文件进行综合设置，这是一个傻瓜型的功能，非常不灵活，适用于对网络一窍不通的用户，建

议读者不要使用。

- 【更改 Windows 防火墙设置】，用于设置 Windows XP 自带的防火墙。

其他任务只有在单击选中一个连接后出现，与该连接的快捷菜单中的功能相同。【网络连接】窗口右侧显示所有已有的连接。

图 5-1　【网络连接】窗口

右击某个网卡连接的图标，弹出如图 5-1 所示的快捷菜单，有以下菜单项：

- 【停用】菜单项，选择后可以禁用这个连接，连接图标会变为灰色。
- 【状态】菜单项，选择后会出现如图 5-2 所示的【连接状态】对话框，有【常规】与【支持】两个选项卡。在【常规】选项卡中，可以查看该连接的状态，如图 5-3 所示。在【支持】选项卡中，有【IP 地址】、【子网掩码】等内容，单击【详细信息】按钮，出现如图 5-4 所示的【网络连接详细信息】对话框，这里有更多的内容，列表框中的【实际地址】就是该网卡的物理地址。

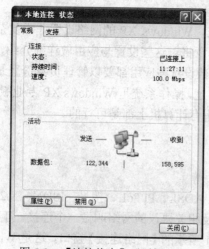

图 5-2　【连接状态】对话框（1）

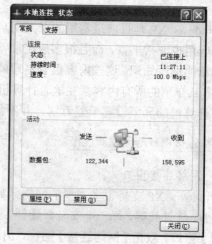

图 5-3　【连接状态】对话框（2）

- 【修复】菜单项，选择后可以清除 ARP 缓存、DNS 缓存等内容，有时可以使有问题的连接恢复正常。
- 【桥接】菜单项以后介绍。
- 【创建快捷方式】菜单项，选择后可以为本连接创建一个快捷方式。

- 【删除】菜单项，选择后可以删除这个连接，不过很多情况下都是灰色的，无法使用，要删除网卡的连接，可以在设备管理器中卸载网卡。
- 【重命名】菜单项，选择后可以重新命名一个连接，网卡连接的默认名是本地连接，如图 5-1 所示中改为了网卡 1 与网卡 2。
- 【属性】菜单项，设置该连接的属性，后面还要详细介绍。

图 5-4 【网络连接详细信息】对话框

2. 创建新连接

一块网卡安装好后，会自动出现一个连接，若是两个网卡就会有两个连接，这种网卡连接不需手动创建，但有些情况下需要手动创建连接，如使用 PPPoE 的 ADSL 与以太网接入。创建新连接的过程如下：

（1）单击【网络连接】窗口左侧的【创建一个新的连接】，出现如图 5-5 所示的【新建连接向导】对话框，单击【下一步】按钮，出现 4 个单选按钮，如图 5-6 所示，说明如下：

- 【连接到 Internet】，用于创建接入因特网的连接，最常使用。
- 【连接到我的工作场所的网络】，用于创建 VPN 连接，可以实现数据的加密传输，以保证安全。
- 【设置家庭或小型办公网络】，与【网络连接】窗口左侧的同名网络任务功能相同。
- 【设置高级连接】，用于利用串行（COM）口连接两台计算机等功能，很少使用。

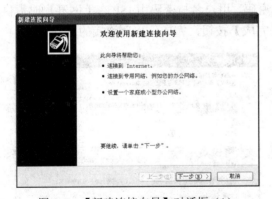

图 5-5 【新建连接向导】对话框（1）

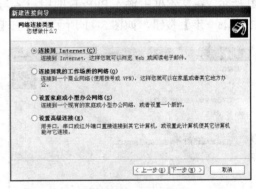

图 5-6 【新建连接向导】对话框（2）

（2）选中【连接到 Internet】单选按钮，单击【下一步】按钮，出现 3 个单选按钮，如图 5-7 所示，说明如下：

- 【从 Internet 服务提供商（ISP）列表选择】，将会关闭【新建连接向导】对话框，用户自行选择合适的 ISP，这个选项很少使用。
- 【手动设置我的连接】，这是最常使用的选项。
- 【使用我从 ISP 得到的 CD】，也将会关闭【新建连接向导】对话框，用户自行安装相关驱动程序与协议。

（3）选中【手动设置我的连接】单选按钮，单击【下一步】按钮，出现 3 个单选按钮，如图 5-8 所示，说明如下：

- 【用拨号调制解调器连接】，用于创建拨号上网连接，现在已经很少使用了。
- 【用要求用户名和密码的宽带连接来连接】，用于创建使用 PPPoE 的 ADSL 与以太网连接，目前经常使用。
- 【用一直在线的宽带连接来连接】，将会关闭【新建连接向导】对话框，因为本选项就是指不需要 PPPoE 的普通网卡连接，这种连接在安装完网卡后会自动出现，不需要再创建。

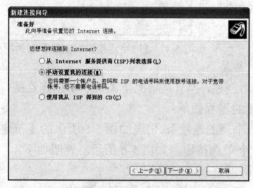
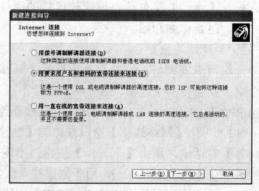

图 5-7 【新建连接向导】对话框（3）　　　图 5-8 【新建连接向导】对话框（4）

（4）选中【用要求用户名和密码的宽带连接来连接】选项，单击【下一步】按钮，如图 5-9 所示，在文本框中输入 ISP 的名称，这也作为本连接的名称。单击【下一步】按钮，如图 5-10 所示，在文本框中输入 PPPoE 的用户名与密码，用户名与密码由 ISP 在上网开户时提供。单击【下一步】按钮，如图 5-11 所示，单击【完成】按钮，完成创建新连接的过程。

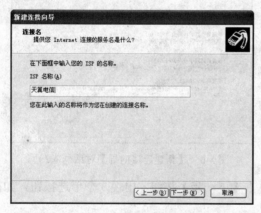
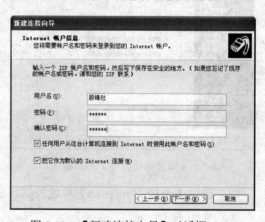

图 5-9 【新建连接向导】对话框（5）　　　图 5-10 【新建连接向导】对话框（6）

创建完毕使用 PPPoE 的连接后，在网络连接窗口中会出现一个新的连接图标，描述为 "WAN 微型端口（PPPoE）"，如图 5-12 所示。这个连接与普通的网卡连接共用一块网卡，但它们的 IP 地址等属性是独立的，互不相关。双击该连接后出现如图 5-13 所示的【连接】对话框，单击【连接】按钮，若用户名与密码正确，连接成功后就可以上网了。

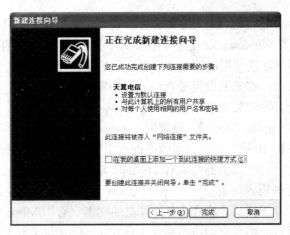

图 5-11　【新建连接向导】对话框（7）

图 5-12　增加了 WAN 微型端口（PPPoE）连接

图 5-13　PPPoE 的【连接】对话框

【科技人物】盖茨（William Henry "Bill" Gates III，1955～）是微软公司创始人之一、前微软公司主席兼首席软件架构师。1973 年，盖茨考入哈佛大学，1975 年，他与好友 Paul Allen 创建了微软公司，在大学三年级的时候，盖茨离开哈佛并把全部精力投入到微软公司。在微软公司几次决定成败的重大决策中，盖茨做出了正确的选择，使得微软公司迅速成长为世界上最大的软件公司，他连续十多年被评为全球最富有的人。虽然 Windows  有这样那样的缺点，但仍然是世界上用户最多的操作系统；虽然盖茨在竞争中不择手段，滥用自己的垄断地位，有损自己的声誉，但盖茨组建的比尔与梅琳达基金会是世界上最大的慈善基金会。北京时间 2008 年 6 月 27 日盖茨正式退休，他表示将把全部财产捐给比尔与梅琳达基金会，不会留给自己的子女。1992 年，盖茨获得美国国家技术奖章。2005 年，盖茨被英国女王册封为爵士。

二、以太网卡的设置

1. 一般设置

在【网络连接】窗口中右击以太网卡连接的图标，在弹出的快捷菜单上选择【属性】菜单项，出现如图 5-14 所示的【连接属性】对话框，有【常规】与【高级】两个选项卡。在【高级】选项卡中，可以设置 Windows XP 自带的防火墙。【常规】选项卡的内容很多，上方的【连接时使用】文本框说明本连接使用的网卡，单击右侧的【配置】按钮，出现【网卡属性】对话框，选择【高级】选项卡，这里的设置最有用处，如图 5-15 所示。在【属性】列表框中选择不同的属性，在右侧会有不同类型的【值】：

- 【Link Speed/Duplex Mode】，设置网卡的速率与全双工、半双工等模式，一般选择【Auto Mode】，由网卡与另一通信方的网卡自动协商，优先使用最高速率与全双工模式。例如，一台计算机的网卡有 10Mbps 与 100Mbps 两种速率，可以工作在全双工与半双工两种模式，若另一台计算机的网卡也是这样，那么它们协商后就工作在 100Mbps 与全双工模式；若另一台计算机的网卡只有 10Mbps 一种速率，并且只能工作在半双工模式，那么它们协商后就工作在 10Mbps 与半双工模式。

- 【Network Address】，虽然叫做网络地址，但实际上是网卡的物理地址，如图 5-16 所示，默认值是【不存在】，这并不意味着不存在物理地址，仅是没有在此显示而已。若要修改物理地址，可以在文本框中输入新的物理地址，格式是标准的 12 位十六进制数，但不要中间的横线。

- 【Receive Buffer Size】，设置一块内存的大小，用于暂存接收到的数据，如图 5-17 所示，默认值是最大值 64kB，没有必要改小。

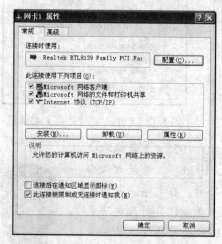

图 5-14 【连接属性】对话框

图 5-15 【网卡属性】对话框（1）

对于不同的网卡，【属性】列表框中的内容也不同，一般情况下，新网卡的内容比老网卡的多。

再回到如图 5-14 所示的【连接属性】对话框，中部的【此连接使用下列项目】列表框包含了本连接已经安装的组件，每个组件前面都有一个复选框，选中就启用该组件，不选中就停用该组件。文本框下面有【安装】、【卸载】与【属性】3 个按钮，功能分别是安装新的组件、卸载已安装的组件、查看与设置组件的属性。如图 5-14 中已经安装了 3 个组件：

- 【Microsoft 网络客户端】，用于利用网上邻居访问其他计算机，如果不用，可以卸载它。以后若要再安装，单击【安装】按钮，出现如图 5-18 所示的对话框，在列表框中选择【客户端】，单击【添加】按钮，出现如图 5-19 所示的对话框，在列表框中选择【Microsoft 网络客户端】，单击【确定】按钮，即可安装。

图 5-16   【网卡属性】对话框（2）

图 5-17   【网卡属性】对话框（3）

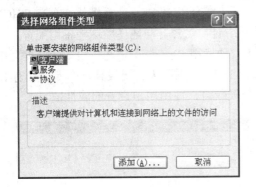

图 5-18   安装网络组件（1）

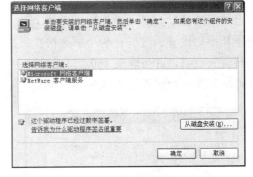

图 5-19   安装网络组件（2）

- 【Microsoft 网络的文件和打印机共享】，用于共享自己的文件和打印机，其他用户可以通过网上邻居访问。如果不用，或为了安全，可以卸载它。以后若要再安装，可以在如图 5-18 所示的对话框中，从列表框中选择【服务】，单击【添加】按钮，出现如图 5-20 所示的对话框，在左侧列表框中选择【Microsoft】，在右侧列表框中选择【Microsoft 网络的文件和打印机共享】，单击【确定】按钮，即可安装。

- 【Internet 协议（TCP/IP）】，用于设置 IP 协议属性。如果要安装 IPv6 协议，可以在如图 5-18 所示的对话框中，从列表框中选择【协议】，单击【添加】按钮，出现如图 5-21 所示的对话框，在列表框中选择【Microsoft TCP/IP 版本 6】，单击【确定】按钮，即可安装。

其他组件都极少使用，如【QoS 数据包计划程序】，这些组件都可以卸载。

2. 【Internet 协议（TCP/IP）】设置

这是 Windows XP 网络设置中最重要的部分，下面详细说明。在如图 5-14 所示的【连接属性】对话框中，从【此连接使用下列项目】列表框中选择【Internet 协议（TCP/IP）】复选框，单击【属性】按钮，出现如图 5-22 所示的【Internet 协议（TCP/IP）属性】对话框。【常规】

选项卡中有两个 DNS 服务器：【首选 DNS 服务器】与【备用 DNS 服务器】，前者首先使用，不能使用（如 DNS 服务器关机）时再使用后者，其他各属性含义本书前面部分都已介绍，此处不再赘述。这些属性可以手动设置，也可以使用 DHCP 协议自动获得。

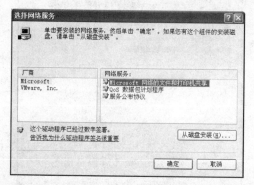
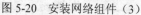

图 5-20　安装网络组件（3）

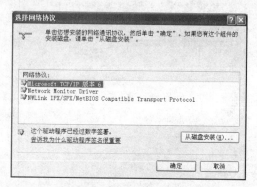

图 5-21　安装网络组件（4）

当设置为自动获得时，会出现一个【备用配置】选项卡，如图 5-23 所示，这里的设置在自动获得失败时使用。这个功能对经常移动的计算机非常有用，例如，计算机从一个有 DHCP 服务器的网络移动到另一个没有 DHCP 服务器的网络时，就会自动地使用这些备用配置，不必再重新手动设置。这里有两个单选按钮，选中【自动专用 IP 地址】单选按钮，计算机会在自动获得失败时，自动地在 169.254.0.0～169.254.255.255 范围内为自己设置一个专用私有 IP 地址；选中【用户配置】单选按钮，则在自动获得失败时，使用用户设置的属性值。

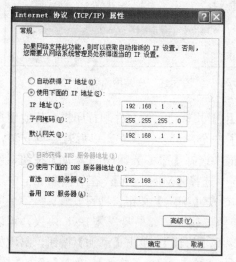

图 5-22　【Internet 协议（TCP/IP）属性】
对话框（1）

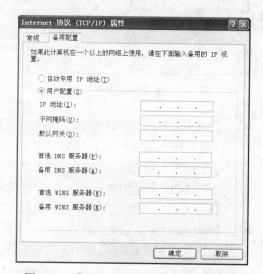

图 5-23　【Internet 协议（TCP/IP）属性】
对话框（2）

现在着重介绍高级设置，在图 5-22 中，单击【高级】按钮，出现如图 5-24 所示的【高级 TCP/IP 设置】对话框，这里有 4 个选项卡：【IP 设置】、【DNS】、【WINS】与【选项】，后 3 个选项卡很少使用，这里仅介绍最重要的【IP 设置】选项卡。在【IP 设置】选项卡中，有 3 个选项区域：

- 【IP 地址】选项区域，列表框中是已设置的 IP 地址，每个 IP 地址均要有一个子网掩码与之对应。下部的【添加】、【编辑】与【删除】3 个按钮分别用于添加、编辑与删除 IP 地址，一台计算机可以设置多个 IP 地址，就像一个人有几个名字，无论用哪一个 IP 地址都可访问这台计算机。

- 【默认网关】选项区域，列表框中是已设置的网关，每个网关均要有一个跃点数与之对应。下部的【添加】、【编辑】与【删除】3 个按钮分别用于添加、编辑与删除网关。默认网关只能有一个，网关却可以设置多个，哪个网关应该是默认网关呢？这决定于网关的跃点数。路由器转发一次称为一跳，网关的跃点数实际上就是它的费用值，跃点数最小的网关就是默认网关。

- 跃点数可以手动设置，也可以设为【自动】，手动设置时，在【默认网关】选项区域中，单击【编辑】按钮，出现如图 5-25 所示的【TCP/IP 网关地址】对话框，不选中【自动跃点】复选框，在【跃点】文本框中输入跃点数；设为【自动】时，在图 5-25 中，选中【自动跃点】复选框即可，具体的跃点数由图 5-24 下部的【自动跃点计数】选项区域确定。

- 【自动跃点计数】选项区域，用于确定网关的自动跃点数。如果不选中【自动跃点计数】复选框，需要手动输入跃点数；如果选中【自动跃点计数】复选框，跃点数由 Windows XP 依据数据传输速率决定，速率越高跃点数越小，例如，100Mbps 以太网卡的自动跃点数是 20，10Mbps 以太网卡的自动跃点数是 30。这里确定的跃点数就是设为自动跃点的网关的跃点数。

图 5-24　【高级 TCP/IP 设置】对话框

图 5-25　【TCP/IP 网关地址】对话框

三、无线网卡的设置

　　现在越来越多的计算机上安装了无线网卡，Windows XP 能够自动安装某些无线网卡的驱动程序，但也有无线网卡需要手动安装驱动程序，不同网卡驱动程序的安装方法可能不同，具体安装方法请参见网卡说明书。安装好无线网卡及驱动程序后，在【网络连接】窗口中会出现【无线网络连接】图标，如图 5-26 所示。右击【无线网络连接】图标，出现快捷菜单，与有线网卡的快捷菜单相比，多了【查看可用的无线连接】菜单项，选择后出现【无线网络连接】窗口，如图 5-27 所示。Windows XP 搜索到了多个无线网络，可以从中选择一个连接或断开。

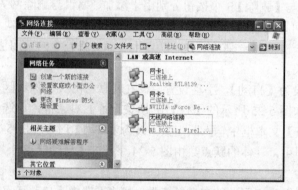

图 5-26　【无线网络连接】图标

图 5-27　【无线网络连接】窗口

　　一个无线网络实际上就是一个基本服务集（BSS），无线网络的名称就是 BSS 的标识符（SSID）。一台计算机连入一个无线网络，仅相当于有线网络中连接好了网线，还必须正确设置 IP 地址，才能正常通信。WLAN 仅包括物理层与数据链路层的内容，所以对于同一个无线网络内的计算机，它们的 IP 地址必须设置在同一子网内。

　　右击【无线网络连接】图标，在快捷菜单中选择【属性】菜单项，出现如图 5-28 所示的【无线网络连接属性】对话框，【常规】与【高级】选项卡与有线网卡完全相同，可以设置 IP 地址等属性，【无线网络配置】选项卡是无线网卡独有的，包含以下内容：

- 【用 Windows 配置我的无线网络设置】复选框，选中表示使用本对话框设置无线网卡，若不选中整个对话框会变灰，无法设置。这是因为有些无线网卡自带了设置程序，不需要使用本对话框。
- 【可用网络】选项区域，单击【查看无线网络】按钮，会打开如图 5-27 所示的【无线网络连接】窗口。
- 【首选网络】选项区域，列表框列出了本无线网卡曾经连入的无线网络，利用【上移】与【下移】按钮，可以调整无线网络的顺序，Windows XP 按无线网络排列的顺序自动连接。单击【添加】按钮可以添加一个无线网络，同时设置它的属性；单击【删除】按钮可以从列表框中删除一个无线网络；单击【属性】按钮可以修改一个无线网络的属性，与单击【添加】按钮时的界面基本相同。

　　对于自组织 WLAN，第一次连接前必须手动添加，然后才能连接；对于使用 AP 的基础设施 WLAN，AP 周期性地广播它的 SSID，无线网卡能够自动搜索到，无需手动添加。但有些 AP 为了安全，设置为不广播它的 SSID，无线网卡无法搜索到，这时就要手动添加。无论哪种 WLAN，第一次连接后就会出现在【首选网络】选项区域的列表框中。添加无线网络时，在图 5-28 中，单击【添加】按钮，出现如图 5-29 所示的对话框。在【关联】选项卡中，做以下设置：

- 在【网络名】文本框中输入网络名（SSID），若是自组织 WLAN，对于所有要加入同一个自组织 WLAN 的计算机，这个 SSID 必须相同；若是基础设施 WLAN，这个 SSID 必须与 AP 上设置的 SSID 相同。若选中【即使此网络未广播，也进行连接】复选框，那么当 AP 不广播其 SSID 时，也进行连接；若不选中，则当 AP 不广播其 SSID 时，不进行连接。

图 5-28   无线网卡的【连接属性】对话框　　　　图 5-29   添加无线网络对话框

- 【无线网络密钥】选项区域非常复杂，介绍见后。
- 对于自组织 WLAN，要选中【这是一个计算机到计算机的（临时）网络，未使用无线访问点】复选框；对于基础设施 WLAN，则不要选中。

单击【确定】按钮，新添加的无线网络会出现在图 5-28 的列表框中。

无线网络属性中最复杂的部分是【无线网络密钥】选项区域，实现身份验证与数据加密功能，无论是自组织 WLAN，还是基础设施 WLAN，这一部分的设置基本相同。

身份验证是确定一个用户的身份，只有合法用户才能连入无线网络，在【网络身份验证】下拉列表框中有【开放式】、【共享式】等几种身份验证方式。开放式只要求用户提供正确的 SSID，并不需要密钥，由于 AP 周期性地广播其 SSID，所以安全性较差；在共享式下，用户与 AP 拥有一个相同的密钥，用户必须正确提供这个密钥才能通过验证，安全性比开放式好一些。身份验证通过后，计算机就连入了无线网络，为了防止其他人窃听，机密数据应该加密。在【数据加密】下拉列表框中有【已禁用】、【WEP】、【AES】、【TKIP】等几种数据加密方式，已禁用意味着数据不加密，WEP、AES、TKIP 是几种数据加密算法。

根据选择的身份验证方式与数据加密方式，【网络密钥】文本框会有效或无效，有效时要输入密钥，同时在【确认网络密钥】文本框中重复输入密钥。密钥越长、越随机就越安全，过短、有规律的密钥很容易被别人猜到。在图 5-29 中，身份验证是开放式，数据加密使用 WEP 加密算法，并输入了密钥。当连接无线网络时，若设置了密钥，会出现如图 5-30 所示的对话框，要求用户输入密钥。一个无线网络中的 AP 以及所有计算机的身份验证方式、数据加密方式，以及密钥必须都相同，才能正常通信。

为提供更好的安全性，有时需要设置一台专门负责身份验证的服务器，个人用户还需要使用密码硬件保存密钥。Windows XP 对此也提供了支持，如图 5-31 所示，在无线网络【属性】对话框的【验证】选项卡中，提供了 IEEE 802.1x 身份验证方法。这些内容涉及大量的计算机密码知识，这里不再介绍，感兴趣的读者可以参阅其他书籍。

图 5-30　连接时输入密钥对话框

　　身份验证与数据加密需要大量的计算，有时还需要专门的密码硬件设备，所以并不是一定要采用。在学校这种开放性的场所，很多时候就没有必要采用，但在政府与企业等单位，机密数据很多，就需要采用安全的身份验证与数据加密方法。

　　最后介绍无线网络【属性】对话框的【连接】选项卡，如图 5-32 所示，若选中【当此网络在区域内时连接】复选框，Windows XP 只要检测到这个无线网络，就会自动连接；若不选中则不会自动连接，只能手动连接。如果有多个无线网络都设为自动连接，Windows XP 就按图 5-28 的列表框中的无线网络排列顺序自动连接。

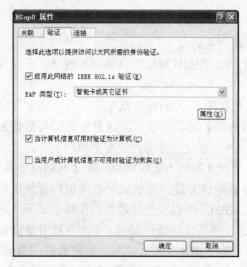

图 5-31　无线网络【属性】对话框的
【验证】选项卡

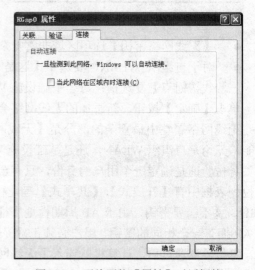

图 5-32　无线网络【属性】对话框的
【连接】选项卡

任务二　常用网络命令

　　虽然 Windows XP 是图形界面，但很多网络功能没有图形界面，只能在字符界面下，通过输入命令来完成。要使用这些命令，请单击任务栏左侧的【开始】按钮，选择【运行】菜单项，出现【运行】对话框后，在【打开】下拉列表框中输入 cmd，单击【确定】按钮，出现如图

5-33 所示的命令窗口。右击命令窗口的标题栏，弹出快捷菜单，选择【属性】菜单项，出现
【属性】对话框，如图 5-34 所示，可以设置字体、窗口大小等属性。在命令窗口中可以输入
各种命令，命令可以带选项与参数，命令本身、各选项、各参数之间以空格隔开，选项以/或-
开始。所有命令后都可以带/?或-?选项，这会显示该命令的帮助信息。

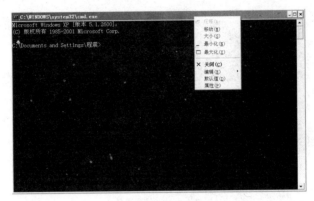

图 5-33　命令窗口

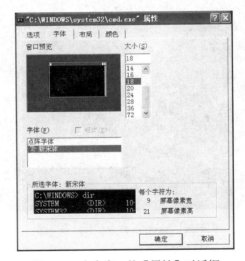

图 5-34　命令窗口的【属性】对话框

一、ipconfig 命令

　　ipconfig 命令有两种功能，一是显示网络属性值，二是操作 DHCP 和 DNS，不同的功能
由不同的选项决定，主要选项如下：

● 不使用任何选项，显示基本的网络属性值，运行结果如图 5-35 所示，可以看到网卡
1 的 IP 地址、子网掩码等内容，而网卡 2 没有连接媒体。

● /all 选项，显示所有的网络属性值，运行结果如图 5-36 所示，其中【Host Name】是
计算机名，【Physical Address】是物理地址。

● /renew 选项，更新 DHCP 配置，即取消旧的 DHCP 配置，再次运行 DHCP 协议以获
得新的 DHCP 配置，该选项只能在 IP 地址设置为自动获得的情况下使用。

- /release 选项，取消旧的 DHCP 配置，但并不申请新的 DHCP 配置，这样会使相关的连接没有 IP 地址，从而不能使用。
- /flushdns 选项，清除本计算机中 DNS 缓存的内容。
- /displaydns 选项，显示本计算机中 DNS 缓存的内容。

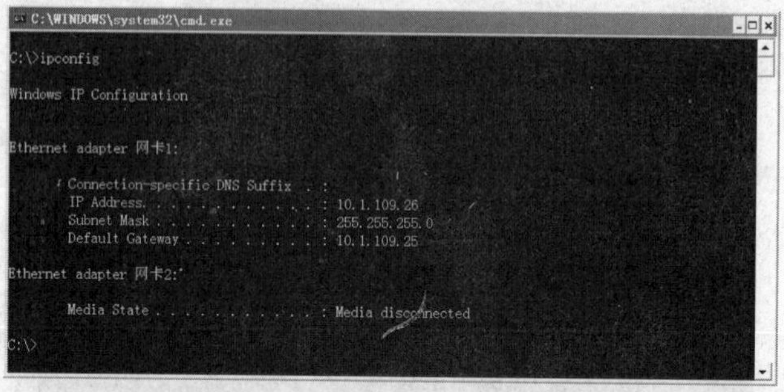

图 5-35　ipconfig 命令运行结果（1）

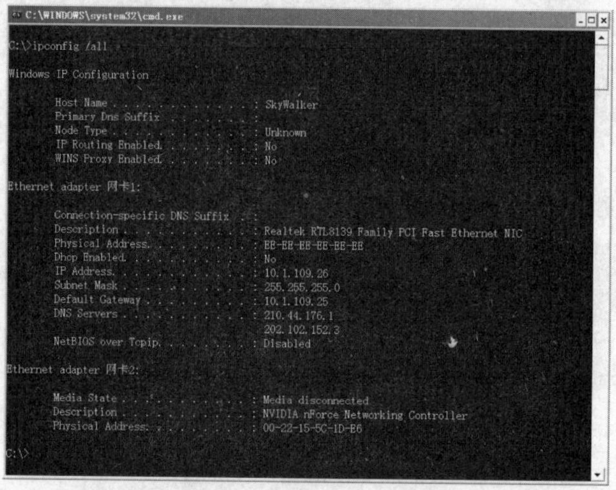

图 5-36　ipconfig 命令运行结果（2）

二、arp 命令

arp 命令显示和修改 ARP 缓存中的项目，主要选项与参数如下：

- -a 选项，显示 ARP 缓存中的项目，运行结果如图 5-37 所示，可以看到本计算机网卡的 IP 地址为 10.1.109.26，ARP 缓存中有一项数据，IP 地址 10.1.109.25 对应于物理地址 00-0f-e2-5a-93-24。这一项数据的类型是动态的，即它是通过运行 ARP 协议得到的，并有一个有效期，有效期过了就删除它。
- -d 选项，删除 ARP 缓存中的所有数据。也可以删除 ARP 缓存中的指定数据，这时要带上 IP 地址作为参数，具有指定 IP 地址的数据将被删除，如 arp -d 10.1.109.25 命令将删除 ARP 缓存中 IP 地址为 10.1.109.25 的数据。
- -s 选项，向 ARP 缓存中添加数据，这些数据的类型是静态的，一直有效，不过计算机重启后这些数据都会丢失，运行结果如图 5-38 所示。

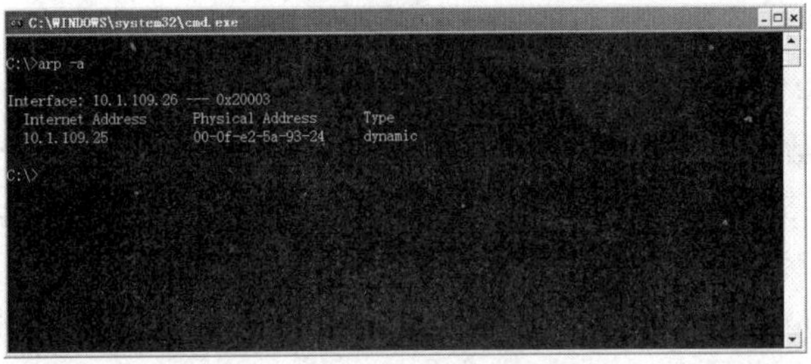

图 5-37 arp 命令运行结果（1）

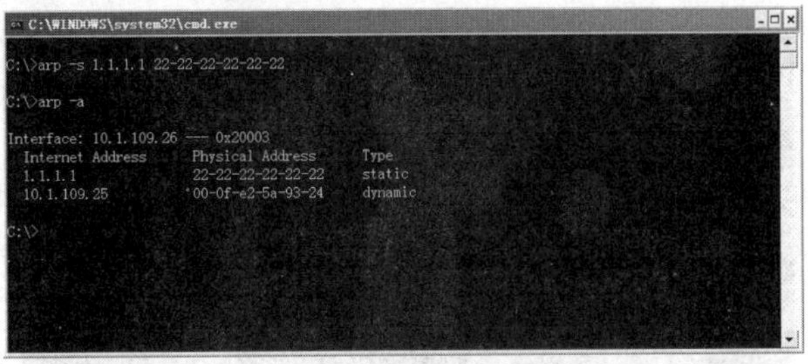

图 5-38 arp 命令运行结果（2）

三、ping 命令

ping 命令用来测试本计算机到另一台计算机的连通性，它使用了 ICMP 协议规定的回送请求与回送响应消息。现在为安全起见，很多路由器与防火墙都禁止 ICMP 消息通过，因此有时用 ping 程序发现两台计算机并不连通，但是其他程序却能通信，例如，ping 不通某个网站，但是却能够用浏览器打开它的网页。ping 命令的主要选项与参数如下：

- 不使用任何选项，仅带一个 IP 地址作为参数，如图 5-39 所示，本计算机向计算机 10.1.109.25 发送了 4 个 ICMP 回送请求消息，10.1.109.25 则返回了 4 个 ICMP 回送响应消息，这说明两台计算机是连通的。不用 IP 地址，而是用主机名作为参数也是可以的，计算机先把主机名转换为 IP 地址，然后再执行 ping 命令。

  从图中可以看出，ping 命令的输出内容很多：请求消息与响应消息中都有 32 字节的数据，响应消息中的数据由请求消息中的数据原样复制而来，这些数据并没有什么意义；从发出请求消息到收到响应消息的时间（即往返时延 RTT）第 1 次是 2ms，第 2 次小于 1ms，第 3 次是 8ms，第 4 次是 1ms；装载响应消息的 IP 数据报首部的 TTL 字段值是 255；最后是这 4 次通信的一些统计结果。

  在图 5-39 中，本计算机还向计算机 1.1.1.1 发送了 4 个 ICMP 回送请求消息，但在等待超时后仍没有收到 ICMP 回送响应消息，这说明两台计算机是不连通的，也可能是某些网络设备阻止了 ICMP 消息通过。

- -t 选项，不断发送 ICMP 回送请求消息，并不是发送 4 个就停止，按 Ctrl+C 组合键可以停止这个发送过程。

- -a 选项，在测试连通性的同时，还把 IP 地址转换为主机名，如图 5-40 所示，可以看出，计算机 210.44.176.1 的主机名是 ns.sdut.edu.cn。

- -n 选项，指定发送 ICMP 回送请求消息的个数，如图 5-40 所示，发送了 6 个 ICMP

回送请求消息。

- -l 选项，指定发送的 ICMP 回送请求消息中数据部分的长度，响应消息中的数据由请求消息中的数据原样复制而来，这些数据并没有什么意义，默认长度是 32 字节，最大长度是 65 500 字节。如图 5-40 所示，数据长度是 100 字节。

- -i 选项，指定装载 ICMP 回送请求消息的 IP 数据报首部的 TTL 字段值，Windows XP 中的默认值是 128。如图 5-40 所示，指定 TTL 值为 200，但 ping 命令输出中的 TTL 值却是 62，因为它是由返回 ICMP 回送响应消息的计算机设置的，这台计算机的操作系统显然不是 Windows XP。

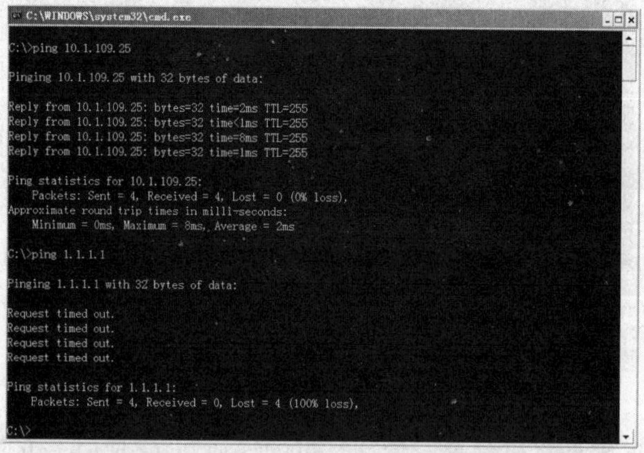

图 5-39　ping 命令运行结果（1）

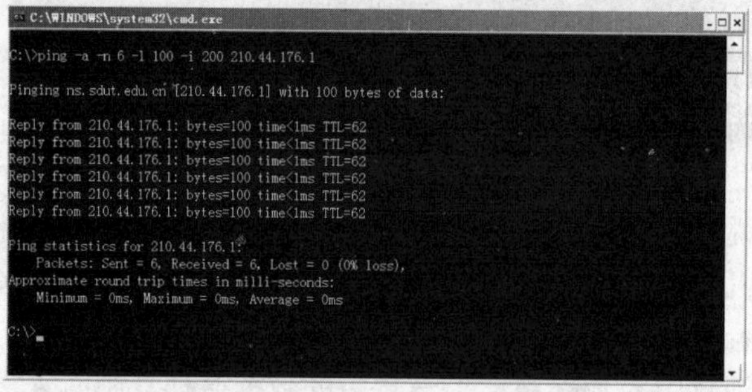

图 5-40　ping 命令运行结果（2）

四、route 命令

route 命令显示和修改路由表，一台计算机只有一个路由表，由所有网卡共用。路由表一般不需要手动设置，用户在如图 5-22 所示的【Internet 协议（TCP/IP）属性】对话框中设置好相关参数后，路由表会自动生成。

1. 显示路由表

使用 print 参数，可以显示整个路由表。如图 5-41 所示，route print 命令的输出有 3 部分，第 1 部分是【Interface List】，列出了本计算机上所有的接口，这里有两个接口，一个是环回接口（Loopback interface），它不是物理接口，只是逻辑上的接口，实际上就是指本计算机，它具有环回 IP 地址 127.0.0.1；另一个是快速以太网卡（Fast Ethernet NIC），它的 IP 地址是

10.1.109.26。

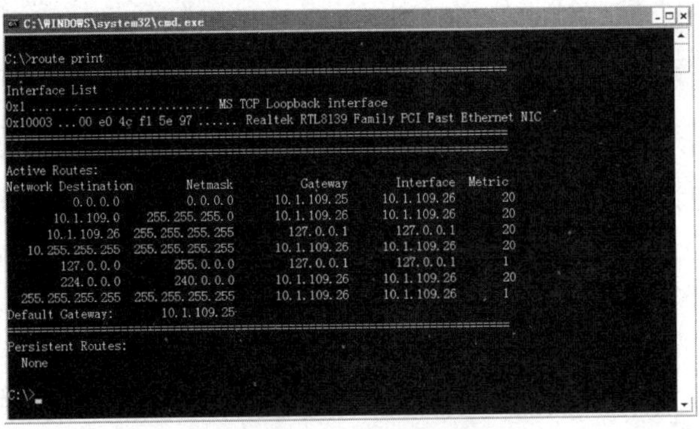

图 5-41　显示路由表

第 2 部分是【Active Routes】，列出了本计算机的路由表，每一行数据叫做一条路由。每一条路由都有 5 列，含义如下：【Network Destination】是目的网络的 IP 地址，【Netmask】是目的网络 IP 地址的子网掩码，若一个 IP 数据报的目的 IP 地址与这两列匹配，则该 IP 数据报就发送到【Gateway】指定的路由器去，要到达这个路由器，IP 数据报应该从【Interface】指定的网卡（用 IP 地址标识）发送出去，【Metric】是这条路由的跃点数，若到同一目的网络有多条路由，则优先使用跃点数小的路由。图 5-41 中的路由表中有 7 条路由：

- 第 1 条，【Network Destination】与【Netmask】都为 0.0.0.0，这实际上就是默认路由。对于与其他路由都不匹配的 IP 数据报，应该发送到 IP 地址为 10.1.109.25 的路由器，要到达这个路由器，IP 数据报应该从 IP 地址为 10.1.109.26 的网卡发送出去。默认路由的跃点数是 20，若还有其他默认路由，则跃点数小的有效。容易看出，默认路由的【Gateway】值最为重要，它是由用户在图形界面中设置的，在如图 5-22 所示的【Internet 协议（TCP/IP）属性】对话框中，【默认网关】的值就是【Gateway】的值。
- 第 2 条，【Gateway】与【Interface】都为 10.1.109.26，它说明 IP 地址为 10.1.109.26 的网卡所在子网的 IP 地址是 10.1.109.0/24。

以上两条都很有用，特别是第 1 条默认路由，下面的 5 条都没有什么太大意义：

- 第 3 条，【Network Destination】就是网卡的 IP 地址，【Netmask】为 255.255.255.255，【Gateway】与【Interface】都为环回 IP 地址 127.0.0.1，它仅说明网卡的 IP 地址是 10.1.109.26。
- 第 4 条，这是广播路由，【Network Destination】为广播 IP 地址 10.255.255.255。
- 第 5 条，同第 2 条一样，它仅说明 IP 地址为 127.0.0.1 的环回接口所在子网的 IP 地址是 127.0.0.0/8。
- 第 6 条，这是多播路由，【Network Destination】为 D 类多播网络 IP 地址 224.0.0.0。
- 第 7 条，这也是广播路由，【Network Destination】为 255.255.255.255。

在 Linux 操作系统的路由表中，只有类似于第 1 条与第 2 条的路由，同样工作得很好，这说明 Windows XP 的路由表有点故弄玄虚，把一个本来很简单的问题复杂化了。最后一行【Default Gateway】说明默认网关是 10.1.109.25，它同第 1 条默认路由的【Gateway】值是相同的，若有多条默认路由，则跃点数小的为默认网关。

第 3 部分是【Persistent Routes】，意为永久路由，None 说明目前没有永久路由。路由表是自动生成的，手动添加的路由保存在内存中，计算机重启后会消失，要想不消失，必须指明手动添加的是永久路由。永久路由保存在注册表中。

2. 修改路由表

- add 参数，可以在路由表中添加路由。如图 5-42 所示，添加命令的含义是对于发往网络 IP 地址为 1.1.0.0/16 的 IP 数据报，应该发送到路由器 10.1.109.100 去，该路由的跃点数是 15，-p 选项指明添加的是永久路由，这一点从【Persistent Routes】中可以看出。再次显示路由表，第 2 条路由就是刚才添加的，【Interface】是自动生成的，它必须与【Gateway】在同一子网内。
- change 参数，可以在路由表中修改路由。如图 5-42 所示，修改命令会把刚才添加的路由的【Gateway】值由 10.1.109.100 改为 10.1.109.200。
- delete 参数，可以在路由表中删除路由。如图 5-42 所示，删除命令会删除刚才添加的路由。

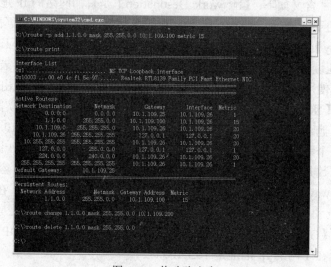

图 5-42　修改路由表

五、tracert 命令

从一台计算机向另一台计算机发送 IP 数据报时，tracert 命令可以探测出这些 IP 数据报经过了哪些路由器转发。如图 5-43 所示，从本计算机到计算机 210.44.176.1，路径上有 2 台路由器 10.1.109.25 与 192.168.104.1 转发了 IP 数据报。为探测出有哪些路由器，tracert 发送了 9 个 IP 数据报，2 台路由器与计算机 210.44.176.1 各回应了其中的 3 个，每一次回应都记录了往返时延。

tracert 发送的 IP 数据报中装载的就是一般的 ICMP 回送请求消息，不过 IP 数据报首部的 TTL 字段不是默认值 128，第 1 批 3 个 IP 数据报的 TTL 值都是 1，第 2 批 3 个 IP 数据报都是 2，第 3 批则都是 3。TTL 值是 1 的 IP 数据报发出后，第 1 个路由器 10.1.109.25 把 TTL 值减为 0，因此丢弃这个 IP 数据报，同时向发送计算机发送一个 ICMP 生存时间为 0 的错误消息，装载它的 IP 数据报中的源 IP 地址是路由器自己的 IP 地址，发送计算机因此知道第 1 路由器的 IP 地址。以此类推，利用第 2 批 IP 数据报可以知道第 2 个路由器的 IP 地址 192.168.104.1。第 3 批 IP 数据报到达计算机 210.44.176.1 后，该计算机将回应以 ICMP 回送响应消息。

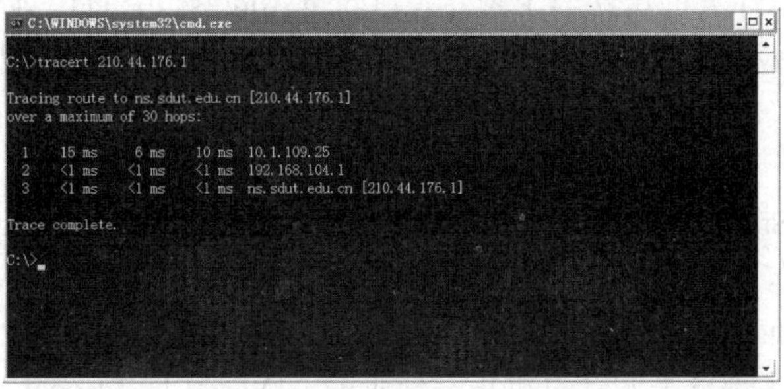

图 5-43　tracert 命令运行结果

如果路径上有网络设备禁止 ICMP 消息通过，tracert 命令将不能正常工作。

六、netstat 命令

netstat 命令可以显示网络的很多统计信息，如 TCP 与 UDP 信息、以太网统计信息、IP 协议统计信息等，netstat 中的 stat 就是统计一词的缩写。netstat 命令的主要选项与参数如下：

- 不使用任何选项，显示已经建立的 TCP 连接。如图 5-44 所示，【Proto】是协议名，这里都是 TCP，【Local Address】是本计算机的套接字，【Foreign Address】是对方计算机的套接字，【State】是这个连接的状态，这里都是 ESTABLISHED（已建立）。套接字中尽可能地显示主机名，而不显示 IP 地址，对于熟知端口号，显示使用它的应用层协议名，如 80 号端口显示为 http。图中建立了 11 个 TCP 连接，对方计算机的端口号都是 80，显然这是浏览网页时建立的连接。

图 5-44　netstat 命令运行结果（1）

- -n 选项，以数字形式显示 IP 地址和端口号，而不是显示名称，可以与其他选项结合使用，如图 5-45 所示。
- -a 选项，显示已经建立的 TCP 连接，以及本计算机正在侦听的 TCP 和 UDP 端口，可以与-n 选项结合使用。某些病毒与恶意程序可能会侦听受害者计算机的某些端口，让攻击者来连接，窃取用户资料或进行破坏活动，用本选项就可以发现所有正在侦听的 TCP 和 UDP 端口。正常工作的程序也会侦听某些端口，正在侦听的端口哪些是必须的，哪些是危险的，请上网查找或参阅网络安全方面的书籍。

如图 5-45 所示，上半部分是 TCP 的信息。有好几行数据的【State】是 LISTENING（侦听）状态，说明本计算机正在侦听 135、902、912 等端口，其他计算机可以用这个端口与本计算机建立 TCP 连接，【Local Address】中的 IP 地址 0.0.0.0 与 127.0.0.1都是指本计算机，【Foreign Address】中的 0.0.0.0:0 没有意义，因为本行仅说明正在侦听哪些端口，若有计算机连接到了这个端口，会产生一个【State】为 ESTABLISHED的新行。

图 5-45 中【State】为 ESTABLISHED 的行是已经建立的 TCP 连接，容易看出，这些连接都是本计算机用不同的端口号连接的某些网站，并没有其他计算机来连接本计算机正在侦听的端口。

图 5-45 的下半部分是本计算机正在侦听的 UDP 端口，【Local Address】中的 IP 地址10.1.109.26 是本计算机的 IP 地址，0.0.0.0 与 127.0.0.1 也都指本计算机，因为 UDP是无连接的，所以【Foreign Address】显示星号，【State】也全部为空。

图 5-45　netstat 命令运行结果（2）

- -o 选项，显示已经建立的 TCP 连接，并包括建立该连接的进程的标识符（PID），可以在 Windows XP 任务管理器的【进程】选项卡中看到计算机中所有的进程。该选项可以与-a、-n 选项结合使用。如果想知道是哪个进程在侦听端口或是建立了连接，就可以用这个选项，若发现是恶意进程，可以使用另外的工具软件停止它的运行。如图 5-46 所示，可以发现 PID 为 732 的进程正在侦听 TCP 的 135 号端口，PID 为 1840的进程正在侦听 TCP 的 902 号端口。
- -r 选项，显示路由表，与 route print 命令等价。
- -e 选项，显示以太网统计信息，如图 5-47 所示，以太网卡发送了 2 503 668 字节的数据，接收了 1 013 659 字节的数据。
- -s 选项，显示 IP、ICMP、TCP 与 UDP 协议的统计信息，如图 5-47 所示，收到 IPv4数据报 84 970 个。

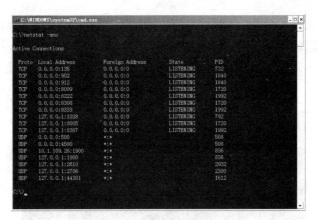

图 5-46　netstat 命令运行结果（3）

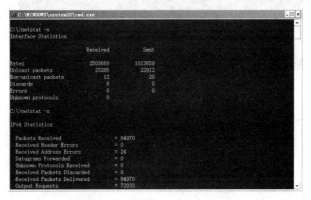

图 5-47　netstat 命令运行结果（4）

七、nslookup 命令

nslookup 命令是一个 Windows XP 自带的 DNS 客户端程序，功能很多，最基本的功能是在主机名与 IP 地址之间进行转换。

- 把主机名转换为 IP 地址，这需要在 nslookup 后面带上主机名作为参数，计算机将向 DNS 服务器发送 DNS 请求，得到 DNS 响应后显示结果，DNS 服务器在如图 5-22 所示的【Internet 协议（TCP/IP）属性】对话框中设置。如图 5-48 所示，对于山东理工大学网站的主机名 www.sdut.edu.cn，当执行 nslookup www.sdut.edu.cn 命令后，DNS 服务器 210.44.176.1 回答它的 IP 地址是 210.44.176.169，还可以看出 DNS 服务器的主机名为 ns.sdut.edu.cn；对于新浪网站的主机名 www.sina.com.cn，当执行 nslookup www.sina.com.cn 命令后，仍由 DNS 服务器 210.44.176.1 回答，IP 地址有 7 个，都对应于同一个主机名，还可以看出 www.sina.com.cn 仅是别名，新浪网站的规范名是 jupiter.sina.com.cn。
- 把 IP 地址转换为主机名，这需要在 nslookup 后面带上 IP 地址作为参数，如图 5-48 所示，对于 IP 地址 210.44.176.86，DNS 服务器回答主机名是 jsjxy.sdut.edu.cn。

八、ftp 命令

ftp 命令是一个 Windows XP 自带的字符界面的 FTP 客户端程序。实际上，图形界面的 FTP

客户端程序有很多，如 LeapFTP、FileZilla、LeechFTP、BladeFTP 等，这些都是自由软件，完全免费使用。IE 浏览器也可以作为 FTP 客户端程序使用，如图 5-49 所示，注意 IE 浏览器地址栏中的 URL 必须以 ftp://开始，若省略协议名，直接使用网址或 IP 地址，则 IE 浏览器使用默认协议 HTTP。

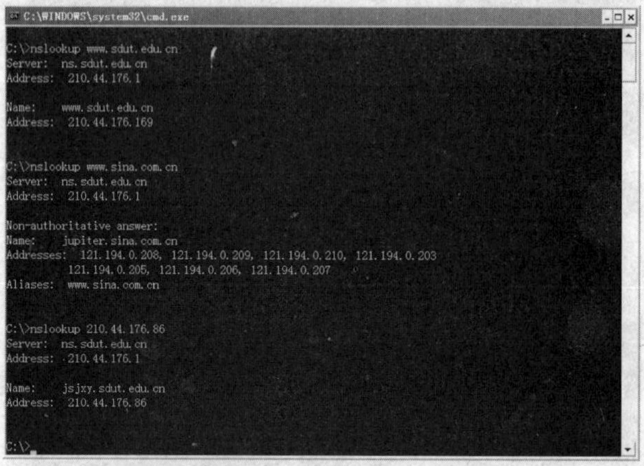

图 5-48 nslookup 命令运行结果

图 5-49 IE 浏览器作为 FTP 客户端程序

ftp 命令的功能很多，这里仅介绍最基本的功能，ftp 命令后面应该带上服务器的主机名或 IP 地址作为参数。如图 5-50 所示，首先要输入服务器上的用户名与密码，很多 FTP 服务器允许匿名登录，即不知道用户名与密码也可以登录，匿名登录时一律以 anonymous（匿名）作为用户名，密码按惯例要输入电子邮箱，实际上任意字符都可以。为保证安全，密码不回显。

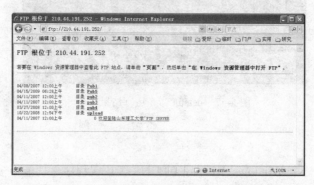

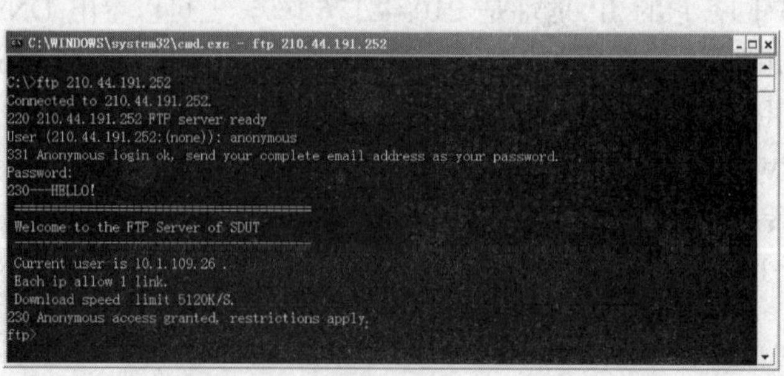

图 5-50 ftp 命令运行结果（1）

登录成功后出现提示符 ftp>，这时可以输入各种命令以实现各种功能，常用命令有：

- ls 命令与 dir 命令，列出服务器上可下载的文件，如图 5-51 所示，列出了雷神之锤 4.iso 与补丁.rar 两个文件。dir 命令列出文件的格式与 ls 命令不同。
- get 命令，从服务器下载文件，如图 5-51 所示，下载了文件补丁.rar。
- put 命令，向服务器上传文件，如 get exp.txt 命令会把本计算机当前目录下的 exp.txt 文件上传到服务器。在服务器上可以设置是否允许用户上传文件。
- help 命令，列出所有可用的命令，help 后带命令名可以显示该命令的帮助信息，如 help put 将显示 put 命令的帮助信息。
- quit 与 bye 命令，退出 ftp 程序。

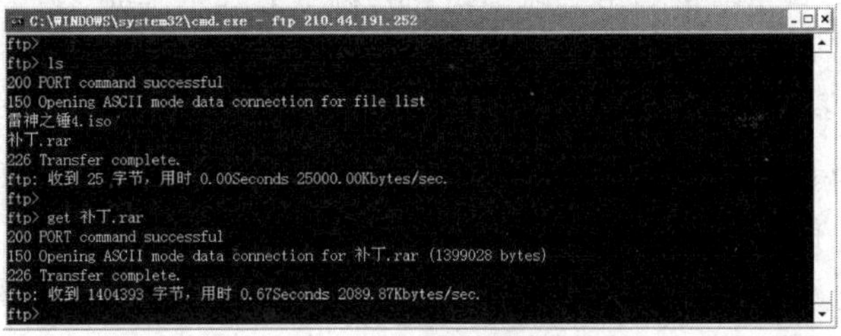

图 5-51   ftp 命令运行结果（2）

九、telnet 命令

telnet 命令是一个 Windows XP 自带的 Telnet 客户端程序，可以把一台计算机模拟为一台终端登录到服务器上去。利用 telnet 命令，可以在其他地方，如在家里操作单位的服务器。因为 telnet 命令只有字符界面，所以特别适用于以字符界面为主的操作系统，如 UNIX 与 Linux；对于以图形界面为主的 Windows 操作系统，telnet 命令并不适合，因为 Windows 中很多功能不能用字符界面完成。对于 Windows 服务器，应该使用图形界面的远程操作程序，如 Windows 自带的远程桌面程序。

telnet 命令后面应该带上服务器的主机名或 IP 地址作为参数，例如，输入 telnet 1.1.1.2 命令后，出现如图 5-52 所示的界面，从服务器返回的信息可以看出，这台服务器的操作系统是红旗 Linux，在 login:后输入服务器上的用户名 chengzhen，在 Password:后输入密码（密码不回显），即可登录到服务器上。登录成功后的界面与用终端在服务器上登录的界面完全一样，可以方便地操作服务器。路由器与交换机等网络设备也可以使用 telnet 命令登录上去，不必到现场，在办公室或家里就可以操作这些设备，网络设备上没有用户名，只需要输入密码就可以登录了。

图 5-52   telnet 命令运行结果

任务三 双网卡的设置与应用

一、双网卡的设置

当一台计算机安装两块网卡时，应该如何设置呢？下面按不同情况加以说明：

1. 两块网卡不同时使用

若是两块网卡不需要同时使用，就要禁用一块，只启用另一块，两块网卡的属性各自设置，互不相关。如果两块网卡同时启用，可能无法正常工作。

2. 两块网卡同时启用，但其中一块网卡的一侧只有一个子网

如图 5-53 所示，计算机 A 同时连入子网 192.168.1.0/24 与 1.1.1.0/24，并通过 1.1.1.0/24 接入因特网，现在很多单位中，计算机同时接入因特网与单位内部网，就是这种情况。这时要在每个网卡上设置 IP 地址与子网掩码，注意 IP 地址的网络号要与其所属子网的网络号相同，即网卡 1 设置为类似于 192.168.1.1/24 的 IP 地址，网卡 2 设置为类似于 1.1.1.1/24 的 IP 地址。另外仅在网卡 2 上设置默认网关，在网卡 1 上不要设置默认网关，这样计算机 A 仅在访问子网 192.168.1.0/24 时使用网卡 1，其他所有情况下都使用网卡 2。

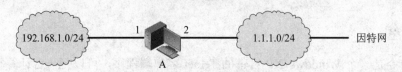

图 5-53　计算机安装两块网卡（1）

3. 两块网卡同时启用，每块网卡的一侧都有多个子网

如图 5-54 所示，计算机 A 同时连入子网 210.44.176.0/24 与 1.1.1.0/24，并通过 210.44.176.0/24 接入教育网，又通过 1.1.1.0/24 接入公众网。要在每个网卡上设置其所属子网的 IP 地址与子网掩码，同时在网卡 2 上设置默认网关，这个默认网关就成为路由表中的默认路由，用来访问公众网。

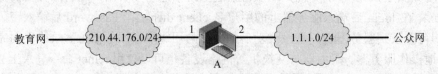

图 5-54　计算机安装两块网卡（2）

所有网卡共用一个路由表，路由表只能有一个默认路由，所以在网卡 1 上不能再设置默认网关。为了访问教育网，必须在计算机 A 中添加路由，使得发往教育网的数据从网卡 1 发出，而不是从网卡 2 发出。教育网的规模远小于公众网，只需在路由表中添加不到 100 条的路由。若是在网卡 1 上设置默认网关，则需在路由表中添加公众网的路由，公众网的路由太多，根本无法添加。Windows XP 在图形界面下无法添加路由，必须使用 route 命令添加，假设子网 210.44.176.0/24 中网关的 IP 地址是 210.44.176.254，可用下列命令添加永久路由：

route -p add 210.44.0.0 mask 255.254.0.0 210.44.176.254

route -p add 210.46.0.0 mask 255.254.0.0 210.44.176.254
route -p add 210.64.0.0 mask 255.254.0.0 210.44.176.254
route -p add 210.66.0.0 mask 255.255.0.0 210.44.176.254
......

命令中的地址块都是教育网的地址块，这些地址块不到 100 个。

二、双网卡计算机成为交换机

安装两块网卡后，计算机可以作为二层交换机使用，但是必须安装相关软件，Windows XP 已内置了这样的软件。打开【控制面板】窗口，双击【网络连接】图标，出现【网络连接】窗口。单击一个网卡连接图标后，按住 Ctrl 键再单击另一个网卡连接图标，可以同时选中两个网卡连接图标，右击其中的一个，出现如图 5-55 所示的快捷菜单，选择【桥接】菜单项，稍后会出现【网络桥（网络桥）】连接图标，如图 5-56 所示。这里的网络桥就是指二层交换机，现在这台计算机已经可以作为二层交换机使用，不过只有 2 个接口，也可以安装更多的网卡，会成为更多接口的交换机。

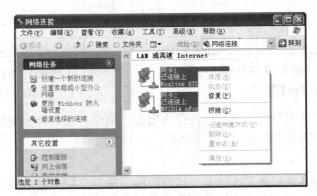

图 5-55　【网络连接】窗口中的【桥接】菜单项

图 5-56　出现【网络桥（网络桥）】连接图标

右击【网卡 1】连接图标，在其快捷菜单上选择【属性】菜单项，出现如图 5-57 所示的【网卡 1 属性】对话框，与未建立网络桥时相比，这时没有了 IP 地址等很多属性。右击【网络桥（网络桥）】连接图标，其快捷菜单与单个网卡连接的快捷菜单相同，选择【属性】菜单项，出现如图 5-58 所示的【网络桥（网络桥）属性】对话框。在上部的列表框中，列出了网络桥中的网卡，不选中复选框，会使该网卡从网络桥中退出；选中复选框，会使该网卡加入到网络桥中。【网络桥（网络桥）连接属性】对话框的其他部分与单个网卡连接的完全相同，也可以设置 IP 地址等属性。网络桥的多个网卡共用 IP 地址、默认网关等属性，建立网络桥的计算机仍可以作为一般计算机使用，网络桥的属性就代表该计算机的属性。

图 5-57 【网卡 1】连接的
【连接属性】对话框

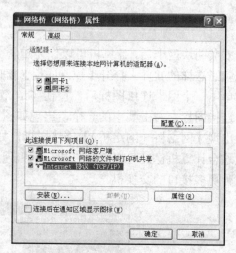

图 5-58 【网络桥（网络桥）】连接的
【连接属性】对话框

网络桥有什么用处呢？二层交换机有什么用处，网络桥就有什么用处，只不过网络桥只有两个接口。下面介绍网络桥的两种主要应用：

1. 有线连接

假设网络桥中的网卡都是有线网卡，这时的网络桥与二层交换机的作用是完全一样的。如图 5-59 所示，计算机 A 安装了两块网卡，网卡 1 连接到计算机 B，网卡 2 连入子网 1.1.1.0/24，在 A 上设置好网络桥后，A 与 B 就都连入网络了。既然网络桥相当于二层交换机，所以 B 的 IP 地址，以及 A 上网络桥的 IP 地址一定要设置在子网 1.1.1.0/24 内。这种情况在家庭与办公室中经常碰到，一台计算机已经连网，另一台计算机也需要连网，可是一般用户根本不知道交换机在哪里，就是知道也需要重新布线，这时就可以使用网络桥。

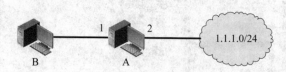

图 5-59 计算机 B 通过网络桥连网

另一种情况是 3 台计算机互联，如图 5-60 所示，计算机 B 连接在计算机 A 的网卡 1 上，计算机 C 连接在计算机 A 的网卡 2 上，在 A 上设置网络桥，3 台计算机就互联在了一起。B 与 C 的 IP 地址，以及 A 上网络桥的 IP 地址一定要设置为同一个子网。在没有交换机的情况下，使用网络桥是一种应急的好办法。请读者思考一下，如果需要 4 台或更多台计算机互联，应该如何使用网络桥呢？

图 5-60　利用网络桥实现 3 机互联

2．无线连接

聪明的读者肯定已经注意到，图 5-59 与图 5-60 中的有线网卡完全可以是无线网卡。现在的很多计算机，如笔记本电脑，都同时内置了有线网卡与无线网卡，网络桥非常容易实现，根本不需要另外安装网卡，只不过无线网卡间相连时要使用自组织（ad hoc）方式。请注意，自组织无线局域网中可以有多台计算机，更聪明的读者会立刻想到，包含无线网卡的网络桥可以成为无线 AP！非常正确，如图 5-61 所示，笔记本电脑 A 安装有无线网卡与有线网卡，有线网卡连入子网 1.1.1.0/24，无线网卡则与其他 3 台笔记本电脑组成自组织无线局域网，只需在 A 上设置好网络桥，所有的笔记本电脑就都连入网络了。当然，所有笔记本电脑的 IP 地址都要设置在子网 1.1.1.0/24 内。

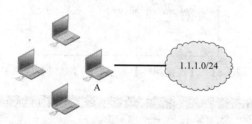

图 5-61　笔记本电脑 A 成为 AP

三、双网卡计算机成为 NAT 路由器

安装两块网卡后，计算机还可以作为 NAT 路由器使用，当然必须安装相关软件，Windows XP 已内置了这样的软件。如图 5-62 所示，计算机 A 安装了两块网卡，网卡 1 连接到计算机 B，网卡 2 使用 PPPoE 连入因特网，很多家庭就是这种情况。在 Windows XP 中如何设置才能让 A 与 B 都上网呢？

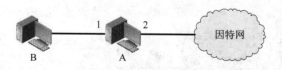

图 5-62　计算机 B 通过计算机 A 上网

在计算机 A 的【网络连接】窗口中，建立 PPPoE 连接【淄博联通】后，右击【淄博联通】图标，在其快捷菜单上选择【属性】菜单项，出现【淄博联通属性】对话框，选择【高级】选项卡，如图 5-63 所示。在【Internet 连接共享】选项区域中，选中【允许其他网络用户通过此计算机的 Internet 连接来连接】复选框，在【家庭网络连接】下拉列表框中，选择【网卡 1】，因为计算机 B 连接在网卡 1 上。

单击【确定】按钮，出现如图 5-64 所示的对话框，意思是网卡 1 的 IP 地址被改为了 192.168.0.1/24，同时本计算机还启用了 DHCP 服务器，计算机 B 应该设置成自动获取 IP 地址，从本计算机获取 192.168.0.0/24 子网的 IP 地址。但是对于掌握了本书知识的读者来说，根本不需要这样，只要把 A 的网卡 1 的 IP 地址，以及 B 的 IP 地址都设置在同一子网内，并且 B 的默认网关是 A 的网卡 1 的 IP 地址，就可以了。单击【是】按钮，如图 5-65 所示，【淄博联通】图标下面多了一只小手，说明它已被共享。计算机 B 的数据经过这个共享的连接时，都经过动态 NAT 转换，从而可以上网。

图 5-63　【连接属性】对话框的【高级】选项卡

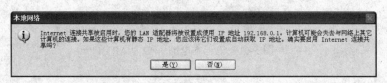

图 5-64　Internet 连接共享确认对话框

图 5-65　【淄博联通】被共享

　　在图 5-62 中，另一种情况是计算机 A 不使用 PPPoE，而是直接接入因特网，很多学校的学生宿舍就是这种情况。这时在网卡 2 上也可以进行 Internet 连接共享的操作，具体设置与 PPPoE 连接的完全相同。

四、代理服务器的设置

　　代理服务器作为客户机与服务器之间的中转站，接收客户机的请求，把请求转发给服务器；再接收服务器的响应，把响应转发给客户机。代理服务器提供应用层级别的代理，支持的应用层协议不同，能够中转的应用层数据就不同，有的只能中转 HTTP 协议数据，有的只能中转 FTP 协议数据，有的则能中转多种应用层协议的数据。

代理服务器可以是双网卡，也可以是单网卡。如图 5-66（a）所示，代理服务器 A 安装了两块网卡，网卡 1 连接客户机 B，网卡 2 则接入因特网；在图 5-66（b）中，代理服务器 A 与客户机 B、C 连接在交换机上，再接入因特网。没有交换机时，例如在家里，可以使用双网卡代理服务器；当客户机很多时，就要使用交换机把客户机与代理服务器连接起来。因为代理服务器提供应用层级别的代理，所以客户机可以与它的代理服务器不在同一个子网内，例如，一台位于中国的客户机可以使用位于美国的代理服务器。因特网上目前有很多代理服务器，而且其中有些是免费的，可以自由使用。

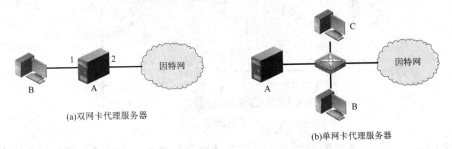

(a)双网卡代理服务器

(b)单网卡代理服务器

图 5-66　双网卡与单网卡代理服务器

要使用代理服务器，用户必须在客户程序上做相应设置。以 IE 浏览器为例，打开 IE 浏览器为窗口，打开【工具】菜单，选择【Internet 选项】菜单项，出现【Internet 选项】对话框，如图 5-67 所示，选择【连接】选项卡，单击【局域网设置】按钮，出现如图 5-68 所示的对话框。在【代理服务器】选项区域中，选中【为 LAN 使用代理服务器（这些设置不会应用于拨号或 VPN 连接）】复选框，在【地址】文本框中输入代理服务器的 IP 地址或主机名，在【端口】文本框中输入代理服务器的端口号。单击【确定】按钮，设置完毕。当访问某个网站时，代理服务器会在浏览器与网站间转发 HTTP 请求与 HTTP 响应。

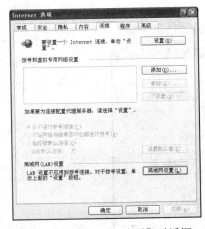

图 5-67　【Internet 选项】对话框

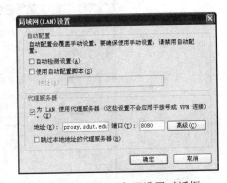

图 5-68　代理服务器设置对话框

在代理服务器上，必须安装代理服务器软件，Windows XP 中没有内置这类软件，下面介绍江苏省盐城亿特软件有限公司推出的亿特代理服务器软件。亿特代理服务器有多种版本，可以从 http://www.yitsoftware.com 下载，其中免费版不收取任何费用，而且功能满足一般用户的需要，是家庭、办公室用户不错的选择。亿特代理服务器运行界面如图 5-69 所示，窗口中显示的是代理服务器的数据流量，【控制】菜单中的【启动服务】与【停止服务】菜单项可以启动与停止代理服务。

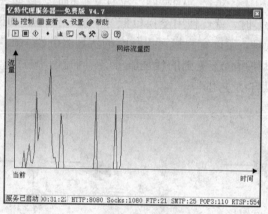

图 5-69 亿特代理服务器窗口

下面介绍亿特代理服务器的设置方法，打开【设置】菜单，选择【代理设置】菜单项，界面如图 5-70 所示，从下面的选项卡可以看出，亿特代理服务器支持 HTTP、Socks、FTP、SMTP、POP3、RTSP、MMS 等多种协议。各协议的设置基本相同，下面以 HTTP 协议为例说明：

- 【服务端口】是 HTTP 代理所使用的端口号，浏览器可以使用该端口号与代理服务器建立 TCP 连接，该端口号要设置在图 5-68 中的【端口】文本框中。
- 若选中【使用上级代理服务器】复选框，则亿特代理服务器还将使用代理服务器，叫作上级代理服务器。
- 若选中【使用缓存】复选框，则亿特代理服务器会缓存从网站接收到的网页，浏览器再次请求时可直接发送给浏览器，不必再访问网站，提高了效率。
- 在【上级代理设置】选项区域中，上级代理有两种选择，一是 HTTP 代理，二是 Socks5 代理，Socks 是一种代理协议，目前广泛使用的是第 5 版。

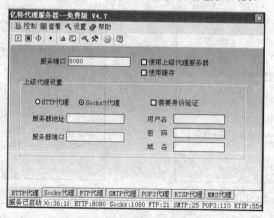

图 5-70 代理设置界面

- 若选中【使用上级代理服务器】复选框，就要在【服务器地址】与【服务器端口】文本框中输入上级代理服务器的 IP 地址与端口号。
- 有时上级代理服务器需要身份验证，就要选中【需要身份验证】复选框，并在【用户名】与【密码】文本框中输入用户名与密码。

在【设置】菜单中选择【其他设置】菜单项，界面如图 5-71 所示。在【其他设置】选项区域中，当启动代理服务时，选中前面复选框的协议代理会启动，不选中的协议代理不会启动。在【界面设置】选项区域中，【采样间隔（秒）】文本框中的内容是显示图 5-69 中数据流量的时间间隔，【曲线基数（Bps）】文本框中的内容是数据流量曲线的单位。

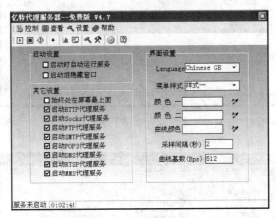

图 5-71　其他设置界面

亿特代理服务器几乎没有管理功能，有些代理服务器有强大的管理功能，例如，可以使用户能访问某些网站，而不能访问某些网站；可以使用户在某个时间段内能上网，而其他时间不能上网；可以过滤屏蔽某些敏感数据等。

任务四　用户管理与远程桌面

一、用户管理

Windows XP 的很多网络功能都与用户账号密切相关，如远程桌面与网上邻居，所以首先介绍 Windows XP 的用户管理功能。在控制面板中有【用户账号】图标，但功能太弱，建议不要使用，应该使用专门的用户管理程序。打开【控制面板】窗口，双击【管理工具】图标，出现【管理工具】窗口后，双击【计算机管理】图标，出现【计算机管理】窗口。在【计算机管理】窗口左侧依次选择【系统工具】|【本地用户和组】|【用户】，右侧会列出计算机中的所有用户，如图 5-72 所示，其中带红叉的用户是已经停用的用户。

比较重要的用户是【Administrator】用户与【Guest】用户，前者是管理员，可以完全控制计算机，不受任何限制；后者是来宾，权限受到很大限制。

在【计算机管理】窗口左侧依次选择【系统工具】|【本地用户和组】|【组】，右侧会列出计算机中的所有用户组，如图 5-73 所示。一个用户组实际上是一组权限的集合，某用户属于某用户组，就拥有了这一用户组的权限。比较重要的用户组是【Administrators】组与【Guests】

组，前者是管理员组，这个组的用户可以完全控制计算机，不受任何限制，【Administrator】用户就隶属于该组；后者是来宾组，这个组的用户权限受到很大限制，【Guest】用户就隶属于该组。

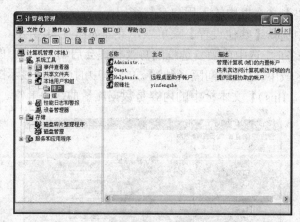

图 5-72　【计算机管理】窗口中的用户

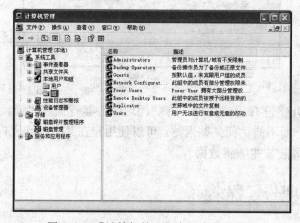

图 5-73　【计算机管理】窗口中的用户组

下面介绍如何添加新用户及如何修改已有用户：

1. 添加新用户

在图 5-72 中，右击窗口左侧的【用户】图标，在弹出的快捷菜单中选择【新用户】菜单项，出现如图 5-74 所示的【新用户】对话框，设置以下内容：

- 在【用户名】文本框中输入用户名，注意用户名不能重复。
- 【全名】文本框与【描述】文本框都是说明性的内容，可填可不填。
- 在【密码】文本框中输入用户的密码，在【确认密码】文本框中重复输入密码。

以下 4 个复选框用于密码的安全设置：

- 若选中【用户下次登录时须更改密码】复选框，那么用户下一次登录时会被要求更改密码。新建一个用户后，会设置一个默认密码，选中这个复选框可以迫使用户及时设置新的密码。
- 若选中【用户不能更改密码】复选框，那么用户将不能自己更改密码，只能由管理员更改。

● 若选中【密码永不过期】复选框，那么用户的密码永远有效；若不选中，那么一段时间后用户就被要求更改密码。不选中这个复选框可以迫使用户定期更改密码。

● 若选中【账户已停用】复选框，那么这个用户会被禁用，将不能登录。可以删除不想使用的用户，但删除后无法再恢复，较好的办法是禁用这样的用户，需要的时候再启用即可。

单击【创建】按钮，各项内容会清空，可以再添加下一个用户。单击【关闭】按钮，会关闭【新用户】对话框，添加的用户会出现在图 5-72 中的用户列表中。

图 5-74　【新用户】对话框

2. 修改已有用户

在图 5-72 右侧的用户列表中，右击某个用户，在弹出的快捷菜单中主要有以下几个菜单项：

● 【设置密码】菜单项，为用户设置新的密码。

● 【删除】菜单项，删除该用户，但【Administrator】、【Guest】等内置用户无法删除。

● 【重命名】菜单项，更改用户名，用户的其他属性不变。

● 【属性】菜单项，单击后出现如图 5-75 所示的用户【属性】对话框。【常规】选项卡中的内容与【新用户】对话框的内容基本相同，只是多了一个【账户已锁定】复选框。当用户密码输入错误达到一定次数时，用户将不能登录，这叫做用户锁定，这时该复选框将被选中，取消选中该复选框，可以解除锁定状态。

● 【属性】菜单项，选择用户【属性】对话框的【录属于】选项卡，如图 5-76 所示，可以看出【殷锋社】用户隶属于【Administrators】组。选择某个组，单击【删除】按钮，该用户将不再隶属于该组。一个用户可以同时隶属于多个组，单击【添加】按钮，出现如图 5-77 所示的【选择组】对话框，在文本框中输入组名，单击【确认】按钮，即可使该用户隶属于该组。

二、远程桌面的设置

要远程操作以字符界面为主的操作系统，如 UNIX 与 Linux，可以使用 telnet 程序；对于以图形界面为主的 Windows 操作系统，应该使用图形界面的远程操作程序，Windows XP 自带的远程桌面程序就是一个较好的选择。使用远程桌面时，被操作计算机相当于服务器，要开启远程桌面功能；操作计算机相当于客户机，用远程桌面连接程序去连接被操作计算机，连接成功后，就可以像操作自己的计算机一样去操作另一台计算机了。以下称被操作计算机为服务器，操作计算机为客户机。

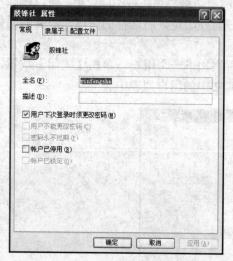
图 5-75　用户【属性】对话框（1）

图 5-76　用户【属性】对话框（2）

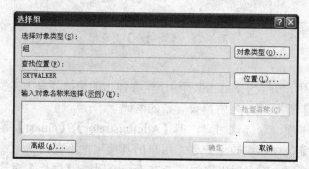
图 5-77　【选择组】对话框

1. 服务器的设置

要在服务器上开启远程桌面功能，请在 Windows XP 的桌面上右击【我的电脑】图标，在弹出的快捷菜单上选择【属性】菜单项，出现【系统属性】对话框，选择【远程】选项卡，如图 5-78 所示，选中【允许用户远程连接到此计算机】复选框。客户机要连接服务器，必须提供服务器上的用户名与密码；服务器则可以设置允许哪些用户连接，允许连接的用户必须有密码，不能是空密码。单击【选择远程用户】按钮，出现如图 5-79 所示的【远程桌面用户】对话框，列表框列出了所有可以连接的用户名，但是管理员组中的用户即使没有列出，也可以连接，如【程震】用户。

若要再添加能够连接的用户，请单击【远程桌面用户】对话框中的【添加】按钮，出现如图 5-80 所示的【选择用户】对话框。在文本框中输入用户名，单击【确定】按钮，若该用户不存在，Windows XP 会报错；若正确则返回如图 5-79 所示的【远程桌面用户】对话框，添加的用户名会出现在列表框中。

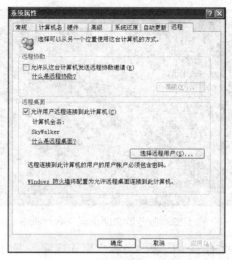

图 5-78 【系统属性】对话框

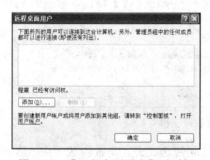

图 5-79 【远程桌面用户】对话框

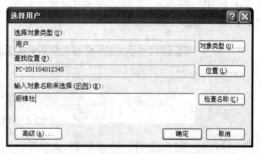

图 5-80 【选择用户】对话框

2. 客户机的设置

客户机使用远程桌面连接程序连接服务器，单击任务栏左侧的【开始】按钮，依次选择【程序】|【附件】|【通讯】|【远程桌面连接】菜单项，会出现如图 5-81 所示的【远程桌面连接】对话框。若菜单中没有该菜单项，请单击任务栏左侧的【开始】按钮，选择【运行】菜单项，出现【运行】对话框后，在【打开】下拉列表框中输入 mstsc，单击【确定】按钮，同样能够出现【远程桌面连接】对话框。在【计算机】文本框中输入服务器的 IP 地址，单击【连接】按钮，会出现【登录到 Windows】对话框，输入服务器允许连接的用户名与密码，即可连接到服务器，服务器的桌面作为一个窗口出现在客户机中，如图 5-82 所示，这时可像操作本机一样操作服务器。

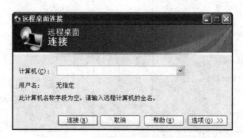

图 5-81 【远程桌面连接】对话框

图 5-82 服务器桌面出现在客户机中

Windows XP 的远程桌面有一个问题，当客户机连接服务器时，服务器上不能有登录的用户。如果有已经登录的用户，服务器上会出现如图 5-83 所示的【连接请求】对话框，若单击【是】按钮，已登录的用户会退出，客户机连接成功；若单击【否】按钮，已登录的用户不会退出，客户机则无法连接。

图 5-83 【连接请求】对话框

当使用远程桌面时，经常需要在客户机与服务器间传送文件。要做到这一点，请在图 5-81 中单击【选项】按钮，出现如图 5-84 所示的选项界面，选择【本地资源】选项卡，在【本地设备和资源】选项区域中，单击【详细信息】按钮，出现如图 5-85 所示的对话框，列表框中列出了客户机本地所有的驱动器，选中要使用的驱动器，单击【确定】按钮。连接成功后，选中的驱动器会出现在服务器【我的电脑】窗口中，可以像服务器中的驱动器一样操作它们，如复制文件。远程桌面连接程序的其他选项作用不是很大，而且很容易看懂，读者可以自行尝试，这里不再赘述。

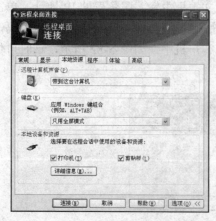
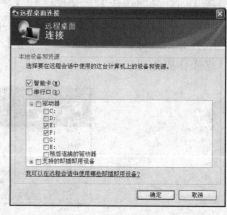

图 5-84 【远程桌面连接】对话框的选项界面　　图 5-85 选择客户机本地的设备和资源界面

任务五 网上邻居的设置与问题解决

一、网上邻居的工作原理

网上邻居是计算机间共享文件与打印机的有力工具，但也经常出现令人费解的怪异问题，要弄清这些问题，必须明白网上邻居的工作原理。

Windows XP 的网上邻居使用 NetBIOS（Network Basic Input and Output System）协议与 SMB（Server Message Block）协议。现在所有计算机都安装了 TCP/IP 协议，所以 NetBIOS 与 SMB 的数据经常通过 TCP/IP 协议传送，也就是说，NetBIOS 与 SMB 的数据封装在 TCP 或 UDP 报文段中，再封装在 IP 数据报中，最后封装在以太网帧中才发送出去。NetBIOS 与 SMB 的熟知端口号为 TCP 的 139 与 445，以及 UDP 的 137 与 138 等，使用 netstat -an 命令能够看到这些端口。

网上邻居有一个经常出现的怪异现象，在【网上邻居】窗口中看到一台计算机，却无法访问；或能访问一台计算机，却在【网上邻居】窗口中看不到它。这个现象是正常的，网上邻居的工作机制导致了这种现象。

在【网上邻居】窗口中，显示的计算机列表叫做浏览列表，浏览列表从哪里来呢？最好的来源应该是实时查询，打开【网上邻居】窗口时，就查询一次，如果是这样，就不会出现上述怪异现象，可惜微软不是这样做的。在 Windows 中，网络中若干功能相似的计算机组成一个工作组，如一个部门的计算机组成一个工作组，每个工作组设一台浏览服务器，浏览列表就保存在浏览服务器上。打开【网上邻居】窗口时，计算机从浏览服务器得到浏览列表，浏览列表显示在【网上邻居】窗口中，用户就看到了网上邻居中的计算机。

浏览服务器是哪台计算机呢？似乎从来没有设置过这样一台计算机。浏览服务器不是专门的服务器，工作组中的任何一台普通计算机都可以成为浏览服务器。工作组中的第一台计算机开机后，它就成为了浏览服务器；当浏览服务器关机后，若是工作组中还有开着的计算机，就要根据协议的规定从这些计算机中选出一台作为浏览服务器。浏览服务器如何维护浏览列表呢？工作组中的一台计算机开机后，会向浏览服务器发出通告，浏览服务器就把它记在浏览列表中；计算机关机时，也会向浏览服务器发出通告，浏览服务器就把它从浏览列表中删除。

上述过程经常出现问题，例如，浏览服务器关机后未能再选出浏览服务器，这时【网上邻居】窗口中就看不到任何计算机；某台计算机开机后未能记录在浏览列表中，这时【网上邻居】窗口中就看不到该计算机，却可以访问；某台计算机关机时未能及时从浏览列表中删除，这时【网上邻居】窗口中仍能看到该计算机，却无法访问。由此可见，网上邻居糟糕的工作机制导致了这些怪异现象的出现。

在【网上邻居】的通信过程中，计算机与浏览服务器之间用到广播帧，而普通计算机之间则大多使用单播帧，所以在【网上邻居】窗口中只能看到本子网内的计算机，但是却可以访问子网外的计算机。在访问子网外计算机的时候，只能用 IP 地址访问，而不能用计算机的名称访问。

二、网上邻居的设置与使用

1. 设置计算机的名称及其工作组

使用【网上邻居】前，先要设置计算机的名称，及其所属的工作组。在 Windows XP 的桌面上右击【我的电脑】图标，在弹出的快捷菜单上选择【属性】菜单项，出现如图 5-86 所示的【系统属性】对话框，选择【计算机名】选项卡。可以看出，该计算机的名称是【PC-201104012345】，所属的工作组是【MSHOME】。要更改计算机的名称与所属工作组，单击【更改】按钮，出现如图 5-87 所示的【计算机名称更改】对话框，在文本框中输入新的名称与工作组，单击【确定】按钮即可。

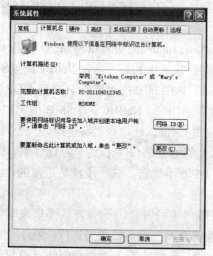

图 5-86 【系统属性】对话框

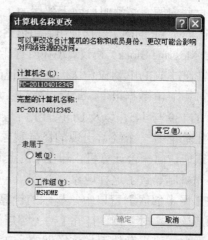

图 5-87 【计算机名称更改】对话框

从图 5-87 中可以看出，一台计算机可以隶属于某个工作组，也可以隶属于某个域。在 Windows 中，网络中若干功能相似的计算机可以组成一个工作组，也可以组成一个域。工作组中每台计算机都是平等的，这样的网络叫做对等网。域与工作组不同，每个域必须设置一台服务器作为域控制器，域控制器需要安装 Windows 的服务器版本。域控制器可以有效地管理域中的计算机，但域控制器的设置很复杂，而且域控制器的功能并不是特别有用，所以域的应用并不广泛。关于域及域控制器的知识，请参阅其他书籍。

2. 设置共享打印机

要让其他用户使用自己的打印机，就必须先共享打印机。打开【控制面板】窗口，双击【打印机和传真】图标，出现【打印机和传真】窗口。右击要共享的打印机图标，在弹出的快捷菜单上选择【共享】，出现如图 5-88 所示的打印机【属性】对话框。选择【共享】选项卡，选中【共享这台打印机】单选按钮，单击【确定】按钮，设置完毕。

3. 设置简单文件共享

Windows XP 有两种文件共享方式，分别是简单共享与高级共享，默认使用简单共享。为了更方便地说明问题，称拥有共享资源的计算机为服务器，访问共享资源的计算机为客户机。简单共享的设置很简单，但客户机只能以 Guest 用户身份访问服务器；高级共享的设置较复杂，但客户机能以其他用户身份访问服务器。若没有特殊要求，使用简单共享就可以了。

使用简单共享方式时，客户机只能以 Guest 用户身份访问服务器，所以在服务器上 Guest 用户必须启用，否则服务器无法共享文件夹。Guest 用户默认是禁用的，右击要共享的文件夹，在弹出的快捷菜单上选择【共享和安全】菜单项，出现如图 5-89 所示的文件夹【属性】对话框，这时无法共享文件夹。

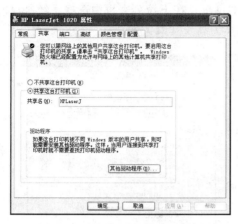

图 5-88　打印机【属性】对话框

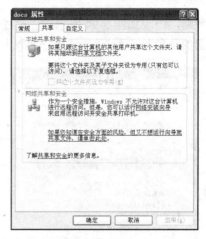

图 5-89　文件夹【属性】对话框（1）

要启用共享，单击【网络共享和安全】选项区域中的【网络安装向导】文字，可以使用向导启用共享，向导非常不灵活，适用于对网络一窍不通的用户，建议读者不要使用。单击【网络共享和安全】选项区域下方的蓝色文字，将不使用向导，会出现如图 5-90 所示的【启用文件共享】对话框。选择【只启用文件共享】单选按钮，单击【确定】按钮，即可启用 Guest 用户，就可以正常共享文件夹了，这时文件夹【属性】对话框变为如图 5-91 所示。另外，也可以在【计算机管理】窗口中启用 Guest 用户。

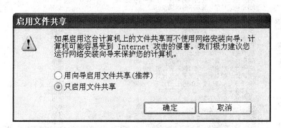

图 5-90　【启用文件共享】对话框

在图 5-91 中，选中【在网络上共享这个文件夹】复选框。若允许客户机更改共享文件，就选中【允许网络用户更改我的文件】复选框，否则就不要选中。单击【确定】按钮，设置完毕。

4. 关闭简单文件共享

要关闭简单共享方式，切换到高级共享方式，有以下两个方法：

（1）在 Windows XP 的【资源管理器】中，打开【工具】菜单，选择【文件夹选项】菜单项，出现如图 5-92 所示的【文件夹选项】对话框，选择【查看】选项卡，在【高级设置】列表框中不要选中【使用简单文件共享（推荐）】复选框，单击【确定】按钮，即可关闭简单共享方式，切换为高级共享方式。

（2）打开【控制面板】窗口，双击【管理工具】图标，出现【管理工具】窗口后，双击【本地安全策略】图标，出现如图 5-93 所示的【本地安全设置】窗口。在窗口左侧依次选择【本地策略】|【安全选项】图标，在窗口右侧找到名为【网络访问：本地账户的共享和安全模式】的策略，若是简单共享方式，则【安全设置】为【仅来宾-本地用户以来宾身份验证】。

双击该策略，出现如图 5-94 所示的策略【属性】对话框，在下拉列表框中选择【经典-本地用户以自己的身份验证】，单击【确定】按钮，就切换为高级共享方式。

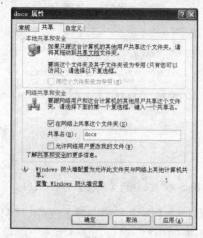

图 5-91　文件夹【属性】对话框（2）

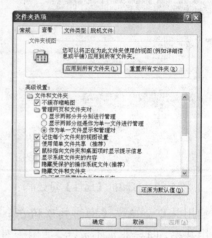

图 5-92　【文件夹选项】对话框

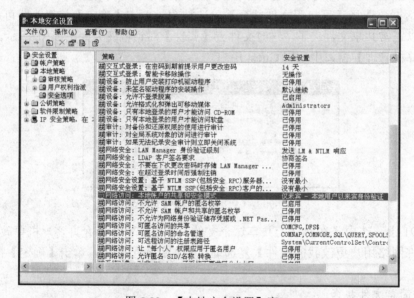

图 5-93　【本地安全设置】窗口

5. 设置高级文件共享

切换为高级共享方式后，右击要共享的文件夹，在弹出的快捷菜单上选择【共享和安全】菜单项，出现如图 5-95 所示的文件夹【属性】对话框，选中【共享此文件夹】单选按钮，设置以下内容：

- 【共享名】文本框，其他用户看到文件夹的名字，默认是文件夹原来的名字。
- 【注释】文本框，说明性的文字，可有可无。
- 【允许最多用户】与【允许的用户数量】单选按钮，在 Windows XP 中，最多有 10 个用户可以同时访问同一个共享资源。选中前者，就设置为 10 个用户；选中后者，可以在微调按钮中调节用户的数量，但最多也是 10 个用户。

图 5-94　策略【属性】对话框

- 【权限】按钮，单击【权限】按钮，出现如图 5-96 所示的文件夹共享【权限】对话框，可以设置允许哪些用户或用户组访问本共享文件夹，以及访问的权限。图 5-96 是默认设置，【Everyone】指所有用户，权限有 3 种：【完全控制】、【更改】与【读取】，单击【删除】按钮，可以删除选中的用户或用户组，单击【添加】按钮，出现如图 5-97 所示的【选择用户或组】对话框，可以再添加新的用户或用户组。

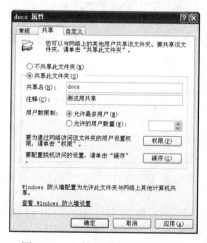

图 5-95　文件夹【属性】对话框

图 5-96　文件夹共享【权限】对话框

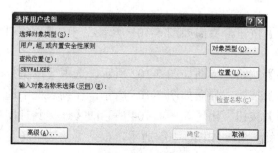

图 5-97　【选择用户或组】对话框

6. 访问共享资源

访问共享文件夹最简单的办法是在【网上邻居】窗口中打开该共享文件夹，就可以像在本地计算机上一样操作了。若在【网上邻居】窗口中看不到该计算机，可以单击任务栏左侧的【开始】按钮，选择【运行】菜单项，出现【运行】对话框后，在【打开】下拉列表框中输入\\IP 地址或\\计算机名称，单击【确定】按钮，就可以访问该计算机了。更简单的办法是在【资源管理器】窗口的地址栏中输入\\IP 地址或\\计算机名称。

在使用简单文件共享方式的情况下，客户机访问服务器时，如果服务器上的 Guest 用户设置了密码，就会出现如图 5-98 所示的对话框。【用户名】文本框为灰色的 Guest，不能修改，这是因为使用简单共享方式时，客户机只能以 Guest 用户身份访问服务器。在【密码】文本框中输入正确的密码，就可以访问服务器了。如果服务器上的 Guest 用户是空密码，就不会出现本对话框，可以直接访问服务器。为安全起见，应该为 Guest 用户设置密码。

在使用高级文件共享方式的情况下，客户机访问服务器时，会出现如图 5-99 所示的对话框，输入正确的用户名与密码就可以访问服务器。如果服务器上有与客户机上已登录的用户名相同的用户，如 Administrator 用户，并且两者的密码也相同，但不是空密码，就不会出现本对话框，客户机可以直接访问服务器。另外，在使用高级文件共享方式时，建议禁用 Guest 用户或给 Guest 用户设置上密码，因为如果启用了 Guest 用户并且其密码为空，在某些特殊情况下，客户机可以直接访问服务器，而不会出现本对话框。

图 5-98 简单文件共享方式下的登录对话框

图 5-99 高级文件共享方式下的登录对话框

使用共享打印机时，必须在使用共享打印机的计算机上安装共享打印机，过程如下：

（1）打开【控制面板】窗口，双击【打印机和传真】图标，出现【打印机和传真】窗口，在左侧的【打印机任务】中单击【添加打印机】，出现如图 5-100 所示的【添加打印机向导】对话框。

（2）单击【下一步】按钮，界面如图 5-101 所示，选中【网络打印机或连接到其他计算机的打印机】单选按钮。

（3）单击【下一步】按钮，界面如图 5-102 所示，选中【浏览打印机】单选按钮。

（4）单击【下一步】按钮，界面如图 5-103 所示，在列表框中选择共享打印机。

（5）单击【下一步】按钮，出现如图 5-104 所示的【连接到打印机】对话框。

（6）单击【是】按钮，界面如图 5-105 所示，根据需要选中【是】或【否】单选按钮。

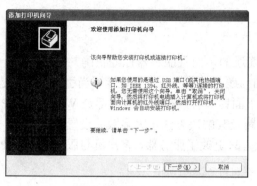

图 5-100 【添加打印机向导】对话框（1）

图 5-101 【添加打印机向导】对话框（2）

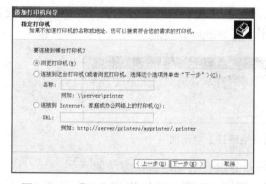

图 5-102 【添加打印机向导】对话框（3）

图 5-103 【添加打印机向导】对话框（4）

图 5-104 【连接到打印机】对话框

（7）单击【下一步】按钮，界面如图 5-106 所示，单击【完成】按钮，新添加的共享打印机出现在【打印机和传真】窗口中。在其他应用程序中，就可以像使用本地打印机一样使用共享打印机了。

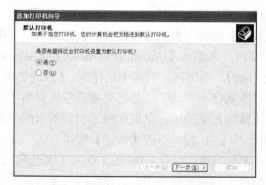

图 5-105 【添加打印机向导】对话框（5）

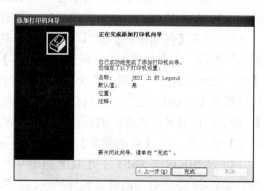

图 5-106 【添加打印机向导】对话框（6）

三、网上邻居常见问题的解决方法

使用网上邻居时，客户机与服务器必须是连通的，而且服务器已经正确共享了资源。即使这样，网上邻居还是经常出现各种各样奇怪的问题，通常都是由于设置不当引起的，若是计算机的 Windows 版本不同，更容易出现问题。下面针对客户机与服务器都是 Windows XP 专业版 SP3 的情况，介绍网上邻居的各种常见问题及其解决方法。大多数的设置更改以后，都需要重新启动计算机，即使只更改了客户机，或是只更改了服务器，客户机与服务器两者都应该重新启动，才能使新的设置真正生效。

1. 网上邻居无法使用的问题

网上邻居有时根本无法使用，例如，出现如图 5-107 所示的对话框，提示【找不到网络路径】。此外还有其他一些对话框，如【找不到网络名】、【找不到网络位置】、【网络不存在或尚未启动】、【此工作组的服务器列表当前无法使用】、【Windows 无法找到网络路径】等。

图 5-107 【找不到网络路径】对话框

出现这些错误的原因是缺少某些组件或某些服务没有启动，解决方法如下：

（1）在【网络连接】窗口中右击网卡连接的图标，在弹出的快捷菜单上选择【属性】菜单项，出现如图 5-108 所示的连接【属性】对话框。在【常规】选项卡的【此连接使用下列项目】列表框中，必须有【Microsoft 网络客户端】与【Microsoft 网络的文件和打印机共享】组件，否则网上邻居无法使用。如果没有【Microsoft 网络客户端】组件，那么本计算机无法作为客户机访问服务器；如果没有【Microsoft 网络的文件和打印机共享】组件，那么在文件夹的【属性】对话框中，没有【共享】选项卡，无法共享文件夹。单击【安装】按钮可以安装这两个组件。

（2）在图 5-108 中，选择【Internet 协议（TCP/IP）】组件，单击【属性】按钮，出现【Internet 协议（TCP/IP）属性】对话框，单击【高级】按钮，出现【高级 TCP/IP 设置】对话框，选择【WINS】选项卡，如图 5-109 所示。在【NetBIOS 设置】选项区域中，必须选中【默认】或【启用 TCP/IP 上的 NetBIOS】单选按钮，否则网上邻居无法使用。

（3）打开【控制面板】窗口，双击【管理工具】图标，出现【管理工具】窗口后，双击·【服务】图标，出现如图 5-110 所示的【服务】窗口。名称为【Computer Browser】、【Server】与【Workstation】的 3 项服务的状态必须为【已启动】，否则网上邻居无法使用。【启动类型】应该设置为【自动】，这样计算机启动时这 3 项服务就自动启动了。要把某项服务设置为【自动】，请右击该服务，在弹出的快捷菜单上选择【属性】菜单项，出现如图 5-111 所示的服务【属性】对话框，在【启动类型】下拉列表框中选择【自动】，单击【确定】按钮。

（4）NetBIOS 与 SMB 使用 TCP 的 139 与 445 号端口，以及 UDP 的 137 与 138 号端口，使用 netstat -an 命令必须能够看到这些端口，否则网上邻居无法使用。请检查防火墙等软件是不是禁用了这些端口。

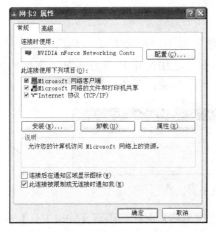

图 5-108   连接【属性】对话框

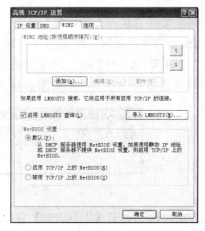

图 5-109   【高级 TCP/IP 设置】对话框

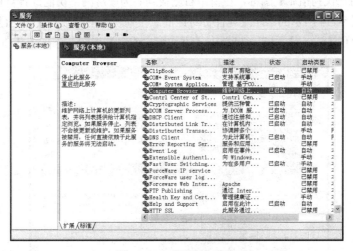

图 5-110   【服务】窗口

图 5-111   服务【属性】对话框

2. 简单文件共享方式的问题

使用简单共享方式时，经常出现问题，这些问题多与用户权限有关，介绍如下：

（1）出现如图 5-112 所示的【登录失败】对话框，使用简单共享方式时，客户机只能以 Guest 用户身份访问服务器，如果服务器禁止 Guest 用户登录，就会出现这个错误。

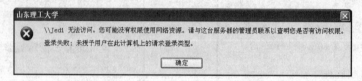

图 5-112 【登录失败】对话框

解决方法如下：打开【控制面板】窗口，双击【管理工具】图标，出现【管理工具】窗口后，双击【本地安全策略】图标，出现如图 5-113 所示的【本地安全设置】窗口。在窗口左侧依次选择【本地策略】|【用户权利指派】图标，在窗口右侧找到名为【从网络访问此计算机】的策略。双击该策略，出现如图 5-114 所示的策略【属性】对话框，在列表框中必须有【Guest】用户，否则就会出现本错误。若没有【Guest】用户，请单击【添加用户或组】按钮，添加上【Guest】用户。

图 5-113 【本地安全设置】窗口

图 5-114 策略【属性】对话框

在如图 5-113 所示的【本地安全设置】窗口中，右侧还有一个名为【拒绝从网络访问这台计算机】的策略，该策略不能包含【Guest】用户，否则也会出现本错误。若包含【Guest】用户，用与上一策略类似的操作方式，可以删除【Guest】用户。

（2）出现如图 5-115 所示的【拒绝访问】对话框，解决方法如下：在【本地安全设置】窗口中，在窗口左侧依次选择【本地策略】|【安全选项】图标，在窗口右侧找到名为【网络访问：不允许 SAM 账户和共享的匿名枚举】的策略，如图 5-116 所示。双击该策略，出现如图 5-117 所示的策略【属性】对话框，必须选中【已禁用】单选按钮，否则就会出现本错误。

图 5-115　【拒绝访问】对话框

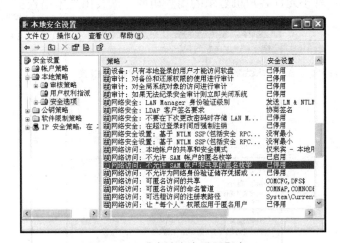

图 5-116　【本地安全设置】窗口

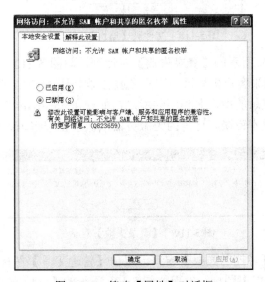

图 5-117　策略【属性】对话框

3. 高级文件共享方式的问题

使用高级共享方式时，也经常出现与用户权限有关的问题，介绍如下：

（1）与简单共享方式一样，出现如图 5-112 所示的【登录失败】对话框。如果服务器禁止客户机使用的用户登录，就会出现这个错误。解决方法与简单共享方式的解决方法类似，只不过要把 Guest 用户换为登录时实际使用的用户。

（2）与简单共享方式一样，出现如图 5-115 所示的【拒绝访问】对话框，首先采用简单共享方式的解决方法。若还是出现本错误，请在服务器上检查共享文件夹的权限，是否允许客户机登录的用户访问，若不允许客户机登录的用户访问，就会出现本错误。如何检查与设置共享文件夹的权限。

服务器共享文件夹所在磁盘若是 NTFS 文件系统，如果共享文件夹的用户权限设置不当，也会出现本错误。右击共享文件夹，在弹出的快捷菜单上选择【共享和安全】菜单项，出现如图 5-118 所示的文件夹【属性】对话框。选择【安全】选项卡，检查用户权限，是否允许客户机登录的用户访问，若不允许客户机登录的用户访问，就会出现本错误。

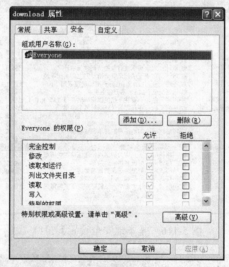

图 5-118 文件夹【属性】对话框

（3）出现如图 5-119 所示的【登录失败】对话框，与图 5-112 不同，这个对话框只会出现在高级共享方式下。如果客户机登录的用户在服务器上是空密码，就会出现本错误；如果服务器上有与客户机上已登录的用户名相同的用户，如 Administrator 用户，而该用户在服务器上的密码为空，也会出现本错误。这是因为服务器默认禁止空密码用户登录。

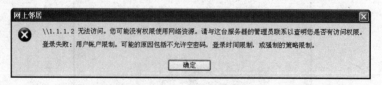

图 5-119 【登录失败】对话框

解决方法如下：打开【控制面板】窗口，双击【管理工具】图标，出现【管理工具】窗口后，双击【本地安全策略】图标，出现如图 5-120 所示的【本地安全设置】窗口。在窗口左

侧依次选择【本地策略】|【安全选项】图标，在窗口右侧找到名为【账户：使用空白密码的本地账户只允许进行控制台登录】的策略。双击该策略，出现如图 5-121 所示的策略【属性】对话框，必须选中【已禁用】单选按钮，否则就会出现本错误。

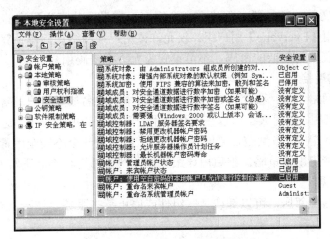

图 5-120　【本地安全设置】窗口

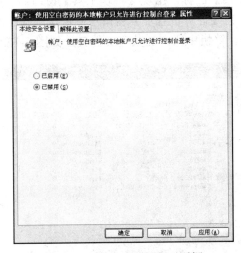

图 5-121　策略【属性】对话框

这样修改为允许空密码用户登录，安全性不好，建议不要修改，可以为用户设置上密码，就不会出现这个错误了。

任务六　网络安全设置

一、网上邻居的安全设置

网上邻居虽然有用，但却是一个安全隐患，网上邻居的安全设置主要有以下内容：

1. 停用 Guest 用户

不使用简单文件共享时，一定要停用 Guest 用户，具体设置方法请参阅相关资料。

2. 及时取消共享

仅在必要的时候设置共享文件夹，一旦用完及时取消共享。

3. 建立专门共享用户

建议使用高级文件共享，要专门建立一个用户，在设置共享文件夹的权限时，仅允许该用户访问，不要使用【Everyone】用户组。仅允许该用户从网络访问本计算机，其他用户都不允许。该用户要设置较为复杂的密码，不可设置为允许空密码用户登录。

4. 禁止建立空连接

在讲到名为【网络访问：不允许 SAM 账户和共享的匿名枚举】的策略，该策略默认是禁用的。该策略如果禁用，任何人都可以在不使用用户名与密码的情况下，通过网络与本计算机建立连接，这叫做空连接。虽然空连接的功能有限，但总是一个不安全因素，所以在不使用网上邻居的情况下，请启用该策略。但启用该策略后，网上邻居将不能正常使用。

5. 禁用网上邻居

若平时不使用网上邻居，可以卸载某些组件或停止某些服务，使网上邻居无法使用。

6. 关闭默认共享

在 Windows XP 中，所有的逻辑盘与 Windows XP 的安装目录默认是共享的。打开【控制面板】窗口，双击【管理工具】图标，出现【管理工具】窗口后，双击【计算机管理】图标，出现【计算机管理】窗口。在【计算机管理】窗口左侧依次选择【系统工具】|【共享文件夹】|【共享】，窗口右侧会列出计算机中所有的共享文件夹，如图 5-122 所示。

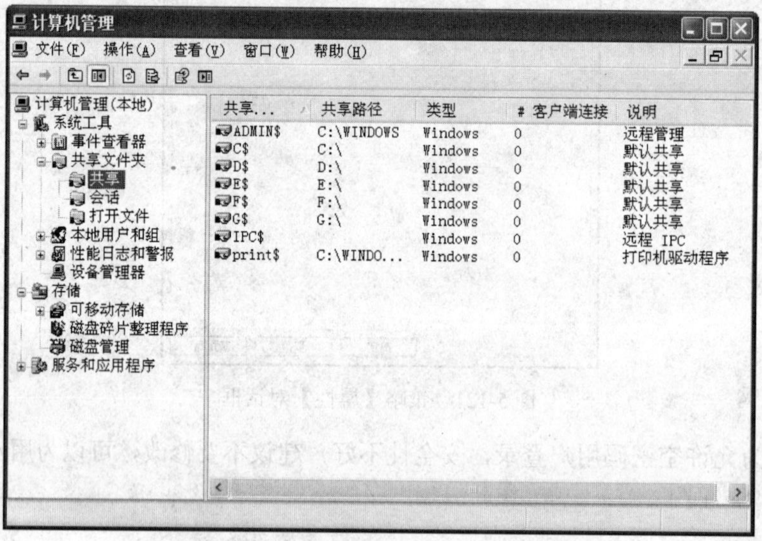

图 5-122　【计算机管理】窗口中的共享文件夹

这些默认共享的文件夹在【资源管理器】窗口中是看不出共享的，即没有共享的小手标志。这些默认共享的文件夹在【网上邻居】窗口中也不会显示，但在【资源管理器】窗口的地址栏中输入共享文件夹的名称就可以访问，访问时必须要以管理员用户登录。例如，要访问默认共享的 C 盘，可以输入\\IP 地址\C$或\\计算机名称\C$。

要永久性地停用这些默认共享，必须修改注册表。请单击任务栏左侧的【开始】按钮，选择【运行】菜单项，出现【运行】对话框后，在【打开】下拉列表框中输入 regedit，单击

【确定】按钮，出现如图 5-123 所示的【注册表编辑器】窗口。在窗口的左侧选择【HKEY_LOCAL_MACHINE\SYSTEM\CurrentControlSet\Services\LanmanServer\Parameters】，在窗口右侧新建【DWORD】类型的键，键名设为【AutoShareWks】，键值设为【0】。重新启动计算机后，所有的逻辑盘与 Windows XP 的安装目录就不再共享了。

图 5-123　【注册表编辑器】窗口

二、账户的安全设置

账户的安全设置主要有以下内容：

1. 停用不必要的账户

可用的账户越多，被黑客利用的可能性就越大，所以用不到的账户一律删除或停用。有些账户是某些应用程序使用的，停用后这些应用程序将不能正常运行，建议停用前查看该账户的描述信息，或从网上查询，以确定该账户能否停用。

2. 管理员账户改名

Administrator 账户不能停用，黑客知道这个账户名，就可以一遍又一遍地尝试它的密码，把 Administrator 账户改名可以有效地防止这一点。不要使用 Admin 之类的名字，改了等于没改，尽量把它伪装成普通账户，如改成 user-one。

3. 设置陷阱账户

Administrator 账户改名之后，可以再创建一个 Administrator 账户，让它隶属于【Guests】组，权限最小，并且加上一个超长的复杂密码，这就是陷阱账户。陷阱账户可以让那些黑客忙上很长一段时间，侥幸成功后也做不了什么事情。

4. 开启账户锁定策略

开启账户锁定策略后，黑客尝试密码错误达到一定次数后，该账户将被锁定而不能登录。打开【控制面板】窗口，双击【管理工具】图标，出现【管理工具】窗口后，双击【本地安全策略】图标，出现【本地安全设置】窗口。在【本地安全设置】窗口左侧依次选择【账户策略】|【账户锁定策略】，右侧会列出 3 条策略，如图 5-124 所示。

（1）双击【账户锁定阈值】策略，出现如图 5-125 所示的对话框，在微调按钮中调节失败登录的次数，失败登录达到这一次数后账户将被锁定。如果将次数设置为 0，则不会锁定账户。

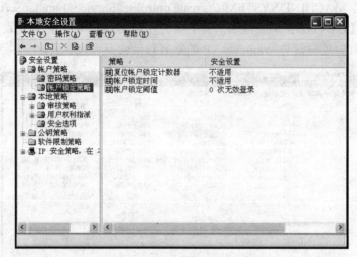

图 5-124　【本地安全设置】窗口

（2）双击【账户锁定策略】，出现如图 5-126 所示的对话框，在微调按钮中调节账户锁定的时间。经过这一段时间后，被锁定的账户会自动解除锁定状态。如果该值为 0，账户将一直锁定，直到管理员手动解锁。

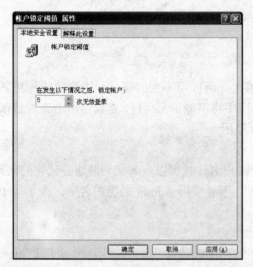

图 5-125　【账户锁定阈值属性】对话框

图 5-126　【账户锁定时间属性】对话框

（3）双击【复位账户锁定计数器】策略，出现如图 5-127 所示的对话框，在微调按钮中调节复位账户锁定计数器的时间，它必须小于或等于账户锁定时间。本策略的含义如下：在某次登录尝试失败之后，如果失败总次数少于账户锁定阈值，账户就不会被锁定，经过本策略确定的时间后，登录尝试失败的次数将重置为 0。

开户账户锁定策略后，黑客虽然不容易尝试密码了，但还是可以进行另一种形式的攻击。黑客依旧不断尝试密码，虽然不太可能尝试成功，但账户总是处于锁定状态，真正的账户就不能正常登录了，这是一种拒绝服务攻击。所以在决定是否启用账户锁定策略的时候，应该根据不同的具体情况区别对待。

图 5-127 【复位账户锁定计数器属性】对话框

三、防病毒安全设置

1. 关闭自动播放功能

当计算机中插入 U 盘或光盘时，Windows XP 可以自动运行其上的可执行文件，这就是自动播放功能。自动播放功能默认是打开的，目前很多 U 盘病毒就利用了这一功能，所以应该关闭自动播放功能。单击任务栏左侧的【开始】按钮，选择【运行】菜单项，出现【运行】对话框后，在【打开】下拉列表框中输入 gpedit.msc，单击【确定】按钮，出现如图 5-128 所示的【组策略】窗口。

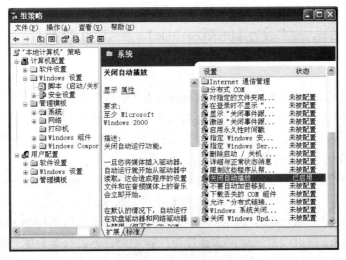

图 5-128 【组策略】窗口

在【组策略】窗口左侧依次选择【计算机配置】|【管理模板】|【系统】，在窗口右侧双击【关闭自动播放】，出现如图 5-129 所示的对话框。选中【已启用】单选按钮，在下拉列表框

中选择【所有驱动器】，单击【确定】按钮。重启计算机后，自动播放功能就关闭了。

2. 显示隐藏文件与文件扩展名

很多病毒文件把自己设置为隐藏文件或系统文件，用户就看不到它，或是隐藏自己的扩展名，伪装成正常文件。在 Windows XP 的【资源管理器】中，打开【工具】菜单，选择【文件夹选项】菜单项，出现如图 5-130 所示的【文件夹选项】对话框。选择【查看】选项卡，在【高级设置】列表框中，不要选中【隐藏受保护的操作系统文件（推荐）】复选框，选中【显示所有文件和文件夹】单选按钮，不要选中【隐藏已知文件类型的扩展名】复选框。单击【确定】按钮，即可显示所有隐藏文件与系统文件，以及所有文件的扩展名。

图 5-129　【关闭自动播放属性】对话框

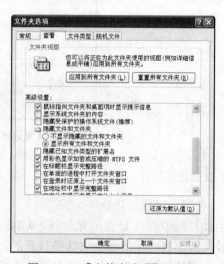

图 5-130　【文件夹选项】对话框

有时计算机中毒后，无法通过上述方法显示隐藏文件，这时需要修改注册表。打开【注册表编辑器】窗口，在窗口的左侧选择【HKEY_LOCAL_MACHINE\SOFTWARE\Microsoft\Windows\CurrentVersion\Explorer\Advanced\Folder\Hidden\SHOWALL】，在窗口右侧新建【DWORD】类型的键，键名设为【CheckedValue】，键值设为【1】。

四、防火墙安全设置

防火墙是计算机中常用的防范措施。Windows XP 中自带了防火墙，但是 Windows 防火墙只过滤进入本计算机的数据，并不过滤外出的数据，而其他很多防火墙过滤进入与外出的所有数据，可见 Windows 防火墙的功能非常一般。防火墙的设置大同小异，熟悉了 Windows 防火墙的设置方法，其他防火墙的设置也就容易掌握了。

打开【控制面板】窗口，双击【Windows 防火墙】图标，出现【Windows 防火墙】窗口，选择【常规】选项卡，如图 5-131 所示。选中【启用（推荐）】单选按钮，单击【确定】按钮，即可启用 Windows 防火墙，这时【网络连接】窗口中的网卡连接图标加上了小锁标志，如图 5-132 所示。Windows 防火墙过滤进入本计算机的数据时，不符合条件的禁止通过，符合条件的则放行。被放行数据叫做例外数据，它们符合的条件叫做例外条件。在【Windows 防火墙】窗口中，若选中【不允许例外】复选框，则例外数据也将被禁止通过，所以这一选项平时不必使用，只应该在不安全的地方使用。

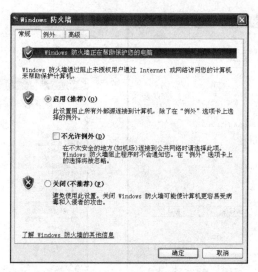

图 5-131　【Windows 防火墙】对话框的【常规】选项卡

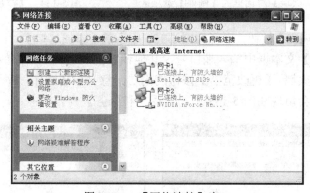

图 5-132　【网络连接】窗口

例外条件可以手动设置，在【Windows 防火墙】窗口中，选择【例外】选项卡，如图 5-133 所示。Windows XP 自动在【程序和服务】列表框中列出很多程序与服务，若是选中其前面的复选框，则该程序或服务的数据就是例外数据，会被防火墙放行，否则该程序或服务的数据就不能通过防火墙。

在【例外】选项卡中，可以进行以下设置：

● 单击【添加程序】按钮，出现如图 5-134 所示的【添加程序】对话框，可以添加程序，其他计算机发送到该程序的数据就是例外数据，能够通过防火墙。添加的程序会出现在图 5-133 中的【程序和服务】列表框中。

在【添加程序】对话框中单击【更改范围】按钮，出现如图 5-135 所示的【更改范围】对话框。若选中【任何计算机（包括 Internet 上的计算机）】单选按钮，则所有计算机发送来的数据都属于例外数据，都可以通过防火墙；若选中【仅我的网络（子网）】单选按钮，则仅本子网内计算机发送来的数据属于例外数据，本子网外计算机发送来的数据都会被防火墙挡住；若选中【自定义列表】单选按钮，则可以在下面的文本框中输入 IP 地址，来自这些 IP 地址的数据都会是例外数据，其他数据都会被防火墙挡住。

图 5-133　【Windows 防火墙】对话框的【例外】选项卡　　　图 5-134　【添加程序】对话框

- 单击【添加端口】按钮，出现如图 5-136 所示的【添加端口】对话框，可以添加服务。在【端口号】文本框中输入端口号，其他计算机发送到该端口的数据就是例外数据，可以通过防火墙。【更改范围】按钮的用法、意义与【添加程序】对话框中的相同。添加的服务会出现在图 5-133 中的【程序和服务】列表框中。

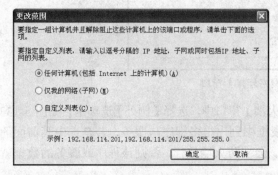
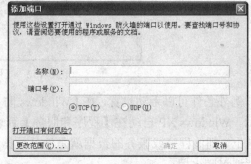

图 5-135　【更改范围】对话框　　　　　　　图 5-136　【添加端口】对话框

- 选择一个程序后，单击【编辑】按钮，出现如图 5-137 所示的【编辑程序】对话框，【更改范围】按钮的用法、意义与【添加程序】对话框中的相同。
- 若选择的是一个服务，单击【编辑】按钮后，会出现如图 5-138 所示的【编辑服务】对话框。列表框中列出了若干端口号，若选中端口号前面的复选框，则其他计算机发送到该端口的数据就是例外数据，可以通过防火墙。【更改范围】按钮的用法、意义与【添加程序】对话框中的相同。
- 选择一个程序或服务后，单击【删除】按钮，会从列表框中删除它，它的数据就不再是例外数据，不能再通过防火墙。

图 5-137　【编辑程序】对话框　　　　图 5-138　【编辑服务】对话框

五、其他安全设置

1. 关闭不必要的端口与服务

计算机上打开的端口越多，安全隐患就越多，应该关闭不必要的端口。使用 netstat 命令可以查看哪些进程在侦听哪些端口，可以用结束进程的方法来关闭端口，或者使用防火墙来阻止其他计算机向这些端口发送数据。打开的端口哪些是必须的，哪些是不必要的，请上网查找或参阅网络安全方面的书籍。

计算机上打开的服务越多，安全隐患也越多，应该关闭不必要的服务。哪些服务是必须的，哪些是不必要的，请参阅【服务】窗口中的说明或网络安全方面的书籍。

2. 下载安装最新的补丁

Windows XP 有数千万行程序代码，规模如此庞大，难免会有漏洞，很多病毒与入侵都利用了 Windows XP 自身的漏洞。微软一旦发现这些漏洞，会及时发布相应补丁，下载安装补丁后能堵塞这些漏洞。Windows XP 有自动更新功能，可以自动下载安装最新的补丁。打开【控制面板】窗口，双击【自动更新】图标，出现【自动更新】窗口，如图 5-139 所示。建议选中【有可用下载时通知我，但是不要自动下载或安装更新】单选按钮，这样有最新的补丁时，会提示用户是否下载，用户可以不下载某些意义不大的补丁，如验证是否正版之类的补丁。

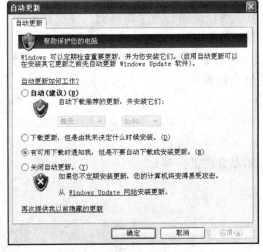

图 5-139　【自动更新】对话框

3. 要有安全意识

安全意识非常重要，有时甚至起到关键作用。例如，有人来电话或邮件询问你的邮箱、QQ，甚至网上银行的密码，一定不能告诉他；尽可能从信誉良好的大网站下载软件，不要从陌生的小网站下载；在宿舍等人多的场所，计算机最好设置登录密码，不知道密码的人就无法使用计算机；尽量从网络传输数据，少使用 U 盘。

4. 做好备份

虽然采取了各种各样的防范措施，计算机中的数据仍有可能被破坏，做好备份是最有效的防范措施。可以备份重要文件，也可以用 Ghost 等软件备份整个系统。备份不应该保存在本计算机中，最好保存在另外安全的地方，如移动硬盘上。另外，也可以使用数据恢复软件恢复被破坏的数据，如著名的 Easy Recovery。

在 Windows XP 中，网络安全的相关设置很多，例如，在本章多次提到的【本地安全设置】窗口（如图 5-124 所示）中，左侧的【IP 安全策略，在本地计算机】实际上是一个功能强大的防火墙，【审核策略】则可以记录计算机中的各种正常与非正常的事件。本书不是网络安全方面的书，限于篇幅，只能抛砖引玉地介绍一小部分常用安全设置，更详细的内容请参阅其他专业书籍。

Windows XP 是目前最常用的个人用户操作系统，本章介绍了 Windows XP 网络功能的设置与应用。首先介绍了基本的网络设置，包括网络连接窗口、如何建立一个新连接、以太网卡与无线网卡的设置等内容。然后介绍了常用的网络命令，重点是 ipconfig、arp、ping、route、netstat 等命令。在此基础上，介绍了双网卡的设置方法。计算机安装了双网卡后，可以作为二层交换机、NAT 路由器、代理服务器使用。

用户管理是 Windows XP 的重要功能，是远程桌面与网上邻居的基础，本章详细介绍了用户管理的具体设置方法。远程桌面与网上邻居是 Windows XP 的重要网络应用，利用远程桌面，可以像操作自己的计算机一样去操作远程的另一台计算机；利用网上邻居，可以方便地共享文件与打印机。本章详细介绍了远程桌面与网上邻居的具体设置方法，并针对网上邻居的常见问题，给出了原因与解决方法。

计算机连网之后，安全问题非常突出，完善的安全设置可以解决很多安全问题。本章最后介绍了一小部分常用的安全设置。

尽可能全部实际操作本章介绍的内容。

项目 **6** 网络安全技术

项目概述

随着计算机网络应用的普及，其安全问题也越来越突出，我们的网络安全随时都面临着密码被盗、信息被截取、软硬件设施被破坏、系统资源被盗用等威胁。因此，可以说网络安全与每个人都息息相关，谁都不希望自己计算机中的机密数据被黑客窃取，即使没有机密数据，也不希望一般数据被病毒破坏；而当我们在网上购物以及网上支付的时候，都希望安全地进行，谁都不希望自己账号中的钱无缘无故地消失。因此，在搭建、使用计算机网络的同时，我们必须考虑如何保障网络体系的安全性，我们应该掌握网络安全方面的相关技术。

学习目标

- 了解网络安全的概念和种类
- 了解计算机密码学的概念及应用
- 掌握常用的网络安全协议
- 掌握网络攻击与防范技术
- 掌握防火墙的概念、种类及计算机病毒的防范

任务一 网络安全的认知

一、了解网络安全

计算机网络是人类文明的巨大成就，它给人们带来了巨大的便利。但是，计算机网络是开放的系统，具有众多不安全因素，如何保证网络中计算机和信息的安全是一个重要而且复杂的问题。网络安全有多种定义，有的定义说：网络安全就是保护网上保存和流动的数据，不被他人窃取或修改；也有的定义认为：网络安全是指保护信息财产，以防止偶然的或未授权者对信息的泄漏、修改和破坏，从而导致信息的不可信或无法处理。参照 ISO 给出的计算机安全定义，通常认为计算机网络安全是指："保护计算机网络系统中的硬件，软件和数据资源，不因偶然或恶意的原因遭到破坏、更改、泄露，使网络系统连续可靠性地正常运行，网络服务正常有序。"

国际标准化组织在网络安全体系的设计标准（ISO 7498-2）中，定义了 5 大安全服务功能：身份认证服务、数据保密服务、数据完整性服务、不可否认服务和访问控制服务。本章将讨论这 5 方面的内容，以下简要解释这 5 项服务。

1. 身份认证服务（Authentication）

身份认证确保会话对方的资源（人或计算机）同声称的相一致。

张三通过网络与李四通信时，如何确定他的确是李四，而不是王五冒充。音频与视频都不可靠，因为这些信息都可以伪造。有时通信方不是自然人，而是一台服务器，如网上银行的服务器，这更难以辨别真假。必须设法保证通信方身份的真实性，如果冒名顶替则会被发现，这种技术叫做身份认证技术。

2. 数据保密服务（Privacy）

数据保密确保敏感信息不被非法者获取。

数据在网络上传输时，很容易被黑客截获窃听。对于使用集线器的以太网，一台计算机发送数据时，其他计算机都能接收到，利用 ethereal 等软件可以方便地查看经过本机网卡的所有数据；当我们上网的时候，所有数据都经过 ISP，ISP 的管理员能看到所有的数据。必须保证只有合法的接收者才能读取数据，其他任何人即使收到也读不出。计算机密码学可以解决这个问题，数据加密后再发送，而只有合法的接收者才能解密，最终看到数据的原文。

3. 数据完整性服务（Integrity）

数据完整性确保接收到的信息同发送的一致。

数据不加密传输时，黑客可以任意篡改数据，破坏数据的完整性。数据即使加密后再发送，也只能保证数据的机密性，黑客虽然不知道数据是什么，但仍可以篡改数据。黑客篡改数据是无法避免的，能做到的只是接收方及时发现这些篡改，利用计算机密码学，接收方可以容易地检测数据在传输过程中是否被篡改。接收方若发现数据被篡改，应该丢弃这些数据。

4. 不可否认服务（Non-repudiation）

不可否认又称为审计（Accountability），确保任何发生的交易在事后可以被证实，发信者和收信者都认为交换发生过，即所谓的不可抵赖性。

通过网络办理很多业务时，必须具有不可否认功能，即消息的发送者事后不能否认他发送过该消息。例如，某用户通过网上银行支出了一笔钱，他事后无法否认此交易。利用计算机密码学，可以实现不可否认功能。

5. 访问控制服务（Access Control）

访问控制确保会话方（人或计算机）有权做所声称的事情。

对一个计算机系统来说，不同的用户应该具有不同的权限：管理员具有管理权限，可以为其他用户分配权限；一般用户具有部分权限，可以有限制地使用系统的资源；未登录（匿名）用户没有访问权限或只能访问一些公开的资源。这就是访问控制，利用访问控制，一般用户就难以非法地拥有管理员的权限；黑客也难以窃取用户的机密数据。

这 5 个方面解释准确、含义清晰，基本上涵盖了网络安全的各个方面，得到了安全领域专家的认可。

二、网络安全威胁的种类

网络安全所面临的威胁很多，并且在不断增加，一般而言，主要的威胁种类有：

1. 假冒

在网络世界中，一个用户可以轻易地冒充另一用户。这与上一节的身份认证服务对应。

2. 窃听

数据发送到网络上后，就完全脱离了发送者的控制范围，窃听是很容易做到的事情。这与上一节的数据保密服务对应。

3. 破坏完整性

黑客可以修改或破坏信息系统，或者篡改网络上传输的数据，使得接收方得不到正确的数据。这与上一节的数据完整性服务对应。

4. 抵赖

某用户可能事后抵赖其通过网络做过的事情。这与上一节的不可否认服务对应。

5. 资源的非授权使用

某些用户恶意地使用超过自己权限的资源。这与上一节的访问控制服务对应。

6. 重放

数据加密后再传输，黑客就无法知道数据的真正内容，但仍有一种巧妙的办法可用。黑客复制保存加密的数据，在合适的时候再把它发送出去，这叫做重放攻击。例如，登录口令加密后再传输，黑客就无法知道口令，但黑客可以把加密的口令再发送一遍，就可能登录成功；通过网上银行，张三给李四转账 100 元，虽然数据都已加密，但李四可以保存这些数据并多次发送，就可以得到多个 100 元。

7. 流量分析

黑客无法知道网上传输的加密数据的真正内容，但却可以通过对网上信息流的观察和分析，推断出很多有用信息，如有无数据传输，以及数据传输的数量、方向、频率等，甚至可以推断出数据的类型。

8. 拒绝服务

黑客可能无法从服务器上得到机密数据，但却可以利用拒绝服务（Denial of Service，DoS）攻击，使合法用户无法得到正常的服务。黑客设法使服务器死机或瘫痪，服务器就无法对合法用户提供服务了。

9. 木马与病毒

现在木马与病毒泛滥成灾，几乎在每一台 Windows 计算机中，都存在着或多或少的木马与病毒。杀毒软件不断更新换代，新型木马与病毒也在不断涌现。

10. 诽谤

利用网络信息系统的传播速度快、覆盖面大及匿名性的特点，别有用心的人可以散布虚假的消息，以达到诋毁某人或某组织的目的。

任务二 计算机密码学

在网络安全的各种技术中，几乎都要用到计算机密码学，计算机密码学已经成为网络信息安全的核心技术。

密码技术源远流长，自古以来就广泛使用。古希腊人把秘密写在头皮上，然后等待头发重新长出（当然时效性极差）；我国古代也有人把大腿割破，藏入装有秘密信息的蜡丸，然后等待伤口长好（现在看来非常不人道）。我国北宋的曾公亮发明了我国的第一本军事密码本，他将常用的 40 个军事口令逐一编号，并用一首 40 个字的五言诗作为解密的钥匙。在第一次世界大战中，英国人破译了德国人的密码；在第二次世界大战中，美国人破译了日本人的密码，密码被破译的一方无不损失惨重。在计算机网络广泛使用之前，密码通常只在军队中使用；在计算机网络广泛使用之后，密码进入了大规模民用阶段。

一、计算机密码的基本原理

1. 计算机密码的基本概念

加密前的数据称为明文（plaintext）或消息（message），常用 P 或 M 表示，它可以是任意的二进制位流，如文本文件、图像、语音或视频数据。用某种方法伪装明文以隐藏它的内容的过程称为加密（encryption），加了密的明文称为密文（ciphertext），常用 C 表示，C 有时和 P 一样大，有时稍大。把密文再转变为明文的过程称为解密（decryption）。

加密时要用到一个数学函数 E 与一个密钥 K_1，E 叫做加密函数，也可以叫做加密算法，K_1 叫做加密密钥（encryption key）；同理，解密时也要用到一个数学函数 D 与一个密钥 K_2，D 叫做解密函数，也可以叫做解密算法，K_2 叫做解密密钥（decryption key）。加密算法与解密算法统称为密码算法。

加密与解密的过程如图 6-1 所示，明文 P 与加密密钥 K_1 作为加密算法 E 的输入，输出则是密文 C；密文 C 与解密密钥 K_2 作为解密算法 D 的输入，输出则又得到明文 P。

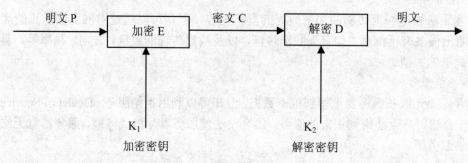

图 6-1　加密与解密过程

所有的密码都使用了用一种符号替换另一种符号的思想。但早期的密码只能算是一种智力游戏，例如，古罗马统帅恺撒发明的恺撒密码，就是非常简单的一种密码。恺撒密码用于英文时，先把字母排成环状，即字母 a 位于 z 之后。设一数字 K 为加密密钥，加密时，把明文中的每个字母都用 K 个字母后的那个字母代替；解密时，把 K 作为解密密钥，很容易地就解密出明文。密钥 K 为 1 时，明文 jedi 的密文是 kfej，明文 zoo 的密文则是 app。现在看来，这种密码没有任何安全性，密钥 K 只能是 1～25，逐一尝试就可以破译了。

计算机发明后，加密与解密、以及密码的破译都开始使用计算机，这就是计算机密码。计算机密码不再是智力游戏，而是发展为一门有着严密数学理论基础的科学。使明文保密的科学和技术叫做密码编码学，从事此项工作的人叫做密码编码者；破译密文的科学和技术叫做密码分析学，密码分析者是从事密码分析的专业人员。计算机密码学已经成为了数学的一个分支，现代的密码学家通常也都是理论数学家。

2. 计算机密码的基本原则

计算机密码学中有一条基本原则：密码的安全性基于密钥的保密性，而不是基于密码算法的保密性。这意味着密码算法可以公开，也可以被分析，即使窃听者知道密码算法的细节也没有关系，只要窃听者不知道密钥，他就不可能得到明文。这是因为保密的密码算法只在一个很小的范围内设计和研究，少数人的智慧总是有限的。只有那些公开的、经过多年让众多的学者和黑客去研究与破译，但仍不能被破译的密码算法才是真正安全的。

小范围内使用的密码算法可以保密，因为在小范围内使用，密码算法容易保密。对于大范围内使用的密码，特别是在全国与全世界范围内使用的密码，其密码算法必须公开，因为使用范围大，所以保持密码算法的秘密是不可能的。密码算法一旦发现有漏洞，必须在全国或全世界范围内更换，其代价可想而知。1993 年，美国政府企图推行一种密码算法保密的标准 EES，这招致了大量的反对声音，但美国政府一意孤行。众多的学者出于义愤，迅速展开了对它的破译工作，人多力量大，很快就宣告破译，密码算法不久便泄密。1995 年 7 月，美国政府只好尴尬地取消了 EES 标准。

军队可以采用算法保密的密码，因为军队有严格的保密程序和制度，军用密码的使用范围狭窄，泄密的可能性很小；军队依靠国家的力量，肯定拥有一般组织不可能拥有的资源，有能力设计出安全的算法。

3. 计算机密码的破译

计算机密码有多种多样的破译方法，破译的程度也各不相同。有的破译方法能够得到密钥；有的破译方法不能得到密钥，但能得到明文；有的破译方法只能得到明文的部分信息，而得不到明文本身。如果密码算法本身有漏洞，破译就非常容易。从理论上讲，几乎所有计算机密码都是可破译的，只要简单地一个接一个地去试每个可能的密钥，并且检查得到的明文是否有意义，最终就能得到明文。这种方法叫做蛮力攻击（brute attack），也叫做穷举攻击，有的地方译为暴力攻击或强力攻击，显然词不达意。

抵抗蛮力攻击很简单，使密钥较长即可，这时，蛮力攻击将需要天文数字般的计算量。如果密钥长度是 128 位，那么逐一尝试所有密钥需要 2^{128} 次运算（这些运算可能是非常复杂和耗时的）。如果使用计算速度为每秒钟完成 100 万次运算的运算器，那么用 100 万个并行处理器同时进行计算，破解密钥也需花费 10^{19} 年以上的时间，这是宇宙年龄的 10 亿倍。显然，如果一个密码算法用可得到的资源在可接受的时间内都不能破译，这个密码算法就被认为在计算上是安全的。

二、对称密钥密码技术

在早期的计算机密码中，加密密钥与解密密钥是相同的，这叫做对称密钥密码（symmetric key cipher）或传统密码，对称密钥密码符合一般的思维逻辑。

对称密钥密码的关键是密钥，密钥的长度可以是 64 位、128 位、256 位等。128 位长度的密钥足以抵御蛮力攻击了，64 位则显得不够安全。密钥与口令是不同的，口令的英文是 password，虽然在很多地方也叫做密码，但它与密码、密钥实际上没有任何关系。口令一般都有一定的规律，否则无法记忆，而合格的密钥一定是完全随机的，绝对无法猜到，一般人根本无法记忆。很多编程语言中有随机数函数，可以生成随机数，实际上这样生成的仅是伪随机数，仍有一定的规律可循，不能作为密钥。生成完全随机的密钥有很多办法，如可利用键盘的随意击键、鼠标的随意移动、热噪声等信息来生成密钥，甚至用抛硬币的办法也可以生成很好的密钥。

对称密钥密码又分为两种：分组密码（block cipher）和序列密码（stream cipher），序列密码也叫做流密码。

三、分组密码

1. 分组密码

分组密码将明文划分成固定长度的分组，各分组分别在密钥的控制下变换成等长度的密文分组；解密时，各密文分组在密钥控制下再变换成明文分组。也就是说，分组密码一次加解密一个数据块，反复多次，直至加解密完全部数据。分组密码的工作原理如图 6-2 所示。数据分组的长度可以是 64 位、128 位等，当明文的零头不足这个数时，就必须填充一些冗余数据，解密后再去除填充数据。目前常用的分组密码算法有 DES、AES、IDEA 等几种。

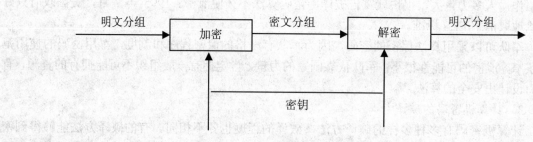

图 6-2　分组密码工作原理

DES 是分组密码的经典之作，1973 年，美国国家标准局（现改名为国家标准与技术研究所，NIST）开始征集联邦数据加密标准的方案。1975 年 3 月 17 日，公布了 IBM 公司提供的密码算法，以标准建议的形式在全国范围内征求意见。经过两年多的公开讨论之后，1977 年 7 月 15 日，美国国家标准局宣布接受这个建议，作为联邦信息处理标准 46 号，数据加密标准（Data Encryption Standard），即 DES 正式颁布，供商业界和非国防性政府部门使用。

DES 的分组长度是 64 位，密钥长度是 56 位，有时密钥也以 64 位的形式出现，不过其中 8 位是奇偶校验位。DES 的加解密过程非常繁琐，但是计算量却不是很大，多是移位、查表、异或等简单的计算，所以加解密速度非常快。DES 的加解密细节不再介绍，感兴趣的读者可以参阅专业书籍。

DES 是一种世界公认的较好的分组密码算法，自它问世几十年来，成为密码界研究的重点，经受住了许多科学家的研究和破译，在民用密码领域得到了广泛的应用，为全球贸易、金融等非官方部门提供了可靠的通信安全保障。但是任何密码都不可能是十全十美的，DES 的缺点是密钥太短，56 位长度的密钥在 30 年前是足够长的，但是现在则显得很短了，使用蛮力攻击，用数小时甚至更短的时间就能找出密钥。现在常用的是 3DES，3DES 是增强常规 DES 强度的算法集，下面是一些 3DES 算法（其中 E 代表加密，D 代表解密）：

（1）DES-EEE2：第 1 和第 3 次加密过程使用相同的密钥。

（2）DES-EDE2：第 1 和第 3 次加密过程使用相同的密钥。

（3）DES-EEE3：每次加密过程使用不同的密钥。

（4）DES-EDE3：每次加密过程使用不同的密钥。

其中算法（1）和算法（2）采用较多。算法（2）使用 2 个 56 位的密钥 K_1、K_2，首先用 K_1 加密，然后用 K_2 解密，最后再使用 K_1 加密。3DES 的缺点是要运行 DES 算法 3 次，显然效率不高。

无论怎样修补，DES 都已显得过时。1997 年 4 月 15 日，美国国家标准与技术研究所发起征集高级加密标准（Advanced Encryption Standard，AES）的活动，并为此成立了 AES 工作小组。这次活动的目的是确定一个非保密的、全球免费使用的、可以公开技术细节的分组密码算法，作为新的数据加密标准，代替陈旧的 DES。对 AES 的基本要求是：比 3DES 快，至少与 3DES 一样安全，数据分组长度为 128 位，密钥长度为 128/192/256 位。

1998 年 8 月 12 日，在首届 AES 会议上公布了 AES 的 15 个候选算法，任由全世界各机构和个人破解和评论。在 1999 年 3 月的第 2 届 AES 会议上，经过对全球各密码机构和个人对候选算法分析结果的讨论，从 15 个候选算法中选出了 5 个：Rijndael、RC6、MARS、Serpent 和 Twofish。2000 年 4 月 13 日和 14 日，召开第 3 届 AES 会议，继续对最后 5 个候选算法进行讨论。2000 年 10 月 2 日，Rijndael 算法被宣布成为 AES。

Rijndael 算法由 2 位比利时人 Joan Daemen 和 Vincent Rijmen 设计，它的分组长度为 128 位，密钥长度有 128 位、192 位与 256 位 3 种选择，通常 128 位就足够安全了。Rijndael 算法有着严密的数学理论基础，其细节与设计思路是完全公开的，至今未发现明显弱点。AES 亦是完全免费的，全世界任何人都可以自由使用，并且网上有 AES 的源程序，可以免费下载。AES 的加解密速度非常快，在 PC 上运行经过全面优化的 AES 程序，加解密文件的速度与复制文件的速度相差不大。现在，AES 已经全面代替 DES 成为分组密码的主流算法。

除 DES 与 AES 外，国际数据加密算法（International Data Encryption Algorithm，IDEA）是另一个广泛使用的分组密码算法。IDEA 由瑞士籍华人来学嘉与 James Massey 发明，它的原型是 PES（Proposed Encryption Standard），1992 年改名为 IDEA。IDEA 的分组长度 64 位，密钥长度 128 位，所以不存在密钥过短的问题，可以放心使用。

2. 序列密码

分组密码一次加解密一个数据块，而序列密码将明文划分成字节或单个的二进制位，密钥送入密钥流生成器，生成与明文等长的密钥流，然后明文与密钥流作用（通常为异或）以加密。解密时，再用同样的密钥流与密文异或，就能得到明文，这是因为数据 A 与数据 B 异或两次后，就能再得到数据 A。序列密码的工作原理如图 6-3 所示，加密与解密过程是一样的，都是异或，关键在于密钥流生成器的设计，它生成的密钥流应该是不可预测的。与分组密码相比，序列密码的好处是不需要填充。

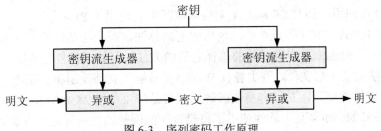

图 6-3　序列密码工作原理

迄今为止，只有一种理论上不可破解的加密方案，叫做一次一密乱码本，这是一种序列密码。其基本思想是让密钥和明文一样长，密钥称为乱码本，用一次便不再用，永不重复。将密钥与明文异或得到密文，接收者用同样的密钥与密文异或即得到明文。

　　蛮力攻击对于一次一密乱码本是无效的。假设某个明文的长度是 10 000 位，在总共 2^{10000} 个可能的明文组合中，大多数是无意义的随机组合，有意义的组合是少数。对于普通的密码算法，假设密钥长度 128 位，蛮力攻击逐一尝试密钥时，能够得到 2^{128} 个明文，这其中有意义的极少，很容易分辨出真正的明文。可是对于一次一密乱码本，密钥与明文一样长，蛮力攻击能够得到 2^{10000} 个明文，实际上就是所有可能的明文组合，包括了全部有意义的组合，根本无法判断其中哪个是真正的明文。

　　一次一密乱码本的密钥必须是完全随机的，而且不能重复使用，若密钥有一定的规律可循，就可能被破解。这个特点使得一次一密乱码本难以实用，在一个 10Gbps 的通信信道上，发送者如何生成密钥呢？生成后又如何让接收者知道呢？一次一密乱码本只能用于数据量很少，而又高度机密的场合，据说美国和前苏联之间的热线电话就是用一次一密乱码本加密的，许多间谍传递的消息也是用一次一密乱码本加密的。

　　A5 是 GSM 手机网络中使用的一种密码算法，它是一种序列密码，用于加密从手机到基站间的数据。1999 年，两位以色列科学家成功地破译了 A5 算法，这意味着对 GSM 手机语音通信实时解密是可以实现的，网络上兜售的 GSM 手机窃听器也可能是真的。当然，窃听别人的通信是非法和不道德的。

　　RC4 是一个广泛使用的序列密码算法，由美国人 Ron Rivest 设计。RC4 最大的特点是简单，AES 的 C 语言实现有上千行源程序，RC4 的加密部分只有不到 10 行，如下所示：

```
int pb;
unsigned char temp, i=0, j=0, k;
for(pb=0; pb<size; pb++)    //size 是明文的长度
{
    i = i+1;
    j += sbox[i];           //数组 sbox 叫做 S 盒，加密前需要用密钥初始化。
    temp = sbox[i];         //交换 sbox[i]和 sbox[j]。
    sbox[i] = sbox[j];
    sbox[j] = temp;
    k = sbox[i] + sbox[j];
    buff[pb] ^= sbox[k];    //数组 buff 中存放明文，异或后变为密文。
}
```

　　RC4 简单易行，也未发现什么安全问题，密钥长度没有限制，可长可短，又无需填充，所以很多地方都在使用，如 IEEE 802.11 无线局域网中就使用了 RC4。

　　对于 AES、IDEA、RC4 等现在广泛使用的密码算法，都无法从理论上证明是不可破译的（蛮力攻击除外），但还未发现有较好的破译它们的方法。例如，著名的 WinRAR 压缩软件就使用了 AES 算法加密压缩文件，网上各种 WinRAR 破解工具都使用蛮力攻击。如果加密时使用了像 123456 这样的密码，是很容易被破解的；可是如果使用 2$+F%c]这样的密码，是无论如何也不会被破解的。如果某个软件使用了自己设计的保密的加密算法，是非常不安全的。这样的加密算法无疑是非常脆弱的，绝不可能与 AES 这样千锤百炼的算法相比，算法一旦泄露，可能马上就被破解。

　　在某个系统中如何有效地使用密码算法是个复杂的问题，即使密码算法本身没有什么漏洞，可是如果在系统使用密码算法的过程中有漏洞，如不恰当地使用了脆弱的密钥，则该系统仍有被破解的可能。所以不应只看密码算法本身，而应着眼于整个系统。

四、公开密钥密码技术

公钥密码于 1976 年由美国的 W. Diffie 和 M. Hellman 提出。公钥密码是这样设计的：加密密钥不同于解密密钥，而且加密密钥能够公开，解密密钥则必须保密，这样任何人都能用加密密钥加密数据，但只有用相应的解密密钥才能解密数据。加密密钥叫做公开密钥（public key），简称公钥；解密密钥叫做私人密钥（private key），简称私钥，公钥与私钥统称为密钥对。与对称密钥密码不同，不是任意一串二进制位就能作为公钥密码的密钥对，密钥对必须使用特定的方法计算生成，公钥与私钥间有一定的数学关系。当然要求在可接受的时间内，无法从公钥推导出私钥。

1. RSA 密码算法

公钥密码的第一个算法是背包算法，它的安全性不好，也不完善。随后不久就出现了第一个较完善的公钥密码算法 **RSA**，它由 Ron Rivest、Adi Shamir 和 Leonard Adleman 联合设计，RSA 是他们姓名的首字母缩写。RSA 是目前使用最广泛的公钥密码算法，它的安全性基于大数分解的困难性：求一对大素数的乘积很容易，但要对这个乘积进行因子分解则非常困难。RSA 密码算法的原理并不复杂，首先要生成密钥对，选择两个不同的大素数 p 和 q，计算乘积：

$$n = pq$$

和欧拉函数值：

$$\Phi(n) = (p-1)(q-1)$$

随机取一整数 e，$1 < e < \Phi(n)$，且 e 和 $\Phi(n)$ 互素，此时可求得 d 以满足：

$$ed \equiv 1 \bmod \Phi(n)$$

上式的含义是 ed 除以 $\Phi(n)$ 的余数为 1。e 和 n 就是公钥，d 则是私钥，e 通常有 3 个选择：3、17 与 65537，至于 p、q 与 $\Phi(n)$，虽然以后不再使用，但一定不能泄露。加密明文 P 时，首先将明文分成多个大小合适的数据分组 P_i，把每个分组看成数字，应该比 n 小，然后对各个分组分别进行加密。设 C_i 为明文分组加密后的密文分组，则加密过程为：

$$C_i = P_i^e \bmod n$$

解密时，对每一个密文分组进行如下运算：

$$P_i = C_i^d \bmod n$$

加解密的过程涉及指数运算，显然会非常慢，一般比对称密钥密码算法慢 1 000 倍。

RSA 密码的安全性基于大数分解的困难性，如果 n 被分解，得到了 p 与 q，马上就能得到私钥 d。以目前的计算能力，在可接受的时间内无法分解 1 024 位（二进制）的整数，所以 RSA 密钥中的 n 可以是 1 024 位，512 位就显得短了，为了更安全，也可以使用 2 048 位的 n。当然，n 越大，加解密速度就越慢。

2. 密钥分配

对称密钥密码的一个难题是如何进行密钥分配。张三要与李四通信，如果他们经常见面就非常好办，李四从张三那里拷走密钥就可以了。但是如果张三和李四以前并不认识，从未联系过，并且相隔万里，怎么办？密钥通过网络直接传输显然是不安全的。这种情况在因特网上太多了，电子商务的发展，使你可能和陌生人在网上谈生意，也可能从网上购物，也可能经常使用网上银行。而且在有的时候，与你打交道的是一台服务器，而不是某个自然人。公钥密码解决了这个难题，公钥可以通过网络随意分发，任何人都可以用公钥加密数据，而只有拥有私钥的人才能解密数据。

但是公钥密码加解密的速度太慢，效率太低，所以公钥密码通常与对称密钥密码结合使用。例如，张三要与李四通信，张三选择一个对称密钥 K，用李四的公钥加密后发送给李四，李四用自己的私钥解密就得到了 K，此后张三与李四就可以用 K 安全地通信了。K 使用完后丢弃，下次通信时再使用一个新的 K，所以 K 叫做会话密钥（session key）。

有一类特殊的公钥密码算法，叫做密钥交换算法，利用密钥交换算法，通信双方不需要公钥与私钥，事先也不需要共享任何秘密信息，就可以安全地生成一个会话密钥。Diffie-Hellman 密钥交换就是一个典型的密钥交换算法，它的安全性基于有限域上计算离散对数的困难性，因为涉及到很多数学知识，这里不再介绍。

3. 数字签名

公钥密码可以用于数据加密，也可以用于密钥分配，实际上公钥密码最大的用处是数字签名（digital signature）。在文件上手写签名长期以来被用作身份的证明，或表示同意文件的内容，手写签名具有以下特点：

（1）签名难以伪造。

（2）签名难以重用，签名是文件的一部分，难以将签名移到另一个文件上。

（3）在文件上签名后，文件不能再改变。

（4）签名不可抵赖，签名者事后不能声称他没有签过名。

能否在计算机上用数字信息实现上述功能呢？公钥密码使得数字签名成为可能，数字签名的原理并不复杂，与加密相反，签名者用私钥加密数据，验证者则用其公钥去解密。假设张三要对某个数字文件签名，李四则要验证这个签名，如图 6-4 所示，具体过程如下：

（1）张三用他的私钥对文件加密，加密过程就是签名的过程，密文就是签名值。

（2）张三把文件本身与签名值发送给李四。

（3）李四用张三的公钥解密签名值。

（4）李四把解密的签名值与文件本身比较，若相同则认为签名有效，若不同则认为签名无效。这是验证签名的过程。

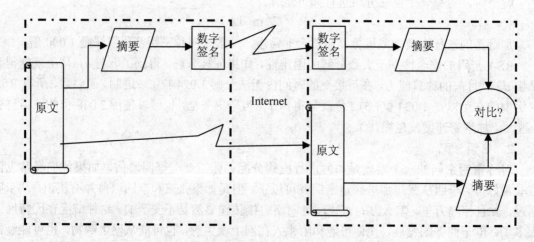

图 6-4 数字签名与验证过程

数字签名满足手写签名的所有特点：

（1）签名难以伪造，因为只有张三知道自己的私钥。

（2）签名难以重用，如果替换为另一文件，则一定无法通过验证。

（3）在文件上签名后，如果文件有任何改变，则一定无法通过验证。

（4）签名不可抵赖，张三可能声称他泄露了私钥，被别人冒充，但依靠制度与法律，张三仍需对签名负责。这类似于单位丢失了公章，就需要承担丢失的后果。如果确定自己的私钥泄密，或仅仅是怀疑泄密，都应该尽快挂失，更换一个新的私钥。

可以看出，数字签名能够实现数据完整性服务与不可否认服务。数字签名也可以和加密结合起来使用，重要的数据先签名再加密，这样既做到了数据的保密性，又保证了数据的完整性。RSA 密码算法可以用于数字签名，与加密过程相比，只需签名（加密）时使用私钥，验证（解密）时使用公钥即可。除 RSA 外，数字签名算法（digital signature Algorithm，DSA）也有广泛的应用。

现在，已有很多国家制定了电子签名法。《中华人民共和国电子签名法》已于 2004 年 8 月 28 日由第 10 届全国人民代表大会常务委员会第 11 次会议通过，并已于 2005 年 4 月 1 日开始施行。数字签名已经与手写签名相同，具有了法律效力，这有力地促进了电子商务的发展。

五、单向散列函数

公钥密码算法加解密的速度很慢，对一个很大的文件签名时，时间会很长。单向散列函数（hash function）可以大大缩短签名的时间并提高安全性，另外，在数据的完整性检测、账号口令的安全存储等方面单向散列函数也起着重要作用。

1. 单向散列函数概述

单向散列函数又称哈希函数或杂凑函数，是将任意长度的消息 M 转换成一个固定长度的散列值 h 的函数 H：$h = H(M)$，散列值也叫做消息摘要（message digest）。单向散列函数必须满足以下特性：

● 给定 M，很容易计算 h。

● 给定 h，难以反推 M。

● 给定 M，难以找到另一消息 M' 满足 $H(M) = H(M')$。

● 难以找到两个消息 M 和 M'，使 $H(M) = H(M')$。

设计这样的函数看起来并不容易，单向散列函数是建立在压缩函数之上的。如图 6-5 所示，把任意长度的消息分为固定长度的分组，最后一个分组可能需要填充。压缩函数的输入是当前分组和前一分组的输出，第一次执行压缩函数时，其输入为第一个分组和初始化向量 IV。当所有分组都处理完毕后，压缩函数的输出就是最终的散列值。

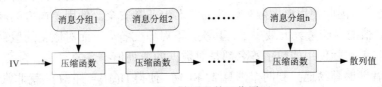

图 6-5 单向散列函数工作原理

单向散列函数的输入是任意长度的，而输出是固定长度的，这说明一定有多个输入具有相同的输出，这叫做碰撞，只不过找到这样的输入非常困难，在可接受的时间内是找不到的。根据输出反推输入理论上也是可以的，只不过在可接受的时间内是反推不出的。

常用的单向散列函数有两个：MD5 与 SHA-1。MD5 是 MD4 的改进版，MD 是 message digest 的缩写，它是 RSA 公钥密码算法的首位发明人 Ron Rivest 设计的；SHA 是美国政府设计的安全散列算法（secure hash algorithm），SHA 的修改版 SHA-1 于 1995 年作为美国联邦信息处理标准公告（FIPS PUB 180-1）发布。MD5 的分组长度是 512 位（64 字节），散列值长度是 128 位（16 字节）；SHA-1 的分组长度也是 512 位（64 字节），散列值长度则是 160 位（20 字节），有时在应用中，只使用散列值的前边一部分。MD5 与 SHA-1 的计算过程非常复杂，但是计算量却不大，多是移位、查表、异或等简单的计算，所以计算速度非常快。MD5 与 SHA-1 的计算细节不再介绍，感兴趣的读者可以参阅专业书籍。

2. 单向散列函数的应用

单向散列函数有很多应用，第一是用于数字签名。从单向散列函数的特性可以看出，散列值可以代表原文，就好像是原文的指纹。签名时不对原文签名，而是对原文的散列值签名。假设张三要对某个数字文件签名，李四则要验证这个签名，如图 6-6 所示，具体过程如下：

（1）张三计算文件的散列值，用他的私钥对散列值加密，密文就是签名值。

（2）张三把文件本身与签名值发送给李四。

（3）李四用张三的公钥解密签名值。

（4）李四计算文件的散列值，把解密的签名值与散列值比较，若相同则认为签名有效，若不同则认为签名无效。

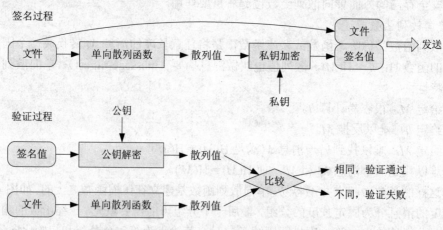

图 6-6　使用单向散列函数的数字签名与验证过程

使用单向散列函数后，计算速度大大提高了，并且两个不同的文件有相同的 160 位散列值的概率为 $1/2^{160}$，因此使用单向散列函数的签名也非常安全。使用单向散列函数还有其他好处，首先，签名值的存储量大大减少了，其次，不对原文签名，而对原文的散列值签名可以抵御某些攻击。目前实际使用的数字签名都是对数据的散列值签名的。

如果攻击者能够容易地找到两个消息 M 和 M'，使得 $H(M) = H(M')$，就非常危险了。例如，张三对"我欠李四 1 000 元"的散列值签名，攻击者调整格式与标点符号，设法使"我欠××× 999 999 999 元"的散列值与"我欠李四 1 000 元"的散列值相同，张三就有大麻烦了。

单向散列函数的第 2 个用处是验证数据的完整性。计算文件的散列值，文件与散列值分开保存，需要时可再次计算散列值，并与保存的散列值比较，以确定文件是否被修改。从网上下载文件时，经常附带一个散列值，据此可以确定文件是否被恶意地修改。当数据与散列值同时传输时，攻击者可以同时修改二者，接收者将无法确定数据的完整性，这时可以使用数字签名来实现完整性的检测。利用带密钥的单向散列函数也可以做到这一点。

常规的单向散列函数是不需要密钥的，带密钥的单向散列函数叫做消息认证码（Message Authentication Code，MAC）。假设张三给李四发送一个文件，事先两人需要共享一个密钥，如图 6-7 所示，具体过程如下：

（1）张三利用密钥计算文件的散列值，这就是 MAC 码。利用密钥计算散列值的方法有很多，可以把文件与密钥连接在一起，也可以把文件与密钥异或，再把连接或异或的结果送入单向散列函数，生成散列值。

（2）张三把文件本身与 MAC 码发送给李四。

（3）李四用同样的密钥再次计算 MAC 码。

（4）李四把自己计算的 MAC 码与收到的 MAC 码比较，若相同则认为文件未被修改，若不同则认为文件已被修改。

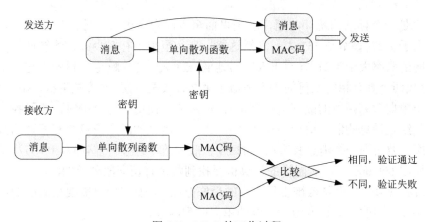

图 6-7 MAC 的工作过程

MAC 的关键是使用了密钥，而攻击者不知道密钥，攻击者修改了文件后，就无法再生成 MAC 码了。MAC 既可以验证网络中传输数据的完整性，也可由单个用户来验证他的文件是否被改动。MAC 也可以和加密结合起来使用，重要的数据先计算 MAC 码再对明文加密，这样既做到了数据的保密性，又保证了数据的完整性。

单向散列函数的第 3 个用处是存储账户的口令。操作系统与各类应用系统中都需要存储用户的口令，如果明文存储则很不安全；如果加密存储则需要密钥，密钥如何存储又是一个问题。使用单向散列函数是个好办法，不存储口令原文，而是只存储口令的散列值。验证口令时，只需要重新计算一下口令的散列值，并与存储的散列值比较，若相同就认为有效，若不同就认为无效。UNIX 与 Linux 等操作系统就是这样做的。

3. 对单向散列函数的攻击

有一种称为字典攻击的方法，对用单向散列函数加密的口令文件特别有效。攻击者编制含有多达几百万个常用口令的字典，然后用单向散列函数对所有口令进行计算，并将散列值存储到文件中。攻击者非法获得加密的口令文件后，将比较这两个文件，观察是否有相同的口令密文。这就是字典攻击，它的成功率非常高，这是因为大多数人缺乏安全意识和想象力，选择的口令过于简单。编制巨大的口令字典是个问题吗？从网上就能找到，热心的黑客们已经把它完善得很好了。现在有很多网站，存储了规模庞大的口令字典，而且仍在不断增加口令，从网站的页面上输入一个散列值，也许就能查到口令的原文。

salt（添加符）是使字典攻击更困难的一种方法。salt 是一个随机字符串，不需要保密，它与口令连接在一起，再计算其散列值，然后将 salt 值和散列值保存起来，验证口令时计算 salt 与口令的散列值即可。攻击者必须对所有可能的 salt 值进行计算，如果 salt 的长度为 64 位，那么攻击者的预计算量就增大了 2^{64} 倍，同时存储量也增大了 2^{64} 倍，使得字典攻击几乎不可能。如果攻击者得知 salt 值后进行攻击，那就不得不重新计算所有可能的口令，仍然是很困难的。

另一个对策是增加单向散列函数的处理次数，如可以对口令用单向散列函数处理 1 000 次，这就大大增加了攻击者的预计算时间，但验证用户的口令时没有明显影响。

对单向散列函数有两种蛮力攻击的方法，第 1 种是最明显的：给定消息 M，攻击者逐个尝试其他消息 M'，以使 H(M) = H(M')；第 2 种攻击方法更巧妙：攻击者寻找两个消息 M 和 M'，使得 H(M) = H(M')，这就是所谓的生日攻击，它比第 1 种方法容易得多。

生日悖论是一个标准的统计问题，房子里面至少应有多少人，才能使至少一人与你生日相同的概率大于 1/2？答案是 253 人。既然这样，那么至少应有多少人，才能使他们中至少有两人生日相同的概率大于 1/2？答案出人意料地低：23 人。寻找特定生日的人与第 1 种攻击方法类似；而寻找两个具有相同生日的人则类似于第 2 种攻击方法，这就是生日攻击名称的由来。

假设一个单向散列函数的散列值长度是 m 位，那么使用蛮力攻击时，要寻找一个消息，使其散列值与给定消息的散列值相同需要计算 2^m 次；而寻找两个消息具有相同的散列值仅需要计算 $2^{m/2}$ 次。要找到一个消息具有给定的 64 位散列值，每秒钟能计算 100 万次单向散列函数的计算机要 600 000 年，而同样的计算机要找到两个有相同散列值的消息，只需要大约 1 个小时。增加散列值的长度是抵御生日攻击的最好办法，例如，如果需要被破解的可能性低于 $1/2^{80}$，那么应该使用散列值长度为 160 位的单向散列函数。

令中国人骄傲的是，山东大学数学院的王小云教授已经破解了 MD5 和 SHA-1 这两大主流单向散列函数。2004 年 8 月 17 日，在美国加州圣巴巴拉召开的国际密码学会议上，王小云教授公布了 MD5 算法的破解成果。利用王小云教授的破解方法，可在 15 分钟至 1 小时内找到 MD5 碰撞，将这种方法用于 MD4，则能在不到 1 秒钟的时间内找到碰撞。其后，密码学家 Arjen Lenstra 利用王小云教授的研究成果伪造了符合 X.509 标准的数字证书。更让密码学界震惊的是，2005 年 2 月 15 日，王小云等人的论文给出了快速找到 SHA-1 碰撞的方法。这是继王小云破解 MD5 之后，国际密码学领域的又一突破性研究成果，在国际社会尤其是国际密码学领域引起了极大反响。MD5 与 SHA-1 不再安全之后，可以选用其他安全的单向散列函数，如 SHA-256。

需要指出的是，找到单向散列函数的碰撞并不就是说单向散列函数就彻底失效了。因为产生碰撞的消息可能是随机的，没有什么实际意义。最致命的破解是快速地找到碰撞，而产生碰撞的消息有实际意义并最好符合攻击者的意图。

六、密码硬件简介

对于各种密码操作，如密钥的生成、加解密、签名、验证签名、单向散列函数处理，仅使用软件就可以全部完成，而且随着处理器速度的飞速提高，这些密码操作的速度越来越快。但有时必须要使用密码硬件，主要的目的是为了安全，当然也可以提高密码操作的速度。如果密码操作只用软件来完成，那么密钥（包括对称密钥及私钥）存于何处？用脑子记住是不可能的，密钥不是口令，是很长的一段二进制数据，非常随机没有任何规律。若存于硬盘上，至多用口令保护，退化为口令级别的安全。密钥最好保存在密码硬件中。

密码硬件最大的特点是密钥在密码硬件内部生成，密钥（对称密钥或私钥）不会导出，而且在正常使用过程中，不读出里面存储的密钥，而是将数据输入密码硬件，由密码硬件加密或签名后再输出结果。即使在丢失或被盗时，攻击者也无法读出密码硬件里面的密钥，这就保证了密钥的安全。密码硬件可以分为 3 类：智能卡与 USB key 等小型密码硬件、加密卡等中型密码硬件、加密机等大型密码硬件。

智能卡是一种高级的 IC 卡，内部集成了微处理器和存储器，内置微型的操作系统，可以认为是一台超微型的计算机。智能卡与计算机连接时需要专门的读卡器，使用不方便。USB key 本质上讲也是一种智能卡，只不过它使用 USB 接口，从外型看像 U 盘，可以直接插入计算机的 USB 口，比智能卡更具优势。很多网上银行都使用 USB key 来保存用户的私钥，安全性比在硬盘上保存私钥高得多。如图 6-8 所示是工商银行网上银行使用的 USB key，它具有一个商业化的名称：U 盾。U 盾有口令保护，使用其中的私钥时，必须键入口令，而且口令多次键入错误后 U 盾会被锁定。

图 6-8　工商银行的 U 盾

加密卡外形类似于网卡，直接插在用户计算机的扩展槽中；加密机是一种昂贵的高端密码硬件设备，从外型看像网络设备，通过网络和计算机连接。

任务三　公钥基础设施 PKI

一、公钥基础设施概述

计算机密码在网络安全中得到了广泛应用，无论什么样的安全解决方案，一般都要用到公钥密码，也就是说要用到公私钥对。张三和李四在网络上通信，他们都要使用对方的公钥，用来加密或验证签名，对方的公钥可以通过网络传输给自己，也可以自己从某个服务器上下载。这里有一个关键问题，王五可以把自己的公钥冒充为李四的，张三上当后，会把给李四的数据用该公钥加密，这样的密文李四无法解密，而王五却能解密，因为只有王五才有与该公钥对应的私钥。如果张三与李四经常见面，张三从李四那里拷走公钥，就不会出现这个问题。但是如果张三和李四无法见面，甚至张三是在与一台服务器通信，这个问题就无法解决了。如何保证公钥的真实性是公钥密码的最大难题。

现在需要一个可信任的第三方，它负责验证所有人的身份，包括某些计算机设备的身份。它一定要信誉良好，它验证过的人和设备，我们就可以相信。这个第三方称为**证书权威**

（Certificate Authority，CA）或认证中心，CA 首先认真检查所有人的身份，然后给他们签发证书，当然这是**数字证书**（digital certificate）。数字证书是一段数据，包括持有人的身份信息和他的公钥，关键的一点是数字证书不可被篡改，CA 对证书数字签名就可以做到这一点。

现在问题得到了圆满解决，张三和李四先从 CA 申请证书，使用公钥时就使用证书，而不是直接使用公钥。张三得到李四的证书，首先验证 CA 的签名无误，他就可以确定证书中的公钥的确是李四的。可见，CA 以及其他相关的软件、硬件、协议等构成了一个安全平台，在此之上可以进行安全的通信，这个平台就被称为**公钥基础设施**（Public Key Infrastructure，PKI）。

用户申请证书时，要先选一个合适的 CA，CA 是营利机构，而且其影响力和信誉也是不一样的。大型的、信誉良好的 CA 相信它的人自然就多，这种 CA 签发的证书会很容易被别人相信，与此对应，这种 CA 的收费较高。申请证书的过程很多情况下被其他机构代办了，例如，网上银行 U 盾证书的申请过程如下：

（1）银行营业员利用身份证审核用户的身份正确无误。

（2）银行营业员操作 U 盾，U 盾生成公私钥对，输出公钥，私钥则保存在 U 盾内。

（3）银行的 CA 为用户签发证书，证书包含用户的身份信息与公钥。

（4）银行营业员或用户自己从网上银行的服务器下载证书，并把证书导入 U 盾，与私钥对应起来。

在整个过程中，私钥一直保存在 U 盾中，从不导出，而且在以后的使用过程中也不导出，具有极高的安全性。

二、数字证书

数字证书是一段数据，主要内容是持有人的身份信息和他的公钥，并且由 CA 进行数字签名，保证证书不可被篡改。目前定义和使用的证书有很多种，如 X.509 证书、WTLS 证书和 PGP 证书等，但是大多数证书都是 X.509 v3 证书。1988 年，国际电信联盟 ITU 发布 X.509 标准定义了证书格式，1996 年 6 月发布了 X.509 第 3 版（v3）。X.509 v3 证书中主要有以下字段：

（1）版本，该字段说明证书的版本，现在广泛使用的是 v3 版本。

（2）序列号，这是 CA 给每一个证书分配的一个整数，是该证书的标识符。

（3）发行者，该字段包含签发该证书 CA 的信息，说明证书由哪个 CA 签发。

（4）有效期，在有效期内证书才是有效的，超出有效期的证书不能使用。

（5）主体，主体实际上就是证书持有者，主体的英文名是 subject，在 Windows 中被译为主题，显然词不达意。

（6）公钥，该字段包含与主体对应的公钥。

（7）签名，这是 CA 对该证书的数字签名。

除此之外，证书中还有近百个选项字段，不过这些字段较少使用。证书中有用户的公钥，可以公开散发，无需保密；而与证书中公钥对应的私钥一定不能放在证书中，必须安全地保密存储。

签发证书是一个证书生命周期的开始，在证书的有效期内，证书可以正常使用，有效期结束之后，就必须重新申请一个证书。如果在证书的有效期内，发生了与证书中公钥对应的私钥丢失泄密等事情，证书就不能再使用了，必须撤销该证书。此时证书持有者要向 CA 提出证书撤销申请，CA 提供了一套成熟、易用和标准化的证书撤销系统。用户在使用一个证书之前，要验证该证书是否有效：CA 对证书的数字签名是否有效；当前时间是否在证书的有效期内；检查证书是否被撤销。这个验证过程非常复杂，不过都是自动进行的，无需用户参与。

在验证证书是否有效的时候，要验证 CA 的签名是否有效，这需要 CA 的公钥，CA 的公钥在哪里呢？在 CA 的证书里，这就首先要验证 CA 的证书是否有效，然后再验证本证书是否有效。谁给 CA 签发证书？CA 的证书也许是另一个更大的 CA 签发的，那就要验证更大 CA 的证书，如此反复直到最后一个 CA，它的证书是自己给自己签发的，这种 CA 称为根 CA，它的证书称为根证书或自签名证书，如图 6-9 所示。这样会形成一个证书链，或叫做证书路径，顶端是根 CA 的自签名证书，中间是中级 CA 的证书，最后才是一般用户的证书，要验证证书链中的全部证书。在实际应用中，证书链中的证书一般有 2～4 个。

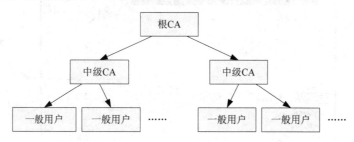

图 6-9 CA 的层次结构

申请证书时一般用户的身份由中级 CA 验证，中级 CA 的身份由根 CA 来验证，但是谁验证根 CA 的身份？任何人都可以生成一个自签名证书，冒充某个根 CA 的证书。这个问题仅用网络是无法解决的，你无法确定从网上传来的根 CA 证书的真伪。可以去根 CA 的办公地点或其代理机构，拷贝它的证书，这好像也不容易做到。

根 CA 都是实力雄厚的大公司，有很多可靠的途径来分发它的根证书，而且根证书的有效期长达几十年。最简单的办法是在某些软件（特别是操作系统）中预装根证书，你安装了这个软件，同时也就拥有了根 CA 的证书。Windows 里就预装了很多著名根 CA 的证书，我们可以相信微软没有捣鬼，没有用黑客的自签名证书冒充根 CA 的证书。

Windows XP 可以有效地保存与管理证书，证书可以保存在证书存储区（注册表或密码硬件，如 U 盾）中，也可以作为一个文件保存在硬盘上。要查看证书存储区中的证书，请打开 IE 浏览器的【工具】菜单，选择【Internet 选项】菜单项，出现【Internet 选项】对话框，选择【内容】选项卡，如图 6-10 所示。在【证书】选项区域中，单击【证书】按钮，出现【证书】对话框，如图 6-11 所示。单击【导入】按钮能够把证书文件导入到证书存储区中，单击【导出】按钮则能够把证书另存为一个文件。证书存储区分为多个类别，分别存储不同类别的证书，不同的证书存储区对应于【证书】对话框的不同选项卡，

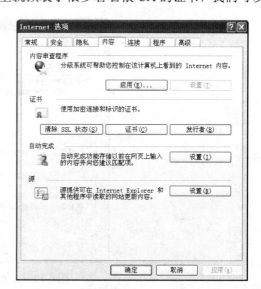

图 6-10 【Internet 选项】对话框

有 4 个最常用的选项卡:

- 【个人】选项卡,这里是用户自己的证书。
- 【其他人】选项卡,这里是其他一般用户的证书。
- 【中级证书颁发机构】选项卡,这里是中级 CA 的证书。
- 【受信任的根证书颁发机构】选项卡,这里是根 CA 的证书。

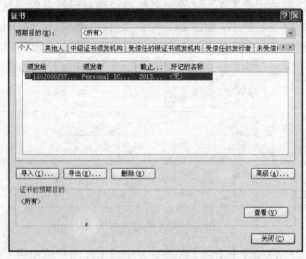

图 6-11 【证书】对话框

在【个人】选项卡的列表框中,选择一个证书,单击【查看】按钮,能够查看该证书的详细信息,如图 6-12 所示。图中显示【您有一个与该证书对应的私钥】,这是用户自己的证书,自己的证书是给别人用的,自己真正需要的是与证书中公钥对应的私钥,其他选项卡中的证书则不可能显示【您有一个与该证书对应的私钥】。【详细信息】选项卡显示证书所有字段的信息;【证书路径】选项卡则显示这个证书所在的证书链。

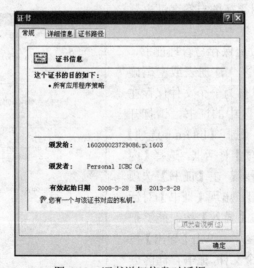

图 6-12 证书详细信息对话框

在【受信任的根证书颁发机构】选项卡中,可以看到根 CA 的证书,而且这些根证书都已被信任。所谓根证书被信任，就是指它是有效的，可以用来验证中级 CA 与一般用户的证书。当把一个根 CA 证书导入该证书存储区时，一定要保证它是真实的，Windows XP 会出现如图 6-13 所示的对话框，提示用户。

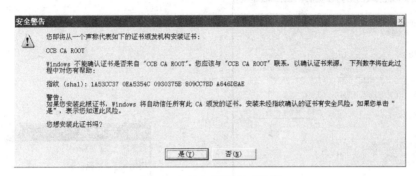

图 6-13　导入根证书对话框

三、PKI 应用举例

有了 PKI 之后，凡是使用公钥的地方，都使用数字证书代替公钥，现在用下面常见的例子来说明 PKI 技术的应用。从网上下载可执行的软件后，由于可执行的软件可以在用户的计算机上做任何事情，用户如何相信它是无害的呢？首先要看它的生产商，大公司的软件可以信赖。可是如果黑客用自己的软件冒充大公司的软件，或者篡改大公司的软件，企图危害用户时怎么办？软件生产商对软件数字签名可以解决这个问题。Windows XP 下载经数字签名的可执行软件后，在软件安装或运行前，会出现如图 6-14 所示的对话框。

图 6-14　运行下载的可执行软件对话框

图 6-14 中是迅雷公司的 Web 迅雷软件。为了保证安全和让用户放心使用，迅雷公司首先要申请证书，完成软件后，用与该证书中公钥对应的私钥对软件进行数字签名，最后将软件本身、签名值、自己的证书打成一个包供用户下载。签名和打包都由专门的工具软件来完成，微软就有这样工具，并可免费下载使用。

Windows XP 下载了这样的软件包，解包后先验证签名，验证通过后则显示图 6.14 的对话框，现在已确定这个软件的确是由迅雷公司出品的，而且未被篡改。单击【发行者】后的蓝色文字可以查看数字签名的信息，如图 6-15 所示。以后的决定权在用户，相信还是不相信迅雷公司？如果相信就安装并运行它，如果不相信就不要安装它。对于迅雷公司这样知名的大公司，应该相信它的软件不会危害用户，可以安装运行。

另一个例子是网上银行。通过网上银行支付或转账时，必须进行数字签名，浏览器会提示用户插入 U 盾，并出现如图 6-16 所示的对话框，要求用户键入 U 盾口令，才能进行数字签名。银行收到签名值后，会用用户的证书验证数字签名是否有效，若有效才会进行支付或转账，否则拒绝执行。

图 6-15　【数字签名详细信息】对话框

图 6-16　输入 U 盾口令对话框

任务四　身份认证、访问控制与系统审计

一、身份认证

在有安全需求的应用系统中，识别用户的身份是系统的基本要求，身份认证是安全系统中不可缺少的一部分。身份认证的方法多种多样，其安全强度也各不相同，具体方法可归结为 3 类：根据用户知道什么、拥有什么、是什么来进行认证。用户知道什么，一般就是口令；用户拥有什么，通常为令牌或 USB key；用户是什么，这是一种基于生物识别技术的身份认证。

1. 用户名和口令认证

通过用户名和口令进行身份认证是最简单，也是最常见的认证方式，但是认证的安全强度不高。根据处理方式的不同，有 3 种方式：口令的明文传送、利用单向散列函数处理口令、利用单向散列函数和随机数处理口令，这 3 种方式的安全强度依次增高，处理复杂度也依次增大。

口令以明文形式传送时，没有任何保护，如图 6-17 所示。如果有黑客在客户与验证服务器之间进行窃听，那么很容易知道用户名与口令，从而能对系统进行非法访问。此外，验证服务器存储着全部用户口令的明文，如果不慎泄露，系统将没有任何安全性可言。很多实际的系统都采用这种方式，如远程登录协议 Telnet 就是用明文传输用户名和口令。

图 6-17　传输口令的明文

为防止口令被窃听，可用单向散列函数处理口令，传输口令的散列值，而不传输口令本身。如图 6-18 所示，用户把口令的散列值传输到验证服务器，验证服务器不存储用户的口令，只存储口令的散列值，比较收到散列值与存储的散列值，若相同就认为有效，若不同就认为无效。这样黑客就窃听不到口令的原文，而且连系统管理员都不知道用户的口令。

图 6-18　传输口令的散列值

传输口令的散列值也存在不安全因素，黑客虽然不知道口令的原文，但是他可以截获口令的散列值，直接把散列值发送给验证服务器，也能验证通过，这是一种重放攻击。为解决这个问题，服务器首先生成一个随机数并发给用户，用户把口令散列值与该随机数连接或异或后再用单向散列函数处理一遍，把最后的散列值发给服务器。如图 6-19 所示，服务器对存储的口令散列值同样处理，然后与用户传过来的散列值比较，若相同就认为有效，若不同就认为无效。由于每次生成的散列值各不相同，就避免了重放攻击。

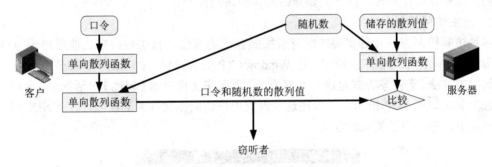

图 6-19　传输口令和随机数的散列值

随机数也可以用时间来代替，服务器不用再给用户发送随机数。对于使用用户名和口令进行身份认证的方法，人本身的记忆力决定了口令的长度和随机性都不是太好，在目前情况下，这种简单的身份认证方法只能用于对安全性要求不高的场合。

2. 令牌和 USB key 认证

在对安全性要求高的场合，可以用数字签名来验证身份。其基本过程是验证服务器向用户发送一个随机数，用户用自己的私钥对其进行数字签名，如果验证服务器能用用户的公钥成功验证签名，那么用户就被认证了。实际的具体实现过程非常复杂，此处不再赘述。这种方法需要重点考虑如何保证私钥的安全，私钥存储在计算机的硬盘中显然是不安全的，必须保存在令牌或 USB key 等密码硬件中。

令牌实际上就是一种智能卡，私钥存储在令牌中，对私钥的访问用口令进行控制。令牌没有物理接口，无法与计算机连接，必须手动把随机数输入令牌，令牌对输入的随机数用私钥进行数字签名，并把签名值的 Base64 编码（一种编码方法，可以把任意二进制位串转化为可打印的 ASCII 码）输出到令牌的显示屏上，用户再输入计算机。如果用时间代替随机数，就不需要用户输入随机数了，更容易使用。在青岛朗讯公司，每位员工都有一个这样的令牌，员工在任何一个地方都可以通过身份认证，安全地登录公司内部网络，大大提高了工作效率。

令牌无法与计算机连接，使用总是不方便，可以用 USB key 代替。USB key 通过 USB 接口直接连接在计算机上，不需要用户手动输入数据，比令牌方便得多。

3．生物识别认证

使用生物识别技术的身份认证方法已经广泛使用，主要是根据用户的图像、指纹、气味、声音等作为认证数据。有的公司为了严格职工考勤，购入指纹考勤机，职工上下班时必须按指纹考勤。这避免了以前使用打卡机时职工相互代替打卡的问题，虽然认证是非常严格而且安全了，但职工却有了一种不被信任感，未必是好事。

在安全性要求很高的系统中，可以把这 3 种认证方法结合起来，达到最高的安全性。

二、访问控制

在计算机安全防御措施中，访问控制是极其重要的一环，它是在身份认证的基础上，根据用户身份的不同，分配不同的权限。管理员具有管理权限，可以为其他用户分配权限；一般用户具有部分权限，可以有限制地使用系统的资源；匿名用户没有访问权限或只能访问一些公开的资源。访问控制一般分为自主访问控制、强制访问控制、基于角色的访问控制、基于任务的访问控制和使用控制等。以下主要介绍前 3 种访问控制。

1．自主访问控制

这种访问控制方法允许资源的所有者按照自己的意愿，自主地决定其他用户访问该资源的权限，这在操作系统中广泛应用。在 Windows XP 的 NTFS 文件系统中，部分地采用了的自主访问控制方法。若共享方式是高级共享方式，那么在文件夹的【属性】对话框中，会出现【安全】选项卡。如图 6-20 所示，可以在这里设置用户访问该文件夹的权限。在 UNIX 与 Linux 操作系统中，也采用了类似的方法。

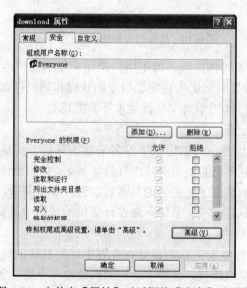

图 6-20　文件夹【属性】对话框的【安全】选项卡

既然每个用户都可以自由地决定其他用户访问自己资源的权限，那么显然难以集中管理与控制，所以自主访问控制的安全性较差。

2. 强制访问控制

为克服自主访问控制难以集中管理的缺点，出现了强制访问控制方法。在强制访问控制中，访问资源的权限不再由用户自由决定，而是整个系统设置一个管理员，管理员集中设置所有资源的权限。管理员为所有用户与资源分配一个标签，标签可以分为绝密、机密、秘密、公开等几类，安全级别依次降低，一般用户不能改变标签。当用户访问一个资源时，系统会比较它们的标签，如果用户标签的安全级别高于或等于资源标签的安全级别，才允许访问，否则禁止访问。

在军队或政府等对安全性要求高的地方，多使用强制访问控制。

3. 基于角色的访问控制

基于角色的访问控制（Role-Based Access Control，RBAC）是一种比较新的访问控制方法，RBAC 非常复杂，有严密的理论基础。RBAC 的核心思想是用户的权限由用户担当的角色来决定。角色是 RBAC 中最重要的概念，所谓角色，实际上就是一组权限的集合，用户担当哪个角色，他就具有哪个角色的权限。除此之外，RBAC 还提出了最小特权原则等新的思想。

RBAC 可以方便地管理权限，很多系统都采用了这种方法。在 Windows XP 中，用户可以属于某个用户组，用户组实际上就是角色，用户属于哪个用户组，就具有哪个用户组的权限。

下面以教务管理系统为例说明 RBAC 的应用。教务管理系统中的权限很多，可能多达上百个，如建立课程、查询成绩、录入成绩等，而且用户也非常多，可能有数万个。首先要建立角色，如学生角色、教师角色等，每个角色分配不同的权限，如学生可以查询自己的成绩，教师可以录入考试成绩等，然后再建立用户，建立时给用户分配一个角色。这样有两个好处，一是不用为用户逐一分配权限，只需简单地分配一个角色；二是修改一个角色的权限后，具有该角色的用户的权限就全部修改了。这大大简化了操作，使得权限管理非常方便，同时也有利于安全，不容易发生错误分配权限的情况。

基于角色的访问控制的核心思想就：授权给用户的访问权限通常由用户在一个组织中担当的角色来确定，如图 6-21 所示。在 RBAC 中，引入了"角色"这一重要的概念，所谓"角色"，是指一个或一群用户在组织内可执行的操作的集合。这里的角色就充当着主体（用户）和客体之间的关系的桥梁。这是与传统的访问控制策略的最大区别所在。

图 6-21 基于角色的访问控制

基于角色的访问控制有以下 5 个特点：

（1）以角色作为访问控制的主体。

用户以什么样的角色对资源进行访问，决定了用户拥有的权限以及可执行何种操作。

（2）角色继承。

为了提高效率，避免相同权限的重复设置，RBAC 采用了"角色继承"的概念，定义的各类角色，它们都有自己的属性，但可能还继承其他角色的属性和权限。角色继承把角色组织起来，能够很自然地反映组织内部人员之间的职权、责任关系。

角色继承可以用祖先关系来表示，如图 6-22 所示，角色 2 是角色 1 的"父亲"，它包含角色1的属性和权限。在角色继承关系图中，处于最上面的角色拥有最大的访问权限，越下端的角色拥有的权限越小。

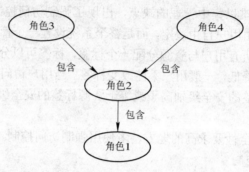

图 6-22　角色继承

（3）最小特权原则（Least Privilege Theorem）。

最小特权原则是系统安全中最基本的原则之一。所谓最小特权，是指"在完成某种操作时所赋予网络中每个主体（用户或进程）的必不可少的特权"。最小特权原则是指"应限定网络中每个主体所必须的最小特权，确保由于可能的事故、错误、网络部件的篡改等原因造成的损失最小"。换句话说，最小特权原则是指用户所拥有的权利不能超过他执行工作时所需的权限。

实现最小权限原则，需分清用户的工作内容，确定执行该项工作的最小权限集，然后将用户限制在这些权限范围之内。在 RBAC 中，可以根据组织内的规章制度、职员的分工等设计拥有不同权限的角色，只将角色执行操作所必须的权限授予角色。当一个主体需访问某资源时，如果该操作不在主体当前所扮演的角色授权操作之内，该访问将被拒绝。

最小特权原则一方面给予主体"必不可少"的特权，这就保证了所有的主体都能在所赋予的特权之下完成所需要完成的任务或操作；另一方面，它只给予主体"必不可少"的特权，这就限制了每个主体所能进行的操作。

职员的分工等设计拥有不同权限的角色，只有角色执行所需要的才授权角色。当一个主体需访问某资源时，如果该操作不在主体当前所扮演的角色授权操作之内，该访问将被拒绝。

最小特权原则要求每个用户和程序在操作时应当使用尽可能少的特权，而角色允许主体以参与某特定工作所需要的最小特权去控制系统。特别是被授权拥有高特权角色（Powerful Roles）的主体，不需要动辄使用到其所有的特权，只有在那些特权有实际需求时，主体才会运用它们。如此一来，可减少由于无意的错误或是入侵者假装合法主体所造成的安全事故。另外它还减少了特权程序之间潜在的相互作用，从而尽量避免对特权无意的、没必要的或不适当的使用。这种机制还可以用于计算机程序：只有程序中需要特权的代码才能拥有特权。

（4）职责分离（主体与角色的分离）。

对于某些特定的操作集，某一个角色或用户不可能同时独立地完成所有这些操作。"职责分离"可以有静态和动态两种实现方式。

静态职责分离：只有当一个角色与用户所属的所有其他角色都彼此不互斥时，这个角色才能授权给该用户。

动态职责分离：只有当一个角色与用户的所有当前活跃角色都不互斥时，该角色才能成为该主体的另一个活跃角色。

（5）角色容量

在创建新的角色时，要指定角色的容量。在一个特定的时间段内，有一些角色只能由一定人数的用户占用。

基于角色的访问控制是根据用户在系统里表现的活动性质而定的，这种活动性质表明用户充当了一定的角色。用户访问系统时，系统必须先检查用户的角色，一个用户可以充当多个角色，一个角色也可以由多个用户担任。

基于角色的访问控制机制有这几个优点：便于授权管理、便于根据工作需要分级、便于赋予最小特权、便于任务分担、便于文件分级管理、便于大规模实现。

4. 基于角色访问控制的实际应用

基于角色的访问控制与现实世界中的角色相吻合，现在已经被广泛应用于中大型 Web 信息系统开发中。下面是某大型企业开发系统时的应用，这个应用采用基于角色的访问控制。基于角色的访问控制部分包括 3 个模块：模块管理、角色管理和用户管理，采用以角色为中心的安全模型。此模型将系统的模块权限和用户分开，使用角色作为一个中间层。用户和角色的关系是，一个用户可以同时属于一个或多个角色，一个角色也可以同时包含一个或多个用户。同样，角色和模块之间的关系也是多对多的关系，并且可以设置角色对模块具体的操作权限。用户访问模块时，通过其所在的角色对该模块的访问权限来获得访问模块的权限，通过这种分层的管理模式可以实现有效的访问控制。

一个部门可以有多个用户，一个用户可以对应多个角色，而一个角色可以包含多个用户；一个角色可以包含多个模块，而一个模块可以对应多个角色。它们间的关系如图 6-23 所示。

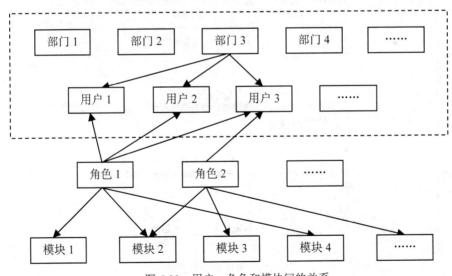

图 6-23 用户、角色和模块间的关系

角色是为系统安全而设计的抽象层，同一角色里的成员具有相同的模块操作权限。但是角色不像机构部门那样有固定成员和组织结构，并非真正的实体，可以根据需求任意地建立和删除角色。角色的成员为部门员工，角色的成员也可以不受限制进行任意组合。通过这种设计思想形成三层安全模型，第一层为用户，第二层为角色，第三层为系统模块。用户和角色之间建立关系，角色和模块权限之间建立关系，而用户和模块权限之间没有直接的关系。这 3 层之

间的数据访问结构如图 6-24 所示。

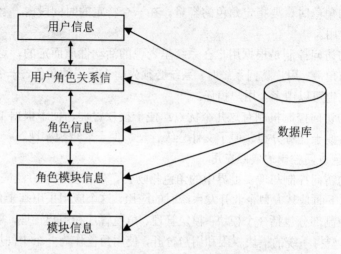

图 6-24　用户、角色和模块间的数据访问结构

下面是 3 个模块需要实现的功能：

模块管理：建立和角色的关系信息，定义基本权限信息。对每个模块的操作权限分为 5 个级别：浏览、查询、添加、修改和删除，软件界面如图 6-25 所示。

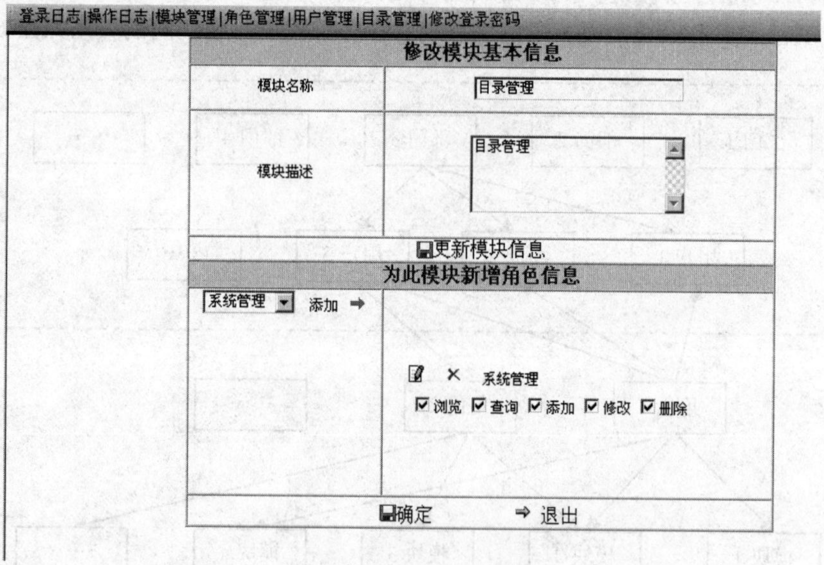

图 6-25　模块管理界面

模块管理页面可修改模块和角色的关系，如图 6-25 中所示，左边是系统中所有角色的下拉列表，选择相应的角色，单击【添加】按钮，可将选择的角色添加到右边的模块角色关系列表中，使此角色与该模块建立关联。每个角色信息的下方是 5 个选择控件，代表 5 种级别的权限，由于这 5 个权限是向下包含的，因此选择高级别的权限，低级别权限自动被选择。添加之后缺省的权限是浏览功能，也可修改此角色对该模块的操作权限。这样，通过添加角色到此列表中，可使角色和模块建立关联。

角色管理：一是提供对角色的添加、修改和删除功能；二是建立和模块的关系信息；三是建立和用户的关系信息。软件界面如图 6-26 所示。

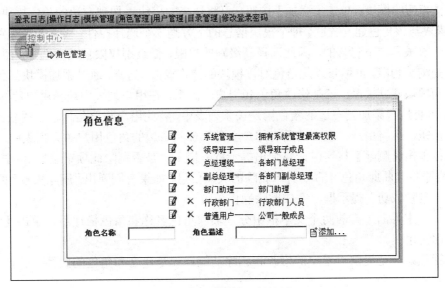

图 6-26 角色管理主界面

从这个页面可以看出，上方是系统所有角色的列表。在每个角色记录的前面都有两个图像按钮，第一个图像按钮的功能是编辑此角色的详细信息，第二个图像按钮的功能是删除此角色。下方 2 个文本框和 1 个按钮是实现添加角色的功能。

编辑：角色信息编辑页面分为 3 个部分，软件界面如图 6-27 所示。

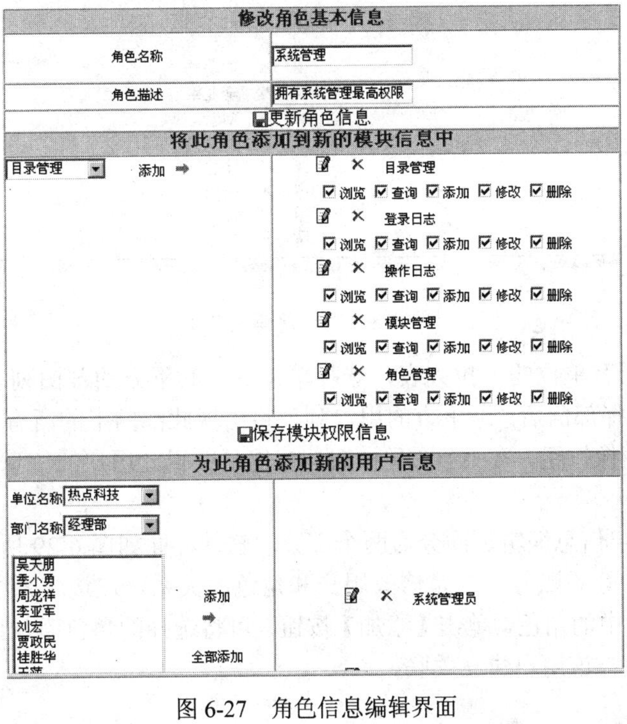

图 6-27 角色信息编辑界面

一是修改角色的基本信息。包括角色名称和角色描述，单击【更新角色信息】按钮，可保存修改后角色的基本信息。二是修改角色和模块的权限关系。左边是系统中所有模块的下拉列表，选择相应的模块，单击【添加】按钮，可将选择的模块添加到右边的角色模块关系列表中，使此模块与该角色建立关联。每个模块信息的下方是 5 个选择控件，代表 5 种级别的权限，由于这 5 个权限是向下包含的，因此选择高级别的权限，低级别权限自动被选择。添加之后缺省的权限是浏览功能，也可修改此角色对该模块的操作权限。这样，通过添加模块到此列表中，可使角色和模块建立关联。三是修改角色和用户的关系。在用户列表中选择用户后，单击【添加】按钮，可将用户添加到右边的角色用户关系列表中，将此用户与该角色建立关联。单击【全部添加】按钮，可将用户列表中的所有用户全部添加到右边的角色用户关系列表中。

删除：单击【删除】按钮时，将弹出提示框，提示"是否删除此项记录"，单击【确定】按钮后，程序将判断此角色是否还有未删除的关联信息，如果有则弹出"删除失败"的提示框，否则弹出"删除成功"提示框，完成删除操作。

添加：在主界面下方的两个文本框中分别输入角色名称和角色描述后，单击【添加】按钮可添加此新角色。

用户管理：一是提供对用户的修改和删除功能；二是建立和角色的关系。软件界面如图6-28 所示。

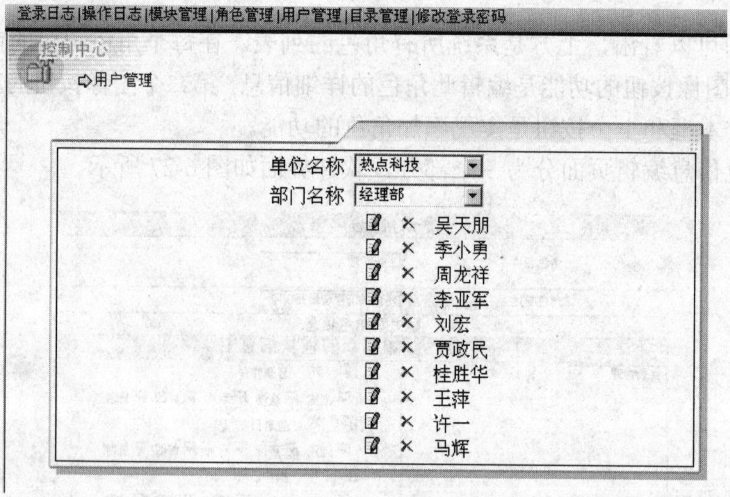

图 6-28　用户管理主界面

页面最上方是所有单位的下拉列表，选择单位后，其下方的部门列表将出现此单位下的所有部门，同样，选择部门后，最下方的用户列表将出现此部门下的所有用户。在每个用户记录的前面都有两个图像按钮，第一个图像按钮的功能是编辑此用户的信息，第二个图像按钮的功能是删除此用户。

（1）编辑：用户信息编辑页面分为两个部分，软件界面如图6-29 所示。

一是修改用户的登录账号。二是修改用户和角色的关系。左边是系统中所有角色的下拉列表，选择下拉列表中的角色，单击【添加】按钮，可将选择的角色添加到右边的用户角色关系列表中，使此角色与该用户建立关联。

登录日志|操作日志|模块管理|角色管理|用户管理|目录管理|修改登录密码

修改登录帐号
登陆帐号   wtp
🖫更新
将此用户添加到新的角色中
系统管理 ▾ 添加 ➡   📝 ✕ 系统管理 📝 ✕ 总经理级 📝 ✕ 普通用户
🖫确定   ➡ 退出

图 6-29 用户信息编辑界面

在用户角色关系列表中，单击角色记录前的【删除】图像按钮时，可删除此角色与该用户的关联信息；单击角色记录前的【编辑】图像按钮时，将出现此角色的编辑页面。

（2）删除：单击【删除】按钮时，将弹出提示框，提示"是否删除此项记录"，单击【确定】按钮后，程序将判断此用户是否还有未删除的关联信息，如果有则弹出"删除失败"的提示框，否则弹出"删除成功"提示框，完成删除操作。

三、系统审计

对付网络入侵，只有防火墙是不够的。防火墙只是试图抵挡网络入侵者，很难去发现入侵的企图和成功的入侵。这就需要一种新的技术----入侵检测技术。入侵检测技术能发现网络入侵者的入侵行为和入侵企图，及时向用户发出警报，将入侵消灭在成功之前。审计则是记录系统中发生的各种事件，这些记录有助于发现入侵的行为和企图。

审计（Audit）是指产生、记录并检查按时间顺序排列的系统事件记录的过程，它是一个被信任的机制。同时，它也是计算机系统安全机制的一个不可或缺的部分，对于 C2 及其以上安全级别的计算机系统来讲，审计功能是其必备的安全机制。而且，审计是其他安全机制的有力补充，它贯穿计算机安全机制实现的整个过程，从身份认证到访问控制这些都离不开审计。同时，审计还是后来人们研究的入侵检测系统的前提。安全审计系统的基本结构如图 6-30 所示。

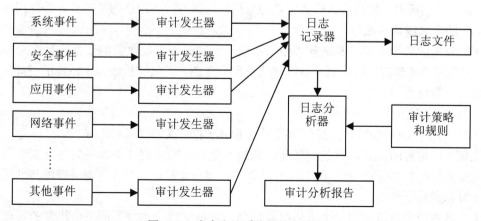

图 6-30 安全审计系统的基本结构

审计跟踪（Audit Trail）是系统活动的记录，这些记录足以重构、评估、审查环境和活动的次序。从这个意义来讲，审计跟踪可用来实现：确定和保持系统活动中每个人的责任；重建事件；评估损失；监测系统问题区；提供有效的灾难恢复；阻止系统的不正当使用等。

作为一种安全机制，计算机系统的审计机制的安全目标有：

- 审查基于每个目标或每个用户的访问模式，并使用系统的保护机制。
- 发现试图绕过保护机制的外部人员和内部人员。
- 发现用户从低等级到高等级的访问权限转移。
- 制止用户企图绕过系统保护机制的尝试。
- 作为另一种机制确保记录并发现用户企图绕过保护的尝试，为损失控制提供足够的信息。

审计是记录用户使用计算机网络系统进行所有活动的过程，它是提高安全性的重要工具。安全审计跟踪机制的价值在于：经过事后的安全审计可以检测和调查安全漏洞。

（1）它不仅能够识别谁访问了系统，还能指出系统正被怎样地使用。

（2）对于确定是否有网络攻击的情况，审计信息对于确定问题和攻击源很重要。

（3）系统事件的记录能够更迅速和系统地识别问题，并且它是后面阶段事故处理的重要依据。

（4）通过对安全事件的不断收集与积累并且加以分析，有选择性地对其中的某些站点或用户进行审计跟踪，以提供发现可能产生破坏性行为的有力证据。

安全审计就是对系统的记录与行为进行独立的品评考查，目的是：

（1）测试系统的控制是否恰当，保证与既定安全策略和操作能够协调一致。

（2）有助于做出损害评估。

（3）对控制、策略与规程中特定的改变做出评价。

安全审计跟踪机制的内容是在安全审计跟踪中记录有关安全的信息，而安全审计管理的内容是分析和报告从安全审计跟踪中得来的信息。

安全审计跟踪将考虑：

（1）要选择记录什么信息。

审计记录必须包括网络中任何用户、进程、实体获得某一级别的安全等级的尝试：包括注册、注销，超级用户的访问，产生的各种票据，其他各种访问状态的改变，并特别注意公共服务器上的匿名或访客账号。

实际收集的数据随站点和访问类型的不同而不同。通常要收集的数据包括：用户名和主机名，权限的变更情况，时间戳，被访问的对象和资源。当然这也依赖于系统的空间（注意不要收集口令信息）。

（2）在什么条件下记录信息。

（3）为了交换安全审计跟踪信息所采用的语法和语义定义。

收集审计跟踪的信息，通过列举被记录的安全事件的类别（例如明显违反安全要求的或成功完成操作的），应能适应各种不同的需要。已知安全审计的存在可对某些潜在的侵犯安全的攻击源起到威慑作用。

审计是系统安全策略的一个重要组成部分，它贯穿整个系统不同安全机制的实现过程，它为其他安全策略的改进和完善提供了必要的信息。而且，它的深入研究为后来的一些安全策略的诞生和发展提供了契机。后来发展起来的入侵检测系统就是在审计机制的基础上得到启示而迅速发展起来的。

访问控制作为安全防御措施的一个重要环节，其作用是举足轻重的。自主访问控制机制虽然有着很大的灵活性，但同时也存在着安全隐患；强制访问控制机制虽然大大提高了安全性，但是在灵活性上就会大打折扣。这两种传统的访问控制机制存在的问题使得访问控制的研究向着新的方向发展，基于角色的访问控制机制就是在这种形势下的产物，它克服了传统的访问控制机制的不足，是一种有效而灵活的安全策略。审计系统记录系统中发生的各种事件，这些记录有助于发现入侵的行为和企图。

任务五　常用安全协议

在网络通信过程中，单独使用加密、数字签名、数字证书、身份认证等技术还不足以保证安全，必须把这些技术综合起来运用，形成完善的安全协议，才能保证网络通信的安全。

一、安全套接字层 SSL

1. SSL 概述

20 世纪 90 年代，以因特网为基础的信息产业飞速发展，电子商务同时也飞速发展。电子商务指的是利用简单、快捷、低成本的网络通信方式，买卖双方不谋面地进行各种商贸活动。电子商务可以分为企业（business）对消费者（customer）的电子商务（即 B2C）和企业对企业的电子商务（即 B2B）两种主要模式。B2C 模式是通过电子化、信息化的手段，尤其是计算机网络，把本企业的产品和服务不经任何渠道，直接传递给消费者的商务模式。现在网络上有网上银行、网上商店、网上书店、网上售票等，甚至还有一些什么都做，什么都卖的电子商务网站。B2B 模式的内涵是企业通过内部信息系统平台和外部网站，将上游供应商的采购业务和下游代理商的销售业务有机地联系在一起，从而降低企业彼此之间的交易成本。

电子商务对安全性的要求很高，这就要求有一个专门的安全协议来保证网络上传输数据的安全。**安全套接字层**（Secure Sockets Layer，SSL）就是在这种背景下，由 Netscape 公司开发的一个网络安全协议，现在 SSL 已经广泛应用于各种网络业务。SSL 共有 3 个版本，最新的 SSL 3.0 在 1996 年 3 月发布。1999 年，IETF 以 SSL 3.0 为基础发布了 TLS（Transport Layer Security）1.0，即 RFC 2246，与 SSL 3.0 仅有微小的不同。2008 年，又发布了 TLS 1.2，即 RFC 5246。自由软件 OpenSSL 实现了 SSL 的全部功能，还添加了许多附加功能。

SSL 为客户与服务器间的通信提供安全保证，包括如下安全功能：

（1）客户认证服务器身份。

（2）服务器认证客户身份，这是可选项。

（3）客户与服务器自动协商生成密钥，无需用户参与。

（4）加密客户与服务器间的数据，并可抵御重放攻击。

（5）检测客户与服务器间数据的完整性。

SSL 位于运输层与应用层之间，把应用层的数据加密、计算 MAC 码（用于完整性检测）后，再交给运输层。理论上 SSL 可以保护所有应用层协议的数据，但实际上 SSL 主要用于保护 HTTP 协议的数据，即保护浏览器与 WWW 服务器间的通信。SSL 由 4 个子协议组成：SSL

记录协议、SSL 握手协议、SSL 改变密码规范协议与 SSL 告警协议，后 3 个子协议的 PDU 都封装在 SSL 记录协议的 PDU 中，HTTP 等应用层协议的报文也封装在 SSL 记录协议的 PDU 中，SSL 记录协议的 PDU 则封装在 TCP 报文段中，如图 6-31 所示。

SSL握手协议	SSL改变密码规范协议	SSL告警协议	HTTP	......
SSL记录协议				
TCP				
IP				

图 6-31　SSL 协议体系结构

SSL 握手协议与 SSL 记录协议是两个最主要的子协议。客户与服务器使用 SSL 传输数据前，首先运行 SSL 握手协议。SSL 握手协议非常复杂，首先进行客户与服务器间的身份认证，然后协商加密和 MAC 的算法以及密钥，这些算法和密钥将由 SSL 记录协议使用，用来保护应用层的数据。例如，身份认证结束后，双方协商确定加密使用 AES 算法，MAC 则使用 SHA-1 算法，并确定了密钥。握手协议定义了一系列客户和服务器间交换的消息，综合运用了加密、数字签名、密钥交换、单向散列函数、MAC、数字证书、身份认证等技术，这里不再详细介绍。

SSL 握手协议运行完毕后，就确定了密码算法与密钥，SSL 记录协议就用这些密码算法与密钥加密数据并计算 MAC 码。SSL 记录协议的工作过程如图 6-32 所示，共分 5 步：

（1）分段，应用层数据分段后，每个分段的长度不超过 16 384 字节。

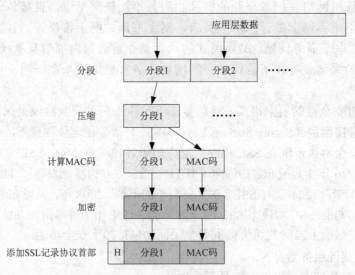

图 6-32　SSL 记录协议的工作过程

（2）压缩，这是可选项。

（3）计算 MAC 码，接收方用以检测数据的完整性，MAC 中的单向散列函数与密钥在 SSL 握手协议中协商确定。

（4）加密，使用对称密钥密码算法对数据（包括 MAC 码）加密，并增加随机数以抵御重放攻击，密码算法与密钥在 SSL 握手协议中协商确定。

（5）添加 SSL 记录协议首部，形成 SSL 记录协议的 PDU，再交给 TCP 传输。

2．SSL 在 IE 浏览器中的应用

目前流行的 IE、Firefox 等浏览器，以及各种 WWW 服务器都支持 SSL，打开 IE 浏览器的【工具】菜单，选择【Internet 选项】菜单项，出现【Internet 选项】对话框，选择【高级】选项卡。如图 6-33 所示，在【设置】列表框中，可以看出 IE 浏览器支持 SSL 2.0、SSL 3.0 与 TLS 1.0。

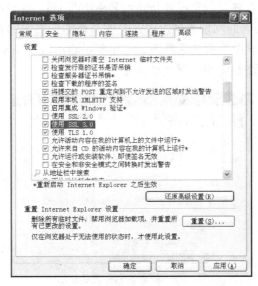

图 6-33　【Internet 选项】对话框的【高级】选项卡

运行在 SSL 上的安全 HTTP 命名为 HTTPS，服务器 HTTPS 的默认端口为 443，不再是 HTTP 的 80。在浏览器地址栏中键入 https://url 即可启用 SSL，如工商银行的网上银行登录页面为 https://mybank.icbc.com.cn/icbc/perbank/index.jsp，此时浏览器将弹出如图 6-34 所示的对话框，此后包括登录账号与口令在内的所有数据都会加密传输，而且还能抵御重放攻击。如果服务器需要验证用户的身份，会要求用户用私钥进行数字签名，并需要把证书发送给服务器验证签名，这时会出现对话框请用户选择证书及其对应的私钥。

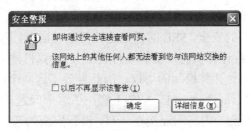

图 6-34　启用 HTTPS 对话框

HTTPS 的第一步是浏览器验证 WWW 服务器的身份，WWW 服务器会把自己的证书传输给浏览器。IE 浏览器在验证 WWW 服务器证书是否有效的时候，可能出现如图 6-35 所示的对话框，该对话框中有 3 个叹号标志，说明证书有 3 个问题：

● 【该安全证书由您没有选定信任的公司颁发】，这说明签发该证书的 CA 没有被用户信任，也就是说，证书链中的根 CA 证书没有在【受信任的根证书颁发机构】存储区中。把根 CA 证书导入【受信任的根证书颁发机构】证书存储区后，就不会再出现这个警报。

- 【该安全证书已到期或还未生效】，这说明该证书不在它的有效期内。IE 浏览器是根据本计算机的时间判断证书是否在它的有效期内的，而且证书中的有效期时间均为格林威治时间，所以计算机必须设置正确的时间与时区信息，否则存在安全隐患。
- 【安全证书上的名称无效，或者与站点名称不匹配】，这说明该证书中持有者的名称与该 WWW 服务器的网址不同，WWW 服务器的证书中的持有者名称就是该 WWW 服务器的网址。这个警报非常严重，一定要小心，该 WWW 服务器很可能是冒用别人的证书，在弄清楚前不要贸然单击【是】按钮。

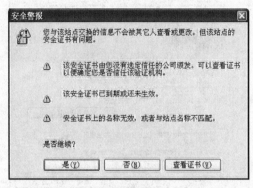

图 6-35　验证证书失败对话框

二、虚拟专用网 VPN

1. VPN 概述

利用 SSL，两台计算机可以通过不安全的因特网进行安全的通信，例如，某单位的员工可以在家里使用 SSL 通过因特网访问单位的服务器。这里有一个问题，如果该员工想访问单位的另一台服务器，他就必须与该服务器建立一个新的 SSL 连接，非常不方便。在另一种情况下，一个公司在多个地区有分公司，每个分公司都有自己的内部网，这些内部网如何安全地连接在一起呢？可以使用专线连接，但费用昂贵；若使用因特网连接，费用比专线便宜得多，但必须使用安全协议保证通信的安全。SSL 同样无法胜任这种情况，因为各内部网内有多台计算机，一台计算机访问另 10 台计算机时，就必须与这 10 台计算机建立 10 个 SSL 连接，效率很低。SSL 本质上是运行于两台计算机间的协议，因此导致了这两个问题。

虚拟专用网（Virtual Private Network，VPN）解决了这个问题，VPN 可以将物理上分布在不同地点的网络，通过不安全的因特网连接在一起，进行安全的通信。各网络通过因特网这种公共网络连接在一起，并不是专用网络，但采取一定的安全技术后，却具有与专用网络相同的安全性，所以才叫做虚拟专用网。用户无需投入巨资建立自己的专用网，只需使用低成本的因特网与 VPN 技术，就能得到与专用网络相同的安全性。

VPN 主要有以下两种应用方式：

（1）计算机接入内部网，员工在家或出差在外时，可以利用 VPN 安全地访问单位内部网络。如图 6-36 所示，在单位内部网与因特网的连接处设置一台 VPN 网关，VPN 网关把经过它的数据进行加密等安全处理，数据在因特网上是密文，而在内部网中是明文。在员工的计算机上，也要运行 VPN 软件。这样员工的计算机只要与 VPN 网关进行身份认证后，就可以安全地访问内部网中所有的计算机了。因为加密等安全操作都在 VPN 网关上进行，所以内部网中的计算机感觉不到 VPN 网关的存在，这些计算机无需增加任何软件，也无需做任何改动，与没有 VPN 网关时是完全相同的。

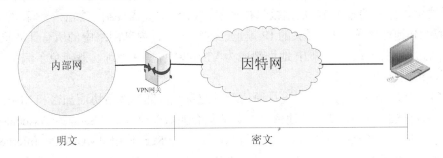

图 6-36　计算机利用 VPN 接入内部网

（2）连接多个内部网，对于在多个地点有分公司的公司，利用 VPN 可以安全地连接各个内部网。如图 6-37 所示，在各内部网与因特网的连接处设置一台 VPN 网关，数据在因特网上是密文，而在内部网中是明文。VPN 网关之间进行身份认证后，各内部网中的计算机就可以安全地互相访问了，而且这些计算机也感觉不到 VPN 网关的存在。

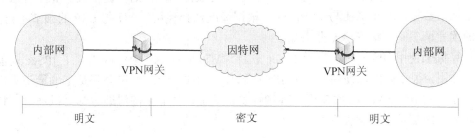

图 6-37　利用 VPN 连接两个内部网

当仅是两台计算机通信时，使用 SSL 即可，没有必要使用 VPN。现在的大多数路由器都具有 VPN 功能，可以作为 VPN 网关使用。市场上也有专门的 VPN 网关，外形与交换机或路由器类似。VPN 具有如下安全功能：

（1）VPN 网关之间或 VPN 网关与计算机间的相互身份认证。

（2）通信双方自动协商生成密钥，无需用户参与，并且密钥可以定时自动更新。

（3）加密发往因特网的数据，并可抵御重放攻击。

（4）检测自因特网接收到的数据的完整性。

VPN 需要具体的安全协议来实现，有多种安全协议可以实现 VPN，如 PPTP、L2TP 与 IPSec，这其中 IPSec 应用最为广泛，下面简要介绍 IPSec。

2．IPSec

IETF 发布了多个 RFC，制定了 **IP 安全**（IP Security，IPSec），IPSec 是实现 VPN 的最佳选择。IPSec 位于网络层，保护 IP 数据报，而 SSL 保护的是应用层数据。对于 IPv4，IPSec

是可选的；而对于 IPv6，IPSec 则是必须具有的。IPSec 有两种工作模式：传输模式（transport mode）和隧道模式（tunnel mode），这两种模式保护的内容不同，传输模式保护的只是 IP 数据报的数据部分，而隧道模式保护的是整个 IP 数据报（首部和数据）。

传输模式只处理 IP 数据报的数据部分，并不改动原来的 IP 数据报首部。使用这种工作模式时，原来的 IP 数据报首部以明文形式传输，因此很容易遭到某些流量分析攻击。同时，通过对首部中源 IP 地址与目的 IP 地址的分析，攻击者还可以了解源网络和目的网络的内部结构。在隧道模式中，原来的整个 IP 数据报都被加密，VPN 网关需要给它加上一个新的 IP 首部，新首部的源 IP 地址就是 VPN 网关的 IP 地址。这样一来，内部网络中的所有计算机发出的 IP 数据报经 VPN 网关处理后，源 IP 地址都成为 VPN 网关的 IP 地址，既避免了流量分析攻击，又隐藏了内部网络的结构信息。

与 SSL 类似，IPSec 也是首先进行通信双方的身份认证，然后协商加密和 MAC 的算法以及密钥，这些算法、密钥，以及其他密码参数的集合叫做安全关联（Security Association，SA），SA 将用来保护 IP 数据报。与 SSL 握手协议类似，IPSec 使用 ISAKMP（Internet Security Association and Key Management Protocol）和 IKE（Internet Key Exchange）来自动协商 SA，ISAKMP 和 IKE 非常复杂，综合运用了加密、数字签名、密钥交换、单向散列函数、MAC、数字证书、身份认证等技术，这里不再详细介绍。另外，SA 也可以手动建立。

IPSec 有两个子协议：认证报头（Authentication Header，AH）与封装安全有效载荷（Encapsulating Security Payload，ESP），它们保护 IP 数据报的方式不同。AH 仅提供数据完整性服务，接收方能够检测数据的完整性，但不加密数据；ESP 则在提供数据完整性服务的基础上，还加密数据。对于 AH 与 ESP，应该根据情况选择使用。AH 与 ESP 的细节不再介绍，感兴趣的读者请参阅网络安全专业书籍。

在计算机上使用 IPSec 时，需要 IPSec 软件，Windows XP 中已经内置了 IPSec 功能，但一般较少使用，很多单位都使用专门的 IPSec 软件。例如，青岛朗讯公司员工的笔记本电脑上就安装了专门的 IPSec 软件，并使用令牌进行身份认证，员工在任何地方都可以通过因特网安全地访问公司内部网络，大大提高了工作效率。

任务六　网络攻击与防范

因特网最初建立时的指导思想就是资源共享，为了实现资源共享而把因特网做成开放式的。在网络设计及实现时，更多地考虑到易用性，而安全性方面的考虑严重不足，这就给攻击者造成了可乘之机。网络上黑客的攻击越来越猖獗，对网络安全造成了很大威胁。要想抵御黑客的攻击，就必须先熟悉其攻击的流程和方法，然后制订相应的防范措施。

一、网络协议的安全问题

因特网上的所有协议都存在这样或那样的安全漏洞。因特网的核心协议是 TCP 协议与 IP 协议，在设计它们的时候，几乎没有考虑安全问题，很容易被攻击。有很多攻击 TCP 与 IP 的方法，下面举一个例子加以说明。如图 6-38 所示，某单位的内部网络连入了因特网，内部网中的计算机 A 可以访问服务器 S，而禁止因特网中的计算机 X 访问 S。在很多情况下，S 查看

IP 数据报中的源 IP 地址，若是内部网中的 IP 地址就允许访问，否则禁止访问，即根据源 IP 地址进行身份认证，这时 X 就可以假冒 A 非法访问 S。

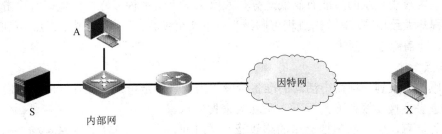

图 6-38　X 冒充 A 非法访问 S

在 X 向 S 发送的所有 IP 数据报中，源 IP 地址不是 X 自己的 IP 地址，而是 A 的 IP 地址，S 误以为访问它的是 A，X 就能非法访问 S 了。不过 S 向 X 发送数据时，IP 数据报中的目的 IP 地址都是 A 的 IP 地址，所以数据会发送到 A，而 X 收不到来自 S 的任何数据，但 X 仍可以向 S 发送命令，进行一些破坏活动，这叫做 **IP 地址欺骗**。IP 地址欺骗攻击必须解决两个问题，首先，S 响应 X 的数据会发送到 A，A 收到这些不请自来的数据，很有可能向 S 发送报错信息，S 就会发觉 X 的攻击；其次，既然 X 收不到 S 的数据，就很难与 S 完成 TCP 的 3 次握手，建立不了 TCP 连接，无法进行下一步的非法访问。但非法访问者往往会采取一些技术手段达到他们的目的。

对于第 1 个问题，X 必须阻止 A 向 S 发送报错信息，**SYN 洪水**（SYN flood）攻击可以做到这一点。SYN 洪水是一种拒绝服务攻击，在建立 TCP 连接的 3 次握手过程中，服务器收到来自客户的第 1 次握手请求后，会返回第 2 次握手的数据，并等待客户的第 3 次握手的数据，等待时间多为 75s，之后若未收到第 3 次握手的数据，就放弃这次连接请求。当等待中的第 1 次握手请求过多时，会占用很多内存，服务器将不能通过网络收发数据。利用这一点，X 可以向 A 发送大量第 1 次握手请求，而且对 A 返回的第 2 次握手的数据不进行应答，即不发送第 3 次握手的数据，这样 A 就无法向 S 发送任何信息。

对于第 2 个问题，X 向 S 发送第 1 次握手请求后，收不到 S 返回的第 2 次握手的数据，但又必须在第 3 次握手中对 S 的初始序号进行确认，否则 TCP 连接无法建立，为此，X 必须猜测 S 的初始序号。如果 S 的初始序号是固定值，或有规律可循，X 就很容易猜到，就能够建立起 TCP 连接，非法地访问 S 了。如果不使用 TCP，而使用 UDP，那么攻击就更加简单，因为 UDP 不需要建立连接。

针对前面的攻击手段，可以在内部网与因特网的连接处设置一台防火墙，防火墙过滤所有数据，检查外来 IP 数据报中的源 IP 地址，如果发现是内部网络的 IP 地址则禁止通过，有效地阻止了 IP 地址欺骗攻击。此外，防火墙也能阻止外来的 SYN 洪水攻击。但如果攻击来自内部网，防火墙就失效了。实际上，防止 IP 地址欺骗最简单的办法是不用源 IP 地址进行身份认证。另外，TCP 的初始序号如果随机地选择，攻击者就无法猜到。但在一些 TCP 的具体实现中，初始序号并非完全随机，而且很多初始序号的产生方法是公开的，这就方便了黑客攻击。

二、黑客攻击的流程

尽管黑客攻击系统的技能有高低之分，入侵系统手法多种多样，但他们对攻击目标实施攻击的流程却大致相同。其攻击过程可归纳为以下 7 个步骤：踩点、扫描、查点、获取访问权、权限提升、掩盖踪迹、创建后门。

1. 踩点

踩点原意为策划一项盗窃活动的准备阶段，当盗贼决定抢劫一家银行时，他们不会大摇大摆地走进去直接要钱，而是狠下一番功夫来搜集这家银行的相关信息，包括武装押运车的路线及运送时间、摄像头的位置、逃跑出口等信息。在黑客攻击领域，踩点的主要目的是获取攻击目标的主机名、IP 地址等基本信息。whois 是因特网域名注册数据库，目前可用的 whois 数据库很多，可通过 http://www.networksolutions.com 查询以 com、net、edu 及 org 等结尾的域名，可从中国互联网络信息中心http://www.cnnic.net.cn查询以 cn 结尾的域名。这些 whois 数据库任何人都可以查询，并且无需登录，如图 6-39 所示是查询到的腾讯域名 qq.com.cn 的信息。另外，通过一些搜索引擎，如百度或 Google，也可以搜索到攻击目标的一些有价值的信息。

国家网络目录数据库收录信息查询结果	
域名	qq.com.cn
域名状态	clientDeleteProhibited
域名状态	clientUpdateProhibited
域名状态	clientTransferProhibited
域名联系人	李丽
管理联系人电子邮件	panli@tencent.com
所属注册商	北京万网志成科技有限公司
域名服务器	ns1.qq.com
域名服务器	ns3.qq.com
域名服务器	ns2.qq.com
注册日期	2004-01-07 09:34
过期日期	2017-01-07 09:34

图 6-39　腾讯域名 qq.com.cn 的信息

2. 扫描

通过踩点已获得一定信息，下一步需要确定自己与哪些攻击目标连通，以及它们提供哪些应用服务，这是扫描阶段的任务。扫描中采用的主要技术有 ping 扫描、TCP/UDP 端口扫描、操作系统及服务器软件类型检测。

（1）ping 扫描是判别自己是否与攻击目标连通的有效方式，操作系统自带的 ping 命令就可以利用。ping 命令一次只能 ping 一台计算机，效率太低，有很多 ping 扫描工具软件（如 Angry IP Scanner）可以同时 ping 一个子网内的多台计算机，效率很高。由于现在安全意识的普遍增强和防火墙的广泛使用，很多路由器与防火墙都禁止 ping 数据通过，所以可能目标虽然是连通的，但却 ping 不通。

（2）TCP/UDP 端口扫描就是确定攻击目标有哪些 TCP 端口与 UDP 端口是打开的，黑客就可以向这些端口发送非法数据，端口扫描工具也有很多，如 SuperScan。在防火墙上做适当的设置，就可以阻止端口扫描数据通过。

（3）许多漏洞是和操作系统紧密相关的，因此确定操作系统的类型对于黑客攻击目标来说十分重要。探测操作系统类型的方法有很多，例如，在不同操作系统实现的 IP 协议中，TTL 具有不同的初值，Linux 为 64，Windows XP 为 128，Unix 则为 255，据此就可以判断操作系统的类型。同一个应用服务可以使用不同的服务器软件，如 WWW 服务可以使用微软的 IIS，也可以使用自由软件 Apache，黑客也需要知道服务器软件的类型，才能方便地进行攻击。好的管理员应该尽可能地隐藏操作系统与服务器软件的特征值，甚至可以设置虚假的特征值，以迷惑黑客。

3. 查点

通过扫描，黑客掌握了攻击目标的操作系统类型等相关信息，下一步的工作是查点。查点就是搜索攻击目标上的用户和用户组名、共享资源、路由表等信息，查点所采用的技术依操作系统而定。

4. 获取访问权

在搜集到攻击目标的足够信息后，下一步要完成的工作自然是得到目标的访问权。常用的攻击技术主要有：口令猜测（包括手动及自动猜测）、口令窃听、缓冲区溢出攻击、向某个打开的端口发送精心构造的恶意数据、RPC（Remote Procedure Call）攻击等。

5. 权限提升

黑客一旦通过前面 4 步获得了普通用户的访问权限后，就会试图将普通用户权限提升至管理员权限，以便完成对目标的完全控制。权限提升可以利用操作系统及服务程序的漏洞，也可以利用管理员不正确的系统配置，还可以窃取口令文件，以得到管理员的口令。获得管理员权限后，黑客就可以做任何事情了，如窃取与篡改数据。

6. 掩盖踪迹

黑客并非踏雪无痕，一旦黑客入侵系统，必然留下痕迹。此时，黑客需要做的工作就是清除所有的入侵痕迹，避免自己被发现，以便能够随时返回被入侵系统继续干坏事或作为入侵其他系统的中继跳板。操作系统中一般都有日志功能，记录用户对系统的各种操作及系统中的各种事件，掩盖踪迹的主要工作包括停用系统日志、清空系统日志、清空各种缓存、隐藏工具软件等。可以将日志存于另一台计算机，黑客想删也删不掉。

7. 创建后门

黑客的最后一招是在受害系统上创建一些后门，以便日后卷土重来。创建后门的主要方法有安装远程控制工具、使用木马程序替换正常程序，还可以创建一个貌似普通用户的账号，但却具有管理员的权限。

三、黑客攻击技术及防范

黑客的攻击技术范围很广，涉及到网络协议安全分析、源代码安全分析、口令强度分析和社会工程等多个方面。入侵一个目标系统，在早期需要黑客具有深厚的计算机知识、过硬的技术能力。但由于各种攻击工具软件的成熟与广泛传播，现在对黑客的技术要求在不断降低，黑客的攻击行为愈演愈烈。目前，黑客所使用的入侵技术主要包括：协议漏洞攻击、程序漏洞攻击、设置漏洞攻击、密码分析与口令猜测、拒绝服务攻击、社会工程攻击等，除社会工程攻击外，每种攻击技术都有很多相应的工具软件。

1. 协议漏洞攻击

网络协议是网络运行的基本准则，由于在因特网发展的早期没有考虑安全问题，很多网络协议存在严重的安全漏洞，黑客可以利用协议的这些漏洞实现对目标的攻击。虽然随着网络的不断发展，各种协议正在不断进行安全性的修补，但由于先天不足，一些协议的漏洞是无法通过修改弥补的。

使用较多的一类针对协议漏洞的攻击技术是欺骗技术。IP 地址欺骗就是一种典型的欺骗技术，ARP 欺骗也是一种欺骗技术。除此之外，还有 DNS 欺骗，与 ARP 欺骗类似，攻击者向目标发送虚假的 DNS 消息，使目标得到错误的主机名与 IP 地址的对应关系。欺骗技术能够得逞的根源在于计算机无条件地相信收到的数据，并不验证数据的真实性。

另一类攻击技术是窃听与劫持技术。如果数据以明文形式在网络上传输，就有被窃听的可能。比窃听更高级的是劫持技术，如图 6-40，黑客 X 位于通信双方 A 与 B 的中间，X 截获 A 与 B 间通信的数据，并按自己的意图修改之后再发送出去，A 与 B 根本意识不到数据已经被篡改了。这叫做**中间人攻击**，根源在于通信双方没有进行身份认证，使用 SSL 等安全协议，既可以避免数据被窃听，也可以抵御中间人攻击。

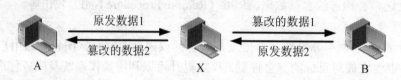

原发数据1　　篡改的数据1

篡改的数据2　　原发数据2

A　　　　　　X　　　　　　B

图 6-40　中间人攻击

2. 程序漏洞攻击

任何程序都不可避免地存在着一些安全漏洞，这在 IT 行业中已经形成了共识。在这方面操作系统也不例外，几乎每天都有人宣布发现了某个操作系统的安全漏洞，而这些安全漏洞马上就被黑客利用。通过对这些安全漏洞的分析，确认漏洞的引发方式以及引发后对系统造成的影响，黑客可以使用合适的攻击程序引发漏洞的启动，从而成功地入侵目标系统。目前，对各个网站的攻击几乎都利用了程序中的漏洞，黑客或是利用 WWW 服务器的漏洞，或是利用操作系统的漏洞攻入服务器，篡改网站主页。很多病毒也是利用了操作系统或某些应用程序中的漏洞。

程序漏洞从错误类型上看主要包括流程漏洞和边界条件漏洞。流程漏洞指程序在运行过程中，由于流程次序的颠倒或对意外条件处理的随意性，使黑客有可能攻击成功。边界条件漏洞则主要针对程序中存在的边界处理不严谨的情况，其中以缓冲区溢出漏洞最为普遍，影响也最为严重。很多程序都是用 C 语言编写的，C 语言不对数组进行越界检查，如果黑客输入超长的恶意数据，超过存储它的数组长度，就会造成缓冲区溢出。缓冲区溢出攻击轻则使程序死机，重者黑客会得到攻击目标的控制权。

程序员要以严谨、认真的态度编写程序，并要特别注意非正常情况的处理，才会尽可能地减少程序中的漏洞。大型程序中的漏洞是无法完全避免的，如操作系统中就存在着不少漏洞，这就需要经常下载安装各类补丁，堵塞安全漏洞。

3. 设置漏洞攻击

在操作系统、数据库等大型系统中，各类设置参数多如牛毛，一旦设置有误，就有可能被黑客利用。优秀的软件在安装时，安装程序会为每个选项选择最恰当的默认配置，使得一个新的系统安装结束时，用户无需干预就处于一个安全的状态，这叫做**默认安全**。有些软件这方面做得很差，如 SQL Server 数据库的早期版本，管理员口令竟然默认为空。默认安全可能会对业余用户有不利影响，例如，一项设置为了安全默认是关闭的，可是业余用户需要时又不知道如何打开它。如果为了方便业余用户，默认是打开的，又不够安全，所以对这类情况应该仔细考虑折中处理。

Windows XP 的默认安全比 Windows 2000 有了长足的进步，但用户仍应该调整一些安全设置。

4. 密码分析与口令猜测

为了保证数据的安全，通常对数据进行加密。如果使用的密码算法有漏洞，黑客就可以得到密钥或明文，但对于 AES、IDEA、RC4、RSA 等现在广泛使用的密码算法，除蛮力攻击外，还未出现特别有效的破解方法。即使密码算法本身没有什么漏洞，可是如果在使用密码算法的过程中有漏洞，如不恰当地使用了脆弱的密钥，则仍有被破解的可能。

黑客对于口令的攻击，通常也是蛮力攻击，即逐一尝试可能的口令。黑客首先编制或下载口令字典，然后再编写口令尝试程序，程序会自动地逐一尝试口令字典中的口令。现在为防止黑客程序反复尝试口令，很多登录网页中以图片的形式放置验证码，用户每次键入口令时，该验证码均不相同，要求用户同时输入用户名、口令和验证码，三者均正确才能通过认证。由于该验证码以图片形式存在，人眼能够识别，但黑客程序却无法获得，从而无法反复尝试口令。

怎样的口令才是安全的呢？起码的要求是足够随机，难以被猜到。如果使用 123456、abc、888888，或是自己的生日、学号、电话等作为密码，那么极易被猜到，没有任何安全性可言。如果使用 awC#5$9、8*3Ac/=e 等作为密码，几乎不可能猜中，但难以记忆。建议使用难以猜测却又易记的字符串作为密码，如 1a[2b]3c，也可以使用中文词组或句子作为密码，这更难以猜测。除此之外，使用密码时还应注意以下事项：

（1）不要将密码写下来，要使用难以猜测却又易记的密码。

（2）在输入密码时，应避免被别人看到。

（3）尽量在不同系统上使用不同的密码。

（4）密码尽量定期更换。

5. 拒绝服务攻击

黑客可能无法从服务器上得到机密数据，但却可以利用**拒绝服务攻击**（Denial of Service，DoS），使合法用户无法得到正常的服务。DoS 攻击使用过多的请求来耗尽服务器的资源，或发送恶意数据使系统崩溃，从而使合法用户无法得到服务器的响应。SYN 洪水攻击就是一种典型的 DoS 攻击。DoS 攻击对于服务器来说可能并不会造成实质性的损害，但可以使人们对被攻击服务器的信任度下降，影响单位的声誉以及合法用户对网络服务的正常使用。

传统的 DoS 攻击一般是一对一的方式，当攻击目标 CPU 速度慢、内存小或者网络带宽小时，效果是明显的。随着计算机与网络技术的发展，计算机的处理能力迅速增长，内存大大增加，网络带宽迅速增大，加大了 DoS 攻击的困难程度。**分布式拒绝服务攻击**（Distributed DoS，DDoS）是在传统 DoS 攻击的基础上产生的攻击方式。

一个比较完善的 DDoS 攻击体系分成 3 部分：攻击目标、傀儡控制机和傀儡机，傀儡机也叫做奴隶机或"肉鸡"，黑客利用傀儡控制机控制住傀儡机，实际攻击是从傀儡机上发出的，傀儡控制机一般并不参与实际的攻击。黑客进行 DDoS 攻击前，首先攻击其他的安全强度较低的计算机，在被攻破的计算机中安装远程控制程序，使其成为傀儡机。平时这些傀儡机并没有什么异常，但黑客自己的傀儡控制机向它们发出攻击指令的时候，傀儡机就会向攻击目标进行攻击。傀儡机越多，DDoS 攻击成功的可能性就越大，而且黑客能够安全地隐藏自己，不被攻击目标发现，防火墙抵御 DDoS 攻击的难度也远大于抵御传统 DoS 攻击的难度。

由于 DoS 攻击不是使用什么漏洞，攻击目标难以分辨正常数据与攻击数据，所以目前还没有特别有效的解决方案，因此也就被攻击者大量使用。例如，某系统为了避免黑客反复尝试口令，规定口令键入错误 5 次后，账号就锁定半小时，锁定期间不能登录。黑客虽然不容易尝试密码了，但却可以进行 DoS 攻击，黑客依旧不断尝试密码，虽然不太可能尝试成功，但账户总是处于锁定状态，真正的用户就不能正常登录了。

6. 社会工程攻击

社会工程攻击研究的对象是与攻击目标有关的人员，主要是利用说服或欺骗的方法来获得对攻击目标的非法访问。社会工程攻击主要有以下攻击方法：

（1）黑客冒充合法的工作人员，直接走进攻击目标的工作场所，对整个工作场所进行深入的观察，找到一些可以利用的信息之后离开，如观察员工如何键入密码并记住。

（2）社会工程攻击可以通过电话进行，黑客可以冒充一个权力很大或是很重要的人物，打电话从攻击目标那里获得信息。单位的公开电话容易成为这类攻击的目标，而大多数员工所接受的安全领域的培训与教育很少，这就形成了很大的安全隐患。

（3）最流行的社会工程攻击是通过网络进行的，例如，黑客发送大量某种中奖的电子邮件，要求用户键入用户名及口令等秘密信息，总有那么一部分用户会上当。黑客也可以冒充某系统的管理员，编造看起来合理的理由，通过电子邮件向用户索要口令。

（4）翻垃圾堆是另一种常用的社会工程攻击方法，因为单位的垃圾堆里面往往包含了大量的信息，如电话本、日程安排、备忘录等。这些资源可以向黑客提供大量的信息，例如，电话本可以向黑客提供员工的姓名、电话号码，黑客可以把他们作为下一个攻击目标和冒充的对象。废旧硬件，特别是硬盘，黑客可以对它进行恢复来获取有用信息，即使原有数据已被新的数据覆盖，利用特殊设备，仍可以恢复原有数据。

（5）反向社会工程攻击是一种较为高级的方法，黑客会扮演一个很有用处的人物，让用户主动地向他询问信息。如果深入地研究、细心地计划与实施的话，反向社会工程攻击可以让黑客获得更多更好的信息。

只要提高警惕、具有安全意识，社会工程攻击是不难抵御的。

四、网上银行安全防范

随着计算机网络的普及，越来越多的人开始使用网上银行，进行网上转账、网上支付、网上查询。网上银行的安全问题也受到越来越多的关注。虽然网上银行使用了 SSL 协议，保证了数据在网络上传输的安全性，但网上银行仍然有其他安全问题。

针对网上银行的攻击，除前面讨论的一般攻击方法以外，还有一种叫做网络钓鱼的诈骗方式。顾名思义，网络钓鱼就是骗子利用一些诱饵，来骗取用户的账户和口令，从而坐收渔翁之利。通常骗子都是利用虚假的链接，如向受害人发送带有虚假链接的电子邮件，将受害人引导到一个假的网站。这个假网站会做得与某个网上银行网站一模一样，仅仅网址与真网址有一个字符不同，粗心的用户往往会将自己的账户和口令乖乖送到骗子那里。如中国银行网站为www.bank-of-china.com，而假冒的可能是 www.bank-off-china.com，仅多一个字母 f；工商银行网站为www.icbc.com.cn，而假冒的可能是www.1cbc.com.cn。

如今，骗子们的花样还在不断翻新，其中鸡尾酒钓鱼术更让人防不胜防。与使用假冒网站行骗的网络钓鱼不同，鸡尾酒钓鱼术直接利用真的银行网站行骗，即使是有经验的用户也可能会陷入骗子的陷阱。鸡尾酒钓鱼术仍使用虚假的链接，当用户单击虚假链接以后，的确能进入真正的网上银行网站，但是骗子的恶意代码会让浏览器出现一个类似登录框的弹出窗口，毫无戒心的用户往往会在这里键入自己的账户和口令，而这些信息就会发送到骗子的邮箱中。由于骗子使用了客户端技术，银行方面也无法发现异常。抵御这些钓鱼诈骗并不难，只需在进入网上银行网站的时候，一定要自己在浏览器的地址栏中键入网址。

使用网上银行有以下安全注意事项：

（1）从公开渠道获得网上银行真实网址，登录时核对所登录的网址与真实网址是否相符，谨防被骗。

（2）一定要使用 U 盾一类的密码硬件，U 盾具有极高的安全性。在一些网上银行中，U 盾是可选的，千万不要为了省 U 盾的几十元钱而遭受巨大损失。如果不使用 U 盾，那就使用只能查询、不能转账与支付的网上银行。U 盾只有在使用时才应插入 USB 口，平时要妥善保管，不能总是插在 USB 口上。

（3）应妥善选择和保管好登录口令与 U 盾口令。

（4）做好交易记录，定期查看历史交易明细、定期打印网上银行业务对账单，如发现异常交易或账务差错，立即与银行联系，尽可能地避免损失。

（5）对异常状态提高警惕，必要时立即停止业务。

（6）安装杀毒软件，开启实时保护功能，安装防火墙程序。

（7）及时更新相关软件，下载安装各种补丁。

（8）尽量避免在网吧等公共场所使用网上银行。

（9）使用网上银行时不要浏览其他网站，同时尽可能关闭其他软件，如 QQ 等。

如发现网上诈骗、盗窃等违法犯罪活动可向公安部网络违法案件举报中心 http://www.cyberpolice.cn 举报。

五、网络安全管理

1. 网络安全管理概述

本书前面详细讨论了网络信息安全的各种技术。只有技术是不是可以呢？答案是否定的。除了技术，还要有完善的网络安全管理机制，没有完善的网络安全管理机制，安全只是一句空话。例如，如果密钥因为管理混乱而泄密，那么密钥设置得强度再高又有什么用呢？仅通过技术手段实现的安全能力是有限的，俗话说"三分技术、七分管理"，就是强调管理的重要性，在网络安全领域更是如此。网络安全管理应遵循如下基本原则：

（1）策略指导原则：所有的网络安全管理活动都应该在统一的策略指导下进行。

（2）风险评估原则：网络安全管理策略的制订要依据风险评估的结果。

（3）预防为主原则：在信息系统的规划、设计、采购、集成和安装中要同步考虑安全问题，不可心存侥幸或事后弥补。

（4）适度安全原则：要平衡安全保护的费用与出现安全问题可能造成的损失，安全保护的费用应该与数据的价值成正比，将风险降至用户可接受的程度即可，没有必要追求绝对的、代价高昂的安全，实际上也没有绝对的安全。

（5）立足国内原则：考虑到国家安全和经济利益，安全技术和产品首先要立足国内，不能未经许可、未能消化改造直接使用境外的安全保密技术和产品设备，特别是信息安全方面的关键技术和核心技术更是如此。

（6）成熟技术原则：尽量选用成熟的技术，以得到可靠的安全保证。采用新技术时要慎重，要重视其成熟的程度。

（7）规范标准原则：安全系统要遵循统一的操作规范和技术标准，以保证互连通和互操作，否则，就会形成一个个安全孤岛，没有统一的整体安全可言。

（8）均衡防护原则：安全防护如同木桶装水，只要全部木板中有一块坏板，水就会从里面泄漏出来；木桶中的水只和最低一块木板平齐，其他木板再高也无用。所以，安全防护措施要注意均衡性，注意是否存在薄弱环节或漏洞。

（9）分权制衡原则：要害部位的管理权限不应交给一个人管理，否则，一旦出现问题将全线崩溃。分权可以相互制约，提高安全性。

（10）全体参与原则：安全问题不只是安全管理人员的事情，全体相关人员都有责任。如果安全管理人员制定的安全制度和措施得不到相关人员的切实执行，安全隐患依然存在，安全问题就不会得到真正解决。

（11）应急恢复原则：安全防护不怕一万就怕万一，因此安全管理要有应急响应预案，并且要进行必要的演练，一旦出现问题就能够马上采取应急措施，将损失减少到最低程度。天灾人祸在所难免，因此在灾难不可能同时波及的另一地区设立备份中心，保持备份中心与主系统数据的一致性。一旦主系统遇到灾难而瘫痪，便可立即启动备份系统，使系统从灾难中得以恢复，保证系统的连续工作。

（12）持续发展原则：为了应对新的风险，对风险要实施动态管理。因此，要求安全系统具有延续性、可扩展性，能够持续改进，始终将风险控制在可接受的水平。

正确评估一个信息系统的安全状况是一个重要的问题，评估结果既是制订网络安全管理策略的基础，又反映了系统当前的安全状况。安全评估的第 1 步是人工检查阶段，人工检查各类规章制度、安全方案、技术文档等文字材料，并据此检查实际的规章制度执行情况、网络连接情况、设备设置情况。安全评估的第 2 步是漏洞测试阶段，测试者模拟攻击者，用各种工具软件与攻击方法对目标系统进行测试攻击，尽可能多地发现各种安全漏洞。漏洞测试可以事先通知，也可以事先不通知，后者可以得到最佳的测试效果。

网络安全管理的具体措施很多，应该根据具体情况制订，以下是通用的措施：

（1）制定各类管理制度，并在工作中真正执行。

（2）系统由专人管理，其他人员不应该接触系统。

（3）禁止非工作人员进入重要机房。

（4）使用不间断电源 UPS，做好防火、防水、防雷击保护措施。

（5）各用户必须管理好自己的口令，并定期更改，不能泄露。

（6）重要的设备应该安放在安装了摄像头的隔离房间内，要保留 15 天以上的摄像记录，并使用门禁系统。机箱，键盘，电脑桌抽屉要上锁，以确保旁人即使进入房间也无法操作设备，钥匙要放在安全的地方。

（7）随时检查并记录服务器、网络设备及各类应用软件的运行情况，对软硬件进行的修改、升级一定要记录在案。

（8）对软硬件进行重大的更改前，必须先形成方案文件，经过详细研究确认可行后再实行，并应对更改可能带来的负面后果做好充分的准备。可以在其他设备上试验后再正式实行，绝不能在工作中的设备上进行试验性质的调试。

（9）服务器上仅安装必须的软件，非必须的软件一律删除。

（10）定时备份重要数据，一定要把数据备份在光盘或另一台设备上，不能备份在同一台设备上，这样的话还不如不备份。至关重要的数据应该异地备份，防止大规模自然灾害，如地震发生时数据全灭。

2. 网络安全方面的法律法规

随着计算机网络的飞速发展，单靠技术水平的提高已经不可能完全遏制住对网络的攻击，必须出台相应的法律法规来约束和管理网络，让广大网络使用者遵循一定的游戏规则。我国已经制定了很多网络安全方面的法规：

（1）《计算机病毒控制规定》。

（2）《中华人民共和国计算机信息系统安全保护条例》。

（3）《中华人民共和国计算机信息网络国际联网管理暂行规定》。

（4）《国际互联网出入信道管理办法》。

（5）《计算机信息系统保密管理暂行规定》。

（6）《商用密码管理条例》。

（7）《互联网信息服务管理办法》。

（8）《电子认证服务管理办法》。

（9）《电子认证服务密码管理办法》。

2000 年 9 月 20 日公布施行的《互联网信息服务管理办法》，把互联网信息服务分为经营性和非经营性两类。经营性互联网信息服务，是指通过互联网向上网用户有偿提供信息服务的活动；非经营性互联网信息服务，则是指通过互联网向上网用户无偿提供具有公开性、共享性信息的服务活动。国家对经营性互联网信息服务实行许可制度；对非经营性互联网信息服务实行备案制度。未取得许可或者未履行备案手续的，不得从事互联网信息服务。很多网站首页的下面有"×ICP 备××××号"的字样，如鲁 ICP 备 08106597 号，说明这是非经营性互联网信息服务，如果有"×ICP 证××××"的字样，如新浪网站的京 ICP 证 000007，说明这是经营性互联网信息服务。

法律方面，1988 年 9 月 5 日通过的《中华人民共和国保守国家秘密法》第 3 章第 17 条提出"采用电子信息等技术存取、处理、传递国家秘密的办法，由国家保密部门会同中央有关机关规定"；1997 年 10 月，我国在修订刑法时增加了计算机犯罪的罪名；为规范互联网用户的行为，2000 年 12 月 28 日全国人大常委会通过了《全国人大常委会关于维护互联网安全的决定》；2004 年 8 月 28 日通过《中华人民共和国电子签名法》，并已于 2005 年 4 月 1 日开始施行。

任务七　防火墙

一、了解防火墙

谈到网络安全，首先想到的一般就是**防火墙**（firewall）。防火墙作为网络安全体系的基础和核心设备，在网络安全中具有举足轻重的地位。防火墙是设置在内部网络和外部网络之间的一道屏障，如图 6-41 所示，防火墙就像是门卫，阻挡外部网络对内部网络的入侵。防火墙可以用软件实现，如用户可以在自己的计算机上安装个人防火墙软件，Windows XP 中就内置了防火墙软件。单位使用的防火墙多为硬件防火墙，外形与路由器、交换机等网络设备类似，如图 6-42 所示。绝大多数硬件防火墙都具有路由器的功能，可以作为路由器使用，配置方法也与路由器等网络设备类似。不同防火墙的功能差别很大，好的防火墙可以过滤病毒，还可以对 BT 等常见 P2P 软件限制下载速度。

图 6-41　防火墙位于内部网与外部网之间

图 6-42　硬件防火墙

防火墙的基本工作原理是过滤经过自己的所有数据，符合某些条件的就允许通过，符合另一些条件的则禁止通过。一般情况下，防火墙在网络中的连接方法如图 6-41 所示，来自因特网的数据首先经过防火墙过滤，符合条件的才能进入内部网络。但有时情况复杂得多，例如，在内部网中有一台对外提供服务的 WWW 服务器，为更好地对外提供服务，该 WWW 服务器对来自因特网的访问限制很松，但内部网中的其他计算机则对来自因特网的访问限制很严，这时防火墙需要另外一种连接方法。

如图 6-43 所示，防火墙使用了 3 个接口，一个接口连接因特网，另一个接口通过路由器连接内部网络，最后一个接口则连接了对外提供服务的 WWW 服务器。因为该服务器所在的小网络对来自因特网的访问限制很松，所以叫做"非军事区"（DeMilitarized Zone，DMZ）。在设置防火墙时，对去往内部网络与"非军事区"的数据可以做不同的限制，"非军事区"内的计算机一般都是对外提供服务的计算机，安全性要求低于内部网络中的计算机。

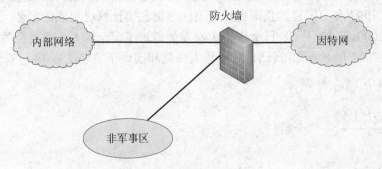

图 6-43　防火墙与非军事区

防火墙不是万能的，某些精心设计的攻击能够躲过防火墙的过滤，进入内部网络。另外，有统计数据指出，对网络的攻击很多来自内部网络，在某些单位甚至超过了来自外部网络的攻击，所以使用防火墙并不就意味着万无一失。

二、防火墙的类型

防火墙可以分为 3 类：分组过滤防火墙、状态过滤防火墙和应用网关防火墙。

1. 分组过滤防火墙

分组过滤防火墙是最早、最简单的防火墙，分组过滤防火墙检查每一个分组的首部，并与事先制定的规则比较，来确定是否允许该分组通过。理论上分组过滤防火墙可以过滤分组首部的所有字段，但是大多数分组过滤防火墙只过滤最有用的字段，主要有：

● IP 数据报中的源 IP 地址与目的 IP 地址。
● IP 数据报中的协议字段。
● TCP 或 UDP 报文段中的源端口号与目的端口号。
● TCP 报文段中的标志位，如 ACK、SYN 等。

使用分组过滤防火墙前，要制定规则，这些规则说明什么样的数据能够通过，什么样的数据禁止通过，多条规则组成一个**访问控制列表**（Access Control List，ACL）。对每一个分组，防火墙都要检查它与 ACL 中的规则是否匹配，防火墙顺序使用 ACL 中的规则，只要有一条规则匹配，就采取规则中规定的动作，后面的规则不再使用。所以规则的顺序非常重要，错误的顺序可能使网络不能正常工作，或可能导致严重的安全问题。

例如，有时需要禁止 ICMP 消息通过防火墙，这样因特网中的计算机将不能 ping 内部网中的计算机，可以制定如表 6-1 所示的 ACL。当 IP 数据报装载 ICMP 消息时，IP 数据报首部的协议字段的值为 1，所以协议字段值为 1 的数据要禁止通过，这就是第 1 条规则规定的内容；若分组与第 1 条规则不匹配，则继续与第 2 条规则比较，任何分组都与第 2 条规则匹配，都能通过防火墙。这两条规则结合在一起，就能阻止 ICMP 消息通过防火墙，而其他数据都能通过防火墙。如果这两条规则交换顺序，所有数据都会通过防火墙，就不能阻止 ICMP 消息了。

表 6-1 阻止 ICMP 消息通过的 ACL

序号	IP 数据报首部的协议字段	动作
1	1	拒绝
2	全部	允许

上一个 ACL 非常简单，下面举一个稍微复杂一点的例子。假设内部网络的网络地址为 172.21.94.0/24，为阻止来自因特网的 IP 地址欺骗攻击，可以制定如表 6-2 所示的 ACL。来自因特网的 IP 数据报不可能具有内部网络的 IP 地址，否则一定就是 IP 地址欺骗，第 1 条规则将禁止这样的数据通过，第 2 条规则将允许其他数据通过。实际的 ACL 非常复杂，过滤的字段很多，规则的数量也很多，必须非常仔细的设计。现在几乎所有路由器都具有 ACL 功能，也就是说，路由器可以作为分组过滤防火墙使用。

表 6-2 阻止 IP 地址欺骗的 ACL

序号	源 IP 地址	目的 IP 地址	动作
1	172.21.94.0/24	全部	拒绝
2	全部	全部	允许

2. 状态过滤防火墙

上面的分组过滤防火墙独立地过滤每一个分组，并不考虑分组之间的联系，而状态过滤防火墙则记住前面的分组，并与后面的分组建立联系，来确定对后面分组采取的动作。例如，状态过滤防火墙可以实现这样的功能：只有在内部网中的计算机 A 向因特网上的计算机 B 发送 UDP 报文段后，才允许 B 向 A 发送的 UDP 报文段进入内部网，而分组过滤防火墙无法实现这样的功能。

状态过滤防火墙可以抵御 SYN 洪水攻击，如果接收到的 TCP 第一次握手数据速率超过设定值，就阻止 TCP 第一次握手数据通过。状态过滤防火墙还可以抵御 TCP 端口扫描，如果发现某个 IP 地址向另一 IP 地址的多个不同端口发送 TCP 报文段的速率超过设定值，就阻止来自该 IP 地址的 TCP 报文段。

3. 应用网关防火墙

分组过滤防火墙与状态过滤防火墙通常只过滤 IP 数据报与 TCP、UDP 报文段的首部字段，而应用网关防火墙则能过滤应用层的数据。应用网关防火墙本质上就是一个代理服务器，它在代替用户访问服务器的过程中，自然能够过滤应用层的数据。应用网关防火墙的功能强大，例如，应用网关防火墙可以过滤病毒，像杀毒软件一样，防火墙检查应用层的数据是否有病毒特征码，若有就禁止通过；应用网关防火墙还可以限制下载文件的大小，使内部网络用户不能下载过大的视频文件。应用网关防火墙虽然功能强大，但效率显然比分组过滤防火墙与状态过滤防火墙低。

因为应用网关防火墙可以过滤敏感数据，所以为应付应用网关防火墙的过滤，一些软件把文字作为图片传输，或者在文字中添加星号（*）等作为分隔符，这不会影响人眼查看，但防火墙就无法识别了。

任务八　计算机病毒

一、了解计算机病毒

随着计算机在各行各业的大量应用，计算机病毒也随之渗透到计算机世界的每个角落，常以人们意想不到的方式侵入计算机系统。计算机病毒在《中华人民共和国计算机信息系统安全保护条例》中的定义为："编制或者在计算机程序中插入的破坏计算机功能或者数据，影响计算机使用并且能够自我复制的一组计算机指令或者程序代码"。

计算机病毒一词首次出现在 1977 年美国的一本科幻小说《The Adolescence of P-1》中，在这部小说中作者幻想出世界上第一种计算机病毒，它从一台计算机传播到另一台计算机，最终控制了 7 000 多台计算机的操作系统，造成了一场大灾难。一般认为，计算机病毒的发源地在美国，早在 20 世纪 60 年代初期，美国贝尔实验室里的一群年轻研究人员常常在做完工作后，留在实验室里玩一种他们自己创造的计算机游戏。这种被称为达尔文的游戏的玩法是，每个人编一段小程序，输入到计算机中运行，互相展开攻击并设法毁灭他人的程序。这种程序就是计算机病毒的雏形，然而当时人们并没有意识到这一点。计算机界真正认识到计算机病毒的存在是在 1983 年，在这一年 11 月 3 日召开的计算机安全学术讨论会上，首次提出了计算机病毒的概念，并证明计算机病毒可以在短时间内实现对计算机系统的破坏，且可以迅速地向外传播。

计算机病毒是一个广义的概念，很多恶意程序都可以称为病毒，如木马程序是一个有用（或表面看起来有用）的程序，但其中包含了秘密的恶意代码。当木马程序执行的时候，这些秘密代码将执行一些有害的操作。木马程序的恶意代码隐藏在正常的程序当中，就像古希腊的特洛伊木马一样，所以才称为木马程序。

随着计算机网络的普及，计算机病毒的传播速度大大提高了，传播形式也有了新的变化。病毒可以读取用户电子邮件的地址簿，并将自身作为附件发向地址簿内的邮件地址；病毒也可以自动探测网络上的其他计算机，发现漏洞后立即进行攻击。现在，计算机病毒有一个新的发展趋势，进行破坏性攻击的病毒已经逐渐不再唱主角了，最大威胁已经让位于以经济利益为目的的各类间谍、木马、钓鱼软件，如网银大盗病毒专门窃取用户网上银行的账号和口令，还有的病毒专门窃取用户的 QQ 号与口令。有报告显示，这类软件的危害早已超越传统病毒，成为目前网络安全的最大威胁。这类软件因为没有明显的破坏性，隐蔽性更好，更难以发现，用户可能在不知不觉间就被窃取了机密数据。

计算机病毒一般具有以下特点：

（1）传染性：传染性是计算机病毒的基本特征，计算机病毒会通过各种渠道从已被感染的计算机扩散到未被感染的计算机。正常的计算机程序是不会强行传播的，所以是否具有传染性是判别一个程序是否为计算机病毒的最重要条件。

（2）隐蔽性：计算机病毒一般是具有很高编程技巧、短小精悍的程序，通常隐藏在正常程序中或磁盘较隐蔽的地方，也有的以隐藏文件的形式出现。

（3）潜伏性：大部分的计算机病毒感染系统之后一般不会马上发作，它可以长期隐藏在系统中，只有在满足其特定条件时才发作。而且受到传染后，计算机通常仍能正常运行，用户不会感到异常，病毒得以在用户没有察觉的情况下传播到大量计算机中。

（4）破坏性：计算机病毒侵入系统后，就会对系统及应用程序产生程度不同的影响，轻者会降低计算机的工作效率，占用系统资源，重者可导致系统崩溃。计算机病毒如不破坏系统，也会盗取用户的机密数据。

（5）针对性：计算机病毒发挥作用是有一定环境要求的，一种病毒并不是对任何计算机系统都能传染的，如攻击 Windows 操作系统的病毒对 Linux 操作系统就是无效的。

（6）不可预见性：不同种类的病毒代码千差万别，而且在不断发展，声称可查杀未知病毒的杀毒软件也许能查杀已知病毒的部分变种，但绝不可能查杀所有的未知病毒。病毒对杀毒软件永远是超前的。

二、计算机病毒防范

关于计算机病毒的防范，应该用两种手段：一是管理手段，二是技术手段，二者缺一不可，很多人只重视技术手段，而忽视管理手段。实际上，只要加强管理，平时小心谨慎，很多病毒是可以防范的。要防范病毒，就应该知道计算机中病毒时的症状，从而及时采取措施。下列一些异常现象可以作为计算机中病毒时的参考症状：

（1）程序装入时间比平时长，运行异常。

（2）磁盘的空间突然变小了，或不能识别磁盘设备。

（3）程序和数据神秘地丢失了，文件名不能辨认。

（4）计算机经常出现死机或不能正常启动等现象。

（5）可执行文件的大小发生变化或出现不知来源的隐藏文件。

（6）计算机中出现不明进程。

（7）启动项目中增加了不明程序。

很多病毒都利用了操作系统自身的漏洞，所以要及时下载安装补丁以堵塞这些漏洞。使用杀毒软件定期杀毒，并启动实时防毒功能，可以有效地防范病毒的入侵。杀毒软件要占用CPU、内存等资源，降低了效率，最好的办法是不再使用 Windows 操作系统，而使用完全免费的自由软件 Linux 操作系统。Linux 上的病毒极少，而且迄今为止，从未出现过大规模流行的病毒。但是用户从 Windows 转向 Linux，需要一段适应的时间。

虽然采取了各种各样的防范措施，计算机中的数据仍有可能被病毒破坏，做好备份是最有效的防范措施。可以备份重要文件，也可以用 Ghost 等软件备份整个系统。备份不应该保存在本计算机中，最好保存在另外安全的地方，如移动硬盘上。另外，也可以使用数据恢复软件恢复被破坏的数据，如著名的 Easy Recovery。

在网络攻防的过程中，有时技术并不是最重要的，而是智慧的角逐。例如，有的病毒在用户登录的过程中，记录用户的击键顺序，从而得到用户名与口令。对策是在屏幕上显示键盘图，用鼠标单击按键，但病毒可以在用户单击鼠标的时候截图，仍可以得到用户名与口令。所以一些网上银行在用户登录时使用特殊的口令文本框，这种文本框由专门的程序生成，病毒就难以得逞了。

 基础训练

1. 从网上下载文件加密软件，加密自己的文件。

2. 从网上下载 WinRAR 破解软件，尝试破解加密的 WinRAR 压缩文件。

3. 数字签名为何能有与手写签名一样的作用？

4. 申请开通具有 U 盾的网上银行，尝试网上支付，体会 U 盾、数字证书及私钥、SSL在网上支付中的作用。

5. 简述防火墙的工作原理。

6. 在自己的计算机上安装个人防火墙软件。

 技能训练

没有完善的网络安全管理机制，网络安全只是一句空话，所以第一步是建立完善的安全管理机制，特别是对极端重要的财务、教务管理系统，更是如此。

在开发信息系统时，必须注意安全问题。信息系统是建立在一定的技术手段之上的，使用的技术手段不同，信息系统的结构、性能和安全性就会有很大的差异。随着信息化和互联网的高速发展，对信息系统的安全性要求越来越高，信息系统的安全应本着与本单位的实际情况相融合的理念制定相应的策略。信息系统的安全涉及到系统的各个方面，它贯穿信息系统开发以及实用的所有过程。在开发阶段，要根据信息系统的安全需求设计整体的安全方案，系统安全的概念贯穿于分析、设计、编程以及测试的各个阶段，如采用什么样的登录方式、身份认证模式、访问控制的策略、安全审计内容、安全通信强度等。在信息系统的应用阶段，要严格设

置对系统的访问权限，充分利用审计功能，及时制止不合理及乱用职权的操作。

针对案例需求中开发 Web 信息系统的要求，采取的相应策略如下：

（1）只有注册用户利用用户名和口令才能访问系统。这是身份认证方面的要求，可以提供进一步的细节要求。

（2）系统资源的访问权限按用户在学校里扮演的角色分配。这是访问控制方面的要求，显然要选择基于角色的访问控制。

（3）即使系统管理员打开系统数据库也不能看懂一些关键数据，比如密码、用户重要信息等，这是数据保密方面的要求。对于密码的安全存储，可以利用单向散列函数实现，计算密码的散列值并存储到数据库中；职工重要信息的保密存储可利用加密方法实现。

（4）对一些重要的数据和文件要保证其不被篡改，若改动能被检验出来，这是数据完整性方面的要求。

（5）用户访问系统后要留下证据，以备过后审核，这是系统审计方面的要求。可以实现登入日志和操作日志等日志功能。

为阻止外部网络对校园网的攻击，校园网与教育网及公众网的交界处必须设置防火墙，如图 6-44 所示是陕西工业职业技术学院网络中心机房的网络结构图，在路由器前设置两台防火墙，分别过滤教育网与公众网的数据。具体的过滤功能依防火墙的不同而不同，可以有阻止 IP 地址欺骗、SYN 洪水攻击等抗攻击功能，也可以有过滤病毒等功能。

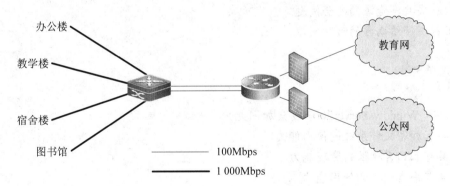

图 6-44　陕西工业职业技术学院网络中心机房网络结构图

学院图书馆的数字图书等资源，以及学院办公系统等系统只对校内用户开放，要做到这一点，这些系统可以验证 IP 数据报的源 IP 地址，只有校内 IP 地址才能访问，校外 IP 地址不能访问。也可以在防火墙上做设置，阻止目的 IP 地址是这些系统 IP 地址的数据通过。对于财务系统这类包含机密数据的系统，应该设置为使用 SSL 访问，特别是从校外访问时，以保证机密数据的安全。

项目 7 网络安全管理

 **项目概述**

公司许多计算机都接入了 Internet，给员工带来了很大的方便，但很快新的问题出现了，用户计算机经常感染病毒，重要数据被未授权访问和破坏，员工个人隐私被公开，公司计算机被攻击，面对这一系列安全问题，小王又忙碌起来。

网络安全现在不只是一个网络技术问题，更是个社会问题，为了防患于未然，应该对网络系统的安全性做整体规划，除了在公司网络出口安装防火墙和 IDS（入侵检测系统）外，更应该重视内网的安全。具体要解决的问题是

（1）解决操作系统的安全管理问题。

（2）解决数据机密问题。

（3）解决共享资源的安全问题。

（4）解决网络病毒的防护问题。

 **学习目标**

- 具有 WindowsServer2003 安全加固能力
- 具有加密文件系统的使用能力
- 具有 NTFS 权限的管理能力
- 具有杀毒软件的使用能力

任务一　加固 Windows Server 2003 的安全

虽然操作系统本身在不断完善，对攻击的抵抗能力日益提高，但是要提供完整的系统安全保证，仍然有许多安全配置和管理工作要做。如何全面设置新安装的 Windows Server 2003 服务器，首先应从以下几个方面入手：

1. 启用 Windows Update 服务

（1）新系统安装后，先进行全面的 Windows Update 打全所有官方公布的补丁程序。

微软提供的安全补丁有两类：服务包（Service Pack）和热补丁（Hot fixes）。

服务包已经通过回归测试，能够保证安全安装。每一个 Windows 的服务包都包含着在此之前所有的安全补丁。微软公司建议用户及时安装服务包的最新版。安装服务包时，应仔细阅读其自带的 Readme 文件并查找已经发现的问题，最好先安装一个测试系统，进行试验性安装。

安全热补丁的发布更及时，只是没有经过回归测试。

在安装之前，应仔细评价每一个补丁，以确定是否应立即安装还是等待更完整的测试之后再使用。在 Web 服务器上正式使用热补丁之前，最好在测试系统上对其进行测试。

Windows 自动更新是 Windows 的一项功能，当适用于您的计算机的重要更新发布时，它会及时提醒您下载和安装。

步骤 1：选择"我的电脑"，右击【属性】，打开【自动更新】标签，时间一般选择每天凌晨一次（上网人少，速度快），如图 7-1 所示。

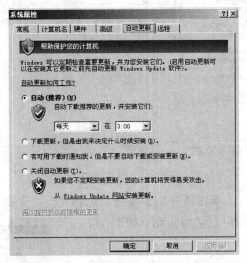

图 7-1　自动更新

 一般运行完更新脚本后更新并不会立刻开始，需要等待一段时间（30min 以内），请放心，电脑一旦发现有新的更新存在会立刻自动给出下载安装的提示以及各种更新的详细说明（屏幕右下角会冒出来一个图标）。

步骤 2：单击链接 www.update.microsoft.com 随时进行在线更新，如图 7-2 所示。

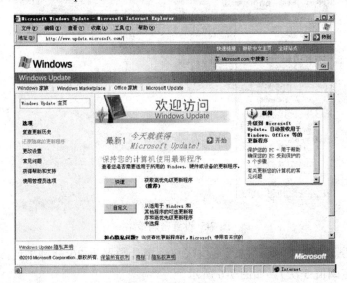

图 7-2　在线更新

2. 用户基本管理

步骤 1：禁止或删除不必要的账户（如 Guest），如图 7-3 所示。

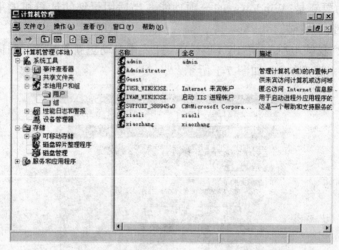

图 7-3 禁止用户

步骤 2：启动组策略时，单击【开始】按钮，选择【运行】命令，在【运行】文本框中输入"gpedit.msc"命令，即可启动组策略，如图 7-4 所示。

步骤 3：设置增强的密码策略（密码长度至少 9 个字符；设置一个与系统或网络相适应的最短密码存留期为 1～7 天；设置一个与系统或网络相适应的最长密码存留期不超过 42 天；设置密码历史至少 7 个）。如图 7-5 所示。

图 7-4 打开组策略控制台

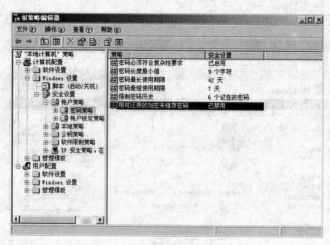

图 7-5 设置密码策略

步骤 4：设置账户锁定策略（修改复位账户锁定计数器为 30 分钟之后，账户锁定时间为 30 分钟，账户锁定阈值 5 次）。如图 7-6 所示。

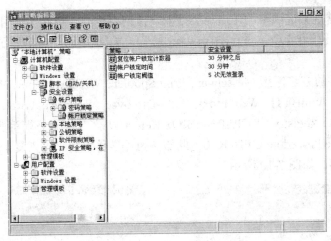

图 7-6　设置账户锁定策略

步骤 5：加强管理员账户的安全性（将 Administrator 重命名；为 Administrator 账户设置一个复杂密码；建立一个伪账户，其名字虽然是 Administrator，但是没有任何权限；除管理员账户外，有必要再增加一个属于管理员组（Administrators）的账户，作为备用账户）。

3. 优化和筛选系统服务中的各项服务

步骤 1：【开始】/【运行】，输入 services.msc 命令，单击【确定】按钮。如图 7-7 所示。

图 7-7　打开服务控制台

步骤 2：在服务窗口中，打开 "Computer Browser"，如图 7-8 所示。

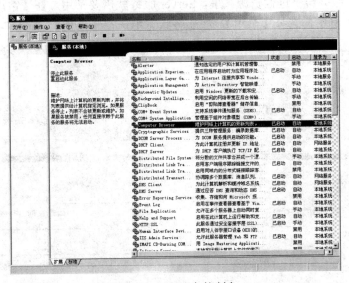

图 7-8　运行服务控制台

步骤 3：在【常规】选项卡的【启动类型】下拉列表框中，选择【禁用】，在【服务状态】下拉列表框中选择【停止】。Computer Browser 服务被关闭，可用来防止局域网之间的浏览，如图 7-9 所示。

步骤 4：按同样的方法停止 Messenger、Print Spooler、Windows Time、Windows User Mode Driver Framework、WinHTTP Web Proxy Auto-Discovery Service、Wireless Configuration、Workstation、Remote Registry、TCP/IP NetBIOS Helper 以及 Telnet 终端等服务。

步骤 5：Remote Procedure Call（RPC）此服务可不能停，要把【恢复】选项卡中的失败全部设置为【不操作】，如图 7-10 所示。

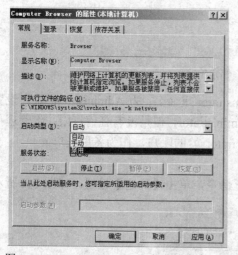

图 7-9　Computer Browser 服务启动类型选项

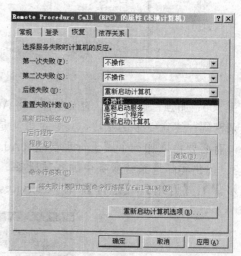

图 7-10　RPC 服务失败恢复选项

步骤 6：Windows Firewall/Internet Connection Sharing（ICS）此项为系统自带的防火墙，根据情况最好开启。在【启动类型】下拉列表框中选择【自动】，在服务状态中选择启动，如图 7-11 所示。

步骤 7：如果服务器不进行资源共享，Server 服务就需要禁用。在【常规】选项卡的【启动类型】下拉列表框中，选择【禁用】，在服务状态中选择【停止】，如图 7-12 所示。

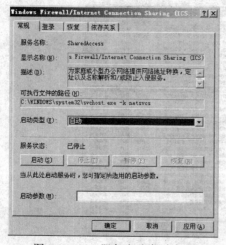

图 7-11　ICS 服务启动类型选项

图 7-12　Server 服务启动类型选项

Server 服务禁用后，在【计算机管理】/【共享文件夹】/【共享】中执行【新文件共享】命令，系统出现错误提示，如图 7-13 所示。系统的常规共享、IPC$等都关闭了。

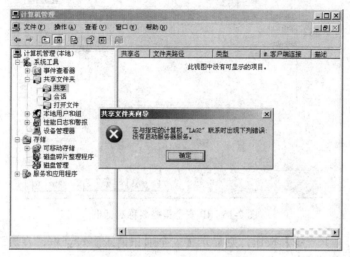

图 7-13　共享文件夹创建失败窗口

步骤 8：禁用 TCP/IP 上的 NetBIOS（关闭 137/137 端口）。

打开【TCP/IP】属性，选择【高级】，在高级设置窗口中选择【WINS】标签，在 NetBIOS 设置中选中【禁用 TCP/IP 上的 NetBIOS】单选按钮。单击【确定】按钮。如图 7-14 所示。

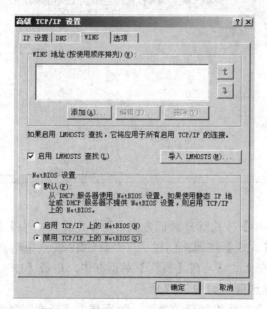

图 7-14　禁用 TCP/IP 上的 NetBIOS

4．关闭常用端口及防止 PING 攻击

步骤 1：打开【程序】/【管理工具】/【本地安全策略】，选中【IP 安全策略，在本地计算机】，在右边窗格的空白位置右击，弹出快捷菜单，选择【创建 IP 安全策略】，会弹出一个向导。在向导中单击【下一步】按钮，为新的安全策略命名为【禁用 ICMP】，如图 7-15 所示。

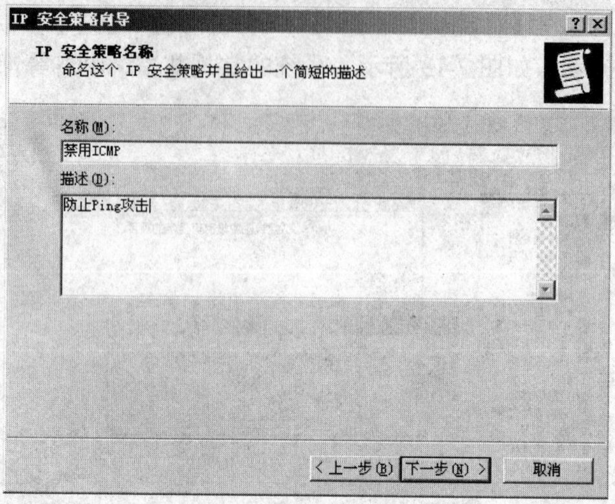

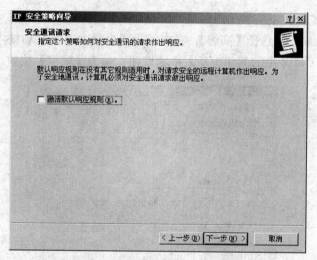

图 7-15　IP 安全策略名称对话框

步骤 2：单击【下一步】按钮，则显示【安全通讯请求】对话框，在界面上取消选中【激活默认响应规则】复选框，如图 7-16 所示。

图 7-16　安全通信请求对话框

步骤 3：单击【下一步】按钮选择验证方法，再单击【下一步】按钮出现一个警示窗口，单击【是】按钮，单击【完成】按钮就创建了一个新的 IP 安全策略。

步骤 4：右击该 IP 安全策略，在【属性】对话框中，出现【IP 安全规则】对话框，取消选中【使用添加向导】复选框，如图 7-17 所示。

步骤 5：单击【添加】按钮添加新的规则，随后弹出【新规则属性】对话框，在界面上单击【添加】按钮，弹出【IP 筛选器列表】窗口；在列表中，修改名称为【ICMP-ping】，首先取消选中【使用添加向导】复选框，然后再单击右边的【添加】按钮添加新的筛选器。如图 7-18 所示。

步骤 6：进入【筛选器属性】对话框，首先看到的是地址选项卡，源地址选【任何 IP 地址】，目标地址选【我的 IP 地址】。如图 7-19 所示。

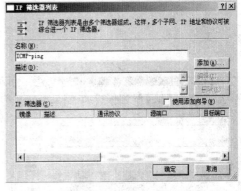

图 7-17 IP 安全规则对话框　　　　　　图 7-18 IP 筛选器列表

步骤 7：单击【协议】选项卡，在【选择协议类型】的下拉列表框中选择【ICMP】，如图 7-20 所示。

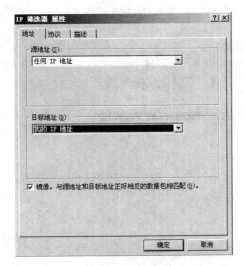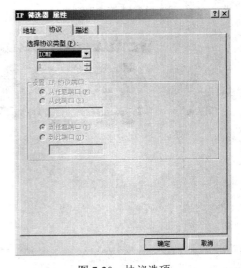

图 7-19 地址选项　　　　　　　　　　图 7-20 协议选项

步骤 8：单击【确定】按钮后回到筛选器列表的对话框，可以看到已经添加了一条策略，重复以上步骤可以添加多条规则。（例如：在【选择协议类型】的下拉列表框中选择【TCP】，然后在【到此端口】下的文本框中输入"4012"，最后单击【确定】按钮，就可以关闭 4012 端口。）如图 7-21 所示。

步骤 9：在【新规则属性】对话框中，选中【新 IP 筛选器列表】单选按钮，表示已经激活，最后单击【筛选器操作】选项卡。在【筛选器操作】选项卡中，取消选中【使用添加向导】复选框，单击【添加】按钮，添加【阻止】操作：在【新筛选器操作属性】的【安全措施】选项卡中，选中【阻止】单选按钮，然后单击【确定】按钮。如图 7-22 所示。

步骤 10：进入【新规则属性】对话框，选中【新筛选器操作】单选按钮，表示已经激活，单击【关闭】按钮，关闭对话框；最后回到【新 IP 安全策略属性】对话框，选中【新的 IP 筛选器列表】复选框，单击【确定】按钮关闭对话框。在【本地安全策略】窗口，右击禁用 ICMP，然后选择【指派】，如图 7-23 所示。

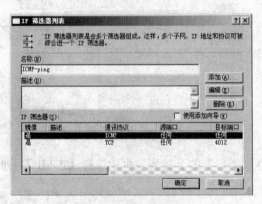

图 7-21　IP 筛选器列表

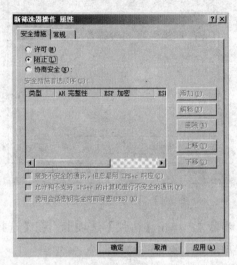

图 7-22　安全措施选项

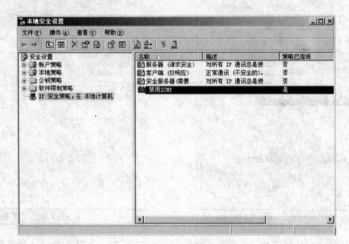

图 7-23　本地安全策略窗口

步骤 11：重新启动计算机后，计算机中上述网络端口就被关闭了，病毒和黑客再也不能连上这些端口，从而保护了计算机。在本例中配置了禁用 ICMP 策略，发现本机不能 ping 通 192.168.3.33，如图 7-24 所示。但是可以访问该机的共享资源如图 7-25 所示。

5．TCP/IP 筛选

步骤 1：打开【TCP/IP】属性，选择【高级】，在高级设置对话框中选择【选项】标签，如图 7-26 所示。

步骤 2：单击【属性】按钮，出现【TCP/IP 筛选】对话框，添加 21、80 端口，然后单击【确定】按钮。完成设置，如图 7-27 所示。

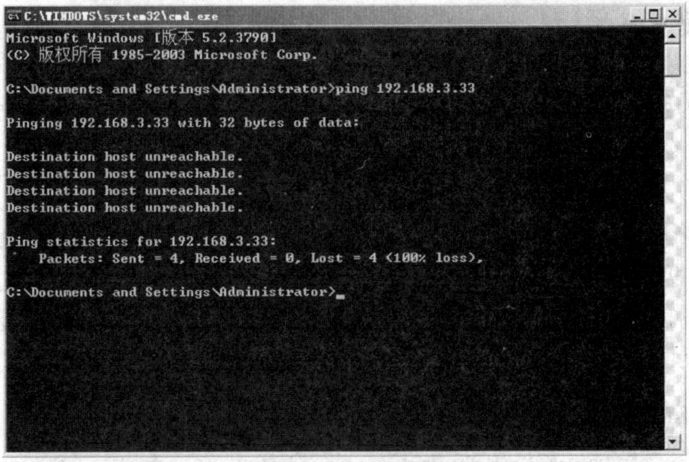

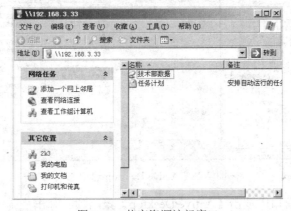

图 7-24　ping 命令窗口

图 7-25　共享资源访问窗口

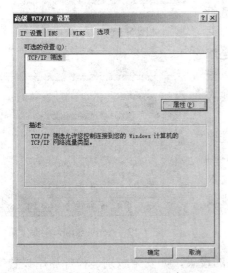

图 7-26　高级 TCP/IP 设置窗口

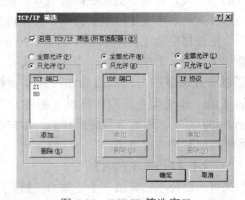

图 7-27　TCP/IP 筛选窗口

这样的话，操作系统只允许 21 端口和 80 端口进行数据传输，其他端口关闭。

6. 用组策略加固系统

平时使用计算机时，会遇到自己喜欢的壁纸被修改；IE 选项被修改等种种情况，这些情况的改变为自己使用计算机带来了诸多不便。如果想要把这些修改回来就需要动用其他软件来完成，那有没有什么方法能够防患于未然，在被修改之前就将其禁止呢？利用 Windows 2003 自带的组策略就可以实现，只需要对相关的选项进行设置就可以轻松做到不被修改。

（1）在组策略中，提供了一个【Active Desktop 壁纸】策略，通过这个策略允许用户设置桌面上的墙纸并防止用户更改壁纸及其外观。设置方法为：

步骤 1：在【组策略编辑器】窗口左侧的【本地计算机】策略中依次展开【用户配置】/【管理模板】/【桌面】/【Active Desktop】，如图 7-28 所示。

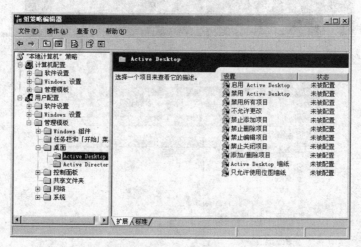

图 7-28　Active Desktop 选项

步骤 2：随后在右窗口中双击【Active Desktop】策略项，弹出一个【Active Desktop 墙纸属性】对话框，显示设置选项卡，首先选中【已启用】单选按钮，这时下面的文本框已被激活，其中在【墙纸名称】文本框中输入墙纸图像文件所在的文件夹和名称。并且在下面的【壁纸样式】的下拉列表框中指定墙纸是否居于中央、是否平铺或拉伸等设置，在此可以根据需要选择，然后单击【确定】按钮即可，以后其他人再也不会更改你桌面上的壁纸了。如图 7-29 所示。

在该策略中，系统提供了一个 UNC 路径，通过该功能可以设置网络中的图片或局域网其他计算机中的图片做壁纸，如果设置其他计算机上的图片可以输入 //Server/*.jpg 格式。通过该策略设置后，用户就不能通过【系统属性】更改壁纸了。

图 7-29　Activesktop 墙纸设置

（2）隐藏【Internet 选项】。

如果有一台公用计算机，小王对 IE 进行了必要的设置，如安全级别、控件启用设置等。这些设置后，他不想让别人进行修改，这时就可以通过组策略将 Internet 选项中的各项屏蔽掉，以后使用时启用即可。

屏蔽 IE 的【Internet 选项】时，首先依次展开【用户配置】/【管理模版】/【Windows 组件】/【Internet Explore】/【Internet 控制面板】，此时在右窗口中出现了禁用【Internet 选项】的所有标签项策略，如果要屏蔽某一标签项，如：常规标签项。在此双击【禁用常规页】策略，然后在弹出的对话框中选中【已启用】单选按钮，即可将其屏蔽，以后再使用各项功能时在此选中【未配置】单选按钮即可将其进行恢复。如图 7-30 所示。

图 7-30　Internet 选项

（3）让【任务管理器】消失。

许多人平时都喜欢按【Ctrl+Alt+Del】组合键来显示用户选项，这里包括任务管理器、锁定计算机、更改 Windows 密码、注销 Windows 和关机等选项。这些选项都是非常重要的，为了防止他人操作可以在组策略中屏蔽这些按钮。

首先依次展开【用户配置】/【管理模板】/【系统】/【Ctrl+Alt+Del 选项】分支，在该分支下可以共有【删除任务管理器】/【删除锁定计算机】/【删除更改密码】/【删除注销】4 个策略，双击其中需要屏蔽的项目，弹出一个设置对话框，在该对话框中选中【已启用】单选按钮即可。如图 7-31 所示。

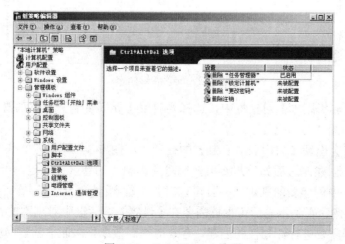

图 7-31　Ctrl+Alt+Del 选项

任务二 共享资源的安全管理

1. 卷影副本启用和管理

卷影副本功能可提供网络共享上的文件的即时点副本。利用共享文件夹的卷影副本，可以查看网络文件夹在过去某一时间点的内容。在以下 3 种情况下此功能可能非常有用：

- 希望恢复被意外删除的文件。此功能是【回收站】功能的网络替代品。如果意外地删除了一个文件，则可以打开该文件的旧版本，然后将它复制到一个安全位置。共享文件夹的卷影副本可以恢复通过任何方法删除的文件，只要存在所需的历史文件夹。
- 希望恢复被意外覆盖的文件。通过打开一个现有文件，对其进行修改，然后用一个新名称保存该文件来创建新文件，那么在这样的环境中，共享文件夹的卷影副本可能非常有用。
- 在处理文件时，经常需要检查该同一文件的不同版本。在正常的工作周期内，如果需要确定同一文件的两个版本之间发生了哪些更改，则可以使用共享文件夹的卷影副本。

（1）启用共享文件夹的卷影副本功能。

步骤 1：依次选择【开始】/【管理工具】/【计算机管理】，右击【共享文件夹】/【所有任务】/【配置卷影副本】。如图 7-32 所示。

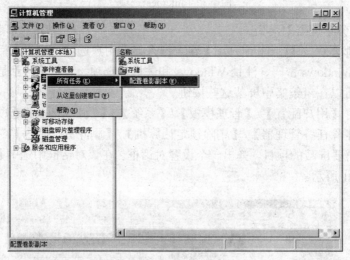

图 7-32　配置卷影副本

步骤 2：在【卷影副本】对话框中，选择要启用【卷影复制】的驱动器，例如 C:\，单击【启用】按钮，如图 7-33 所示。

步骤 3：接着会出现【启用卷影复制】的提示，如图 7-34 所示。单击【是】按钮之后就完成了卷影副本的创建。之后如果想要再一次对卷影副本的卷进行选定，可在图 7-33 中【选定卷的卷影副本】中创建新的副本。并且可以对其进行删改。

步骤 4：在创建卷影副本之后可根据需要在【设置】对话框中对副本的存储最大值进行限制，并且可以根据需要进行计划性的创建，有效地提高效率，保证了创建卷影副本的便捷。如图 7-35 所示。

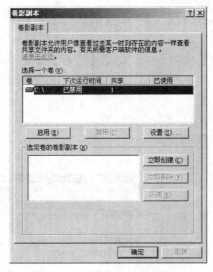

图 7-33　【卷影副本】对话框

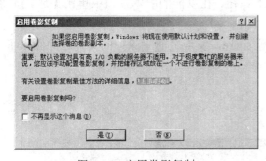

图 7-34　启用卷影复制

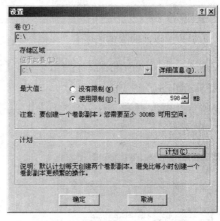

图 7-35　卷影副本最大值设置

（2）客户端访问【卷影副本】内的文件。

对于 Windows 9x/NT 和未安装 SP3 的 Windows 2000 系统，在安装【卷影副本】客户端以前必须先安装 Windows Installer 2.0。

步骤 1：假设误操作删掉了 192.168.3.1 共享资源 share 中的新建文件夹，如图 7-36 所示。

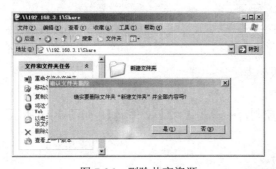

图 7-36　删除共享资源

步骤 2：然后在空白处选择【属性】，在对话框里选择【以前的版本】选项卡。如图 7-37 所示。

步骤 3：在【以前的版本】选项卡中，单击【查看】按钮，打开副本中保存的文件，如图 7-38 所示。

图 7-37　以前的版本选项卡

图 7-38　以前的版本副本内容

步骤 4：关掉以前的副本内容，单击【还原】按钮，在以前的版本窗口中单击【是】按钮，还原成功，如图 7-39 所示。

步骤 5：再次查看 192.168.3.1 上的共享资源 share，发现之前删除掉的文件还原回来了。如图 7-40 所示。

图 7-39　还原成功

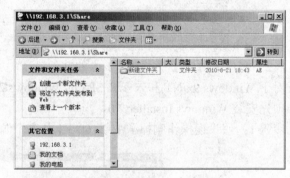

图 7-40　查看还原结果

2. 文件夹权限隐藏管理

（1）特殊共享查看。

在【计算机管理】控制台中单击【共享文件夹】，如图 7-41 所示，出现【共享文件夹】管理单元。

常见的有如下几种：

ADMIN$：在远程管理计算机时系统使用的资源。

IPC$：共享命名管理的资源

PRINT$：远程管理打印过程中使用的资源。

Drive Letter$：为存储设备的根目录创建的一种共享资源显示为 C$或 D$。

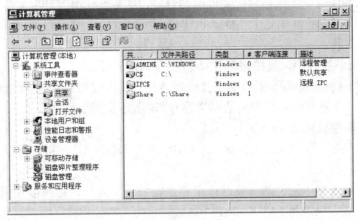

图 7-41 查看计算机中默认共享

（2）特殊共享查看

步骤 1：共享文件夹隐藏就是为该共享文件夹命名时，在名字的最后加一个符号【$】，就可以将该文件夹隐藏。例如新建财务部数据隐藏共享，如图 7-42 所示。

步骤 2：在访问隐藏共享时，也允许在共享资源名称后加$，如图 7-43 所示。

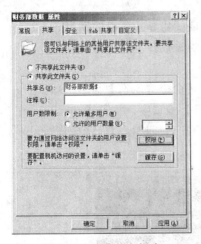

图 7-42 隐藏共享创建

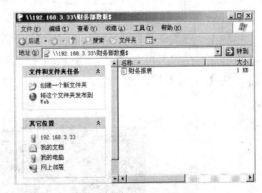

图 7-43 隐藏共享访问

3. NTFS 权限设置与管理

（1）NTFS 权限的概述。

利用 NTFS 权限，可以控制用户账号和组对文件夹和个别文件的访问。只适用于 NTFS 磁盘分区。共享文件夹权限与 NTFS 文件系统权限的组合。

如何快速有效地控制对 NTFS 磁盘分区上网络资源的访问呢？答案就是利用默认的共享文件夹权限共享文件夹，然后，通过授予 NTFS 权限控制对这些文件夹的访问。当共享的文件夹位于 NTFS 格式的磁盘分区上时，该共享文件夹的权限与 NTFS 权限进行组合，用以保护文件资源。

（2）转换分区的文件系统。

运行微软操作系统的客户机的磁盘分区通常使用 FAT32 和 NTFS 两种文件格式。而安装 Windows Server 2003 的域控制器系统文件所在分区，则必须使用 NTFS 文件系统格式。此外，如有些计算机为了具有更高的安全性能，也建议使用 NTFS 格式。

转换方式有 3 种：

方法 1：在安装过程中，直接将 FAT32 转换为 NTFS 格式。

方法 2：使用【pqmagic.exe】专用工具进行转换。使用这种方法应当注意的是：从 FAT32 转换为 NTFS 格式对原有的系统中的数据是没有影响的；但是，反过来就会对系统有影响，如设置的审核、文件和目录的安全性。

方法 3：在已安装的 Windows2000/2003/XP 中进行转换时，只能进行从 FAT32 到 NTFS 格式的转换。

在微软操作系统中，无论是安装过程，还是在安装完之后，都可以使用系统内置的命令【进行转换】。但是，只能将 FAT 或 FAT32 格式转换为 NTFS 格式，而且这种转换不会损坏已安装的系统；反之则不行。

语法：convert [Volume] /FS:ntfs [/v] [/cvtarea:FileName] [/nosecurity] [/x]

参数说明：

convert　　命令关键字。

Volume　　用来指定驱动器号（包含冒号），如【C:】。

/FS:ntfs　　不能省略，将卷转换为 NTFS。

[/v]　　　　可选参数，指定纤细模式，即在转换期间将显示所有的消息。

其他　　　 [ ]内地参数均为任选参数，即可省略的参数。

convert 操作步骤

步骤 1：依次选择【开始】/【程序】/【附件】/【命令提示符】命令选项。

步骤 2：在打开的如图 7-44 所示的【命令提示符】窗口中，输入【convert c:/FS:ntfs】命令后，按【Enter】键，即可进入自动转换的过程。用户只需按窗口提示操作即可，如图 7-44 所示。

图 7-44　convert 命令窗口

（3）利用 NTFS 权限管理数据。

步骤 1：授予标准 NTFS 权限。

　　打开 Windows 资源管理器，右击要设置权限的文件夹【share】，选择【属性】选项，切换到【安全】选项卡。选择要分配用户和赋予权限，如图 7-45 所示。

　　步骤 2：授予特殊访问权限。

　　在文件夹 share 的【安全】选项卡中单击【高级】按钮，在弹出的【高级安全设置】对话框中单击【编辑】按钮，显示如图 7-46 所示的权限项目对话框，可以更精确地设置用户的权限。

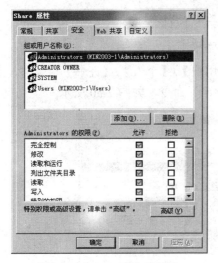

图 7-45　share 属性对话框

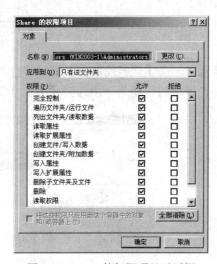

图 7-46　share 的权限项目对话框

任务三　加密文件系统使用

　　EFS 使用了对称加密和非对称加密结合的工作方式，利用 EFS 加密文件，安全性很高。

　　案例：在技术部公用计算机上，用户小张采用 EFS 加密技术资料文件夹，防止他人非法使用。小李经小张授权，使用授权证书及证书密钥访问加密资料。

　　步骤 1：右击技术资料，然后单击【属性】按钮。在【常规】选项卡上，单击【高级】按钮，选中【加密内容以便保护数据】复选框，如图 7-47 所示。

　　步骤 2：然后单击【确定】按钮，文件变成"绿色"，代表已经加密，如图 7-48 所示。

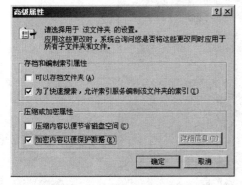

图 7-47　高级属性对话框

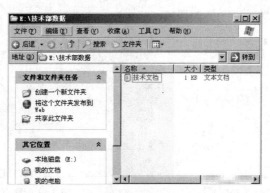

图 7-48　加密文件

步骤 3：单击【开始】，打开【运行】对话框，输入"certmgr.msc"，然后单击【确定】按钮，如图 7-49 所示。

图 7-49　打开证书控制台命令

步骤 4：在【证书控制台】窗口，打开【当前用户】/【个人】/【证书】目录树，右击该证书，在弹出的快捷菜单中选择【所有任务】/【导出】命令，如图 7-50 所示。

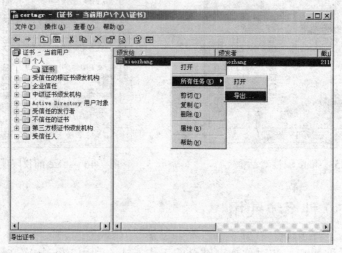

图 7-50　证书控制台窗口

步骤 5：使用【证书导出向导】，单击【下一步】按钮，进入【导出私钥】对话框，如图 7-51 所示。选中【是，导出私钥】单选按钮，如图 7-51 所示。

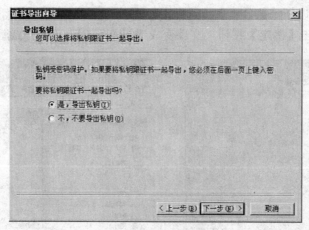

图 7-51　导出私钥对话框

步骤 6：单击【下一步】按钮，进入【导出文件格式】对话框，如图 7-52 所示。选中【个人信息交换—PKCS#12（.PEX）】单选按钮。如图 7-52 所示。

步骤 7：单击【下一步】按钮，进入【密码】对话框，如图 7-53 所示。指定在导入证书时要用到的密码，如果丢失，将无法打开加密的文件。

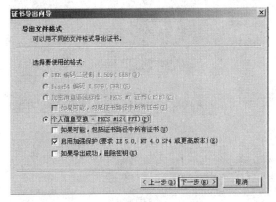

图 7-52　导出文件格式对话框

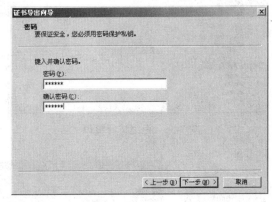

图 7-53　密码对话框

步骤 8：单击【下一步】按钮，进入【要导出的文件】对话框，如图 7-54 所示，指定要导出的证书和私钥的文件名和位置。

步骤 9：单击【下一步】按钮，继续安装，最后单击【完成】按钮，如图 7-55 所示，将完成证书的导出。

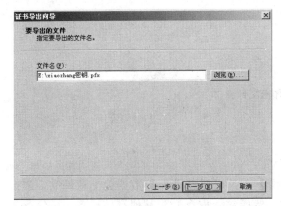

图 7-54　要导出的文件对话框

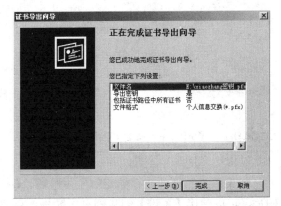

图 7-55　完成证书导出

步骤 10：切换用户，用 xiaoli 账户来访问，打开文件时出现【拒绝访问】对话框，如图 7-56 所示。

步骤 11：双击该证书，便会出现导入向导，进入【证书导入向导】对话框，在【要导入的文件】窗口中在【文件名】后的文本框中输入要导入文件的文件名，如图 7-57 所示。

步骤 12：在密码窗口中输入证书保护密钥，按照向导完成导入，双击打开加密文件，如图 7-58 所示。

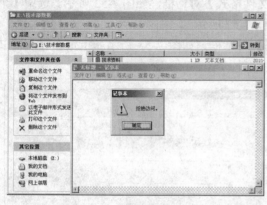

图 7-56 拒绝访问窗口

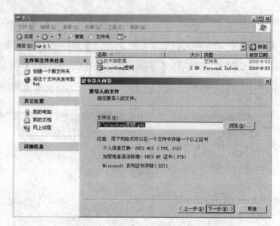

图 7-57 证书导入向导对话框

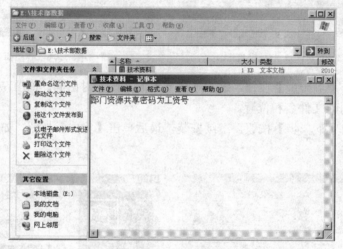

图 7-58 打开加密文件窗口

任务四 数据的备份和还原

如果系统的硬件或存储媒体发生故障，【备份】工具可以帮助保护数据免受意外的损失。例如，可以使用【备份】创建硬盘中数据的副本，然后将数据存储到其他存储设备。备份存储媒体既可以是逻辑驱动器（如硬盘）、独立的存储设备（如可移动磁盘），也可以是由自动转换器组织和控制的整个磁盘库或磁带库。如果硬盘上的原始数据被意外删除或覆盖，或因为硬盘故障而不能访问该数据，那么可以十分方便的从存档副本中还原该数据。

【备份】工具支持 5 种方法来备份计算机或网络上的数据。

（1）副本备份可以复制所有选定的文件，但不将这些文件标记为已经备份（换言之，不清除存档属性）。如果要在正常和增量备份之间备份文件，复制是很有用的，因为它不影响其他备份操作。

（2）每日备份用于复制执行每日备份的当天修改过的所有选定文件。备份的文件将不会标记为已经备份（换言之，不清除存档属性）。

（3）差异备份用于复制自上次正常或增量备份以来所创建或更改的文件。它不将文件标记为已经备份（换言之，不清除存档属性）。如果要执行正常备份和差异备份的组合，则还原文件和文件夹将需要上次已执行过正常备份和差异备份。

（4）增量备份仅备份自上次正常或增量备份以来创建或更改的文件。它将文件标记为已经备份（换言之，清除存档属性）。如果将正常和增量备份结合使用，需要具有上次的正常备份集和所有增量备份集才能还原数据。

（5）正常备份用于复制所有选定的文件，并且在备份后标记每个文件（换言之，清除存档属性）。使用正常备份，只需备份文件或磁带的最新副本就可以还原所有文件。通常，在首次创建备份集时执行一次正常备份。

组合使用正常备份和增量备份来备份数据，需要的存储空间最少，并且是最快的备份方法。然而，恢复文件可能比较耗时而且比较困难，因为备份集可能存储在不同的磁盘或磁带上。

组合使用正常备份和差异备份来备份数据更加耗时，尤其当数据经常更改时，但是它更容易还原数据，因为备份集通常只存储在少量磁盘和磁带上。

1．数据备份

使用 Windows Server 2003 的备份工具可以很方便地进行数据备份。

步骤 1：依次打开【开始】/【程序】/【附件】/【系统工具】/【备份】选项，运行【数据备份或还原向导】对数据进行备份，接着选中【备份文件和设置】单选按钮，如图 7-59 所示。

步骤 2：单击【下一步】按钮，出现【要备份的内容】对话框，选中【让我选择要备份的内容】单选按钮，如图 7-60 所示。

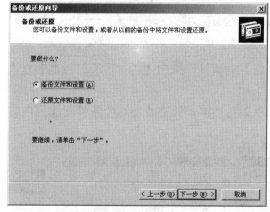
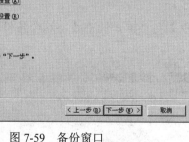

图 7-59 备份窗口　　　　　　　　　　图 7-60　要备份内容对话框

步骤 3：单击【下一步】按钮，出现【要备份的项目】对话框。根据需要可进行选择，如图 7-61 所示。

步骤 4：单击【下一步】按钮，选择保存备份的位置及名称，如图 7-62 所示。

步骤 5：单击【下一步】按钮，出现【正在完成备份或还原向导】对话框，如图 7-63 所示。

步骤 6：如果需要选择备份方式或者指定备份计划就需要单击【正在完成备份或还原向导】对话框中的【高级】按钮，选择备份的类型为【正常】，如图 7-64 所示。

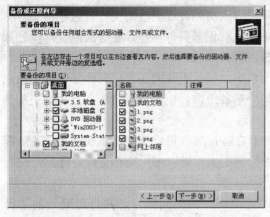

图 7-61　要备份的项目对话框

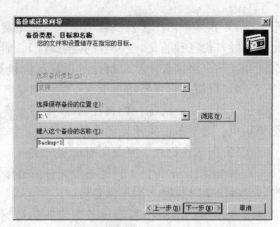

图 7-62　选择保存备份的位置及名称

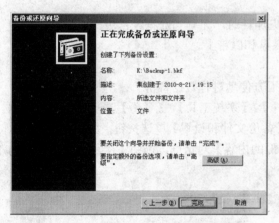

图 7-63　正在完成备份或还原向导对话框

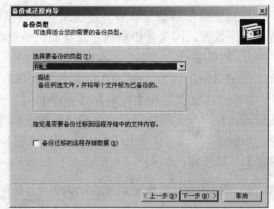

图 7-64　选择备份的类型

步骤 7：单击【下一步】按钮，出现【如何备份】对话框，选中【备份后验证数据】复选框，如图 7-65 所示。

步骤 8：单击【下一步】按钮，出现【备份选项】对话框，选中【将这个备份附加到现有备份】单选按钮，如图 7-66 所示。

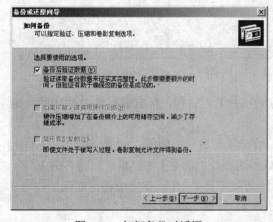

图 7-65　如何备份对话框

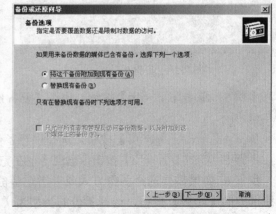

图 7-66　备份选项对话框

步骤 9：单击【下一步】按钮，出现【备份时间】对话框，选中【现在】单选按钮执行备份，如图 7-67 所示。如果要制定备份计划，选中【以后】单选按钮。

步骤 10：单击【下一步】按钮，出现【正在完成备份或还原向导】对话框，单击【完成】按钮，开始对数据的备份，备份完成后会提示备份完成，如图 7-68 所示。

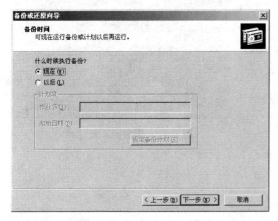 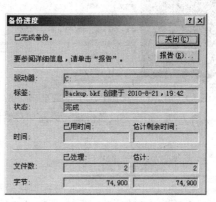

图 7-67　备份时间对话框　　　　　　　　　　图 7-68　备份进度对话框

2. 数据还原

在出现数据异常或丢失时，可以很快捷的使用 Windows Server 2003 的故障恢复工具还原以前备份的数据。

步骤 1：打开【备份工具】对话框，默认情况下，将启动备份或还原向导，并选中【还原文件和设置（R）】单选按钮，如图 7-69 所示。

步骤 2：单击【下一步】按钮，进入【还原项目】对话框，选择需要还原的任何组织形式的驱动器、文件夹或文件，如图 7-70 所示。

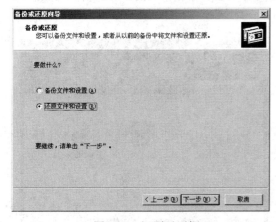 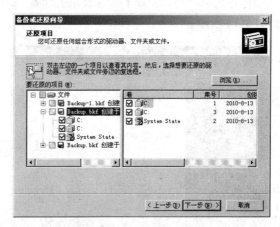

图 7-69　还原对话框　　　　　　　　　　　　图 7-70　还原项目对话框

步骤 3：单击【下一步】按钮，出现【正在完成备份或还原向导】对话框，若要进行高级设置（选择还原位置、还原方式和还原措施等），可继续单击【高级】按钮进行设置，如图 7-71 所示。

步骤 4：单击【完成】按钮，进入【还原进度】对话框，数据正在还原（等待一段时间）。单击【关闭】按钮，完成还原，如图 7-72 所示。

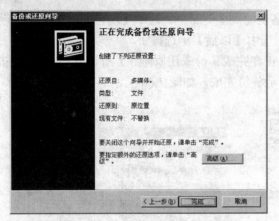

图 7-71　正在完成备份或还原向导对话框　　　　图 7-72　完成还原对话框

任务五　网络病毒防范

　　360 杀毒是真正的永久免费杀毒软件，拥有超大的百万级病毒库和云安全技术，快速轻巧不占资源，实时防毒、主动防御一步到位，保护计算机不受病毒侵害。360 杀毒每小时升级病毒库，可有效防御最新病毒入侵。

　　下载网址：http://www.360.cn。

　　步骤 1：杀毒软件的安装。

　　打开 360 杀毒软件包，使用【360 杀毒】向导，遵守【许可证协议】，选择安装位置，按照相关提示进行安全安装，如图 7-73 所示。

　　步骤 2：病毒查杀。

　　打开杀毒软件，选择【病毒查杀】标签，选择查杀方式，单击后，360 杀毒软件开始杀毒，如图 7-74 所示。

图 7-73　360 杀毒安装向导对话框

图 7-74　病毒查杀对话框

　　快速扫描：仅扫描计算机的关键目录和极易有病毒隐蔽的目录。

　　全盘扫描：对计算机所有分区进行扫描。

　　指定位置扫描：对指定的目录和文件进行病毒扫描。

步骤3：实时防护（实时监控病毒入侵，设置需要防护的内容）。

打开杀毒软件，选择【实时防护】标签，选择防护项目，单击【开启】按钮。如图 7-75 所示。

图 7-75 实时防护对话框

步骤4：病毒库在线更新。

打开杀毒软件，选择【产品升级】标签，单击【检查更新】按钮。如图 7-76 所示。

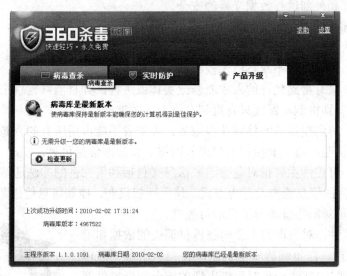

图 7-76 产品升级对话框

任务六 任务总结

随着网络应用不断的发展，网络安全问题也越来越受到人们的关注，所以应该了解网络安全，做好防范措施，做好网络信息的保密性、完整性和可用性。本项目主要通过对 Windows

Server 2003 的安全加固、共享资源的安全管理、加密文件系统使用、数据的备份和还原以及网络病毒防范共 5 项主要任务的实施，使大家对网络安全管理有了深入了解，从而提高安全防范意识，注重攻击和防御的全面结合，不仅做正面的防御工作，还要从攻击者的角度出发考虑系统存在的安全隐患，真正做到全面认识，全面管理。

任务七　概念点击

1．网络安全概述

随着网络应用不断的发展，网络安全问题也越来越受到人们的关注，网络作为开放的信息系统必然存在诸多潜在的安全隐患。

计算机安全技术的不断发展越来越体现出一种全面的特性，从安全策略制定、安全技术措施和网络管理员等多个方面综合面对网络安全问题，注重攻击和防御的全面结合，不仅做正面的防御工作，还要从攻击者的角度出发考虑系统存在的安全隐患，真正做到全面认识，全面管理。

网络安全是指网络系统的硬件、软件及其系统中的数据受到保护，不因偶然的或者恶意的原因而遭受到破坏、更改和泄露，系统连续、可靠、正常地运行，网络服务不中断。网络安全从其本质上来讲就是网络上的信息安全。从广义来说，凡是涉及网络上信息的保密性、完整性、可用性、真实性和可控性的相关技术和理论都是网络安全的研究领域。

网络安全是一个综合性的技术，具有两层含义：

（1）保护内部和外部进行数据交换的安全。

（2）保证内部局域网的安全。

2．网络安全的目标

（1）机密性：确保信息不暴露给未授权的实体或进程。

（2）完整性：只有得到允许的人才能修改实体或进程，并且能够判别出实体或进程是否已被修改。完整性鉴别机制，保证只有得到允许的人才能修改数据。

（3）可用性：得到授权的实体可获得服务，攻击者不能占用所有的资源而阻碍授权者的工作。用访问控制机制，阻止非授权用户进入网络。使静态信息可见，动态信息可操作。

（4）可控性：可控性主要指对危害国家信息（包括利用加密的非法通信活动）的监视审计。控制授权范围内的信息流向及行为方式。使用授权机制，控制信息传播范围、内容，必要时能恢复密钥，实现对网络资源及信息的可控性。

（5）不可否认性：对出现的安全问题提供调查的依据和手段。使用审计、监控、防抵赖等安全机制，使得攻击者、破坏者和抵赖者"逃不脱"，并进一步对网络出现的安全问题提供调查依据和手段，实现信息安全的可审查性。一般通过数字签名来体现不可否认服务。

3．网络安全模型

一个常用的网络安全模型是 P2DR 模型。P2DR 是 Policy（安全策略）、Protection（防护）、Detection（检测）和 Response（响应），如图 7-77 所示。

图 7-77　网络安全模型

（1）Policy。在考虑建立网络安全系统时，在了解了网络信息安全系统等级划分和评估网络安全风险后，一个重要的任务就是要制订一个网络安全策略。一个策略体系的建立包括：安全策略的制订、安全策略的评估和安全策略的执行等。网络安全策略一般包括两部分：总体的安全策略和具体的安全规则。

（2）Protection。防护就是根据系统可能出现的安全问题采取一些预防措施，是通过一些传统的静态安全技术及方法来实现的。通常采用的主动防护技术有：数据加密、身份验证、访问控制、授权和虚拟网络（VPN）技术；被动防护技术有：防火墙技术、安全扫描、入侵检测、路由过滤、数据备份和归档、物理安全以及安全管理等。

（3）Detection。攻击者如果穿过防护系统，检测系统就会将其检测出来。如检测入侵者的身份，包括攻击源、系统损失等。防护系统可以阻止大多数的入侵事件，但不能阻止所有的入侵事件，特别是那些利用新的系统缺陷、新攻击手段的入侵。如果入侵事件发生，就要启动检测系统进行检测。

（4）Response。系统一旦检测出入侵，响应系统则开始响应，进行事件处理。P2DR 中的响应就是在已知入侵事件发生后，进行的紧急响应（事件处理）。响应工作可由特殊部门——计算机紧急响应小组负责。世界上第一个计算机紧急响应小组简称 CERT （Computer Emergency Response Team），我国的第一个计算机紧急响应小组是中国教育与科研计算机网络建立的，简称"CCERT"。不同机构也有相应的计算机紧急响应小组。

4．网络安全的等级

不能简单地说一个计算机系统是安全的或是不安全的。依据处理的信息的等级和采取相应对策来划分，安全等级分为 4 类 7 级，从低到高依次是 D1、C1、C2、B1、B2、B3、A 级。D-A 分别表示了不同的安全等级，如图 7-78 所示。

以下是其简单说明：

D1：整个计算机系统是不可信任的，硬件和操作系统都很容易被侵袭。对用户没有验证要求。

C1：对计算机系统硬件有一定的安全机制要求，计算机在被使用前需要进行登录。但是它对登录到计算机的用户没有进行访问级别的限制。

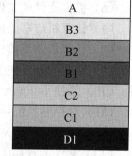

图 7-78　网络安全等级

C2：比 C1 级更进一步，限制了用户执行某些命令或访问某些文件的能力。这也就是说它不仅进行了许可权限的限制，还进行了基于身份级别的验证。

B1：支持多级安全，也就是说安全保护安装在不同级别的系统中，可以对敏感信息提供更高级别的保护。

B2：也称结构保护，计算机系统对所有的对象加了标签，且给设备分配安全级别。

B3：要求终端必须通过可信任途径连接到网络，同时要求采用硬件来保护安全系统的存储区。

A：最高的一个级别。它附加了一个安全系统受监控的设计并要求安全的个体必须通过这一设计。

5．病毒的识别与预防

"计算机病毒，是指编制或者在计算机程序中插入的破坏计算机功能或者毁坏数据，影响计算机使用，并能自我复制的一组计算机指令或者程序代码"。

计算机病毒的特点：

（1）寄生性：计算机病毒寄生在其他程序之中，当执行这个程序时，病毒就起破坏作用，而在未启动这个程序之前，是不易被人发觉的。

（2）传染性：计算机病毒不但本身具有破坏性，更有害的是具有传染性，一旦病毒被复制或产生变种，其速度之快令人难以预防。传染性是病毒的基本特征。

（3）潜伏性：大部分的病毒感染系统之后一般不会马上发作，它可长期隐藏在系统中，只有在满足其特定条件时才启动其表现（破坏）模块。只有这样它才可进行广泛地传播。

（4）隐蔽性：计算机病毒具有很强的隐蔽性，有的可以通过病毒软件检查出来，有的根本就查不出来，有的时隐时现、变化无常，这类病毒处理起来通常很困难。

（5）破坏性：计算机中毒后，可能会导致正常的程序无法运行，把计算机内的文件删除或受到不同程度的损坏 。通常表现为：增、删、改和移。

（6）可触发性：病毒因某个事件或数值的出现，诱使病毒实施感染或进行攻击的特性称为可触发性。

计算机病毒的症状：

（1）计算机系统运行速度减慢。

（2）计算机系统经常无故发生死机。

（3）计算机系统中的文件长度发生变化。

（4）计算机存储的容量异常减少。

（5）系统引导速度减慢。

（6）丢失文件或文件损坏。

（7）计算机屏幕上出现异常显示。

（8）计算机系统的蜂鸣器出现异常声响。

（9）磁盘卷标发生变化。

（10）系统不识别硬盘。

（11）对存储系统异常访问。

（12）键盘输入异常。

（13）文件的日期、时间、属性等发生变化。

（14）文件无法正确读取、复制或打开。

（15）命令执行出现错误。

（16）虚假报警。

（17）换当前盘。有些病毒会将当前盘切换到 C 盘。

（18）时钟倒转。有些病毒会命名系统时间倒转，逆向计时。

（19）WINDOWS 操作系统无故频繁出现错误。

（20）系统异常重新启动。

（21）一些外部设备工作异常。

（22）异常要求用户输入密码。

（23）WORD 或 EXCEL 提示执行"宏"。

（24）不应驻留内存的程序驻留内存。

计算机病毒的处理：

当系统感染上病毒后，必须采取紧急措施加以处理，一些简单的办法可以清楚大多数的计算机病毒，恢复系统受损部分，但对于网络系统，要做到迅速及时。下面介绍一般的处理方法。

（1）隔离。

当某台计算机感染病毒后，应将此计算机与其他计算机隔离，即避免相互拷贝文件等。当网络中某个点上感染病毒时，中央控制系统必须立即切断此接点与网络的连接，以避免病毒向整个网络扩散。

（2）报警。

病毒被隔离后，应立即通知计算机管理人员。报警的方法有很多种。例如，可以设置不同的病毒活动的警报级别，根据事件记录不同级别的报警提示。报警的方式可以是简单的事件记录、电子邮件等。带有多媒体的计算机还可以设置声音报警。

（3）跟踪根源。

智能化的防病毒系统可以鉴别受感染的计算机和当时登录的用户。

（4）修复前，尽可能再次备份重要数据文件。

目前防毒杀毒软件在杀毒前大多能保存重要的数据和感染的文件，以便在误杀后或者造成新的破坏时恢复现场。重要的系统数据应该在杀毒前进行单独的手工备份，不能备份的在被感染破坏的系统内，也不应该与平时常规备份混在一起。

（5）激活防毒杀毒软件，对整个硬盘进行扫描。

（6）不能清除的文件需要删除。

发现计算机病毒后，一般应利用防毒杀毒软件清除文件中的计算机病毒，如果可执行文件中的计算机病毒不能被清除，那么，应该将其彻底删除掉，然后重新安装。

（7）杀毒后，重新启动计算机。

这样做是为了再次用防杀计算机病毒软件检查系统中是否还存在计算机病毒，并确定被感染破坏的数据确实得到了恢复。

6. 网络安全的关键技术

从广义上讲，计算机网络安全的技术主要有：

（1）主机安全技术。

（2）身份认证技术。

（3）访问控制技术。

（4）密码技术。

（5）防火墙技术。

（6）安全审计技术。

（7）安全管理技术。

7. 防火墙技术

目前网络安全的一个重要保障是防火墙技术，它可以保护本地系统或网络免受来自外部网络的安全威胁，同时也是当前网络安全的诸多技术中较为成熟，商品化程度较高的一项技术。

防火墙是一套可以增强机构内部网络资源的安全系统，用于加强网络间的访问控制，防止外部用户非法使用内部网的资源，保护内部网络的设备不被破坏，防止内部网络的敏感数据被窃取。防火墙只允许授权的数据通过，并且防火墙自身也必须能够免于渗透。但是，防火墙一旦被攻击者突破或者迂回，就不会再有任何的保护效果了。

按照实体性质分类，防火墙可分为硬件方式和软件方式，其中硬件方式是在内部网与Internet 之间放置一个硬件设备，以隔离或过滤外部人员对内部网络的访问；而软件方式则是在 Web 主机上或单独一台计算机上运行一类软件，监测、侦听来自网络上的信息，对访问内部网的数据起到过滤的作用，从而保护内部网免受破坏。

对于防火墙来说，从其体系结构上进行划分，可将防火墙分为：

（1）屏蔽路由器（Screening Router）。

屏蔽路由器又称筛选路由器、包过滤防火墙等。屏蔽路由器一般是由专门的路由器充当，但也可以用主机来实现。屏蔽路由器作为内外连接的唯一通道，要求所有的报文都必须在此通过检查，如图 7-79 所示。路由器上可以安装基于 IP 层的报文过滤软件，实现报文过滤功能。许多路由器本身带有报文过滤配置选项，但一般比较简单。

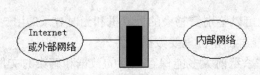

图 7-79　屏蔽路由器

采用屏蔽路由器的防火墙具有处理包的速度快，对用户来说是一种透明服务。其缺点表现在维护困难、安全性较差，一旦遭到攻击很难发现，而且不能识别不同的用户。

（2）双宿网关（Dual Homed Gateway）。

双宿网关又称双穴主机网关，是用一台装有两块网卡的堡垒主机做的防火墙。两块网卡各自与受保护网和外部网相连。堡垒主机上运行着防火墙软件，可以转发应用程序，提供服务等，如图 7-80 所示。双宿主机与屏蔽路由器相比，双宿网关堡垒主机的系统软件可用于维护系统日志、硬件拷贝日志或远程日志。但弱点也比较突出，一旦黑客侵入堡垒主机并使其只具有路由功能，任何网上用户均可以随便访问内部网。

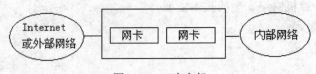

图 7-80　双宿主机

（3）被屏蔽主机网关（Screened Gateway）。

屏蔽主机网关易于实现也最为安全。一个堡垒主机安装在内部网络上，通常在路由器上设立过滤规则，并使这个堡垒主机成为从外部网络唯一可直接到达的主机，这确保了内部网络不受未被授权的外部用户的攻击，如图 7-81 所示。如果受保护网是一个虚拟扩展的本地网，即没有子网和路由器，那么内部网的变化不影响堡垒主机和屏蔽路由器的配置。危险带限制在堡垒主机和屏蔽路由器之间。网关的基本控制策略由安装在上面的软件决定。如果攻击者没法登录到它上面，内网中的其余主机就会受到很大威胁。

（4）被屏蔽子网（Screened Subnet）。

被屏蔽子网就是在内部网络和外部网络之间建立一个被隔离的子网，用两台分组过滤路由器将这一子网分别与内部网络和外部网络分开。在很多实现中，两个分组过滤路由器放在子网的两端，在子网内构成一个 DNS，内部网络和外部网络均可访问被屏蔽子网，但禁止它们穿过被屏蔽子网通信。有的屏蔽子网中还设有堡垒主机作为唯一可访问点，支持终端交互或作为应用网关代理。这种配置的危险仅包括堡垒主机、子网主机及所有连接内网、外网和屏蔽子网的路由器。如图 7-82 所示。如果攻击者试图完全破坏防火墙，它必须重新配置连接 3 个网的路由器，既不切断连接又不要把自己锁在外面，同时又不使自己被发现，这样也还是可能的。但若禁止网络访问路由器或只允许内网中的某些主机访问它，则攻击会变得很困难。在这种情况下，攻击者得先侵入堡垒主机，然后进入内网主机，再返回来破坏屏蔽路由器，并且整个过程中不能引发警报。

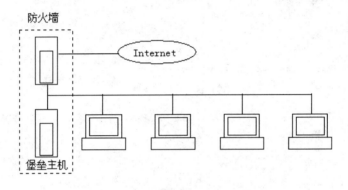

图 7-81　被屏蔽主机网关

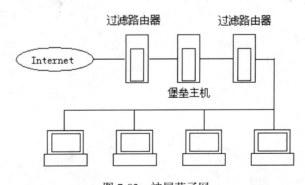

图 7-82　被屏蔽子网

建造防火墙时，一般很少采用单一的技术，通常是多种解决不同问题的技术的组合。这种组合主要取决于网管中心向用户提供什么样的服务，以及网管中心能接受什么等级风险。采用哪种技术主要取决于经费，投资的大小或技术人员的技术、时间等因素。

1. 简述网络安全的概念。
2. 简述网络安全模型。

3. 简述网络安全的关键技术。

4. 简述防火墙的概念及分类。

任务 1：通过本地安全策略关闭 1500-1700 端口。

任务 2：下载 EasyRecovery 工具，进行数据恢复。

项目 8 计算机网络实验

- 掌握几种典型局域网的组建技术
- 掌握路由器互联网络的方法
- 掌握常用网络服务的配置和使用方法
- 掌握基本网络攻防技术
- 掌握网络模拟器和协议分析器的使用方法

任务一　使用交换机组建以太网

实验目的：

1. 掌握双绞线的制作方法
2. 掌握用交换机的使用方法

实验仪器： 以太网、交换机、PC 机、卡线钳、双绞线和 RJ45 头

原理概述：

局域网是计算机网络的重要组成部分，主要特点是地理覆盖范围有限。以太网是目前应用最广泛的一种局域网，一般采用星型拓扑结构，交换机作为核心，双绞线或光纤作为传输介质。一般交换机均可使用命令行方式进行配置。

实验内容：

1. 熟悉以太网

（1）查看本实验室内的网络拓扑结构，重点是交换机。

（2）熟悉以太网的常用传输介质：双绞线及 RJ45 头（俗称水晶头）。

RJ45 头的线号：将 RJ45 头有金属触脚的一面朝向自己，自上至下线号分别为 1～8，如图 8-1 所示。

图 8-1　RJ45 接头的线号

制作 RJ45 头时的接线顺序有两种标准，如表 8-1 所示。

表 8-1　RJ45 的线序

线号	1	2	3	4	5	6	7	8
EIA-568A	绿白	绿	橙白	蓝	蓝白	橙	棕白	棕
EIA-568B	橙白	橙	绿白	蓝	蓝白	绿	棕白	棕

网卡的 1、2 两脚为信号发送端，3、6 两脚为信号接收端。交换机和集线器则相反，3、6 两脚为信号发送端，1、2 两脚为信号接收端。两种接线情况如下：

● 计算机接至交换机，双绞线两端的线序应该一样，即都为 EIA-568A 或 EIA-568B，通常为 EIA-568B，这种线称为直连线（工程中常称为普通跳线、标准跳线或跳线）。

● 计算机间直接相连，双绞线两端的线序应该不一样，即一端为 EIA-568A，另一端为 EIA-568B，这种线称为交叉线。

2．制作双绞线

（1）剥线：用卡线钳的剪线刀口将双绞线端头剪齐，再将双绞线端头伸入剥线刀口，使线头触及前挡板，然后适度握紧卡线钳同时慢慢旋转双绞线，让刀口划开双绞线的保护胶皮（注意不要划到里面的导线），取出端头从而剥下保护胶皮，如图 8-2 所示。

图 8-2　剥掉外层保护胶皮后

（2）理线：双绞线由 8 根有色导线两两绞合而成，请按照标准 EIA-568B 或 EIA-568A 的线序排列，整理完毕后用剪线刀口将前端修齐，如图 8-3 所示。

（a）理线前

（b）理线后

图 8-3　理线

（3）插线：一只手捏住水晶头，将水晶头有弹片一侧向下，另一只手捏平双绞线，稍稍用力将排好的线平行插入水晶头内的线槽中，每根线顶端都应插到线槽顶端，如图 8-4 所示。

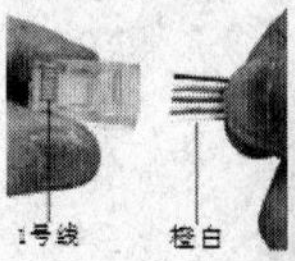

图 8-4　插线

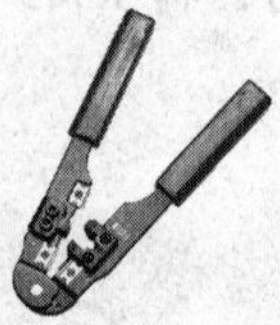

图 8-5　卡线钳

（4）压线：确认所有导线都到位后，将水晶头放入卡线钳夹槽中，用力捏紧卡线钳，压紧线头即可。

（5）检测：将双绞线两端分别插入信号发射器和信号接受器，打开电源，如果是制作成功的直连线，则两端的指示灯会一起亮起来，依次从 1 号到 8 号。

3. 交换机基础

（1）认识交换机。以太网交换机通常具有若干以太网接口（8、16、24和48等），一个Console口以及电源开关。以太网接口一般有10M/100M自适应接口、千兆接口等。Console口称为控制台接口，是RJ45接口类型，通过该接口可以配置交换机。交换机出厂自带一根专用电缆，进行配置时，电缆一端连接到Console上，一端连接到计算机的COM口，在计算机上通过超级终端等软件，就可以登录到交换机上进行配置了。交换机一般是用命令行方式进行配置。

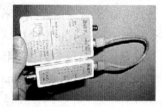

图8-6　测线仪

性能更高的交换机会配有光纤接口等。不同厂家不同型号的交换机，外观和使用都有差异，具体见所用的设备。

（2）交换机的配置途径。

● 通过交换机的Console控制台接口在本地配置交换机；

● 从网络上Telnet到交换机上，进行远程配置；

● 其他方式。一些有特殊需求的用户，借助于软硬件，实现了自己特殊的登录方法。

（3）交换机的工作模式。基于命令行配置的交换机有4种工作模式：用户模式、特权模式、全局配置模式和接口配置模式。

用户模式是进入交换机后得到的第一个模式，该模式下可以查看交换机的部分信息，并进行简单的测试。用户模式提示符为">"。

特权模式是由用户模式进入的下一级模式，该模式下可以查看交换机的详细信息，进行网络的测试和调试等。特权模式提示符为"#"。

全局配置模式属于特权模式的下一级模式，该模式下可以配置交换机的全局性参数。全局模式提示符为"(config)#"。

接口配置模式属于全局配置模式的下一级模式，该模式下可以对交换机的某个接口进行配置。接口配置模式提示符为"(config-if)#"。

4. 使用交换机组建以太网

每两个同学一组，用刚才做好的两根直连线，将一台交换机和两台计算机连接起来，组成一个简单的星型局域网。网络拓扑如图8-7所示。

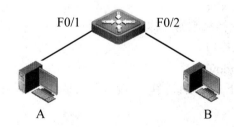

F0/1　　　　F0/2

A　　　　　　　　B

图8-7　简单的星型以太网

给两台主机设置IP地址（假设分别为10.1.1.1和10.1.1.2），以及子网掩码（255.255.255.0）。只要接线和IP设置正确，两台主机就能互相ping通。

在该交换机上，练习如下配置命令：

（1）4 种工作模式切换。

设该交换机名称为 "Switch"，配置者已登录上来。

Switch >enable

注释：刚登录时是用户模式，输入命令 "enable" 进入特权模式，可简写为 "en"。

Switch >password:123456

注释：假设口令为 123456。

Switch #configure terminal

注释：进入全局配置模式，简写方式为 "conf t" 或者 "config t"。

Switch (config)#interface fastethernet 0/1

注释：进入接口 f0/1 的配置模式，简写为 "int f 0/1"。

Switch (config-if)#exit

注释：退回到上一级模式。

Switch (config)#exit

注释：继续退回到上一级模式。

Switch #

（2）获取帮助。

Switch >?

注释：直接输入 "?" 可显示当前模式下所有可执行的命令。

Switch #co?

注释：输入几个首字母后，键入 "?" 可显示所有以 co 开头的命令。

Switch #config ?

注释：输入一个命令后，空一格再键入 "?" 可显示该命令后可选择的参数。

（3）命令简写与自动补齐。

某个命令如果太长，或者没有记全，可以简写。或者键入前几个字母后，按 Tab 键，可以自动补齐这条命令。这时要求所简写的字母必须能够唯一区别该命令。例如，config 可以代表 configure，但 co 无法代表 configure，因为 co 开头的命令可以有两个 copy 和 configure，设备无法区别。

（4）更改交换机名称。

Switch (config)#hostname xxx

注释：xxx 是操作者给交换机起的名称。

（5）开启和关闭交换机接口。

Switch (config-if)#no shutdown

注释：在接口配置模式下，启动该接口。接口默认是启动的，在对接口做了某些配置后，要用该命令重新启动接口。

Switch (config)#shutdown

注释：关闭该接口，不再转发数据。

（6）查看配置信息。

在用户模式和特权模式下，可以运行不同的查看命令，查看交换机的一些配置信息。

Switch #show mac-address-table

注释：查看该交换机的地址表，显示连接到该交换机的所有计算机的硬件地址、所属 VLAN 以及接口号，可简写为"sh mac-add"。

Switch #show interface f0/10

注释：查看交换机 f0/10 接口上的配置信息，可简写为"sh int f0/10"。

Switch #show running-config

注释：查看交换机正在生效的全部配置信息，可简写为"sh run"。

5. 交换机的安全配置

影响网络安全的因素有很多，IP 地址盗用或地址欺骗就是其中常见且危害极大的一个问题，防御措施之一是在交换机接口上绑定主机的 MAC 地址与 IP 地址，只有满足绑定条件的计算机，才能通过该接口收发数据。

下面的操作将主机绑定在 f0/1 接口上。

（1）用 ipconfig /all 命令查看主机 A 的 MAC 地址。

设 IP 地址为 10.1.1.1，MAC 地址为 001b.b9d9.b037。

（2）在交换机上的配置如下：

Switch# configure terminal

注释：进入全局配置模式。

Switch(config)# interface fastethernet 0/1

注释：进入接口 f0/1 的配置模式。

Switch(config-if)# switchport mode access

注释：把接口模式改为 Access 类型。Access 类型的接口只能属于 1 个 VLAN，一般用于连接计算机。

Switch(config-if)# switchport port-security

注释：启用接口安全。

Switch(config-if)# switchport port-security maximum 1

注释：定义该接口最多允许绑定 1 个 MAC 地址，范围为 1~128。

Switch(config-if)# switchport port-security mac-address 001b.b9d9.b037

注释：该接口和 MAC 地址的绑定

Switch(config-if)#switchport port-security mac-address 001b.b9d9.b037 ip-address 10.1.1.1

注释：交换机 f0/1 接口+ MAC 地址+ IP 地址绑定

Switch(config-if)#end

Switch#show running-config

注释：查看路由器的所有配置信息。其中，与这条绑定有关的配置信息如图 8-8 所示。

```
interface fastEthernet 0/1
 switchport port-security
 switchport port-security maximum 1
 switchport port-security mac-address 001b.b9d9.b037 ip-address 10.1.1.1
```

图 8-8 绑定配置信息截图

验证：更改主机 A 的 IP 地址为 10.1.1.3，发现不能再 ping 通 B 主机，将主机 A 改接到交换机的其他任何接口上，都不能 ping 通主机 B，证明绑定生效。

同理，在交换机 f0/2 接口绑定主机 B 的 IP 地址和 MAC 地址，并验证有效性。

任务二　组建无线局域网

一、组建自组织无线局域网

实验目的：
掌握自组织无线局域网的组建方法

实验仪器： PC 机、无线网卡

原理概述：

自组织模式无线局域网是一种省去了无线接入点而搭建起来的对等网络结构，只要安装了无线网卡的计算机彼此之间可实现无线互联。

由于省去了无线接入点，自组织模式无线网络的架设过程较为简单，但传输距离、安全性和稳定性都有一定的限制，因此该模式适用于一些临时性的无线互联需求，如事故的突发现场以及人们希望能迅速共享信息的会议、办公室等场所。

应用案例：

小张和小王同时受聘为某企业的网络管理员，在与前任网管交接工作时，需要从前任的笔记本电脑中拷贝出很多电子资料，备份到他们的计算机中。当时的环境，3 人不能同时上网，手上也没有交叉线，但发现大家都有无线网卡，于是考虑临时搭建一个无线传输环境，能迅速地开展工作。

分析：每台计算机都安装上无线网卡。在前任网管的笔记本电脑中，创建一个自组织网络，小张和小王两人都加入该网络。

实验拓扑：

实验拓扑如图 8-9 所示。其中，PC1 是前任网管的笔记本，PC2，PC3 分别是小王和小张的计算机。

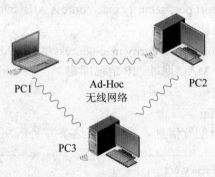

图 8-9　自组织无线网络拓扑图

实验内容：

1. 配置 PC1

（1）在 PC1 上插入无线网卡，根据提示安装网卡驱动程序。如果笔记本中内置无线网卡，则此步骤略。

（2）为无线网络连接配置 IP 属性。

IP 地址：192.168.0.1，子网掩码：255.255.255.0，默认网关：192.168.0.1。

（3）创建一个无线网络。

在【网络连接】窗口中，右击【无线网络连接】，选择【属性】菜单项，在打开的对话框中选择【无线网络配置】选项卡，单击下方的【添加】按钮，出现如图 8-10 所示的对话框。

在该对话框中，配置如下信息：

● 【网络名（SSID）】，即无线网络的名称，这里设为 NetLab，在文本框中键入；

● 【网络验证】下拉列表框中，选择【开放式】，表示不需要验证；

● 【数据加密】下拉列表框中，选择【已禁用】，表示没有用到数据加密；

● 选中【这是一个计算机到计算机（特定的）网络；没有使用无线访问点】复选框，表示将创建一个自组织无线网络。

最后，单击【确定】按钮，回到【无线网络配置】选项卡，看到新无线网络"NetLab"已加入，如图 8-11 所示。

图 8-10 创建一个新无线网络

图 8-11 新网络"Netlab"已经加入

（4）单击【查看无线网络】，打开对话框【无线网络连接】，如图 8-12 所示，若未能自动连接，选中该网络，单击右下方的【连接】按钮，即可连接到该网络。

2. 配置 PC2 和 PC3 的 IP 地址

配置 PC2 和 PC3 的【无线网络连接】上的 IP 地址。

PC2 的 IP 地址：192.168.0.2，子网掩码：255.255.255.0，默认网关：192.168.0.1。

PC3 的 IP 地址：192.168.0.3，子网掩码：255.255.255.0，默认网关：192.168.0.1。

配置好 IP 地址后，右击【无线网络连接】图标，在弹出的菜单中选择查看【无线网络连接】，在弹出的对话框中，看到无线网络 NetLab，若未能自动连接，单击窗口右下方的【连接】按钮，即可加入该网络。

要注意的是，必须保证这 3 台 PC 都加入了同一个网络，即网络的 SSID 相同，才能组成一个自组织无线网络。

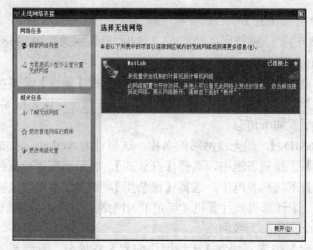

图 8-12　选择加入新建无线网络

3. 验证

将这 3 台 PC 的其他网络连接都禁用，只启用无线网络连接，3 台主机能够互相 ping 通，就验证组建成功，可以互相传递数据了。

二、利用 AP 组建无线局域网

实验目的：

1. 掌握 AP 和无线网卡的配置方法
2. 掌握基础设施无线局域网的组建方法

实验仪器： PC 机、无线 AP（RG-WG54P）、无线网卡

原理概述：

使用 AP 组建的无线网络，属于基础设施无线局域网，是最为常见的无线局域网方式。无线 AP 一般也有以太网接口，同时支持有线和无线两种接入方式。

与自组网模式无线网络相比，基础设施无线网络覆盖范围更广，网络可控性和可伸缩性更好。

应用案例：

需求 1：某小公司租用了一间新办公室，员工需要随时通过网络共享资源，但该房间没有布置网线。公司的网络管理员向上司建议：如果建设有限网络，需要在房间里施工，重新布线，工作量大，而且在租来的房子里不能随意破坏墙壁和地面，施工有难度；因此建议在办公室里实现无线上网，无需布线，在房间的任何位置都可以使用网络，非常方便。公司采纳了他的意见。

分析 1：用 AP 设备在会议室里组建无线网络。

需求 2：公司无线网络建设好了以后，大家都觉得很方便。但不久有人反映，一些不是本公司的人，比如隔壁公司的人也很容易接入到本公司的无线网络中，给公司的网络安全和信息安全带来很大的隐患，要求公司网络管理员必须马上解决这个问题。

分析 2：采取措施保证本公司无线网络的安全性。

措施 1：在无线 AP 上隐藏 SSID 信息，使得非本公司的人员无法得到网络的 SSID，从而

不能接入到无线网络中。

措施 2：在无线 AP 上设置 WEP 加密，只有得到 WEP 密码的人才可以接入到无线网络中，从而进一步保障了无线网络的安全。

实验拓扑：

实验拓扑如图 8-13 所示。图中只放置了 3 台笔记本电脑，可以根据实际情况增减数量。

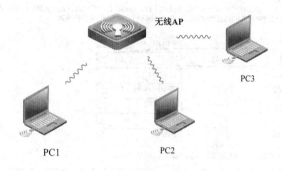

图 8-13　利用 AP 组建无线局域网

实验内容：

1. 配置 PC1

将 PC1 作为配置 AP 的主机，先用双绞线与无线 AP 的 LAN 口连接。设置本地连接的 IP 地址：192.168.1.1，子网掩码：255.255.255.0，默认网关：192.168.1.1。

2. 配置无线 AP

（1）登录无线 AP。

从 PC1 登录到无线 AP 的管理界面（http://192.168.1.1，默认密码：default）

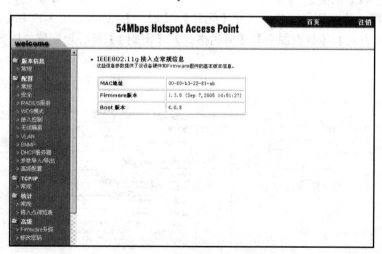

图 8-14　无线 AP 管理界面

（2）配置 ESSID 名称。

如图 8-14 所示的左侧导航条中选择【配置】|【常规】，进入如图 8-15 所示界面，配置基本的无线参数。【ESSID】文本框中输入："Labtest"。由于是采用了无线 AP 组建的网络，

所以【网络类型】选择【Infrastructure】，即有基础结构的。再单击【应用】按钮，让所做的配置生效。

• 常规参数
你可以在此修改该设备的名字。
接入点名称:
AP2281ab
• IEEE802.11参数
IEEE802.11参数配置涉及到无线网络协议的运作。请确认你的无线站点使用正确的配置。例如，你的无线局域网中所有的站点都要和接入点使用同一个“ESSID”进行通讯。
无线模式:
AP模式
网络类型:
Infrastructure
ESSID:
Labtest
信道/频段:
CH 01 / 2412MHz
模式:
混合模式
速率:
自动
国家/区域:
中国
0102030405060708091011213或abcdefghijklm。

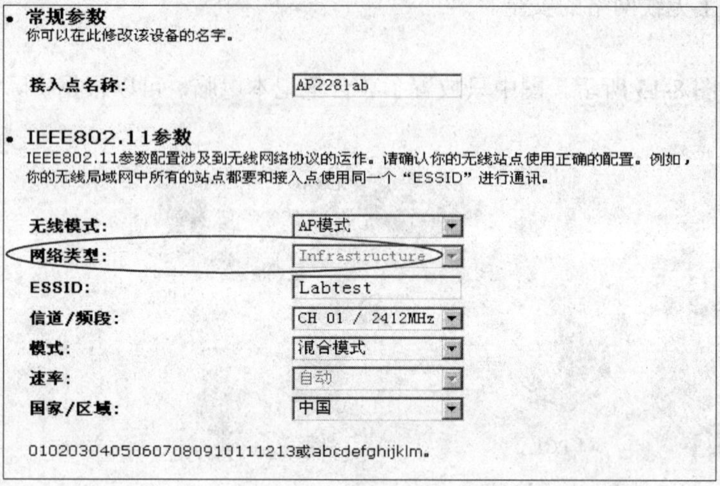

图 8-15　基本无线参数配置—配置 ESSID 名称

（3）配置隐藏 SSID。

如图 8-14 所示的左侧导航条中选择【配置】|【高级配置】，进入如图 8-16 所示界面，选中【启用隐藏 SSID】复选框，再单击【应用】按钮，让所做的配置生效。

SSID 作为区分不同的无线网络的标识，在开启 SSID 隐藏功能之后，无线网络将不会向外界通告它的存在，也就是说，在查看【可用网络时】，看不到本网络，也就无法加入，从而保证了公司无线网络的私密性。只有当终端用户知道这个 SSID，手动添加时，才能加入本网络。

（4）配置 WEP 加密。

如图 8-14 所示的左侧导航条中选择【配置】|【安全】，进入如图 8-17 所示界面。

【网络鉴证方式】、【数据加密】、【密钥格式】、【密钥 1】等各项配置如图 8-17 所示。

• 高级配置参数
RTS 阈值 :
2347
(0 - 2347)
分段长度值:
2346
(256 - 2346)
信标间隔:
100
(1 - 65535)
交付传输指示信息 DTIM:
1
(1 - 255)
前导长度:
自动
启用保护模式
• 隐藏AP
启用隐藏SSID

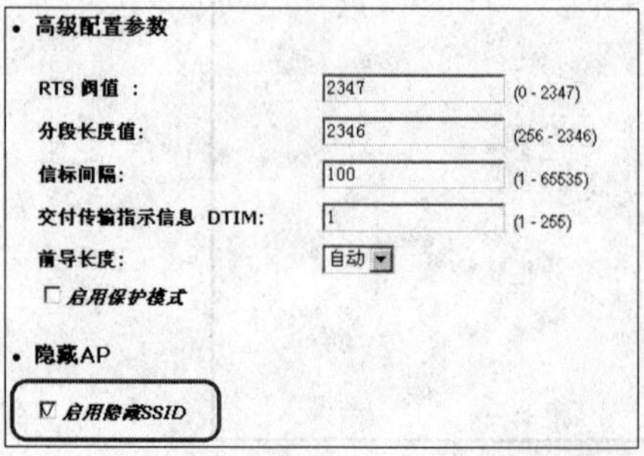

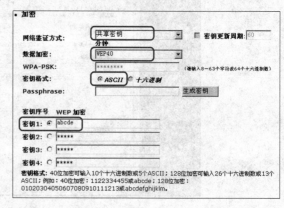

图 8-16　高级无线参数配置—隐藏 SSID 名称

• 加密
网络鉴证方式:
共享密钥
密钥更新周期:
60
分钟
数据加密:
WEP40
WPA-PSK:
****
(请输入8-63个字符或64个十六进制数)
密钥格式:
ASCII
十六进制
Passphrase:
生成密钥
密钥序号
WEP 加密
密钥1:
abcde
密钥2:
*****
密钥3:
*****
密钥4:
*****
密钥格式: 40位加密可输入10个十六进制数或5个ASCII；128位加密可输入26个十六进制数或13个ASCII；例如：40位加密：1122334455或abcde；128位加密：0102030405060708091011213或abcdefghijklm。

图 8-17　配置 WEP 加密信息

3. 配置 PC1，PC2，PC3 的【无线网络连接】属性

这 3 个无线访问端，只有 IP 地址不同，其余配置都相同。

（1）禁用其【本地连接】，防止两个连接的 IP 地址冲突。

（2）配置 3 台 PC 的【无线本地连接】的 IP 信息。

IP 地址：PC1（192.168.1.10），PC2（192.168.1.20），PC3（192.168.1.30）；

子网掩码：255.255.255.0；

默认网关：192.168.1.1；

（3）手动添加 SSID 和配置 WEP 加密信息。

右击【无线网络连接】图标，选择【属性】菜单项，在打开的对话框中选择【无线网络配置】选项卡，如图 8-18 所示。

在【首选网络（P）】中，看不到在 AP 上刚命名的"Labtest"无线网络。

单击【查看无线网络】按钮，也看不到"Labtest"，这表示 SSID 隐藏成功。要访问该网络，需要手动添加 SSID。单击选项卡左下方的【添加】按钮，打开如图 8-19 所示对话框。

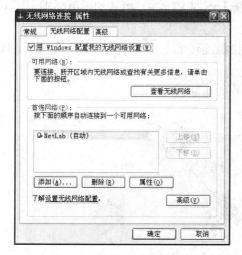

图 8-18   无线网络配置界面   图 8-19   设置访问"Labtest"的参数

这里的设置，和无线 AP 上的设置要一致。

【网络名（SSID（N）】文本框中，输入"Labtest"；

【网络验证（A）】下拉列表框中，选择"共享式"；

【数据加密（D）】下拉列表框中，选择 WEP；

【网络密钥（K）】文本框中，键入"abcde"，并确认一次。

单击【确定】按钮以后，回到【无线网络配置】选项卡，看到无线网络"Labtest"已经被添加为可用网络。单击【查看无线网络】按钮，找到"Labtest"无线网络，如没有自动连接上，选中它，单击【连接】按钮，就能连接到该网络中了。

4．验证

3 台 PC 互相都能 ping 通，表示设置成功。

任务三   组建虚拟局域网（VLAN）

实验目的：

1．掌握在交换机上划分 VLAN 的方法

2．通过实际配置，更好地理解 VLAN 的原理和应用

实验仪器： 以太网、交换机和 PC 机

原理概述：

VLAN 是一种用于隔离广播域以及控制访问的技术。相同 VLAN 内的主机可以互相直接访问，对不同 VLAN 的主机进行隔离。

如属于不同 VLAN 的主机要互相访问，必须经路由设备转发。

应用案例：

需求：假设某企业有两个主要部门，销售部和技术部。由于早期布线规划的原因，网络中有 1 台交换机上既接了销售部的计算机，也接了技术部的计算机，为了数据安全起见，两个部门的计算机需要进行相互隔离。

分析：在该交换机上，让不同部门的计算机属于不同 VLAN，可达到隔离要求。

实验拓扑：

实验拓扑如图 8-20 所示，4 台主机和 2 台交换机连接成 1 个局域网，其中主机 A、B、C 属于销售部，主机 D 属于技术部。

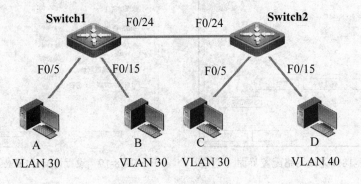

图 8-20　VLAN 划分

实验内容：

1．划分 VLAN 前各主机能互相 ping 通

为主机 A、B、C、D 配置 IP 地址，设 IP 为 10.1.1.1～10.1.1.4（都在 1 个子网内即可），子网掩码均为 255.255.255.0。验证划分 VLAN 前，各主机能互相 ping 通

2．在交换机 Switch1 上的配置

（1）创建 VLAN30，并将 f0/5 接口划分到 VLAN 30 中。

Switch-1(config)#vlan 30

注释：建立标识符为 30 的 vlan。

Switch-1(config-vlan)#exit

Switch-1(config)#interface fastethernet 0/5

Switch-1(config-if)#switchport access vlan 30

注释：将接口 f0/5 划归到 vlan 30。

Switch-1(config)#interface fastethernet 0/15

Switch-1(config-if)#switchport access vlan 30

注释：将接口 f0/15 划归到 vlan 30。

Switch-1(config-if)#exit

Switch-1(config)#exit

Switch-1#show vlan id 30

注释：查看 vlan 30 的信息。

（2）把与交换机 Switch-2 相连的接口 0/24 定义为 tag vlan 模式。

Switch-2(config)#interface fastethernet 0/24

Switch-2(config-if)#switchport mode trunk

3．在交换机 Switch-2 上的配置

（1）创建 VLAN 30，并将 f0/5 接口划分到 VLAN 30 中。

Switch-2(config)#vlan 30

注释：建立标识符为 30 的 vlan。

Switch-2(config-vlan)# exit

Switch-2(config)#interface fastethernet 0/5

Switch-2(config-if)#switchport access vlan 30

注释：将接口 f0/5 划归到 vlan 30。

Switch-2(config-if)#exit

Switch-2(config)#exit

Switch-2#show vlan id 30

注释：查看 vlan 30 的信息。

（2）创建 VLAN 40，并将 f0/15 接口划分到 VLAN 40 中。

Switch-2(config)#vlan 40

注释：建立标识符为 40 的 vlan。

Switch-2(config-vlan)# exit

Switch-2(config)#interface fastethernet 0/15

Switch-2(config-if)#switchport access vlan 40

注释：将接口 f0/15 划归到 vlan 40。

Switch-2(config-if)#exit

（3）把与交换机 S2126-1 相连的接口 f0/24 定义为 tag vlan 模式。

S2126-1(config)#interface fastethernet 0/24

S2126-1(config-if)#switchport mode trunk

4．验证

划分完 VLAN 后，主机 A、B、C 能互相 ping 通，但都 ping 不通 D，证明了主机 A、B、C 同在 VLAN 30 内，而主机 D 自己属于 1 个 VLAN 40 中。

任务四　用宽带路由器实现共享上网

实验目的：

1．掌握宽带路由器的使用，提高实践能力

2. 更好地理解 NAT 技术的原理与应用

实验仪器： 以太网、宽带路由器、PC 机和交换机（可选）

原理概述：

宽带路由器是近几年来新兴的一种网络产品，一般用于连接两个网络：内部网络和外部网络，通过 NAT 技术，实现内部多台计算机共享访问外网。宽带路由器还集成了路由器、防火墙、带宽控制和管理等功能，严格说来，与传统意义上的路由器是有差别的。一般具有 1 个 WAN 口，4 个 LAN 口。

目前共享上网方式大概有 2 种：共享 1 个外网 IP，或者共享 1 个拨号账号和密码。

应用案例：

需求 1：某学生宿舍内有 1 个外网接口，从校园网申请了 1 个外网 IP 地址，宿舍内几名同学想共享该 IP 上网。

分析 1：购买 1 个宽带路由器，在宽带路由器上做相关配置；如超过 4 人，可再购买 1 台小交换机或集线器。接交换机与否，不影响宽带路由器的配置。

需求 2：另一个学生宿舍采用电信部门的 ADSL 拨号上网，申请了 1 个账号和密码，宿舍内几名同学想共享该账号上网。

分析 2：电信部门配给的 ADSL MODEM，如果带有路由功能并允许用户自己配置，就可以把该 MODEM 同时当做宽带路由器用，节省了费用；如果没有路由功能，则需购置 1 个宽带路由器，如人数多，还需购置 1 台小交换机或集线器。

实验内容：

1. 认识宽带路由器

如图 8-21 所示是华为的 1 款宽带路由器，型号为 BR304，共有 2 种接口：

1 个 WAN 口：连接到 ISP 提供的网络接口，接入 Internet；

4 个 LAN 口：连接计算机、hub 或交换机的以太网接口；

图 8-21　宽带路由器外观

2. 需求 1——共享 IP 上网的解决方案

（1）用宽带路由器组网。

宽带路由器的 WAN 口接 1 根外网线，LAN 口接宿舍内的计算机，如图 8-22 所示。如果计算机数目较多（一般超过 4 个），则要接 1 台交换机，交换机下接若干台计算机。如图 8-23 所示。

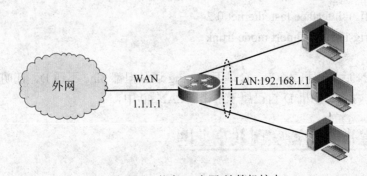

图 8-22　共享 IP 上网-计算机较少

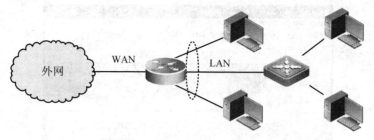

图 8-23 共享 IP 上网-计算机较多

（2）IP 地址说明。

1）宽带路由器的 IP。

LAN 口采用出厂默认值，IP 地址：192.168.1.1，子网掩码：255.255.255.0；

WAN 口采用从 ISP 获得的外网 IP，假设 IP 地址：1.1.1.1，子网掩码：255.255.255.0，默认网关：1.1.1.254。

2）计算机的 IP 地址。

由于路由器出厂就带有自动分配 IP 地址的功能，因此 LAN 内的计算机可设置为"自动获取 IP 地址"。需要注意的是，计算机配置 IP 的方式应尽量一致，或者都手工分配 IP，或者都自动获取 IP，否则，可能会引起地址冲突。

（3）配置宽带路由器。

1）登录路由器。

将要配置宽带路由器的计算机设为"自动获取 IP 地址"，用 ipconfig /all 命令查看，获取到正确的 IP 信息后，在浏览器中键入宽带路由的登录地址：http: //192.168.1.1，打开访问对话框，输入用户名和密码，默认均为 admin。就进入了如图 8-24 所示的快速配置窗口。

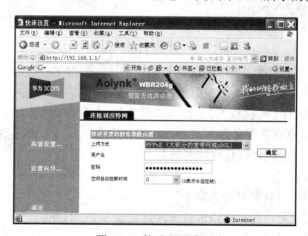

图 8-24 快速配置窗口

2）快速配置路由器。

如图 8-25 所示，在快速配置窗口中，【上网方式】下拉列表框中选择【静态地址】，进入如图 8-26 所示窗口，这里要配置 WAN 口的 IP 信息。如步骤（2）的 IP 地址说明，IP 地址：1.1.1.1，子网掩码：255.255.255.0，默认网关：1.1.1.254，主、辅域名服务器 ：由当地 ISP 提供。在图 8-26 中的相应文本框中输入这些信息。

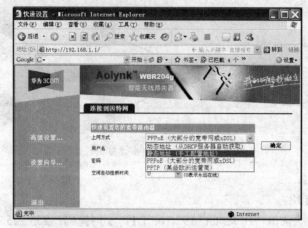

图 8-25　上网方式选择

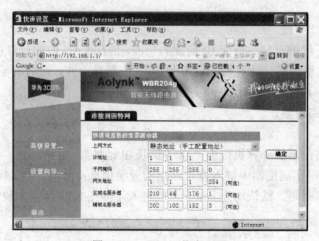

图 8-26　WAN 口信息配置

至此，就完成了快速配置，可以通过宽带路由器访问外网了。

3）查看 LAN 口配置。

选择配置界面左侧的【高级设置】|【LAN 设置】，右侧显示如图 8-27 所示界面，这是路由器出厂的默认配置。DHCP 服务是开启的，如果取消【作为 DHCP 服务器使用】，则每台计算机上都必须手工方式配置 IP 信息和域名服务器。

4）查看其他高级设置。

- 【路由设置】，可以配置静态路由；
- 【上网控制】，可以进行站点过滤、时间过滤和 PC 过滤。
- 【系统服务】，可以配置虚拟服务器、动态域名。

（4）验证。

如计算机和宽带路由器上的配置均正确，则可访问外网。

3．需求 2—共享账号上网的解决方案

（1）用宽带路由器组网。

宽带路由器的 WAN 口连接调制解调器，LAN 口连接宿舍内的计算机，如图 8-28 所示。

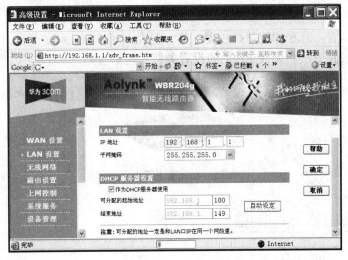

图 8-27　LAN 口默认配置

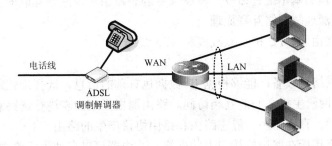

图 8-28　共享帐号上网

（2）基本配置。

进入配置界面后，选择【高级设置】|【WAN 设置】，如图 8-29 所示，【上网方式】选择【PPPoE（大部分的宽带网或 xDSL）】，【PPPoE 用户名】、【PPPoE 密码】、【主域名服务器】、【辅域名服务器】等文本框中输入从本地 ISP 获取的对应信息。

图 8-29　PPPOE 设置

（4）其他选项同需求 1 的解决方案。

4. 无线宽带路由器的使用

功能上，无线宽带路由器=宽带路由器+无线功能。无线宽带路由器可以满足有线和无线两种连接方式。

从外形和接口看，几乎和宽带路由器一样，只是多了 1 根天线，如图 8-30 所示。

无线功能的设置方法和无线 AP 上的设置类似，这里省略。

图 8-30　无线宽带路由器外观

任务五　用路由器互联网络

实验目的：

1. 熟悉路由器的基本配置命令，掌握配置静态路由实现网络互联的方法

2. 巩固和加深理解网络互联原理

实验仪器： 路由器、PC 机、双绞线和 V35 线缆

原理概述：

路由器属于网络层设备，能够根据 IP 数据包首部的信息，选择最佳路径，将分组转发出去，实现不同 IP 网段主机之间的互相访问。路由器根据路由表进行选路和转发，路由表的产生方式一般有 3 种：直连路由、静态路由和路由协议产生的路由。

直连路由：直接接在路由器接口上的网络，路由器可以自动生成路由项。

静态路由：在拓扑结构简单的网络中，网管员通过手工的方式配置本路由器未知网段的路由信息，从而实现不同网段之间的连接。

常用的路由协议有 RIP 和 OSPF。

应用案例：

需求：某校园网通过 1 台路由器连接到校园外的另 1 台路由器上，现要在路由器上作适当配置，实现校园网内部主机与校园网外部主机的相互通信。

分析：采用静态路由实现网络互联。

实验内容：

1. 路由器基础

（1）认识路由器。

路由器的接口类型比交换机丰富得多，但一般路由器出厂时只有 2 个以太网接口和配置口，以及若干空槽位，出售时可根据用户需要，再安装其他接口卡——通常称为"模块"，增加的部分要额外购买，就像计算机上再增加网卡、声卡一样。这些模块的形态也和网卡、声卡差不多，插在路由器内部的背板上（相当于计算机的主板），在外部机身上，露出接口。一个模块，一般提供 1～4 个同类型接口。常见的路由器接口类型有 Console、AUX 、Ethernet 和 Serial 等。

AUX 口是异步串行接口，主要用于与 MODEM 连接，进行远程配置和链路备份，也可实现两台路由器之间的拨号连接。此接口用的较少。

Ethernet 口即以太网接口，广泛使用，最常见的是 100M 和 1000M 以太网接口。在路由器机身上，100M 接口的标记是"f"，如 f1/0、f1/1 等，"f"是 fastethernet（快速以太网）的缩写；1000M 接口的标记是"g"，如 g1/1、g1/2 等。"g"是 gigabitethernet（吉比特以太网）的缩写。

Serial 口是高速同步串口，一般用于路由器和广域网设备相连，比如帧中继、模拟电话网络等；也可用于路由器之间相连。相连的两端一端称为 DTE 端（俗称公头），一端称为 DCE 端（俗称母头），在线缆两端有不同标识。这种同步接口一般都要求实时同步。可以在 DCE 端配置时钟频率，使得两端能协调通信。该类接口又有多种具体型号，有 25 针的 v.24 接口、最常用的 34 针的 v.35 等类型。

路由器接口的编号是按照从左到右，从下到上的顺序进行。例如有两个 100M 以太网接口卡，左边的就是 f1，右边的就是 f0；如果这两个接口是上下排列的，下面的就是 f0，上面的就是 f1；如果一个接口卡上有几个接口,可以用 f1/0、f 1/1、f1/2 这样的编号方式。前一个数字表示接口卡编号，后一个序号表示接口在接口卡上的编号。

只要背板支持，性能高一些的路由器可以安装语音、光纤接口等多种模块，不同厂家不同型号的路由器，外观和使用都有差异，具体见所用的设备。

（2）路由器的工作模式。

路由器和交换机一样，有 4 种操作模式：用户模式、特权模式、全局配置模式和接口配置模式。各模式切换方法相同。交换机的命令简写、获取帮助、更改名称等方法也适用于路由器。路由器的几种配置途径也和交换机相同。

（3）给路由器接口配置 IP 地址。

使用路由器，首先要给接口配置 IP 地址。假设路由器名称为 R1，现在要为它的接口 f1/0 配置 IP，首先进入接口 f1/0 的接口配置模式，再键入以下命令：

R1 (config-if)#no ip address

注释：取消该接口上原来的 IP 地址。

R1(config-if)#ip address 1.1.1.1 255.255.255.0

注释：给该接口配置了 IP 地址及子网掩码。

R1(config-if)#no shutdown

注释：启用该接口，默认是关闭的，每次更改配置后，都要运行此命令。

（4）给路由器的 Serial 口配置时钟频率。

配置方法：首先进入某个 DCE 端 Serial 接口的配置模式，输入命令：

R1 (config-if)# clock rate 64000

注释：这里配置的时钟频率为 64000

2. 配置静态路由实现网络互联

（1）连线组网。

网络拓扑结构如图 8-31 所示。RouterA 为校园网内部的路由器，RouterB 为校园网外部的路由器，两者通过 V35 在 S1/2 口相连。校园网内部网络为 10.1.1.0/24，外部网络为 3.3.3.0/24，两个路由器之间的网络为 2.2.2.0/24，各接口 IP 地址如图中标识。

（2）配置基本信息。

参照步骤 1 的方法，给路由器 A 和路由器 B 的 f1/0 与 s1/2 接口配置 IP 地址和子网掩码；在 Serial 口的 DCE 端设置时钟频率；注意配置完成后用 no shutdown 命令重新启用接口。设置完毕后可用如下命令查看各接口的配置是否正确：

RouterA#show ip interface brief

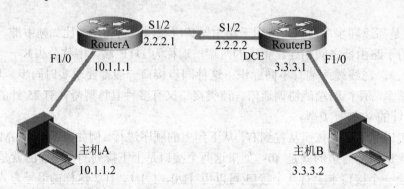

图 8-31 拓扑结构图

（3）在路由器 A 上配置静态路由。

RouterA (config)#ip route 3.3.3.0 255.255.255.0 2.2.2.2

注释：该条静态路由指明，分组要从 RouterA 到达网络 3.3.3.0，下一跳 IP 地址是 2.2.2.2。可以用接口号 s1/2（是指 RouterA 的 s1/2 接口）代替 IP 地址 2.2.2.2。

RouterA #show ip route

注释：查看路由器 A 中的路由表，如图 8-32 所示。

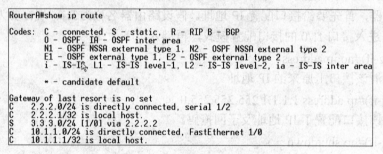

```
RouterA#show ip route

Codes: C - connected, S - static, R - RIP B - BGP
        O - OSPF, IA - OSPF inter area
        N1 - OSPF NSSA external type 1, N2 - OSPF NSSA external type 2
        E1 - OSPF external type 1, E2 - OSPF external type 2
        i - IS-IS, L1 - IS-IS level-1, L2 - IS-IS level-2, ia - IS-IS inter area

        * - candidate default

Gateway of last resort is no set
C    2.2.2.0/24 is directly connected, serial 1/2
C    2.2.2.1/32 is local host.
S    3.3.3.0/24 [1/0] via 2.2.2.2
C    10.1.1.0/24 is directly connected, FastEthernet 1/0
C    10.1.1.1/32 is local host.
```

图 8-32 路由器 A 中的路由表

RouterA #show running-config

注释：查看路由器 A 上所有的配置信息。

（4）在路由器 B 上配置静态路由。

RouterB(config)#ip route 10.1.1.0 255.255.255.0 2.2.2.1

注释：该条静态路由指明，分组要从 RouterB 到达网络 10.1.1.0，下一跳的 IP 地址是 2.2.2.1。可以用接口号 s1/2（是指 RouterB 的 s1/2 接口）代替 IP 地址 2.2.2.1。

RouterB #show ip route

注释：查看路由器 B 中的路由表。注意：必须 2 个路由器都配置完毕，而且每个接口都正确连线，才能看到完整的路由表，如图 8-33 所示。

RouterB #show running-config

注释：查看路由器 B 上所有的配置信息，可简写为"sh run"

```
RouterB#show ip route

Codes: C - connected, S - static,  R - RIP B - BGP
       O - OSPF, IA - OSPF inter area
       N1 - OSPF NSSA external type 1, N2 - OSPF NSSA external type 2
       E1 - OSPF external type 1, E2 - OSPF external type 2
       i - IS-IS, L1 - IS-IS level-1, L2 - IS-IS level-2, ia - IS-IS inter area

       * - candidate default

Gateway of last resort is no set
C    2.2.2.0/24 is directly connected, serial 1/2
C    2.2.2.2/32 is local host.
C    3.3.3.0/24 is directly connected, FastEthernet 1/0
C    3.3.3.1/32 is local host.
S    10.1.1.0/24 [1/0] via 2.2.2.1
```

图 8-33　路由器 B 中的路由表

3. 验证

（1）ping 命令测试连通性。

将两个测试主机的 IP 配置好，默认网关为相连的路由器的接口 IP。如果能互相 ping 通，则表示配置成功。

（2）用 tracert 命令追踪路由。

在主机 A 上，执行"tracert 3.3.3.2"，查看分组从主机 A 到主机 B 经过的路由信息。

在主机 B 上，执行"tracert 10.1.1.2"，查看分组从主机 B 到主机 A 经过的路由信息。

（3）用 netstat -r 命令查看本机路由表。

说明：

1. 路由器某接口如果没有连接到计算机或者其他设备上，即使配置了 IP 地址，在路由表中也不显示该接口的直连路由。所以，只有当两个路由器都配置完毕，并且用到的接口都正确连线，才能看到完整的路由表。

2. 10.0.0.0/8 是因特网保留的地址块之一，只能用作内部地址，不能直接在因特网上使用。实际应用中，配置了保留 IP 地址的主机如需要访问因特网，必须应用 NAT 技术进行地址转化。如图 8-34 所示由于是使用实验室的设备模拟的内网外网，所以路由器上没有配置 NAT 也可以连通内外网络。

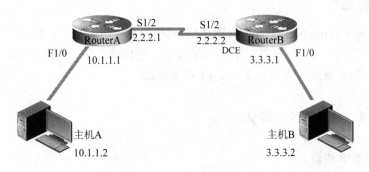

图 8-34　网络拓扑图

任务六　路由器高级应用

实验目的：

1. 掌握路由器更多配置技术：RIP 和 OSPF 动态路由配置、ACL 和 NAT 安全配置、DHCP

配置

2. 通过这些配置，对路由器的功能和运行原理加深理解

实验仪器：路由器、PC 机、双绞线和 V35 线缆

原理概述：

路由协议：在路由器之间交换和处理路由信息，生成路由表中的动态路由项，RIP 和 OSPF 是常用的两种路由协议。

访问控制列表（ACL）是应用在路由器接口的指令列表。这些指令列表用来告诉路由器哪能些数据包可以接收、哪能数据包需要拒绝，从而起到安全控制作用。

NAT 技术既可以解决 IP 地址不足的问题，还能够起到安全作用，有效地避免来自网络外部的攻击，隐藏并保护网络内部的计算机。

DHCP 协议可以让路由器和计算机动态获取 IP 地址。

应用案例：

需求：某校园网通过 1 台路由器连接到校园外的另 1 台路由器上，校园网内采用内部 IP 地址：10.1.1.1/24，现在要在路由器上作适当配置，实现校园网内部主机与校园网外部主机的相互通信；并且禁止校园网外的用户访问校园网内的 1 台服务器：10.1.1.100；内部网络的所有主机，都可以动态获取到 IP 地址。

分析：

- 采用 RIP 协议或者 OSPF 协议实现网络互联。
- 采用 NAT 技术实现内部 IP 和外部 IP 地址的转化，以及安全作用。
- 采用 ACL 技术实现访问控制。
- 采用 DHCP 服务动态分配 IP。

网络拓扑图：

首先在两个路由器的各接口上配置 IP 地址，Serial 口的 DCE 端配置时钟频率。

一、配置 RIP 路由协议

RIP（Routing information protocols,路由信息协议)是应用较早、使用较普遍的内部网关协议，适用于小型同类网络，是典型的距离矢量协议，它是跳数做为路径开销，RIP 协议里规定最大跳数为 15。RIP 协议有两个版本 RIP v1 和 RIP v2。

配置步骤如下：

1. 在路由器 A 上配置 RIP 协议。

RouterA(config)#router rip

注释：加载 RIP 协议。

RouterA (config-router)#network 10.1.1.0

注释：申明直连的网络。

RouterA (config-router)#network 2.2.2.0

注释：申明直连的网络。

RouterA (config-router)#version 2

注释：RIP 协议的版本号，第 2 版本。

RouterA (config-router)#no auto-summary

注释：关闭路由器的自动汇总功能

RouterA#show ip route

注释：查看路由表。

2．在路由器 B 上配置 RIP 协议。

RouterB(config)#router rip

注释：加载 RIP 协议。

RouterB (config-router)# network 2.2.2.0

注释：申明直连的网络。

RouterB (config-router)#network 3.3.3.0

注释：申明直连的网络。

RouterB (config-router)#version 2

注释：RIP 协议的版本号，第 2 版本。

RouterB (config-router)#no auto-summary

注释：关闭路由器的自动汇总功能。

RouterB #show ip route

注释：查看路由表。

3．验证

将两个测试主机的 IP 配置好，默认网关为相连路由器的接口 IP。如两台主机互相能 ping
通，证明配置成功。

二、配置 OSPF 路由协议

OSPF（Open Shortest Path First，开放式最短路径优先）协议，是目前网络中应用最为
广泛的路由协议之一。属于内部网关协议，能够适应各种规模的网络环境，是典型的链路
状态协议。

在大规模的网络环境中，OSPF 支持区域的划分，能够进行合理规划。划分区域时必须
存在 area0（骨干区域），其他区域和骨干区域直接相连，或通过虚链路的方式连接。

配置步骤如下：

1．在路由器 A 上配置 OSPF 协议

RouterA(config)#router OSPF

注释：启动 OSPF 路由协议进程。

RouterA(config-router)#network 10.1.1.0 0.0.0.255 area 0

注释：申明直连的网络，使用反掩码，该网络属于区域 0。

RouterA(config-router)#network 2.2.2.0 0.0.0.255 area 0

注释：申明直连的网络，使用反掩码，该网络属于区域 0。

RouterA#show ip route

注释：查看路由表。

2．在路由器 B 上配置 OSPF 协议

RouterB (config)#router OSPF

注释：启动 OSPF 路由协议进程。

RouterB(config-router)# network 2.2.2.0 0.0.0.255 area 0

注释：申明直连的网络，使用反掩码，该网络属于区域0。

RouterB (config-router)# network 3.3.3.0 0.0.0.255 area 0

注释：申明直连的网络，使用反掩码，该网络属于区域0。

RouterB #show ip route

注释：查看路由表。

3. 验证

将两个测试主机的IP信息配置好，默认网关为相连路由器的接口IP。如两台主机能互相ping通，则验证配置成功。

三、配置访问控制列表（ACL）

ACL（Access Control List）是通过定义一些规则对经过网络设备接口上的数据报文进行控制：丢弃或者转发。它有2条重要原则是：①一切未被允许的就是禁止的；②1个接口的1个方向上只能允许应用1组ACL。

配置ACL，首先要明确规则：禁止哪些访问，允许哪些访问；还要确定在哪个路由器的哪个接口的哪个方向上应用它。方向有两种：in和out，in是进入接口，out是流出接口。

根据案例需求，只允许10.1.1.0/24网络内部的计算机访问服务器10.1.1.100，其他计算机都不允许。应该在路由器A的f1/0接口上实现，是in方向。

先配置网络联通：配置好路由器A和路由器的各接口IP地址和DCE端时钟频率，并启动了RIP路由、OSPF路由或者静态路由中的任意一种，再做如下ACL的配置。

RouterA(config)#access-list 100 permit ip 10.1.1.0 0.0.0.255 host 10.1.1.100

注释：定义1条ACL，序号为100，允许IP地址在网络10.0.0.0/8内的计算机访问主机10.1.1.100，使用反掩码。

RouterA(config)#int f1/0

注释：进入接口f1/0的配置模式。

RouterA(config-if)#ip access-group 100 in

注释：将该条ACL应用到接口f1/0。

验证：在Router A的f1/0接口上增加1台主机C（用来服务器10.1.1.100），设置IP地址为10.1.1.100，子网掩码为255.255.255.0，网关为10.1.1.1。测试在主机A上可以ping通主机C，主机B上ping不通主机C，则验证ACL规则生效。

四、配置网络地址转换（NAT）

在配置网络地址转换之前，首先必须明确要在哪个路由器上实现NAT，再确定该路由器上的内部接口和外部接口，以及在哪个外部接口上启用NAT。通常情况下，连接到用户内部网络的接口是NAT内部接口，而连接到外部网络(如Internet)的接口是NAT外部接口。

路由器A的f1/0接口为内部接口，f1/1接口为外部接口，在f1/1上启用NAT。

NAT有多种类型，本案例的要求是多个内部IP对应1个外部IP。

内部网段：10.1.1.0/24，外部IP：2.2.2.1

配置步骤如下：

1. 配置路由器 A 和路由器的各接口 IP 地址和 DCE 端时钟频率

2. 设置应用 NAT 的内外接口

RouterA(config)#interface fastethernet 1/0

注释：进入接口 f1/0 的配置模式，简写为"int f 1/0"。

RouterA (config-if)ip nat inside

注释：设置接口 f1/0 为使用 NAT 的内部接口。

RouterA (config-if)# interface fastethernet 1/1

注释：进入接口 f1/0 的配置模式，简写为"int f 1/1"。

RouterA (config-if)#ip nat outside

注释：设置接口 f1/1 为外部接口。

RouterA (config-if)#exit

3. 定义 NAT 内部地址列表

RouterA (config)#access-list 11 permit any

注释：定义了 1 个访问列表，permit any 的含义是允许内部网络内的全部计算机。可以根据需要修改为允许部分计算机。

4. 定义 NAT 外部地址池

RouterA (config)#ip nat pool net2 2.1.1.1 2.1.1.1 netmask 255.255.255.0

注释：定义了 1 个 NAT 地址池，标识符为 net2，含有的地址从 2.1.1.1 到 2.1.1.1，实际只有 1 个地址，掩码是 255.255.255.0。

5. 建立映射关系

RouterA (config)#ip nat inside source list 11 pool net2 overload

注释：说明该 NAT 应用内部访问列表 11 与外部地址池 net2，因为外部地址池为 1 个 IP，属于多对一的 NAPT 映射，因此采用参数 overload。

五、配置 DHCP 服务

在 RouterA 上定义 1 个校园网 IP 地址池，名称为 schoolnet，地址池网段为 10.1.1.0/25，该网段的默认网关为 10.1.1.1，域名服务器为 10.1.1.253，地址有效期为 30 天。在该地址池中预留出来 10.1.1.2~10.1.1.100 地址范围，分配给一些服务器和特殊用途。其余地址均为可分配地址。

1. 在路由器 A 上配置 DHCP 服务

RouterA(config)# service dhcp

注释：在 RouterA 上启用 DHCP 服务。

RouterA(config)#ip dhcp pool schoolnet

注释：设置地址池的名称。

RouterA(dhcp-config)#network 1.0.0.0 255.0.0.0

注释：设置 DHCP 地址池的网络号和掩码，分配地址时从中选择 1 个未用地址分配。

RouterA（config）#ip dhcp excluded-address 10.1.1.2 10.1.1.100

注释：设置排除地址范围，这些地址不能被 DHCP 分配。

RouterA(dhcp-config)#default-router 10.1.1.1

注释：设置该网段的默认网关。

RouterA(dhcp-config)#dns-server 10.1.1.253

注释：设置域名服务器。

RouterA(dhcp-config)#lease 30

注释：设置已分配地址的过期时间为 30 天。

RouterA(dhcp-config)#exit

注释：退出地址池的设置状态。

2．验证

在主机 A 上，设为"自动获取 IP"，网络连接状态正常后,用 ipconfig /all 命令查看获取到的 IP 信息，如与路由器上设置的一致，则正确。

任务七　因特网常用服务的配置与应用

实验目的：

通过配置和使用 Internet 最常用的两项服务 FTP 和 Web，增强实践能力，同时加深对应用层功能和客户/服务器方式的理解

实验仪器：以太网、PC 机

原理概述：

为满足用户的需要，因特网上提供了多种服务，绝大多数采用客户/服务器模式，实现软件分为客户端软件和服务器端软件。

Windows 自带的 IIS(Internet Information Service) 组件，可以做为 Web、FTP 和电子邮件的服务器端软件。Web 服务的客户端软件是各类浏览器；FTP 服务的客户端软件有各类 FTP 下载软件，现在的浏览器和"我的电脑"等也实现了 FTP 客户端功能。

应用案例：

需求：某学校非常重视信息的交流与共享，要建设自己的学校网站，并为校内师生开通 FTP 服务。

分析：要考虑用户数、同时访问人数和数据量的大小，购买合适的服务器并进行设置。根据情况，可以将 Web 和 FTP 服务放在 1 台服务器上，也可以建 2 个服务器。

本实验中，2 个同学一组，2 人的计算机互相做服务器，供另 1 人访问。

实验内容：

1．安装 WWW 服务器和 FTP 服务器

（1）打开【控制面板】窗口，双击【添加或删除程序】图标，打开【添加或删除程序】对话框，如图 8-35 所示。

（2）单击图 8-35 左侧的【添加/删除 Windows 组件】图标，打开【Windows 组件向导】对话框，如图 8-36 所示。选中【Internet 信息服务（IIS）】复选框，单击【详细信息】按钮，打开如图 8-37 所示对话框。

图 8-35 添加或删除程序

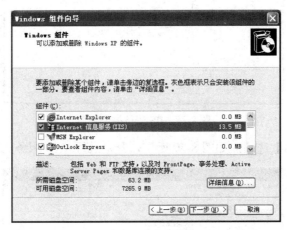

图 8-36 添加/删除 Windows 组件

（3）在图 8-37 对话框中，将【万维网服务】和【文件传输协议（FTP）服务】两个复选框都选中，单击【确定】按钮打开 IIS 安装对话框，单击【下一步】按钮。

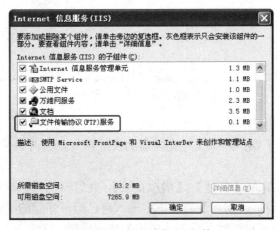

图 8-37 添加/删除 IIS 组件

（4）系统开始更改 Windows 组件，按要求插入系统盘（不同版本的 XP，可能不兼容），最后单击【完成】按钮。

至此，IIS 安装完毕。

2．Web 服务的配置和使用

（1）打开配置窗口。

打开【控制面板】窗口，双击【性能和维护】图标，在打开的窗口中，双击【管理工具】图标，再在打开的窗口中，双击【Internet 信息服务】图标，打开如图 8-38 所示窗口。

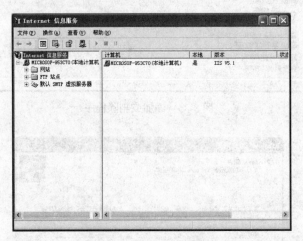

图 8-38　IIS 服务控制窗口

展开左侧的【网站】选项，如图 8-39 所示，开始进行 Web 服务的配置。

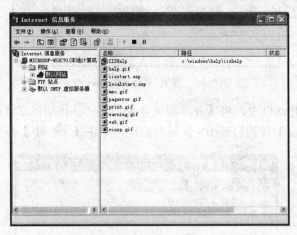

图 8-39　网站管理

（2）创建一个虚拟目录。

虚拟目录机制是为了保护网站文件在硬盘的实际路径，同时也为访问者提供方便好记的访问名称。

右击【默认网站】，选择【新建】|【虚拟目录】，在打开的对话框中单击【下一步】按钮，打开如图 8-40 所示对话框。【别名】对话框中输入自己给网站起的"别名"。单击【下一步】按钮，打开如图 8-41 所示对话框，单击【浏览】按钮选择一个文件目录，它是服务器上实际

存放网页文件的目录。单击【下一步】按钮，打开如图 8-42 所示的对话框。

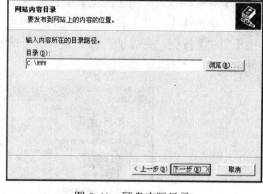

图 8-40 创建别名 　　　　　　　　　　　　图 8-41 硬盘实际目录

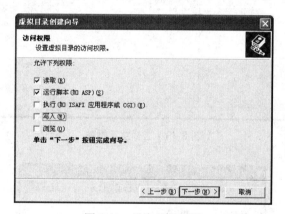

图 8-42 设定访问权限

　　在图 8-42 中设置用户的访问权限，选中允许的权限。单击【下一步】按钮，在打开的对话框中单击【完成】按钮。

　　至此，1 个新的虚拟目录创建完毕。

　　（3）在服务器对应的文件夹 "C：\WWW" 下放置自己做的网页文件 "homepage.html"。

　　（4）可以在本机浏览器上访问该网页：http://localhost/wwwtest/homepage.html

　　（5）配置【默认网站】的【IP 地址】属性。

　　右击如图 8-43 所示窗口左侧的【默认网站】，选择【属性】菜单项，打开如图 8-44 所示中【默认网站 属性】对话框，【IP 地址（I）】下拉列表框中，选择本主机的 IP 地址，单击【确定】按钮关闭对话框。

　　（6）可以用 IP 地址访问本机上的网页。

　　在本机或其他主机的 IE 地址栏内输入 "http://本机 IP/wwwtest/homepage.html" 即可访问该主机中的该页面。

　　3．FTP 服务的配置及使用

　　（1）配置 FTP 服务器。

　　与配置 WWW 服务器的方法类似，右击如图 8-45 所示窗口左侧的【默认 FTP 站点】，选

择【新建】|【虚拟目录】，在打开的对话框中单击【下一步】按钮，再在打开的【虚拟目录别名】对话框中输入自己给 FTP 子站点起的"别名"。单击【下一步】按钮，在打开的【虚拟目录别名】对话框中，单击【浏览】按钮选择一个文件目录，它是服务器上实际存放供操作文件的目录。单击【下一步】按钮，设置访问权限，再单击【下一步】按钮，最后打开的对话框中单击【完成】按钮，完成了全部配置。这里的示例别名为：ftptest.,在其对应文件夹下放入一些文件，供他人下载。

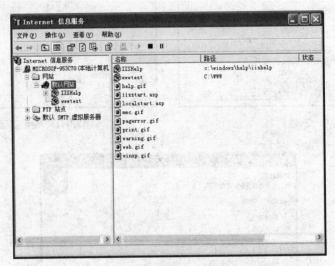

图 8-43　选择默认网站

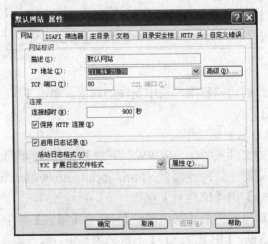

图 8-44　配置 IP 地址属性

（2）设置【默认 FTP 站点】的 IP 地址信息。

同本节配置 Web 服务的步骤（5）。

（3）客户端访问 FTP 服务器。

在本机或其他主机的浏览器内输入 ftp://本机 IP/ftptest，即可访问该 FTP 服务器上的对应文件夹，可以下载和上传文件（由权限设置而定）。

说明：本实验的所有内容在 Windows XP Professional sp3 上实现。

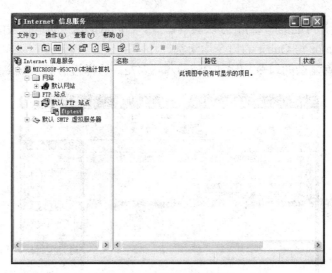

图 8-45 创建 FTP 虚拟目录

任务八 网络攻防技术

实验目的：

熟悉几种网络攻击技术及相应的工具软件，并熟悉其防范方法。加深对基本网络攻防技术的理解。

实验仪器：

连入以太网的 PC 机、L0phtCrack5 软件、冰河软件、UDP Flooder 软件和天网防火墙个人版软件。

原理概述：

网络安全面临的一个重要威胁就是口令被破解。账号的口令是该账号登录计算机的主要依据。口令通常是以单向散列函数值的形式保存在计算机中的。当用户键入口令时，对键入口令进行散列处理并与保存的散列值比较，若相同则认为键入正确。攻击软件对各种常用口令建立字典并预计算其散列值，与保存的口令散列值比较，若找到相同的则可以破解口令。

木马是隐藏在正常计算机软件中的恶意软件，它可以在用户不知情的情况下，做修改或删除用户文件、记录并发送用户密码、记录用户击键次序、实施 DoS 攻击、甚至完全控制用户计算机等事情。

拒绝服务攻击(DoS)是利用各种方法与技术，使目标计算机的资源被完全占用或耗尽，以至于不能为正常用户提供服务的一种攻击方法。

防火墙是设置在被保护网络和外部网络之间的一道屏障，以防止不可预测的、潜在破坏性的侵入。防火墙作为网络安全体系的基础和核心控制设备，在网络安全中具有举足轻重的地位。

实验内容：

1. 使用 L0phtCrack5 软件破解口令

Windows 操作系统的用户账号口令保存在 c:\windows\system32\config 下的 SAM 文件中，不过保存的是口令的散列值，而不是口令本身。L0phtCrack5 获得该文件后，可以以字典攻击与蛮力攻击(穷举所有可能的口令)等方法破解口令。L0phtCrack5 的运行截图如图 8-46 所示。图中所示 Administrator 与 Guest 的口令均为空。

防范办法：设置复杂的口令，比如 2bde3z$#8@7a，这样被破解的概率大大降低。

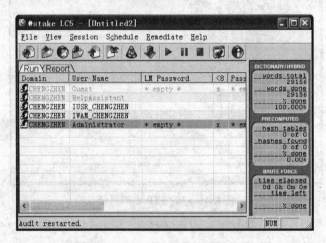

图 8-46　L0phtCrack5 的运行界面

2.　木马的攻击与防范

冰河软件是国内著名的木马软件，功能强大。它由两个文件组成：G_Client 与 G_Server，G_Server 是服务器端软件，它位于目标计算机内，G_Client 则是客户端软件，运行在黑客的控制计算机上。黑客使用某种方法把 G_Server 种植在目标计算机上，然后在自己的计算机上运行 G_Client，就可以远程控制目标计算机了。G_Server 被种植后将在计算机启动后自动运行，并且没有任何显示。运行 G_Client 的截图如图 8-47 所示。

图 8-47　冰河 G_Client 的运行界面

选择【文件】|【添加主机】，打开如图 8-48 所示的对话框。可以添加被控制的计算机信息，被控计算机的默认监听端口为 7626。

添加完被控计算机后，可以在主窗口的【文件管理器】选项卡中查看被控计算机上的所有文件。在【命令控制台】选项卡中可以运行各种命令，包括口令类命令、控制类命令、网络类命令、文件类命令、注册表读写和设置类命令等各种命令，可以有效地控制被控计算机。如图 8-49 所示。

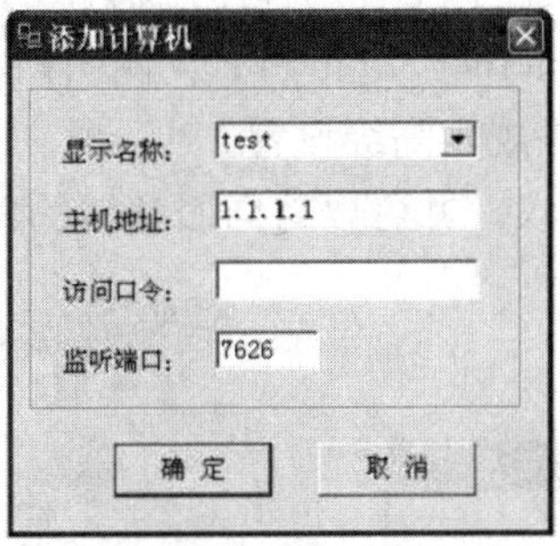

图 8-48　添加被控计算机

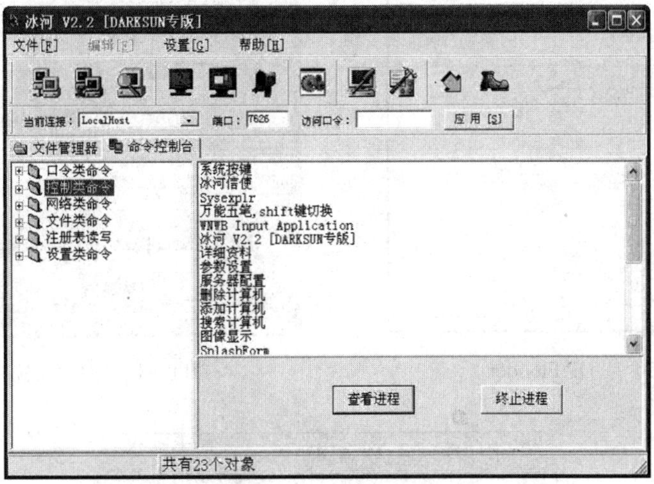

图 8-49　冰河 G_Client 的命令控制台

防范方法：当发现自己的计算机变得不正常，如口令泄露、桌面改变和文件丢失等时，就要怀疑自己中了木马。清除冰河服务器端软件时，先打开 Windows 中的【任务管理器】对话框，停止进程 kernel32.exe，然后删除位于 c:\windows\system32 下冰河的两个可执行文件：kernel32.exe 与 sysexplr.exe，最后运行 msconfig，清除启动项目中的 kernel32。

3. DoS 的攻击与防范

DoS 的攻击软件有多种，UDP Flooder 是一个比较简单的攻击软件，它向目标计算机的指定端口发送大量的 UDP 包，如图 8-50 所示。当多台计算机同时向同 1 台计算机攻击时，对目标计算机将会有严重影响，这就是分布式拒绝服务攻击(DDoS)。

防范方法：对拒绝服务的攻击的防范较难，因为不容易区分正常请求与恶意请求。因此关键在于区分正常请求与恶意请求。比如可以配置防火墙，当发现来自某一计算机的频繁的同一请求时，应该屏蔽该计算机的所有请求。

4. 天网防火墙个人版的配置

天网防火墙个人版是国内比较优秀的 PC 机专用软件防火墙。它主要有两大功能：应用程序规则与 IP 规则。应用程序规则针对某个应用程序设置规则以控制该应用程序的行为，IP 规则是针对 IP 协议、TCP 协议、UDP 协议和 ICMP 协议设置规则以控制它们的行为。其最终目的就是阻止非法的网络使用。

　　单击主窗口上方的第一个工具图标【应用程序规则】，打开如图 8-51 所示对话框，可以对某些应用程序设置规则，单击【Internet Explorer】左侧图标，再单击其右侧的【选项】按钮，打开 Internet Explorer 的【应用程序规则高级设置】对话框，如图 8-52 所示。可以看出，Internet Explorer 可以使用 TCP 与 UDP 协议，并可以访问服务器的任何端口。

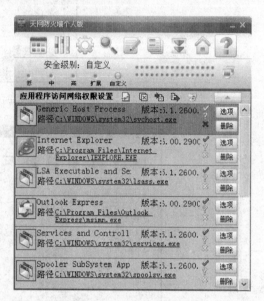

图 8-50　UDP Flooder　　　　　　　　　　　　图 8-51　应用程序规则设置

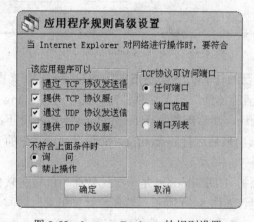

图 8-52　Internet Explorer 的规则设置

　　单击如图 8-53 所示窗口上方的第二个工具按钮【IP 规则】，可以对 IP 协议、TCP 协议、UDP 协议和 ICMP 协议设置规则。双击第一条规则【允许自己用 ping 命令探测其他机器】，打开该规则的设置对话框，如图 8-54 所示。可以看出，该规则允许本机用 ping 命令探测任意 IP 地址的计算机。

　　其他规则与此类似。

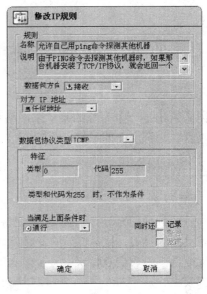

图 8-53　IP 规则设置　　　　　　图 8-54　"允许自己用 ping 命令探测其他机器"
规则设置

附录 A　网络系统集成工程项目投标书范例

本附录给出了一个完整的某学院网络系统集成项目投标书的实例，以此使大家对网络系统集成项目有一个全面的了解。

一、需求分析与网络建设目标

1. 项目概况

某学院的领导们充分认识到 21 世纪将是信息化的时代，为了使学院的教育与管理工作能够适应本世纪的挑战，具备长远的发展后劲，从战略高度提出了建设学院校园网的设想，将现代化数据通信手段和信息技术以及大量高附加值的信息基础设施引进校园，用以提高教育水平以及管理效率。

相信随着校园网的开通，多媒体教学、办公自动化、信息资源共享和交流手段的实现，尤其是与 CERNET 的互连互通，会极大地提高学院的层次，为今后在激烈的教育市场竞争中取胜打下坚实的基础。

2. 需求分析

（1）项目依据。

根据学院网络系统建设总目标的要求和经费的承受能力，在充分调研的基础上，结合目前技术的发展状态和发展方向，制定了学院校园网的整体设计方案。通过校园网的整体设计，希望确定校园网的技术框架，未来具体的建设内容则可以在整体设计的基础上不断扩展和增加。

（2）初步分析。

学院校园网信息点与应用分布情况如表 A.1 所示。

表 A.1　学院校园网信息点与应用分布

建筑物	信息点数	主要应用
实验楼	33	微机网络教室、课件制作、实验室、网管中心、Internet 服务
综合楼	50	图书馆、电教室、VOD、Internet 服务
教学楼	60	教学、教务管理、Internet 服务
女生宿舍楼	36	VOD、Internet 服务
总务楼	18	后勤管理、Internet 服务
家属楼	60	Internet 服务
多功能厅	40	教学、会议、VOD、Internet 服务

3. 校园网建设总目标

学院校园网建设的总目标是运用网络信息技术的最新成果，建设高效实用的校园网络信息系统。具体地说，就是以校园网大楼综合布线为基础，建立高速、实用的校园网平台，为学校教师的教学研究、课件制作和教学演示，为学生的交互式学习、练习、考试和评价以及信息交流提供良好的网络环境，最终形成一个教育资源中心，并成为面向教学的、先进的计算机远程教育信息网络系统。

（1）一期校园网建设目标。

将先进的多媒体计算机技术首先运用于教学第一线，充分利用学校现有的基建设施，并对其进行改造及优化，把旧的电脑教室改造成为具有影像及声音同步传输、指定控制、示范教学、对话及辅导等现代化多媒体教学功能的教室，而多媒体课件制作系统软件可以使教师自行编辑课件及实现电子备课功能。第一期校园网设计内容包括：

1）建立学校教学办公的布线及网络系统。

2）建立多媒体教学资源中心和网络管理中心。

3）建立多媒体教室广播教学系统和视频点播。

4）实现教师制作课件及备课电子化。

5）接入 Internet 网和 CERNET 网，以利用网上丰富的教学资源。

（2）二期校园网建设目标。

在一期的基础上实施校园内全面联网，实现基于 Intranet 的校园办公自动化管理，充分利用网络进行课堂教学、教师备课，实现资料共享，集中管理信息发布，逐步实现教、学、考的全面电子化。建立学校网站，设计自己的主页，更方便地向外界展示学校，实现基于 Internet 的授权信息查询，开展远程网上教育和校际交流等。第二期校园网设计内容包括：

1）校园办公自动化系统。校园网需要运行一个较大型的校务管理系统(MIS 系统)，建设几个大型数据库，如教务管理、学籍管理、人事管理、财务管理、图书情报管理及多媒体素材库等。这些数据库分布在各个不同的部门服务器上，并和中心服务器一起构成一个完整的分布式系统。MIS 系统需在这个分布式数据库上进行高速数据交换和信息互通。

2）校园网站。指建立学校自己在 Internet 上的主页。

二、网络系统设计策略

1. 网络设计宗旨

关于校园网的建设，需要考虑到以下的一些因素：系统的先进程度、系统的稳定性、可扩展性、网络系统的维护成本、应用系统与网络系统的配合度、与外界互连网络的连通、建设成本的可接受程度。下面是在校园网建设方面提出的一些经验建议。

（1）选择高带宽的网络设计。

校园网络应用的具体要求决定了采取高带宽网络的必然性。多媒体教学课件包含了大量的声音、图像和动画信息，需要更高的网络通信能力(网络通信带宽)的支持。

众所周知，早期基于 386 或者 486CPU 处理器的计算机由于其内部的通信总线采用了 ISA 技术，与 10M 的网络带宽是相互匹配的，即计算机的处理速度与网络的通信能力是相当的。但是，如果将目前已经成为主流的基于 Pentium Ⅲ技术的计算机或服务器仍然连到 10M 的以太网络环境，Pentium CPU 的强大计算能力将受到 10M 网络带宽的制约，即网络将成为校园网络系统的瓶颈。这是因为，基于 Pentium CPU 的计算机或服务器，其内部通信总线采用的是先进的 PCI 技术。显然，只有带宽为 100M 的快速以太网络技术才能满足采用奔腾 CPU 的计算机和服务联网的需求。

总结上述分析，校园网络应尽可能地采用最新的高带宽网络技术。对于台式计算机建议采用 10 / 100M 自适应网卡，因为目前市场上的主流计算机型很大一部分已经是基于 Pentium Ⅲ CPU 了。而对于校园网络的主服务器，比如数据库服务器，文件服务器以及 Web 服务器等，在有条件的情况下最好采用 1000M（Gigabit 千兆以太网络技术）的网络连接，为网络的核心服务器提供更高的网络带宽。

（2）选择可扩充的网络架构。

校园网络的用户数量联网的计算机或服务器的数量是逐步增加的，网络技术也是日新月异，新产品新技术不断涌现。校园网络建立在资金相对紧张的前提下，建议尽量采用当今最新的网络技术，并且要分步实施，校园网络的建设应该是一个循序渐进的过程。这就要求要选择具有良好可扩充性能的网络互连设备，这样才能充分保护现有的投资。

（3）充分共享网络资源。

联网的核心目的是共享计算机资源。通过网络不仅可以实现文件共享、数据共享，还可通过网络实现对一些网络外围设备的共享，比如打印机共享、Internet 访问共享、存储设备共享等等。比如对于一个多媒体教室的网络应用，完全可以通过有关设备实现网络打印资源共享，Intemet 访问和电子邮件共享，以及网络存储资源共享。

（4）网络的可管理性，降低网络运行及维护成本。

降低网络运营和维护成本也是在网络设计过程中应该考虑的一个重要环节。只有在网络设计时选用支持网络管理的相关设备，才能为将来降低网络运行及维护成本打下坚实的基础。

（5）网络系统与应用系统的整合程度。

作为教育信息产业的专业公司，我们在多媒体教室(纯软件版本)、课件制作系统、试题编制系统、自动出题系统、网络考试系统、学籍管理系统、图书馆系统、图书资料管理系统、排课系统、政教教务系统、电子白板系统、教育论坛、教师档案管理、校长办公系统、VOD 系统等应用软件方面有很多合作伙伴，基本能满足学校在校园信息化建设方面的需求，而且还能根据客户的需求对相应的软件系统做进一步的开发。

软件系统应建立在网络的基础上，并大量引入 Internet / Intranet 的概念，与硬件平台完美地整合，并在技术上具有独到之处。

（6）网络建设成本的可接受程度。

考虑到目前我国的实际情况，很多学校在校园网的建设方面希望成本较低，为此，我们选用性价比高的网络产品，并根据学校不同的需求定制各种方案。

2. 网络建设目标

（1）紧密结合实际，以服务教育为中心。

学院的主要工作都是围绕教育进行的，因此建立校园网就要确立以教育为中心的思想，不仅提供教育、管理所必须的通信支撑，同时还要开发重点教学应用。

（2）以方便、灵活的可扩展平台为基础。

可扩展性是适应未来发展的根本，学院校园网要分期实施，其扩展性主要表现在网络的可扩展性、服务的可扩展性方面。所有这些必须建立在方便、灵活的可扩展平台的基础上。

（3）技术先进，适应发展潮流，遵循业界标准和规范。

学院校园网是一个复杂的多应用的系统，必须保证技术在一定时期内的先进性，同时遵循严格的标准化规范。

（4）系统易于管理和维护。

学院校园网所面对的是大量的具有不同需求的用户，同时未来校园网将成为全学校信息化的基础，因此必须保证网络平台及服务平台上的各种系统安全可靠、易于管理、易于维护。

三、网络设计方案

1. 网络系统集成的内容

（1）网络基础平台。

网络基础平台是提供计算机网络通信的物理线路基础。对于学院而言，应包括骨干光缆铺设，楼内综合布线系统，以及拨号线路的申请与提供。

（2）网络平台。

在网络基础平台的基础上，建设支撑校园网数据传输的计算机网络，这是学院校园网建设的核心。网络平台应当提供便于扩展、易于管理、可靠性高、性能好，性价比好的网络系统。

（3）Internet / Intranet 基础环境。

TCP/IP 已经成为未来数据通信的基础技术，而基于 TCP / IP 的 Internet / Intranet 技术成为校园网应用的标准模式，采用这种模式可以为未来应用的可扩展性和可移植性奠定基础。Internet / Intranet 基础环境提供基于 TCP/IP 的整个数据交换的逻辑支撑，它的好坏直接影响到管理、使用的方便性，扩展的可行性。

（4）应用信息平台。

为整个校园网提供统一简便的开发和应用环境、信息交互和搜索平台，如数据库系统、公用的流程管理、数据交换等，这些都是各个不同的专有应用系统中具有共性的部分。将这些功能抽取出来，不仅减少了软件的重复开发，而且有助于数据和信息的统一管理。有助于利用信息技术逐步推动现代化管理的形成。

拥有统一的应用信息平台，是保证校园网长期稳定的重要核心。

（5）专有应用系统。

包括多媒体教学、办公自动化、VOD 视频点播和组播、课件制作管理、图书馆系统等。是我们看得见、摸得着的具体应用。

（6）网络基础平台——综合布线系统。

综合布线是信息网络的基础。它主要是针对建筑的计算机与通信的需求而设计的，具体是指在建筑物内和在各个建筑物之间布设的物理介质传输网络。通过这个网络实现不同类型的信息传输。国际电子工业协会 / 电信工业协会及我国标准化组织制定提出了规范化的布线标准。所有符合这些标准的布线系统，应对所有应用系统开放，不仅完全满足当时的信息通信需要，而且对未来的发展有着极强的灵活性和可扩展性。

计算机网络的应用已经深入到社会生活的各个方面。当计算机网络的可靠性得不到保障时，所造成的损失无法计算。根据统计资料，在计算机网络的诸多环节中，其物理连接有最高的故障率，约占整个网络故障的 70%～80%。因此，有效地提高网络连接的可靠性是解决网络安全的一个重要环节。而综合布线系统就是针对网络中存在的各种问题设计的。

综合布线系统可以根据设备的应用情况来调整内部跳线和互连机制，达到为不同设备服务的目的。网络的星形拓扑结构，使一个网络节点的故障不会影响到其他的节点。综合布线系统以其仅占总建筑费用 5% 的投资获得未来 50 年的各类信息传输平台的优越投资组合，获得了具有长远战略眼光的各界业主的关注。

学院校园网所涉及的网络基础平台包括：骨干光缆系统、楼宇内布线系统和其他线路部分。

2. 网络基础平台——综合布线系统

（1）综合布线系统的设计思想

为适应校园网的未来发展和需要，校园网的综合布线系统是具有如下典型特征的系统：

1）传输信息类型的完备性。具有传输语言、数据、图形、视频信号等多种类型信息的能力。

2）介质传输速率的高效性。能满足千兆以太网（Gigabits Ethernet）和 100M 快速以太网的数据吞吐能力，并且要充分设计冗余。

3）系统的独立性和开放性。能满足不同厂商设备的接入要求，能提供一个开放的兼容性强的系统环境能力。

4）系统的灵活性和可扩展性。系统应采用模块化设计，各个子系统之间均为模块化连接，能够方便而快速地实现系统扩展和应用变更。

5）系统的可靠性和经济性。结构化的整体设计保证系统在一定的投资规模下具有最高的利用率，使先进性、实用性、经济性等几方面得到统一；同时，完全执行国际和国家标准设计和安装，为系统的质量提供了可靠的保障。最少保证在未来 15 年内的稳定性。

（2）综合布线设计依据。

《TIA/EIA-568 标准》（民用建筑线缆电气标准）

《TIA/EIA-569 标准》（民用建筑通信通道和空间标准）

《AMP NETCONNECT OPEN CABLING SYSTEM 设计总则》

《CECS 72：97 建筑与建筑综合布线系统工程设计规范》

《CECS 89：97 建筑与建筑综合布线系统工程施工和验收规范》

《电信网光纤数字传输系统工程实施及验收暂行技术规定》

（3）骨干光缆工程。

需要设计并铺设从校园网络中心位置到校园内其他楼宇（共 6 座楼）的骨干光缆系统，要求光缆的数量、类型能够满足目前网络设计的要求，最好能够兼顾到未来可能的发展趋势，留出适当合理的余量。

另外，由于网络技术路线决定采用千兆以太网，那么根据千兆以太网的规范对骨干光缆工程的材料选择提出了要求：目前千兆以太网都采用光纤连接，分为两种类型：SX 和 LX。SX 采用 62.5μm 内径的多模光纤，传输距离 275m；LX 采用 62.5μm 的单模光纤，传输距离 3km。如有楼宇到校园网络中心的距离超过 275m，则必须采用单模光缆铺设（单模光缆端口费用高昂）。同时为了提高网络的可靠性和性能并兼容今后的发展，光缆芯数均采用 6 芯。

另外，为了长久的发展，校园网骨干光缆工程还包括了地下管孔建设。工程内容包括道路开挖、管孔建设、人孔/手孔建设、土方回填、光缆牵引/入楼、光缆端接和测试等。

（4）楼宇内布线系统。

参照国际布线标准，校园网楼宇内布线系统采用物理星形拓扑结构，即每个工作点通过传输媒介分别直接连入各个区域的管理子系统的配线间，这样可以保证当一个站点出现故障时，不影响整个系统的运行。

1）楼内垂直干线系统。结合网络设计方案的要求，主要考虑网络系高速的速率传输，以及工作站点的到交换机之间的实际路由距离及信息点数量，校园内大多数建筑物可以采用一个配线间，这样就可以省去楼内垂直系统。

2）水平布线系统。为满足 100M 以上的传输速度和未来多种应用系统的需要，水平布线全部采用超 5 类非屏蔽双绞线。信息插座和接插件选用美国知名原产厂家产品，水平干线铺设在吊顶内，并应在各层的承重墙或楼顶板上进行，不明露的部分采用金属线槽；进入房间的支线设计采用塑料线槽，管槽安装要符合电信安装标准。

3）工作区子系统。工作区子系统提供从水平子系统的信息插座到用户工作站设备之间的连接。它包括工作站连线、适配器和扩展线等。主要包括连接线和各种转换接头，校园网水平布线系统全部采用双绞线，为了保证质量，最好采用成品线，但为了节约费用，也可以用户自己手工制作 RJ-45 跳线。

3. 网络平台

（1）网络平台设计思想。

网络平台为学院校园网提供数据通信基础，通过对学院的实地调研，学院的网络平台设计应当遵从以下原则。

1）开放性：在网络结构上真正实现开放，基于国际开放式标准，坚持统一规范的原则，从而为未来的业务发展奠定基础。

2）先进性：采用先进成熟的技术满足当前的业务需求，使业务或生产系统具有较强的运作能力。

3）投资保护：尽可能保留并延长已有系统的投资，减少以往在资金与技术投入方面的浪费。

4）高的性能价格比：以较高的性能价格比构建系统，使资金的投入产出达到最大值，能以较低的成本、较少的人员投入来维持系统运转，提高效率和生产能力。

5）灵活性与可扩展性：具有良好的扩展性，能够根据管理要求，方便扩展网络覆盖范围、网络容量和网络各层次节点的功能。提供技术升级、设备更新的灵活性，尤其是网络平台应能够适应学院部门搬迁等应用环境变化的要求。

6）高带宽：学院的网络系统应能够支撑其教学、办公系统的应用和 VOD 系统，要求网络具有较高的带宽。同时，高速的网络也是目前网络应用发展趋势的需要。越来越多的应用系统将依赖网络运行，应用系统对网络的要求也越来越高，这些都要求网络必须是一个高速的网络。

7）可靠性：该网络将支撑学院的许多关键教学和管理应用的联机运行，因而要求系统具有较高的可靠性。全系统的可靠性主要体现在网络设备的可靠性，尤其是 GBE 主干交换机的可靠性，以及线路的可靠性。如果经费支持，可以采用双线路、双模块等方法来提高整个系统冗余性，避免单点故障，以达到提高网络可靠性的目的。

（2）网络平台技术路线选择——主干网技术分析比较。

10 年前，计算机应用的结构还以主机为核心，今天以客户机/服务器、浏览器／服务器为模式的分布式计算结构使网络成为信息处理的中枢神经；同时随着 CPU 处理速度的提高，PCI总线的使用，PC 机已具备 166Mbps 的传输速度。所有这些都对网络带宽提出了更高的要求，这种需求促进了网络技术的繁荣和飞速发展。今天有许多 100Mbps 以上的传输技术可以选择，如 100Base-T，100VG-AnyLAN，FDDI，ATM 等，究竟哪一种最适合学院网络平台的需要，为搞清楚这个问题，先看一下几种主干网技术的特征。

1）FDDI。FDDI 在 100Mbps 传输技术上最成熟，但其销量增长最平缓。它的高性能优势被昂贵的价格相抵冲。其优点是：

- 令牌传递模式和一些带宽分配的优先机制使它可以适应一部分多媒体通信的需要。
- 双环及双连接等优秀的容错技术。
- 网络可延伸达 200km，支持 500 个工作站。

但是 FDDI 有许多弱点：

- 居高不下的价格限制了它走向桌面的应用，无论安装和管理都不简单。
- 基于带宽共享的传输技术从本质上限制了大量多媒体通信同时进行的可能性。
- 交换式产品虽然可以实现，但成本无法接受。

2）交换式快速以太网（100Base-FX）。其区别于传统的以太网的两个特征是：在网络传输速度上由 10M 提高到 100M，将传统的采用共享的方案改造成交换传输，在共享型通信中，一个时刻只能有一对机器通信，交换型则可以有多对机器同时进行通信。

由于在这两个方面的改进，使以太网的通信能力大大的增加，而在技术上的实际改进不大，因为快速交换以太网和传统以太网采用了基本相同的通信标准。

100Base-FX 快速以太网技术采用光缆作为传输介质，以其经济和高效的特点成为平滑升级到千兆以太网或 ATM 结构的较好过渡方案。它保留了 10Base—T 的布线规则和 CSMD/CD 介质访问方式，具有以下特色：

- 从传统 10Base-T 以太网的升级较容易，投资少，与现有以太网的集成也很简单；
- 工业支持强，竞争激烈，使产品价格相对较低；
- 安装和配置简单，现有的管理工具依然可用；
- 支持交换方式，有全双工 200Mbps 方式通信的产品。

不足在于：

- 多媒体的应用质量不理想。
- 基于碰撞检测原理的总线竞争方式使 100Mbps 的带宽在通信量增大时损失很快。

3）ATM。ATM 自诞生之日起有过很多的名字，如异步分时复用、快速分组交换、宽带 ISDN 等。其设计目标是单一的网络多种应用，在公用网、广域网、局域网上采用相同的技术。ATM 产品可以分为 4 个领域：一是针对电讯服务商的广域网访问；二是广域网主干；三是局域网主干；四是 ATM 到桌面。ATM 用于局域网主干和桌面的产品的主要标准都已经建立，各个厂商都推出了相应的产品。

ATM 目前还存在一些不足，如协议较为复杂，部分标准尚在统一和完善之中；另外价格较高，与传统通信协议如 SNA、DECNET、NetWare 等的互操作能力有限。因此目前 ATM 主要应用在主干网上，工作站与服务器之间的通信通过局域网仿真来实现。

目前，随着 Intemet 的发展，IP 技术已经成为一种事实的工业标准，这已经成为一种公认的事实，但是在 ATM 技术上架构 IP，需要采用 LANE 或 MPOA 技术，在技术上比较复杂，管理非常麻烦，同时使得 ATM 的效率大打折扣，性价比较差。

4）千兆以太网。1000Base-X 千兆以太网技术也是继承了传统以太网的技术特性，因此除了传输速率有明显提高外，别的诸如服务的优先级、多媒体支持等能力等也都出台了相应的标准，如 802.3x，802.1p，802.1q 等。同时各个厂商的千兆以太网产品逐步形成了许多大型的用户群，在实践中得到了验证。

另外，千兆以太网在技术上与传统以太网相似，与 IP 技术能够很好地融合，在 IP 为主的网络中以太网的劣势几乎变得微不足道，其优势却非常突出，例如容易管理和配置，同时支持 VLAN 的 IEEE 802.1q 标准已经形成。支持 QoS 的 IEEE 802.1p 也已形成，支持多媒体传输有了保证。另外在三层交换技术的支持下，能够保持很高的效率，目前已经基本上公认为局域网骨干的主要技术。

综上所述，局域网的主干技术的出现与发展也是有时间区别，依出现的先后，局域网主干技术经历了共享以太网（令牌环网）、FDDI、交换以太网、快速以太网、ATM 和千兆以太网。

根据以上对各种网络技术特点的分析以及学院校园网的特点，设计学院的网络平台主干采用千兆以太网技术。

（3）二级网络技术选择。

学院校园网采用两层结构，即只有接入层，没有分布层。我们设计学院二级单位网络为快速以太网络+交换以太网的结构，各二级网络通过千兆以太网连接骨干核心交换机，向下通过 10Mbps / 100Mbps 自适应线路连接各个信息点。

4. 网络设备选型

（1）选型策略。

主要从以下几点出发考虑设备的选型问题：

1）尽量选取同一厂家的设备，这样在设备可互连性、技术支持、价格等方面都有优势。

2）在网络的层次结构中，主干设备选择应预留一定的能力，以便于将来扩展，而低端设备则够用即可。因为低端设备更新较快，且易于扩展。

3）选择的设备要满足用户的需要。主要是要符合整体网络设计的要求以及实际的端口数的要求。

4）选择行业内有名的设备厂商，以获得性能价格比更优的设备以及更好的售后保证。

（2）网络设备选择。

如前所述，网络技术路线已经选择千兆以太网。目前来讲，千兆以太网的生产制造厂商很多，如传统的 Cisco、3Com、Bay，新兴的 FoundryNet、Exetrem、Lucent 等。显然，Cisco 公司的产品是所有网络集成商的首选，这是因为 Cisco 技术先进、产品质量可靠，又有过硬的技术支持队伍，但由于费用无法支持，因此选用了性价比较高的 3Com 公司的产品。

（3）核心交换机。

选用 3Com SuperStack Ⅱ Switch 9300 12 端口 SX（产品号：3C93012）。

（4）接入层交换机。

对于二级网络的设备，选用 3Com SuperStack Ⅱ Switch 3900 36 端口(3C39036)或 3ComSuperStack Ⅱ Switch3900 24 端口(3C39024)，这两款均可提供 1～2 路 1000BASE-SX 光纤链路上联。

5. 网络方案描述

学院校园网网络方案由骨干网方案和各楼或楼群网络方案组成，下面就对这些方案作一些简单地介绍。

（1）星形结构骨干网。

经过反复论证，骨干网结构设计为星形结构。星形骨干网由 1 台 3Com SuperStack Ⅱ Switch9300 交换机组成，它提供 12 个 GE 接口。各楼分布层交换机 3Com SuperStack Ⅱ

Switch3900 则至少有 1 个 SuperStack II Switch 3900 1000BASE-SX 模块(3C39001)，分别连接到核心交换机的 GE 端口上；网络中心配置一台 SuperStack II Switch 3900 交换机连接实验楼的 33 个点。核心交换机除连接 6 个楼的分层交换机外，剩下的 6 个 GE 接口，既可供将来扩充网络，还可供安装千兆网卡的服务器，以供给猝发式高带宽应用(如 VOD)来使用。安装百兆网卡的服务器可以连接到网络中心 SuperStack II Switch3900 交换机的 10 / 100M 自适应口上。

（2）楼宇内接入网络。

学院校园内直接用 GE 连到网络中心(实验楼)的楼宇有：综合楼、教学楼、女生宿舍楼、总务楼、家属楼、多功能厅等。各个楼内根据信息点的数量采用相应规格的 SuperStack II Switch 3900 交换，其中女生宿舍楼使用两套 24 口交换机，多功能厅使用 1 套 24 口交换机，其余使用 2 套 36 口交换机。楼内设备间均采用背板堆叠方式互连。每个 3900 提供 24～36 个 10M/100Mbps 的端口到桌面。

（3）远程接入网络。

通过 CERNET 的外网光纤接入学院校园内。今后可考虑直接连接到核心交换机，也可以通过路由器连接，路由器除提供路由服务外，还可控制网络风暴，设置防火墙抵御黑客袭击等。

（4）网络管理。

学院校园内网络设备的管理选用 3Com Transcend for NT，运行在 NT 平台上。由于网络设备采用一家的产品，它能够完成几乎所有的 LAN 网络管理任务，如配置、报警、监控等。

6. 网络应用平台

学院校园网络必须按照国内国际流行的开放式网络互连的应用方式来构造自己的网络应用，并采用 TCP / IP 协议来规划和分割网络，将以教学为核心的应用软件和管理软件建立在统一的 Intetnet / Intranet 平台基础上。

（1）硬件服务器的选择与配置。

学院校园网络必须保证内部与外部(CERNET)的沟通。本方案采用针对 WWW 站点和 E-mail 服务、信息资源共享、文件服务(FTP)以及今后的 VOD / 组播服务来配置服务器的策略，具体配置如表 A.2 所示。

表 A.2 硬件服务器配置

序号	服务器用途	配置
1	DB、Web、E-mail、FTP	曙光天阔 PIII800CPU，512M RAM,18GHD
2	VOD 组播	曙光天阔 PIII800CPU*2，512M RAM,36GHD*3 RAID
3	图书馆服务与业务管理	曙光天阔 PIII800CPU，256M RAM,18GHD

（2）软件环境配置。

软件环境是搭建网络基础应用平台的必备配置。包括服务器操作系统、数据库系统以及 Internet 应用服务器平台等，如表 A.3 所示。

表 A.3 软件服务配置

序号	服务器软件平台
1	网络操作系统：Microsoft Windows NT Server SP5
2	数据库（DB）管理系统：Microsoft SQL Server 7.0

续表

序号	服务器软件平台
3	Web 服务：Microsoft Internet Information Server 4.0
4	POP3(E-mail)服务：Microsoft Exchange Server 5.0

7. 网络拓扑结构

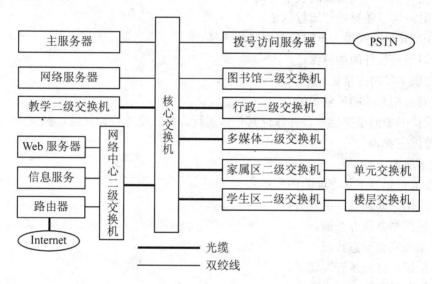

四、工程进度表

工程进度如表 A.4 所示。

表 A.4　工程进度表

阶段	工作内容	时间进度
初步调研	用户调查，项目调研，系统规划	1 周
需求分析	现状分析，功能需求，性能要求，成本 / 效益分析，需求报告	2 周
初步设计	确定网络规模，建立网络模型，拿出初步方案	1 周
详细调研	用户详细情况调查，系统分析，用户业务分析	2 周
系统详细设计	网络协议体系确定，拓扑设计，选择网络操作系统，选定通信媒体，结构化布线设计，确定详细方案	1 周
系统集成设计	计算机系统设计，系统软件选择，网络最终方案确定，硬件选型设备和配置，确定系统集成详细方案	2 周
应用系统设计	设备定货，软件定货，安装前检查，设备验收，软件安装，网络分调，应用系统开发安装，调试，系统联调，系统验收	6 周
系统维护和服务	系统培训，网络培训，应用系统培训，预防性维护，故障问题处理	3 周

五、售后服务及培训许诺

本公司负责为学院网络系统提供全面的技术服务和技术培训，对系统竣工后的质量保证提供完善的措施。

1. 质量保证

（1）综合布线系统提供的质量保证。

1）提供 3 年免费的系统保修和设备质量保证。在设备验收合格后 3 年内，因质量问题发生故障，乙方负责免费更换；因用户使用或管理不当造成设备损坏，乙方有偿提供设备备件。

2）为用户提供扩展需要的技术咨询服务。

（2）对网络设备提供的质量保证。

所有 3Com 设备提供一年的免费保修和更换。

（3）对系统软件的质量保证。

保证提供半年的正常运行维护。

（4）对应用系统的质量保证。

达到设计书中的全部要求，并保证其正常运行，如发现是设计问题，做到 48 小时响应，并将尽快改进完善。

2. 技术服务

技术服务包括以下几方面的内容：

（1）应用系统需求详细分析。

（2）定期举办双方会谈。

（3）工程实施动态管理。

（4）应用软件现场开发调试。

（5）协助整理用户历史数据。

（6）协助建立完善的系统管理制度。

（7）随时提供应用系统的咨询和服务。

3. 技术培训

（1）培训内容。

本公司在教学网络工程完成过程中及整个网络完工后，将为学院培训 1 名系统管理员和 1 名数据库管理员。培训的主要内容包括：

1）计算机局域网的基本原理。

2）计算机多媒体教学网软件。

3）计算机网络日常管理与维护。

4）Windows NT 操作系统。

5）网络基础应用平台的搭建及主要 Internet 服务的开通和管理。

（2）培训对象。

为保证本项目的顺利实施，以及在项目建设结束后能使网络系统充分发挥作用，需要对以下人员进行培训：

1）对学院的有关领导进行培训，以使他们对信息技术发展的最新水平以及该网络系统中所涉及的新技术有所了解，并能利用该网络系统提供的先进手段更有效地掌握有关信息、处理有关问题。

2）对学院一些部门的技术人员进行有关该网络系统中各软硬件系统的技术培训。在培训结束后，这些人员应当能够独立完成该网络系统的日常维护操作。

3）对相关人员提供应用系统的使用培训，确保他们能正确使用所需要的应用软件（除设计书中的软件外，其他方面软件也要尽力提供帮助）。

（3）培训地点、时间与方式。

培训地点初步定在用户现场，用户应提供培训场地，系统集成商将选派富有网络工程经验和培训经验的工程师对有关人员培训。

培训时间应该尽早安排，以确保在有关设备或软件系统的安装工作开始之前相应的培训课程已经结束。各类培训课程的期限需根据具体的课程内容来定。

培圳方式可采用课堂授课与上机实习，或现场操作指导。

六、设备与费用清单

1．一期工程报价

（1）硬件费用。

如表 A.5 所示。

表 A.5　硬件费用报价表

设备名称与配置	数量	单价	合计（元）
交换机：Cisco Catalyst 6000 （1*1000FX+36*100BASE-T+2 个插槽）	1 台	35000	35000
AMP 超 5 类室内综合布线	100 点	850	85000
网卡：3COM 3C985-SX 10/100Mbps，PCI，RJ-45	103 个	270	27810
网管高档微机 （Pentium Ⅳ1.7G/256M-PC133/40G/CD-ROM/TNT2 64M/17 英寸/多媒体)	1 台	12000	12000
路由器：Cisco 7500	2 台	14000	28000
打印机：HP LaserJet 2100	2 台	3600	7200
稳压电源：25KVA	2 台	3000	6000
UPS	4 台	1000	4000
其他			5000
合计			210010

（2）工程费用。

如表 A.6 所示。

表 A.6　工程费用

项目	费用（元）
系统集成费（硬件费用的 9%~13%）	21000
合计	21000
总计	231010

2. 二期工程报价

（1）硬件费用。

如表 A.7 所示。

表 A.7　硬件费用报价表

设备名称与配置	数量	单价（元）	合计（元）
交换机：SuperStack II Switch 9300（1*1000FX+36*100BASE-T+2 个插槽）	1 台	35000	35000
交换机：SuperStack II Switch 33000（24*10/100Base-TX（3C16980）	2 台	13500	27000
AMP 超 5 类室内综合布线	200 点	850	170000
光缆：6 芯室外光纤	200m	30	6000
SC-SC 接口 3 米尾纤（陶瓷）	1 根	400	400
校园网（DB、Web、E-mail、FTP）主服务器：HP LH 6000 PIII800 CPU，512M RAM，18G HD*2 SCSI，RAID	1 台	46700	46700
VOD 视频点播/组播服务器（含专用硬件软件）：联想万全 2200C PIII800 CPU*2，512M RAM，36G HD *3 RAID，SCSI	1 台	160000	160000
图书馆服务与业务管理系统：联想万全 2200C PIII 800 CPU*2，512M RAM，36G HD SCSI	1 台	36500	36500
图书馆管理系统	1 套	120000	120000
网卡：3COM 3C985-SX 10/100Mbps，PCI，RJ-45	66 个	270	17820
合计			619420

（2）工程费用。

如表 A.8 所示。

表 A.8　工程费用

项目	费用（元）
系统集成费（硬件费用的 13%）	80524
合计	80524
合计	699944

七、投标单位资质材料

1. 飞腾公司简介（略）
2. 飞腾公司从事网络工程项目的成功案例（略）
3. 参与本项目的网络工程技术人员名单（略）
4. 联系办法（略）

附录 B　Cisco 公司常用网络设备产品介绍

1. Catalyst 2950 系列交换机

Cisco Catalyst 2950 系列包括 Cisco Catalyst 2950T-24、2950-24、2950-12 和 2950C-24 交换机。Cisco Catalyst 2950-24 交换机有 24 个 10/100 端口；2950-12 有 12 个 10/100 端口；2950T-24 有 24 个 10/100 端口和 2 个固定 10/100/1000 BaseT 上行链路端口；2950C-24 有 24 个 10/100 端口和 2 个固定 100 BaseFX 上行链路端口。每个交换机占用一个机柜单元（RU），这样它们方便地配置到桌面和安装在配线间内（如图 B-1 所示）。

图 B-1　Catalyst 2950 系列 10/100/1000 交换机

由于 Cisco Catalyst 2950 具备 8.8Gbps 的交换背板和最大 4.4 Gbps 的数据吞吐率，所以在它把终端工作站和用户连接到公司的 LAN 上时可以在各个端口提供线速连接性能。

Cisco Catalyst 2950 交换机支持性能增强特性，如 Fast EtherChannel（快速以太通道）和 GigabitEtherChannel（千兆位以太通道）技术，可在 Catalyst 2950 交换机、路由器和服务器之间提供最大 4 Gbps 的高性能带宽。

2. Cisco Catalyst 3550 系列交换机

Cisco Catalyst 3550 系列智能化以太网交换机是一个新型的、可堆叠的、多层企业级交换机系列，可以提供高水平的可用性、可扩展性、安全性和控制能力，从而提高网络的运行效率。因为具有多种快速以太网和千兆以太网配置，因此 Catalyst 3550 系列既可以作为一个功能强大的接入层交换机，用于中型企业的布线室，也可以作为一个骨干网交换机，用于中型网络。客户有史以来第一次可以在整个网络中部署智能化的服务，例如先进的服务质量（QoS），速度限制，Cisco 安全访问控制列表，多播管理和高性能的 IP 路由同时保持了传统 LAN 交换的简便性。Catalyst 3550 系列中内嵌了 Cisco 集群管理套件（CMS）软件，该软件使用户可以利用一个标准的 Web 浏览器同时配置和诊断多个 Catalyst 桌面交换机并为其排除故障。Cisco CMS 软件提供了新的配置向导，它可以大幅度简化整合式应用和网络级服务的部署。

Catalyst 3550 系列智能以太网交换机具有下面两种快速以太网配置：

Catalyst 3550-24 交换机 24 个 10/100 端口和两个基于千兆接口转换器（GBIC）的千兆以太网接口，如图 B-2 所示。

Catalyst 3550-48 交换机 48 个 10/100 端口和两个基于 GBIC 的千兆以太网接口，如图 B-3 所示。

两个内置的千兆以太网端口可以支持多种 GBIC 收发器，包括 Cisco GigaStack、GBIC、1000BaseT、1000BaseSX、1000BaseLX/LH 和 1000BaseZX GBIC。基于双 GBIC 的千兆以太

网实施方案可以为客户提供高度的部署灵活性使客户可以在目前先部署一种堆栈和上行链路配置，然后可以在将来移植这种配置。高水平的堆栈弹性还可以通过下列技术实现：两个冗余千兆以太网上行链路，一条冗余的 GagaStack™GBIC 回送线路，用于高速上行链路和堆栈互联故障恢复的 UplinkFast 和 CrossStack UplinkFast 技术，用于上行链路负载均衡的 Per VLAN 生成树+（PVST+）。这样的千兆以太网灵活性使 Catalyst 3550 系列成为针对以太网优化的 Cisco Catalyst 6500 系列核心 LAN 交换机最理想的 LAN 边缘补充产品。

Catalyst 3550-24 和 3550-48 中含有标准多层软件镜像（SMI）或者增强型多层软件镜像（EMI）。EMI 提供了一组更加丰富的企业级功能，包括基于硬件的 IP 单播和多播路由，虚拟 LAN（VLAN）间的路由，路由访问控制列表（RACL）和热备用路由器协议（HSRP）。在刚开始部署时，增强型多层软件镜像升级工具包为用户提供了升级到 EMI 的灵活性。

图 B-2　Catalyst 3550-24 智能化以太网交换机

图 B-3　Catalyst 3550-48 智能化以太网交换机

3. Cisco Catalyst 4000 交换机

Cisco Catalyst 4000 系列产品为布线室和数据中心提供高性能、中等密度的、10/100/1000M 以太网模块交换平台。利用业界领先的 5500/5000 系列的软件代码库，提供客户在布线室所需要的丰富的和经实践证明的特性，以获得企业联网的解决方案。新的 Catalyst 4006 系统经济有效的模块化 6 插槽机箱，为企业或分支机构的每一个用户提供汇合配线间的好处。新的 Catalyst 4006 功能包括可伸缩的交换、多达 240 个端口的 10/100 密度、多协议第三层 IP、IPX 和 IP 多点传送交换。新的 Catalyst 4908G-L3 交换机，在一个固定配置产品包中提供园区主干网所需的高性能第三层。新的 Catalyst 4908G-L3 功能包括：带有千兆位接口转换器 (GBIC) 支持的 1000BaseX 千兆位以太网的 8 个端口。服务质量(QoS)——带有 WRR（加权循环）调度的多个队列，12 Mpps 第三层交换以及 IP、IPX 和 IP Multicast 的路由。

4. Cisco Catalyst 4500 交换机

Cisco Catalyst 4500 系列能够为无阻碍的第 2/3/4 层交换提供集成式弹性，因而能进一步加强对融合网络的控制。可用性高的融合语音/视频/数据网络能够为正在部署基于互联网企业应用的企业和城域以太网客户提供业务弹性。

作为新一代 Cisco Catalyst 4000 系列平台，Cisco Catalyst 4500 系列包括 3 种新型 Cisco Catalyst 机箱：Cisco Catalyst 4507R（7 个插槽）、Cisco Catalyst 4506（6 个插槽）和 Cisco Catalyst 4503（3 个插槽）。Cisco Catalyst 4500 系列中提供的集成式弹性增强包括 1+1 超级引擎冗余（只对 Cisco Catalyst 4507R）、集成式 IP 电话电源、基于软件的容错以及 1+1 电源冗余。硬件和软件中的集成式冗余性能够缩短停机时间，从而提高生产率、利润率和客户成功率，如图 B-4 所示。

图 B-4　Cisco Catalyst 4000 交换机

作为 Cisco AVVID（集成语音、视频和融合数据体系结构）的关键组件，Cisco Catalyst 4500能够通过智能网络服务将控制扩展到网络边缘，包括高级服务质量（QoS）、可预测性能、高级安全性、全面管理和集成式弹性。由于 Cisco Catalyst 4500 系列提供与 Cisco Catalyst 4000系列线卡和超级引擎的兼容性，因而能够在融合网络中延长 Cisco Catalyst 4000 系列的部署窗口。由于这种方式能减少重复运作开支，降低拥有成本，因而能提高投资回报（ROI）。

5. CISCO Catalyst 6000 系列交换机

Catalyst 6000 系列交换机为园区网提供了一组高性能、多层交换的解决方案，专为需要千兆扩展、高度适用、多层交换的主从分布而服务器集中的应用环境设计。Catalyst 6000 系列作为 Catalyst 5000 系列和 8500 系列交换机的补充，继续提供主要配线间和网络主干的解决方案，以满足企业的内部网络（Intranet），苛刻要求网络服务（如 ERP）和网络语音应用。结合 CiscoIOS 广阔服务功能，Catalyst 6000 系列具备强大的网络管理性，用户机动性，安全性，高度实用性和对多媒体的支持。

6. Cisco IGX 8400 系列交换机

Cisco IGX 8400 系列广域交换机提供了对目前企业的数据、语音、传真和视频应用进行传送所需的主干网。IGX8400 系列中现已面世的产品有配备 8 槽的 IGX8400、配备 16 槽的IGX8420 和配备 32 槽的 IGX8430，它们具有最大的灵活性，可满足企业的广泛需求。IGX8400系列交换机能与其他 Cisco WAN 交换、访问和 CPE 产品完全集成，提供一种端到端的网络解决方案以获取最高的运行效率并降低成本。

7. Cisco 2600 系列路由器

Cisco Systems 通过 Cisco 2600 系列将企业级的通用性、集成和功能扩展到了创建以机构。随着新服务和应用的面市，Cisco 2600 系列的模块化体系结构能够提供适应网络技术变化所需的通用性。Cisco 2600 系列配置了强大的 RISC 处理器，能够支持当今不断发展的网络中所需的高级服务质量（QoS）、安全和网络集成特性。通过将多个独立设备的功能集成到一个单元之中，Cisco 2600 系列降低了管理远程网络的复杂性。Cisco 2600 系列与 Cisco 1600、1700 和3600 系列共享模块化接口，为 Internet、内部网访问、多服务语音/数据集成、模拟和数字拨号访问服务、VPN 访问、ATM 访问集中、VLAN 以及路由带宽管理等应用提供经济有效的解决方案。

8. Cisco 3600 系列路由器

Cisco 3600 系列是一个适合大中型企业 Internet 服务供应商的模块化、多功能访问平台家族。Cisco 3600 系列拥有 70 多个模块化接口选项，提供语音/数据集成、虚拟专用网（VPN）、拨号访问和多协议数据路由解决方案。通过利用 Cisco 的语音/传真网络模块，Cisco 3600 系列允许客户在单个网络上合并语音、传真和数据流量。高性能的模块化体系结构保护了客户的网络技术投资，并将多个设备的功能集成到一个可管理的解决方案之中。3600 捆绑还可用于抓住特定的 RAS 机遇。

9. Cisco 3700 系列路由器

Cisco 3700 系列应用服务路由器（Application Service Router）是一系列全新的模块化路由器，可实现新的电子商务应用在集成化分支机构访问平台中的灵活、可扩展的部署。对于那些计划从传统基础设施对服务进行升级并将新的应用从核心网络分布到企业边缘的客户而言，Cisco 3700 系列为远程交换访问提供了一套新的功能强大的解决方案。Cisco 3700 系列的部署可帮助客户更快地降低电子商务应用的成本并从中受益，降低客户基础设施的总拥有成本，并可改进网络利用率和增强网络的竞争能力。Cisco 3700 系列支持 Cisco AVVID（语音、视频和集成数据体系结构），而 Cisco AVVID 则是一种覆盖整个企业的、基于各种标准的网络体系结构，它可为将各种商业和技术战略组合成一个聚合模型奠定基础。

Cisco 3700 系列是对现有 Cisco 1700/2600/3600 模块化多服务路由器的补充，这些模块化多服务路由器都经过了优化，可以支持种类最多的连接选项。Cisco 3700 系列是那些要求在企业边缘实现最高水平集成的地点和解决方案的理想选择，如图 B-5 所示。

10. Cisco 10000 系列路由器

Cisco 10000 系列是思科主要的电信运营商边缘汇聚路由器之一。它为租用专线、ATM、帧中继和宽带汇聚提供了单一解决方案，并为客户提供了高性能 IP 服务、最高平台可扩展性和高可用性，如图 B-6 所示。

图 B-5　Cisco 3700 系列应用服务路由器　　　　图 B-6　Cisco 10000 路由器

11. Cisco 12000 系列路由器

Cisco 12000 系列千兆比特交换路由器（GSR）是 Cisco 为支持服务供应商和企业 IP 骨干

网核心而设计和开发的重要的路由选择产品。Cisco 12000 系列有三种型号：Cisco 12008、12012 和 12016（5Tbps GSR 太比特系统）。

Cisco 12008 配有 8 个插槽，最多可以支持 84 个 DS3、28 个 OC-3c/STM-1c 和 28 个 OC-12c/STM-4c 或 7 个 OC-48c/STM-16c 接口。

Cisco12012 配有 12 个插槽，最多可以支持 132 个 DS3、44 个 OC-3c/STM-1c 和 44 个 OC-12c/STM-4c 或 11 个 OC-48c/STM-16c 接口。

Cisco 12016(最新推出的 5-Tbps GSR 太比特系统)有 16 个插槽，最多可以支持 180 个 DS3、60 个 OC-3c/STM-1c 和 60 个 OC-12c/STM-4c 或 15 个 OC-48c/STM-16c 接口，将来还能支持 15 个 OC-192c/STM-64c 接口。

Cisco 12000 系 GSR 产品的结构设计旨在满足当今 IP 核心骨干网的高带宽、高性能、多业务和多可靠性要求。

参考文献

[1] 计算机网络基础教程. 高焕之. 北京：清华大学出版社.

[2] 计算机网络基础教程. 第 3 版. 高立同，王丽娜. 北京：电子工业出版社出版.

[3] 计算机网络基础教程. 徐志烽. 北京：清华大学出版社.

[4] 计算机网络基础教程. 王凤英，程震，赵金铃. 北京：清华大学出版社.